KNUT SCHÄFERDIEK

DIE KIRCHE IN DEN REICHEN DER WESTGOTEN
UND SUEWEN

ARBEITEN ZUR KIRCHENGESCHICHTE

Begründet von Karl Holl † und Hans Lietzmann †

Herausgegeben von Kurt Aland, Walther Eltester und Hanns Rückert

39

Die Kirche in den Reichen der Westgoten und Suewen bis zur Errichtung der westgotischen katholischen Staatskirche

VON

KNUT SCHÄFERDIEK

WALTER DE GRUYTER & CO

vormals G. J. Göschen'sche Verlagshandlung · J. Guttentag, Verlagsbuchhandlung
Georg Reimer · Karl J. Trübner · Veit & Comp.

Berlin 1967

Gedruckt mit Unterstützung der Deutschen Forschungsgemeinschaft

Archiv-Nr. 32 02 67 3
© 1967
by Walter de Gruyter & Co., Berlin 30
Printed in Germany
Satz und Druck: Thormann & Goetsch, Berlin 44

VORWORT

Die im folgenden vorgelegte Untersuchung ist von der Evangelisch-Theologischen Fakultät der Rheinischen Friedrich-Wilhelms-Universität in Bonn als Habilitationsschrift angenommen worden, und das mag für den von ihr bezogenen Ort kennzeichnend sein. Sie will eine kirchengeschichtliche Untersuchung sein nicht nur im Sinne einer Konzentration auf einen bestimmten Geschehensaspekt, sondern in erster Linie in dem Bemühen, geschichtliches Handeln der Kirche auch als kirchliches Handeln zu erfassen, ohne es darum in den beziehungslosen Raum einer historia sacra einzurücken; denn gerade auch eine sogenannte „profane Kirchengeschichtschreibung" darf ja nicht das kirchliche Selbstverständnis der Kirche hinter ihrem Handeln — und sei es auch nur ein reaktives Handeln — übersehen. Wenn die Arbeit zugleich in den Bannkreis der Frage nach der Grenze von Antike und Mittelalter führt, so ergab sich das aus ihrem Fortgang, aus dem in der Analyse sich aufdrängenden Versuch, die kirchengeschichtlichen Folgeerscheinungen schon der westgotisch-arianischen Reichsgründung als deutlichen Neuansatz zu werten, fast von selbst.

Nicht mehr mitverarbeiten konnte ich die Untersuchung von J. N. Hillgarth: Coins and Chronicles. Propaganda in Sixth-Century Spain and the Byzantine Background (Historia 15, 1966, S. 483—508), die vom numismatischen Befund her meine Auffassung des Hermenegild-Aufstandes stützt.

Was die versuchte Darstellung in Anknüpfung und Widerspruch denen verdankt, die vorher auf dem gleichen Felde gearbeitet haben, vermag sie — so möchte ich hoffen — selbst deutlich genug zu bezeugen. Ein direktes Wort des Dankes aber gebührt an dieser Stelle denen, die nur mittelbar zwar, aber an je ihrem Ort doch weit mehr, als ihnen selbst wohl bewußt ist, zu diesem Versuch beigetragen haben, meinen Lehrern Prof. D. Dr. h. c. W. Schneemelcher, Bonn, und Superintendent Dr. C. P. Adams, Meisenheim (Glan), sowie meinem Freunde Dr. A. de Santos Otero. Gerne spreche ich zudem auch meinen Dank aus den Herausgebern der „Arbeiten zur Kirchengeschichte" nicht nur für die Aufnahme dieser Untersuchung in ihre Reihe, sondern auch für alle Mühe, die sie sich damit gemacht haben, Herrn cand. phil. R. Schlieben, Tübingen, für das Mitlesen der Korrektur und der Deutschen Forschungsgemeinschaft für die wirtschaftliche Ermöglichung des Druckes.

Siegburg, am 5. VIII. 1967   Knut Schäferdiek

INHALTSVERZEICHNIS

ABKÜRZUNGSVERZEICHNIS

AASS	Acta Sanctorum
AnHistDerEsp	Anuario de historia del derecho español
AnSacrTar	Analecta sacra Tarraconensia
ArchEspArq	Archivo español de arqueología
BHL	Bibliotheca Hagiographica Latina, Brüssel ²1949
ByZ	Byzantinische Zeitschrift
CCh	Corpus Christianorum, series Latina
CSEL	Corpus Scriptorum Ecclesiasticorum Latinorum
DictArchChrétLit	Dictionnaire d'archéologie chrétienne et de liturgie, Paris 1924—1953
DictHistGéogEccl	Dictionnaire d'histoire et de géographie ecclésiastiques, Paris 1912 ff.
EspSagr	España Sagrada. Teatro geográfico-histórico de la Iglesia de España. Begründet von Henrique Flórez. 56 Bde., Madrid 1747—1957 (einzelne Bde. in mehreren Aufl.)
HispSacr	Hispania Sacra
MG AuctAnt	Monumenta Germaniae historica, auctores antiquissimi
MG Epp	desgl., epistulae
MG Leg	desgl., leges
MG ScrRerMerov	desgl., scriptores rerum Merovingicarum
PL	J.-P. Migne, Patrologiae cursus completus, series latina
RE	Realencyklopädie für protestantische Theologie und Kirche, Leipzig ³1896—1913
RevBénéd	Revue Bénédictine
SettStudCentIt	Settimane di studio del centro Italiano di studi sull' alto medioevo. Spoleto
ThLZ	Theologische Literaturzeitung
ThStKr	Theologische Studien und Kritiken
ZhistTh	Zeitschrift für die historische Theologie
ZKG	Zeitschrift für Kirchengeschichte
ZSavR germ	Zeitschrift der Savigny-Stiftung für Rechtsgeschichte, germanistische Abteilung
ZSavR kan	desgl., kanonistische Abteilung
ZSavR rom	desgl., romanistische Abteilung
ZwissTh	Zeitschrift für wissenschaftliche Theologie

Mit abgekürztem Titel gegebene Literatur ist anhand der Literaturhinweise (S. 268 ff.) ohne weiteres zu identifizieren.

EINLEITUNG

Wer danach sucht, im Fluß geschichtlicher Entwicklungen einzelne Ereignisse herauszuheben, die geeignet sein könnten, als Orientierungsbehelfe den Ablauf des Geschehens in Phasen und übersehbare Abschnitte zu untergliedern, der wird für den Bereich der kirchlichen Geschichte im Raume des westgotischen Reiches unausweichlich auf das toletanische Konzil des Jahres 589, das dritte Konzil zu Toledo nach der Zählung der spanischen Kanonessammlung, gestoßen. Dieses Konzil, auf dem sich der offizielle Übergang der Westgoten zum katholischen Bekenntnis vollzog, kennzeichnet in der Tat den Einsatz eines neuen Abschnittes kirchlicher Geschichte auf westgotischem Boden, es kennzeichnet die Geburtsstunde des katholischen westgotischen Staatskirchentums als einer ausgeprägten historischen Individualität — ist es doch das erste in der stattlichen Reihe jener in Toledo, der Hauptstadt, tagenden westgotischen Reichskonzilien. In diesen Konzilien hat die westgotische Staatskirche ihren institutionellen Ausdruck gefunden, der ihr zugleich ein hohes Maß an landeskirchlicher Einheitlichkeit und Geschlossenheit verlieh, und sie bildeten auch das entscheidende Mittel und Forum des Wirkens dieser Kirche im und für den westgotischen Staat. In ihrer Liturgie, die im elften Jahrhundert dem Angriff der cluniazensischen Reform und des päpstlichen Universalismus erlag, und in ihrem Rechtsbuch, der besten unter den vorpseudisidorischen kanonistischen Sammlungen des Westens, die den tragenden Rahmen der Pseudisidoriana abgeben sollte, hat sie sich augenfällige Denkmale ihres Eigenlebens gesetzt, und ihr geistiges Vermächtnis an das abendländische Mittelalter repräsentiert der Name des Isidor von Sevilla[1].

Kennzeichnend für diese 589 anhebende Phase kirchengeschichtlicher Entwicklung im Westgotenreich ist eine starke kirchliche Durchdringung des Staates, die vom Königtum durch die Verwirklichung seiner, den staatlichen und kirchlichen Bereich als Einheit

---

[1] Zur kulturellen Blüte der westgotischen Kirche des siebten Jahrhunderts vgl. Manuel C. Díaz y Díaz, La cultura de la España visigótica del siglo VII (in: Caratteri del secolo VII in occidente = SettStudCentIt 5, 1958, S. 813 bis 844) und die entsprechenden Abschnitte bei P. Riché, Éducation.

begreifenden Herrschaftskonzeption ausgelöst wurde. Sie hat —
wohl nicht ohne die Wirkung abendländischer Vorstellungen von
der Autonomie des kirchlichen Bereichs und im Zusammenhang mit
der konstitutionellen Schwäche und Ungesichertheit des westgotischen Königtums — zu einer Prävalenz der Kirche und zu einem
erheblichen Einfluß des Episkopats auf die staatlich-politische Gestaltung geführt[2]. Kennzeichnend ist aber auch, daß die westgotische Kirche der ihr so aufgegebenen Mitverantwortung für den Bestand des Regnum Gothorum, dem sie sich zugeordnet wußte,
durchaus zu entsprechen gesucht hat. Das hat seinen Niederschlag
gefunden in einer energischen kirchlichen Betonung der Treueverpflichtung gegenüber dem König[3], in der christlichen Rezeption des
sakralen Charakters des Königtums und dessen zeremonieller Symbolisierung durch die Salbung nach alttestamentlichem Vorbild[4]
und in einer in liturgische Form gefaßten geistlichen Unterstüt-

---

[2] Dazu s. E. Magnin, L'église wisigothique au VIIe siècle (Bibliothèque
d'histoire religieuse), Paris 1912; A. Ziegler, Church; K. Voigt, Staat, S. 114
bis 169; Hermann Aubin, Stufen und Formen der christlich-kirchlichen
Durchdringung des Staates im Frühmittelalter (in: Festschrift für Gerhard
Ritter zu seinem 60. Geburtstag, Tübingen 1950, S. 61—86), S. 79—85;
Eugen Ewig, Zum christlichen Königsgedanken im Frühmittelalter (in: Das
Königtum. Seine geistigen und rechtlichen Grundlagen = Vorträge und Forschungen 3. Lindau/Konstanz 1956, S. 7—73), S. 24—37. — Das von F. Dahn
geprägte Bild von einer vollständigen Auslieferung des Königtums an den
Episkopat und einer völligen Beherrschung des Staates durch die Kirche auf
Kosten seiner Lebens- und Selbstbehauptungsfähigkeit ist einseitig überspitzt; vgl. die notwendigen Korrekturen bei Ziegler, a. a. O., S. 126—133.
[3] Conc. Tolet. IV (v. J. 633), c. 75; vgl. Conc. Tolet. V (v. J. 636), c. 7; Conc.
Tolet. XVI (v. J. 693), c. 9.
[4] Zum ersten Mal ausdrücklich bezeugt für König Wamba (672 bis 680); aber
dabei offenbar schon als bestehende Übung vorausgesetzt (Julian. Tolet.,
Hist. Wambae 3). Schon Conc. Tolet. IV, c. 75 wendet Ps. 104, 15: »Nolite
tangere Christos meos,« und I. Reg. 26,9: »Quis extendet manum suam in
Christum Domini et innocens erit?« auf das westgotische Königtum an.
E. Ewig, Königsgedanke (s. o. Anm. 2), S. 37 denkt an einen mittelbaren
Einfluß der Anwendung des David-Rex-Gedankens auf das byzantinische
Kaisertum; doch zeigt gerade das konkrete Moment der Salbung, daß hier
der westgotische Bereich eigene Wege geht. Zum sakralen Verständnis des
germanischen Königtums s. Otto Höfler, Der Sakralcharakter des germanischen Königtums (in: Das Königtum. Seine geistigen und rechtlichen Grundlagen = Vorträge und Forschungen 3. Lindau/Konstanz 1956. S. 75—104);
für den gotischen Bereich vgl. dazu noch unterstützend Karl August Eckhardt, Die Nachbenennung in den Königshäusern der Goten (in: Festgabe
dargebracht Harold Steinacker zur Vollendung des 80. Lebensjahres, München 1955, S. 34—55).

zung des vom König geführten Krieges[5] ebenso wie in dem Bemühen um die Regelung einer geordneten Thronnachfolge[6] und
dem Bestreben, das Königsamt als Funktion einer rechtlichen Ordnung verständlich zu machen[7].

Demgegenüber erscheint die katholische Kirche im westgotischen
Reich vor dem dritten Toletanum und dem westgotischen Bekenntniswechsel weitaus weniger von der politischen Vorgegebenheit
dieses Reiches her bestimmt und auf sie eingestellt, und im Blick
auf das siebte Jahrhundert gilt diese Epoche als eine bloße Über-
gangszeit, die eigentlich nur negativ zu kennzeichnen sei dadurch,
daß mit der Konstituierung eines selbständigen westgotischen Reiches auf zuvor römischem Boden der auf dieses entfallende territoriale Bereich der katholischen Kirche seine Einordnung in den Le-
bens- und Funktionszusammenhang des römischen Imperiums verlor, ohne daß es infolge des arianischen Bekenntnisses der gotischen
Herrschaft zu einer positiven Zuordnung auf die neue politische
Realität hätte kommen können, wie sie etwa für die Kirche im
Reiche Chlodwigs schon mit dem Reichskonzil von 511 hervortritt.
Das hat seinen schärfsten Ausdruck in der gerade in der deutschen
historiographischen Tradition tief eingewurzelten Anschauung gefunden, die katholische Kirche oder jedenfalls der Katholizismus
innerhalb des westgotischen Reichsgebietes habe in dieser Zeit eine
scharf oppositionelle und für den westgotischen Staat zuweilen
existenzbedrohende politische Rolle gespielt, die bestimmt gewesen
sei durch das Ziel der Abwerfung der arianischen Herrschaft und
auswärtigen katholischen Mächten in die Hände gearbeitet habe[8].
Doch hat man es hier oft mehr mit fraglos hingenommenen Voraussetzungen als mit Ergebnissen der Darstellung zu tun, und eine

[5] Liber Ordinum, ed. M. Férotin, Sp. 149—153: Ordo quando rex cum exercitu
ad prelium egreditur. Vgl. Conc. Emerit. (v. J. 666), c. 3; hier erscheint ausdrücklich die politische Verantwortung der Kirche als Motiv.

[6] Conc. Tolet. IV, c. 75; Conc. Tolet. VIII (v. J. 653), c. 10. Vgl. José Orlandis
Rovira, La iglesia visigoda y los problemas de la sucesión al trono en el
siglo VII (in: Le chiese nei regni dell'Europa occidentale e i loro rapporti
con Roma sino all' 800 = SettStudCentIt 7,1, 1960, S. 333—351).

[7] Bezeichnend Conc. Tolet. VIII, Decretum (PL 84, Sp. 431 A): »Regem etenim
jura faciunt, non persona, quia nec constat sui mediocritate, sed sublimitatis
honore.« Vgl. Isid., Sent. III 48,7; 51,2.

[8] Diese Auffassung hat ihre entschiedene Ausprägung in der Darstellung
F. Dahns gefunden. Sie begegnet weiterhin z. B. bei F. Görres, H. v. Schubert, L. Schmidt und ist auch noch bei K. F. Stroheker wirksam. Kritisch
demgegenüber E. A. Thompson, Conversion, S. 5—7.

Untersuchung, die die kirchlichen Verhältnisse im westgotischen
Reich und ihre Entwicklung in der Zeit vor 589 unter dem besonderen Aspekt der kirchlich-staatlichen Beziehungen thematisch ein-
gehender behandelt hätte, gibt es nicht[9], und zwar wohl nicht nur
deshalb nicht, weil hierfür die Quellen ungleich weniger ergiebig
fließen als für die Zustände des siebten Jahrhunderts, sondern vielleicht auch gerade darum, weil es nicht als lohnend erscheinen
mochte auf dem Boden der Vorstellung, daß diese Beziehungen
sich beschränkten auf ein äußerliches Abstecken der Grenzen kirchlicher Bewegungsfreiheit durch das Maß einer von der arianischen
Herrschaft geübten Toleranz oder Intoleranz, während es im übrigen für die katholische Kirche bei den Gegebenheiten der römischen
Zeit und ihrer Einstellung darauf blieb[10]. Ob und inwieweit eine
solche Vorstellung jedoch zutreffend ist oder nicht, läßt sich ohne
eine solche Untersuchung aber nicht entscheiden.

Aus diesen Feststellungen ergibt sich Sinn und Aufgabe der im
folgenden versuchten Darstellung, auch das dabei einzugehende
Risiko, in taubem Gestein zu schürfen. Daß bei ihrer Durchführung
auf weite Strecken hin auch eine Mitverarbeitung der politischen
Geschichte des westgotischen Reiches — sei es als Voraussetzung
des zu entwerfenden, sei es als Folge des gewonnenen Bildes —
unumgänglich ist, versteht sich von selbst. Ebenso erweist es sich
als notwendig, bei der Behandlung der westgotischen Verhältnisse
auch auf diejenigen im suewischen Reich einzugehen, die infolge
des Aufgehens dieses Reiches im westgotischen seit 585 für die
Beurteilung der Situation um die Zeit des dritten Toletanums wichtig sind. Darüber hinaus wird sich zeigen, daß die Entwicklung im
Suewenreich auch davon abgesehen um ihrer selbst willen einiges
Interesse verdienen mag. Die gewählte Form der Darstellung in

---

[9] Der Aufsatz von F. Görres, Kirche und Staat im Westgotenreich von Eurich
   bis auf Leovigild, erfüllt diese Aufgabe nicht. Er erschöpft sich in dem Versuch, die oben geschilderten Voraussetzungen auf sein Thema anzuwenden.
   H. v. Schubert, Staat, konzentriert sich darauf, das spätere Landeskirchen-
   tum aus den Verhältnissen des germanisch-arianischen Kirchentums herzu-
   leiten.

[10] Charakteristisch dafür die Wertung des Konzils von Agde durch H. Barion
   (s. u. S. 48, Anm. 136) oder die Auffassung von der Stellung der katholischen Kirche im gallischen Westgotenreich überhaupt bei H. v. Schubert,
   Staat, S. 168 f.; doch führt gerade v. Schubert (a. a. O., S. 169 und vor allem
   Geschichte, S. 33) mit dem Hinweis auf wenigstens Ansätze zur Ausbildung
   eines katholischen Landeskirchentums noch unter arianischer Herrschaft auch
   weiter.

chronologisch orientierter Entfaltung des Stoffes wird sich im Rückblick wohl als zweckmäßig erweisen können. Sie soll versuchen, in
der Erzählung der Geschichte ein Bild des Geschehens als Grundlage für alles Urteil zu entwerfen, und dabei dessen Sicherung,
Abgrenzung und Profilierung in der Behandlung von Quellenfragen
und der Auseinandersetzung mit der Literatur im wesentlichen den
Anmerkungen zuweisen, um so ein Zerfließen in Einzelerörterun-
gen zu vermeiden.

An einer Stelle allerdings wird das so zu entwerfende Bild von
vornherein zur Unvollständigkeit verurteilt sein: Die westgotische
—und ebenso die aus westgotischer Mission erwachsene suewische—
arianische Kirche wird in ihm nur ganz schattenhaft in Erscheinung
treten können. Ihre Geschichte entzieht sich dem Zugriff der historischen Analyse, weil unmittelbare Quellen und hinreichende Informationen über sie fehlen. Auch wenn man nicht geneigt ist, die
Bedeutung dieser germanisch-arianischen Kirche für die Gesamt-
entwicklung der Kirchengeschichte des Frühmittelalters zu über-
schätzen, muß man doch das um sie gebreitete Dunkel schon um
des ihr allein als Phänomen zukommenden Interesses willen be-
dauern.

Diese gotische Sonderkirche darf zunächst wohl als das Ergebnis
eines historischen Zufalls angesehen werden[11]. Die Übernahme des
Christentums durch die Westgoten aus römischer Hand erfolgte
eben im Balkanraum und zu einer Zeit, als eine homoeische Trinitätslehre zum offiziellen Bekenntnisstand im oströmischen Reiche
gehörte. Die weitere Entwicklung der Verhältnisse führte dann dazu,
daß dieses Ergebnis geschichtlichen Zufalls Beständigkeit erhielt.
Voraussetzung dafür war, daß das von den Goten übernommene
Christentum alsbald in eine Isolierung gegenüber der römischen
Reichskirche geriet und so auch von dem religionspolitischen Umschwung unter Theodosius ausgeschlossen blieb. Eine solche folgen-
schwere Isolierung mußte ziemlich zwangsläufig schon dadurch erfolgen, daß die Goten im geschlossenen Volksverband in rechtlicher

[11] Grundsätzlich andere Vorstellungen vertritt E. A. Thompson, Early Visi-
gothic Christianity (Latomus 21, 1962, S. 505—519. 794—810; vgl. ders.,
Christianity and the Northern Barbarians, Nottingham Mediaeval Studies 1,
1957, S. 3—21). Sie beruhen ganz auf seiner von dem üblichen Ansatz (zur
Zeit der Regierung des Valens) abweichenden Datierung des allgemeinen
westgotischen Übertrittes zum Christentum auf die Zeit 382—395 (ders.,
The Date of the Conversion of the Visigoths, Journal of Ecclesiastical
History 7, 1956, S. 1—11), die jedoch durch die von ihm dafür beigebrachten
Argumente keineswegs gestützt werden kann.

und sozialer Trennung von der römischen Bevölkerung verblieben
und damit auch notwendig in einen ständigen, im besten Falle
latenten politischen Gegensatz zum römischen Reich gerieten. Zudem besaß das westgotische Christentum mit gotischer Bibel und
Liturgie ein eigenes sprachliches Gewand und darin eine nicht zu
unterschätzende Voraussetzung für die Entfaltung eines selbständigen Eigenlebens.

Wenn auch kein überzeugender Grund für die Annahme genannt
werden kann, es habe das homoeische Bekenntnis einen besseren
Zugang des Christentums zu Herz und Geist des germanischen
Volkes ermöglichen können als das nizänische[12], wird man doch
wohl dem Arianismus eine gewisse positive Bedeutung für den
Fortgang der Christianisierung des westgotischen Volkes nicht absprechen dürfen. Gerade in seinem trennenden Gegensatz zum
reichsrömischen Kirchentum konnte er eine günstige Voraussetzung
für einen ungestörten Verlauf des Christianisierungsprozesses sein,
da er als fides gothica, als offensichtliches gotisches Eigentum von
politischen, militärischen und auch ideologischen Auseinandersetzungen mit Rom und dem Römertum unbeeinflußt bleiben konnte.
Auf der anderen Seite kann aber auch nicht behauptet werden, daß
der westgotische Arianismus dazu geführt habe, eine innere Konsolidierung des sich auf römischem Boden bildenden westgotischen
Reiches dauernd zu erschweren und dadurch auch notwendig seine
äußere Behauptung zu gefährden[13]. Wie weit er einer Verschmelzung der herrschenden westgotischen Minorität mit der beherrschten, zahlenmäßig weit überlegenen romanischen Bevölkerung ent-
gegengestanden hat, ist kaum abzuschätzen. Hier waren auch andere Faktoren am Werk, das Verbot eines connubium zwischen
Goten und Romanen, das erst gegen 580 aufgehoben worden ist,
und wohl auch eine soziale Abschließung der gotischen Oberschicht,
die noch über die Katholisierung der Goten hinaus wirksam geblieben sein muß[14]. Auf jeden Fall aber hat die arianische Kirche den
mit einer Verschmelzung zwar nicht identischen, aber ihr doch sehr
entgegenarbeitenden Prozeß der Romanisierung der Westgoten

---

[12] Vgl. Walter Baetke, Die Aufnahme des Christentums durch die Germanen,
Darmstadt 1959 (Libelli 48 = Neudruck aus Welt als Geschichte 9, 1943,
S. 143—166), S. 15—17.

[13] Vgl. bes. zur Krisensituation zu Beginn des sechsten Jahrhunderts: s. u.
S. 32 ff.

[14] S. u. S. 191. Zum gotischen Arianismus als vermeintlichem Mittel zu bewußter völkischer Selbstabschließung der Westgoten s. u. S. 92, Anm. 66.

sicherlich mitvollzogen und mitvollziehen müssen[15], bis sie dann selbst diesem Prozeß zum Opfer fiel und nach mehr als zwei Jahrhunderten ihres Bestehens unterging. Einzelne Splittergruppen und -gemeinden mögen die Wende der Jahre 587—589 noch um einige Jahrzehnte überlebt haben, wie es bei den suewischen Arianern nach der Katholisierung der Suewen in den fünfziger Jahren des sechsten Jahrhunderts der Fall war — faßbar aber sind sie nicht.

[15] S. u. S. 160 f.

I. DIE KIRCHE IM GALLISCHEN WESTGOTENREICH
(466—507)

1. Die gallische Kirche im westgotischen Machtbereich vor Eurich (418—466)

Eine historische Betrachtung der Geschicke der katholischen Kirche innerhalb des westgotischen Reiches wird ihren sich aus der Sache selbst nahelegenden Einsatzpunkt bei den Ereignissen der Regierungszeit des Königs Eurich (466—484) nehmen müssen. Zwar ist auch schon eine allerdings nur vorübergehende formelle Unabhängigkeit der Westgoten von dem Foederatenverhältnis zum römischen Reich, in dessen Rahmen 418 ihre Ansiedlung in Aquitanien erfolgt war, für die Zeit Theodorids[1] (418—451) vermutet worden[2]; doch bleibt die Berechtigung einer solchen Vermutung ziemlich anfechtbar, und tatsächlich kann erst seit Eurich von der dauernden Existenz eines selbständigen westgotischen Staates im vollen Sinne des Wortes gesprochen werden. War damit dann das von den Westgoten beherrschte Territorium ganz und endgültig aus dem Hoheitsgebiet des römischen Reiches gelöst, so ergab sich daraus für die auf dieses Territorium[3] entfallenden Gebiete der katholischen, der römischen Reichskirche eine grundsätzlich neue Situation, und eigentlich erst von diesem Zeitpunkt an ist ihre Geschichte nachhaltig von der gotischen Herrschaft her bestimmt.

Für die voraufgehende Zeit von der Ansiedlung der Westgoten

---

[1] Zumeist weniger exakt als Theoderich I. bezeichnet.

[2] L. Schmidt, Ostgermanen, S. 464 f.; E. Stein, Geschichte, S. 482. Dagegen sehr entschieden André Loyen, Les débuts du royaume wisigoth de Toulouse, Revue des Études Latines 12 (1934), S. 406—415; vgl E. A. Thompson, The Visigoths from Fritigern to Euric (Historia 12, 1963, 105—126), S. 122 f.

[3] Beim Regierungsantritt Eurichs wohl Aquitania II, Novempopulana und Narbonensis I; seit 475 das gesamte Gebiet zwischen Atlantik, der Loire und der unteren Rhône (südlich Valence); seit 477 auch noch die Provence bis an die Durance und die Meeralpen. Dazu kommen noch große Gebiete in Spanien; zur spanischen Expansion Eurichs s. R. de Abadal y de Vinyals, Del reino ..., S. 40—47; er umschreibt den spanischen Besitzstand Eurichs (S. 45): Estremadura, (die nicht suewischen) Teile von Portugal (vgl. S. 107, Anm. 7), die kastilische Meseta, das gesamte obere und mittlere Ebrotal mit Navarra und Aragonien sowie Katalonien.

in der Aquitania II bis auf Eurich fließen nur spärliche Nachrichten von zudem recht unterschiedlichem Wert. Gregor von Tours weiß von der Beschlagnahme einer katholischen Kirche für den arianischen Gottesdienst in Rions im Bezirk von Bordeaux zu berichten, und dieser Vorgang mag vielleicht in die Zeit der gotischen Landnahme fallen[4]. Es wäre dann wohl ein Vorgang ähnlich dem, von dem Ambrosius aus dem Jahre 385 seiner Schwester Marcellina berichtet[5], nur daß hier der Ambrosius fehlt, der dem Geschehen eine dramatische Zuspitzung gibt. Auch konnte man sich jetzt zur Not auf das Edikt Valentinians II. vom Jahre 386 stützen, das den Homöern ausdrücklich Kultfreiheit eingeräumt hatte[6]. Daß es im Laufe der Zeit des öfteren zu solchen halblegalen Aneignungen von katholischen Kirchen für den arianischen Gottesdienst der Goten gekommen ist, wird man analog zu den Verhältnissen im burgundischen Reich, wie sie das Konzil von Epaon 517 voraussetzt, wohl annehmen dürfen[7]. Die von den Goten benutzten Basiliken in Gallien, von denen das erste Konzil von Orléans redet, werden schwerlich alle Neubauten gewesen sein[8].

Daß bei der Gestaltung des gotischen Verhältnisses zu den Romanen der besetzten Gebiete von Anfang an katholische Bischöfe eine wesentliche Rolle als Vermittler und Sachwalter ihrer Civitates gespielt haben, darf wohl ohne weiteres vorausgesetzt werden, auch wenn wir über konkrete Einzelheiten kaum informiert sind. Ein einschlägiger Bericht der Vita des Bischofs Vivian von Saintes über dessen wirksames Eintreten für die bedrängte Bevölkerung seiner Civitas vor dem westgotischen König in Toulouse gehört in den Bereich der hagiographischen Dichtung[9]. Daß Bischöfe in einem

---

[4] Greg. Tur., Glor. conf. 47; zur Datierung s. K. F. Stroheker, Eurich, S. 56, Anm. 81.

[5] Ambros. Mediol., Ep. XX; vgl. auch die Forderung des Gainas an Arkadius, in Konstantinopel eine arianische Kirche einzurichten: Theodoret, Hist. eccl. V 32.

[6] Cod. Theod. XVI 1,4.

[7] Conc. Epaon., c. 33: Die Basiliken der Häretiker sollen im allgemeinen von der katholischen Kirche nicht übernommen werden, aber: »Sane quas per violentiam nostris tulerant, possumus revocare.«

[8] Conc. Aurel. I, c. 10 (nicht in die spanische Überlieferung aufgenommen!): »... de basilicis, quas in perversitate sua Gothi hactenus habuerunt ...« Vgl. den allerdings anders gelagerten und ernsteren Fall der Vinzenz-Basilika im Gebiet von Agen noch gegen Ende der gallischen Gotenherrschaft (s. u. S. 45, Anm. 129).

[9] Vita Bibiani (BHL 1324, ed. B. Krusch, MG ScRerMer III, S. 92 ff.), c. 4 ff. Gegen Krusch hat Ferdinand Lot, La Vita Viviani et la domination visi-

bewaffneten Konflikt der Westgoten mit der römischen Macht von gotischer Seite als Vermittler in Anspruch genommen worden sind, weiß Salvian von Marseille anzugeben[10], und er scheint sich damit auf eine Situation des Jahres 439 zu beziehen; damals wurde Theodorid durch den von Aëtius beauftragten Comes Litorius in Toulouse belagert und konnte diesen nach siegesgewisser Ablehnung eines Friedensangebotes der bedrängten Goten wider Erwarten schlagen[11]. Nach der nicht unglaubwürdigen Angabe seiner Vita ist es der Bischof und Dichter Orientius von Auch gewesen, der dem römischen Befehlshaber das Friedensangebot der bedrängten Westgoten übermittelt hatte[12]. Durch die Übernahme einer solchen Mission bekundet Orientius eine deutliche Vorordnung des Interesses an Gewinn und Wahrung von Frieden und Ordnung vor den Gegensatz des Römers zu Häresie und Barbarentum der Goten[13], und man wird nicht anzunehmen brauchen, daß er damit allein im katholischen Episkopat gestanden habe. Bemerkenswert ist es übrigens, daß der berichtende Hagiograph seinen Heiligen nicht nur durch sein Gebet nach der römischen Ablehnung des Friedensangebotes die Wende des Kriegsglückes zugunsten der Westgoten herbeiführen läßt — dafür allein hätte wohl auch das Verhalten des Litorius das Motiv abgeben können[14]; er rechnet ihm vielmehr auch noch dieses wunderwirkende Eingreifen als »Befreiung des Vaterlandes« zu[15] und bekundet dadurch jedenfalls für sich eine durchaus positive Einstellung zur gotischen Herrschaft[16].

Als eine für die Gesamtsituation nicht bezeichnende Ausnahme muß sicher der inschriftlich belegte Fall einer vermutlich gotischen Comitissa, der Frau eines Comes, namens Glismoda gelten, die sich

gothique en Aquitaine (in: Mélanges Paul Fournier, Paris 1929, S. 467—477) energisch den historischen Quellenwert dieser Vita vertreten; doch hat P. Courcelle, Trois dîners gezeigt, daß sie auch bei Hinfälligkeit der Spätdatierung Kruschs (8. Jahrhundert) als historisch wertlos gelten muß; vgl. auch H. Messmer, Hispania-Idee, S. 77.

[10] Salv., De gub. VII 9,39.
[11] Prosp. Aquit., Chron. 1335; Hyd., Chron. 116; Salv., De gub. VII 10.
[12] Vita Orientii (BHL 6344), c. 3 (AASS Mai I, S. 63 A—C); für den historischen Wert der Angaben dieser Vita s. P. Courcelle, Trois dîners, S. 177, Anm. 1 und ders., Histoire, S. 229 (Anm. 3 u. 4 zu S. 119).
[13] Vgl. Orient., Commonit. I 593—600.
[14] Vgl. Salv., De gub. VII 10; Prosp. Aquit., Chron. 1335
[15] Vita Orientii, c. 4 (AASS Mai I, S. 63 C)
[16] In dieser Einstellung sieht P. Courcelle, Trois dîners, S. 177, Anm. 1 »un ... indice que la Vita Orientii suit ici une source antérieure à la conquête de l'Aquitaine par les Francs« im Jahre 507.

455 mit einer Geldspende an der Errichtung einer Felix-Kirche in dem zu dieser Zeit noch gar nicht im gotischen Machtbereich liegenden Narbonne beteiligte und demnach sicherlich katholisch war[17]. Einen leider nur kurzen, aber doch aufschlußreichen Einblick in die Verhältnisse am Vorabend der Herrschaft Eurichs und des gotischen Ausscherens aus dem Abhängigkeitsverhältnis zum Imperium dagegen ermöglicht ein Vorgang aus der Regierungszeit des romfreundlich eingestellten Königs Theoderich[18] (453—466). Er ist auch für das Verständnis der weiteren kirchengeschichtlichen Entwicklung recht bedeutungsvoll, sofern er symptomatisch den Hintergrund, auf dem diese Entwicklung zu sehen ist, erkennbar werden läßt und blitzlichtartig erleuchtet. Mitgeteilt wird er in einem Brief des Papstes Hilarus an Leontius von Arles[19]. Im Zusammenhang mit den Machtkämpfen des Magister militum Galliarum Aegidius gegen Richimer nach dem Sturz des Maiorian und der Erhebung des Severus (461) hatten die Westgoten 462 auf Aufforderung des dortigen römischen Befehlshabers Narbonne besetzt[20]. Zur gleichen Zeit waren Schwierigkeiten bei der Besetzung des bischöflichen Stuhles dieser Stadt aufgetreten. Einige Jahre zuvor hatte der verstorbene Bischof Rusticus seinen Archidiakon Hermes zum Bischof von Béziers ordiniert. Doch Hermes war von der Gemeinde nicht akzeptiert worden und hatte sich daher in Béziers nicht halten können[21]. Nach dem Tode des Rusticus hatte er sich nun aber des Stuhles von Narbonne bemächtigen können. Sein Vorgehen scheint jedoch starken Widerstand gefunden und Unruhe ausgelöst zu haben, denn der Bruder Theoderichs, Friedrich, der offenbar das westgotische Kommando in Narbonne führte, sah sich veranlaßt, einen Diakon Johannes nach Rom zu senden und Hilarus um eine Bereinigung der Angelegenheit anzugehen[22]. Sofern eine solche Bereinigung auch die Beseitigung eines möglichen politischen Un-

---

[17] O. Fiebiger, Inschriftensammlung NF, Nr. 55. Daß es sich bei dem Gatten der Glismoda speziell um einen Comes civitatis gehandelt habe und dieser deshalb Römer gewesen sein müsse (Fiebiger, a. a. O., S. 36) bzw. wahrscheinlich kein Römer gewesen sei (E. A. Thompson, Conversion, S. 8, Anm. 17), sind unbegründbare Annahmen.

[18] Weniger exakt Theoderich II. (vgl. o. S. 8, Anm. 1).

[19] Hilarus, Ep. VII Thiel (»Miramur fraternitatem«) vom 3. November 462 (Jaffé 554).

[20] Hyd., Chron. 217; vgl. Sid., Carm. XXIII 69 ff.

[21] Hilarus, Ep. VIII Thiel (»Quamquam notitiam«) an die südgallischen Bischöfe vom 3. Dezember 462 (Jaffé 555).

[22] Hilarus, Ep. VII 1; vgl. VIII 1.

ruheherdes war, mußte an ihr naturgemäß auch einiges politische
Interesse bestehen, zumal in der 462 in Narbonne gegebenen Situation der Neufestsetzung der westgotischen Herrschaft als Frucht
innerrömischer Zwistigkeiten. Der Bischof war ja ein wesentlicher,
wenn nicht gar der wesentlichste Repräsentant der Provinzialen
gegenüber der gotischen Macht. Wenn Friedrich nun diese wün-
schenswerte Bereinigung der kirchlichen Lage in Narbonne auf dem
Wege einer Einschaltung Roms gesucht hat, folgt er damit zunächst
einmal gewiß nur den Bahnen, die von der gallischen und speziell
der südgallischen Tradition und Einstellung vorgezeichnet sind.
Aber gerade darin zeigt sich zugleich, daß jedenfalls zur Zeit Theoderichs die offizielle westgotische Anerkennung der katholischen
Kirche nicht einfach die einer faktischen Duldung war, sondern
ganz auf der Grundlage und unter Voraussetzung des dieser Kirche
eigenen Selbstverständnisses erfolgte. Dabei mußte sie gotischer-
seits wesentlich unter ihrem politischen Aspekt als römische Reichskirche, als übergreifende, in den gotischen Machtbereich hinein-
reichende autonome römische Größe erfaßt werden[23]. Diese Art
ihrer Anerkennung aber beruht ganz auf den Voraussetzungen des
Foederatenverhältnisses, nach denen die römischen Provinzialen
und ihre Institutionen grundsätzlich dem Herrschaftsbereich des
Königtums entzogen blieben. Es ist natürlich, daß auf diesem Hintergrund die katholische Kirche nationalgotischen Souveränitäts-
bestrebungen, als deren kraftvoller Exponent sich Eurich 466 durch

[23] Im Gegensatz zu diesen Beobachtungen spricht Z. García Villada mit starker
Übertreibung von einer ausgesprochen antikatholischen Haltung Theoderichs
(»... la conducta de Teodorico no pudo ser más adversa a todo cuando olía
a católico«, Historia II 1, S. 36) und sogar von einer grausamen Religionspolitik (ebd., S. 37). Dafür stützt er sich auf die Nachricht des Hydatius, daß
bei der Einnahme und Plünderung von Braga durch die Westgoten 455 Klerus und Kirchen erheblich in Mitleidenschaft gezogen wurden (Chron. 174;
ähnlich in Astorga und Palencia 457: ebd. 186). Aber diese Ausschreitungen
und Übergriffe als Religionspolitik zu bezeichnen, tut dem plündernden
gotischen Heer sicher zuviel Ehre an. Eine gewisse Verachtung der »römischen« Religion wird bei den Vorgängen, wie sie Hydatius schildert, mit-
gespielt haben. Theoderich brauchte auch kein besonderes Interesse an der
Vermeidung von Übergriffen zu hegen, wie es etwa für Chlodwig 507 der
Fall war. Seine religionspolitischen Vorstellungen kann man von hier aus
kaum erfassen. — Angemerkt sei noch, daß Jordanes (Get. 234) von Theoderich im Zusammenhang mit etwas späteren Ereignissen berichtet, er sei
katholischen Bischöfen, die ihm ein suewisches Friedensangebot überbracht
hätten, mit Hochachtung begegnet. Ob dieser Notiz aber viel Wert beizumessen ist, kann man wohl bezweifeln. Kassiodor/Jordanes ist in diesem
Punkte alles andre als ein unparteiischer Zeuge.

die Ermordung seines Bruders Theoderich an die Macht setzte, sehr leicht als die Form eines reichsrömischen Reservates innerhalb der gotischen Machtsphäre erscheinen mußte[24], das wegen des Bekenntnisgegensatzes als nicht assimilierbar und daher als auf die Dauer nicht tragbar empfunden werden konnte. Damit war dem sich erhebenden souveränen westgotischen Staat eine kirchenpolitische Fragestellung aufgenötigt, die aber dann noch das Reich von Toulouse zu bewältigen vermocht hat, wenn auch erst am Vorabend seines Untergangs in der militärischen Katastrophe von 507.

2. Die Zeit der Begründung des Reiches durch Eurich (466—484)

a) Die außen- und innenpolitische Initiative Eurichs

Eurich, in der Verfolgung eines entsprechenden politischen Programms an die Macht gelangt, ist offenbar von Anfang an mit dem Anspruch voller gotischer Souveränität gegenüber dem römischen Reich und zugleich mit der Absicht einer Ausweitung der gotischen Machtsphäre aufgetreten. Abgesehen von militärischen Unternehmungen in Spanien leitete er die entscheidende Phase der Entwicklung, die zu einer schnellen und erfolgreichen Verwirklichung seiner außenpolitischen und militärischen Ziele führen sollte, 469 durch einen Angriff auf die Bretonen ein, die als römische Foederaten vom Kaiser Anthemius gegen die Westgoten mobilisiert worden waren. Eurich konnte sie bei Déols an der Indre, jetzt einem Vorort von Chateauroux, vernichtend schlagen und ihre Reste zur Flucht auf burgundisches Gebiet nötigen[25]. Ein weiteres gotisches Vordringen nach Norden wurde allerdings durch den römischen Comes Paulus mit Hilfe der verbündeten Franken verhindert. Daß damals schon Tours und der Berry mit Bourges in dauernden westgotischen Besitz übergingen[26], muß aus noch zu erörternden Gründen bezweifelt werden[27]. 470 oder 471 drang dann Eurich im Süden über die

[24] Vgl. auch Greg. Tur., Glor. mart. 24: »Romanos enim vocitant nostrae homines religionis.«
[25] Greg. Tur., Hist. II 18; Jord., Get. 237 f.
[26] So L. Schmidt, Ostgermanen, S. 489 und nach ihm K. F. Stroheker, Eurich, S. 31.
[27] S. u. S. 25 f. Allerdings muß Bourges noch vor den Friedensverhandlungen des Jahres 474/75 gewonnen worden sein. Tours ist als westgotisch erst zu belegen für das Ende der Amtszeit des Bischofs Volusianus (495/96; s. u.

Rhône vor; aber vermutlich infolge burgundischen Drucks konnte
er sich in der Provence noch nicht halten und zog sich daher alsbald
unter Verheerung des Landes wieder zurück[28]. Von Erfolg war dagegen die Besetzung der Aquitania I, allerdings mit Ausnahme der
Auvergne[29], da sich Clermont über Jahre hinaus mit burgundischer
Hilfe halten konnte. Militärisch leitete Ecdicius, ein Sohn des 456
von Richimer gestürzten gallo-römischen Kaisers Avitus, diesen
hartnäckigen Widerstand. Seine Beseelung aber ging von Sidonius
Apollinaris aus, dem Schwiegersohn des Avitus, dem gefeierten
Literaten und Vertreter spätantik-römischer Bildung und gallo-
romanisch-aristokratischer Lebensart, der erst kurz zuvor Bischof
seiner Wahlheimat Clermont geworden war. Triebkraft war für ihn
dabei eine Ideologie des Römertums, die aus dem Bewußtsein
seiner unbedingten Überlegenheit gegenüber den Barbaren lebte.
Unter den herrschenden Machtverhältnissen allerdings war dieser
Widerstand anachronistisch und mußte daher auch vergeblich bleiben. 474 leitete der vorletzte weströmische Kaiser Nepos Friedensverhandlungen mit Eurich ein, für die südgallische Bischöfe zur
Vermittlung eingesetzt wurden. Nachdem diese Verhandlungen
zunächst als erfolglos abgebrochen worden waren, konnten sie im
folgenden Jahr durch Epifanius von Pavia zu einem Abschluß gebracht werden[30]. Durch diesen Friedensvertrag wurde Eurich vermutlich im Besitz der von ihm besetzten Gebiete bestätigt, und auf
jeden Fall wurde ihm die Auvergne zugesprochen[31]. Damit umfaßte sein Herrschaftsbereich in Gallien die Provinzen Aquitania I
und II, wohl mit dem Gebiet von Tours aus der Lugdunensis III,
Novempopulana und Narbonensis I. Außerdem scheint der Friedensvertrag auch die Anerkennung der vollen staatlichen Souveränität seines Reiches durch den weströmischen Kaiser eingeschlossen
zu haben[32]. Bereits ein Jahr später, nach der Absetzung des Romu-
lus Augustulus durch Odowakar (23. August 476) drang Eurich zum
zweiten Mal über die Rhône nach Osten vor und besetzte die Pro-

S. 35 f.), aber die Annahme, daß seine Besetzung schon eher erfolgt ist, ist
sicher vertretbar.
[28] Chron. Gall. (Chron. ad a. DXI) 649; Sid., Ep. VI 12,5.8
[29] Sid., Ep. VII 5,3. Zum Zeitpunkt dieses Briefes ist aber auch Bourges noch
römisch (s. u. S. 25 f.).
[30] Zu den Vorgängen s. K. F. Stroheker, Eurich, S. 75 ff.
[31] Vgl. Sid., Ep. VII 7, der sich jedoch erst auf den Entwurf des Friedensver-
trages bezieht.
[32] Vgl. Ennod., Vita Epif. 88: »... sufficiat, quod elegit (sc. Nepos) aut certe
patitur amicus dici, qui meruit dominus appellari.«

vence. Odowakar und vermutlich auch die Burgunder sahen sich
zu einem Friedensschluß genötigt, bei dem Eurich das Gebiet südlich der Durance bis an die Meeralpen und wahrscheinlich auch das
Territorium von Viviers in dem westlich der Rhône gelegenen Teil
der Viennensis als Gewinn verbuchen konnte[33].

Hat Eurich außenpolitisch sein Herrschaftsgebiet in den Rang
eines selbständigen und machtvollen Staates erheben können, so
lag seine hervorstechendste innenpolitische Leistung darin, daß er,
wie Isidor von Sevilla überliefert[34], die erste westgotische Rechtskodifikation durchführen ließ. Ihr Ergebnis, der leider nur zu geringen Teilen erhaltene oder rekonstruierbare sogenannte Codex
Euricianus, der auch auf die Aufzeichnung anderer germanischer
Volksrechte Einfluß gehabt hat, ist die Keimzelle der späteren westgotischen Rechtskodifikation und reicht über sie mit seinen Auswirkungen bis ins spanische Mittelalter hinein. Umstritten ist neuerdings, ob für die Geltung des Codex das Territorialprinzip maß-
gebend war oder ob sie aufgrund eines Personalprinzips auf die
Goten beschränkt zu denken ist, wie seit dem neunzehnten Jahrhundert allgemein angenommen worden ist[35]. Die rechtshistorische

[33] Chron. Caesaraug. ad a. 473; Chron. Gall. (Chron. a. DXI) 657; Prosp., Cont.
Havn. ad a. 476,1; Prok., Bell. goth. I 12,20. Zu den Vorgängen s. K. F.
Stroheker, Eurich, S. 83 ff.
[34] Isid., Hist. Goth. 35; s. dazu K. Zeumer, Neues Archiv 23 (1898), S. 419 ff.
[35] Die bis dahin herrschende Vorstellung, nach der das im Westgotenreich zunächst geltende Personalitätsprinzip des gotischen und römischen Rechts
endgültig beseitigt worden ist durch die Lex Visigothorum des Königs
Rekkeswinth (649—672) (so die meisten Autoren) oder durch den Codex
revisus Leowigilds (568—586) (so Rafael de Ureña y Smenjaud: La legislación gótico-hispana, Madrid 1905, S. 323—341; vgl. u. S. 190) ist energisch
in Frage gestellt worden von Alfonso García Gallo, Nacionalidad y territorialidad del derecho en la época visigoda (AnHistDerEsp 13, 1936—1941,
S. 168—264); er verficht die These einer territorialen Geltung aller westgotischen Rechtskodifikationen einschließlich der Lex Romana Visigothorum
Alarichs II., so daß der Codex Euricianus durch die Lex Romana und diese
ihrerseits wieder durch die Revision des Euricianus durch Leowigild außer
Kraft gesetzt worden wären. Dieser These hat sich mehrfach die Kritik bemächtigt. Paulo Merêa, Uma tese revolucionária (AnHistDerEsp 14, 1942/43,
S. 592—599 [= Abdruck aus: Boletim da Facultade de Direito da Universi-
dade de Coimbra 18, 1942, S. 417—426]; vgl. García Gallo, Respuesta al Prof.
Merêa, S. 599—609) hat auf Schwierigkeiten hingewiesen, die durch die Annahme einer Außerkraftsetzung des Euricianus durch die Lex Romana ent-
ständen; sein Vorschlag, die Lex Romana anzusehen als eine Sonderkodifi-
kation neben dem territorial weitergeltenden Euricianus nicht im Sinne
eigentlicher Gesetzgebung, sondern als Hilfsmittel zur Regelung eines immer
noch geübten Gebrauchs des römischen Rechtes, ist später aufgegriffen wor-

Diskussion um diese Frage scheint aber zu zeigen, daß für den Codex Euricianus wohl eine anfängliche territoriale Geltung möglich sein könnte, daß aber jedenfalls seit 506, seit dem Bestehen einer eigenen römischen Rechtskodifikation für den westgotischen Bereich, der Lex Romana Visigothorum (Breviarium Alaricianum), die Geltung des Personalitätsprinzips für den Euricianus wie die Lex Romana immer noch die größte Wahrscheinlichkeit für sich hat.

Besteht nun eine gewisse Unsicherheit über das anfänglich intendierte Geltungsprinzip des Codex Euricianus, so dürfte doch das, was im folgenden über die Politik Eurichs gegenüber der katholischen Kirche festzustellen sein wird, dazu berechtigen, auch bei der Annahme einer etwaigen territorialen Geltung des Gesetzbuches Eurichs diejenigen darin enthaltenen Bestimmungen, die sich auf kirchliche Angelegenheiten beziehen, als primär im Blick auf die arianische Kirche erlassen anzusehen. Es sind drei solche Bestimmungen erhalten, je eine aus dem Gebiet des Erbrechts und des Strafrechts, beide unmittelbar dem römischen Recht entnommen, und eine zum kirchlichen Vermögensrecht, die auf den Einfluß der Kirche selbst zurückgeführt werden könnte. — Die korporative

den von Alvaro d'Ors, La territorialidad del derecho de los visigodos (in: I Goti in Occidente, S. 363—408, vgl. 464—479, discussione), der eine modifizierte Form der These von García Gallo vertritt, während Merêa im Verlauf weiterer Beschäftigung mit dem Problem seine kritische Haltung ihr gegenüber sichtlich verschärft hat: Para uma crítica de conjunto da tese de García Gallo (in: P. Merêa, Estudos de direito visigótico. Acta Universitatis Conimbrigensis. 1948, S. 199—248; s. bes. S. 205: »Não está, pois, a meu ver provado que o Breviário, nem tão pouco o Código de Eurico, fossem já compilações de aplicação territorial«). Entschieden bestritten worden ist die Auffassung von García Gallo ferner durch Ernst Heymann im Rahmen einer Anzeige des AnHistDerEsp 13 (ZSavR germ 63, 1943, S. 361—365) und von Alfred Schultze in einem ihr gewidmeten ausführlichen Exkurs seiner Akademieabhandlung »Über westgotisch-spanisches Eherecht«: Zur Geschichte der westgotischen Rechtsquellen (Berichte über die Verhandlungen der Sächs. Akad. d. Wissensch. zu Leipzig, phil.-hist. Kl. 95, 1943, Heft 4, S. 105—130) sowie von Eugen Wohlhaupter auf S. 171—173 seines nachgelassenen Aufsatzes: Das germanische Element im altspanischen Recht und die Rezeption des römischen Rechtes in Spanien (ZSavR rom. 66, 1948, S. 135—264). Pier Silverio Leicht hat schließlich in einer Sammelbesprechung in Rivista di storia del diritto italiano 17—20 (1944—47), S. 203—207 angenommen, der Euricianus habe zwar zunächst territorialen Charakter gehabt, sei aber dann durch die Inkraftsetzung der Lex Romana nicht aufgehoben, sondern zugleich mit dieser dem Personalitätsprinzip unterworfen worden, und dieser Auffassung hat sich auch Heinrich Mitteis (ZSavR germ 68, 1951, S. 531 in einer Rezension von Merêa, Estudos) angeschlossen.

Erbfähigkeit der Bischofskirche wird vorausgesetzt, wenn bestimmt wird, daß Kleriker, Mönche oder Nonnen, die ohne gesetzliche Erben und ohne Testament sterben, durch die Kirche, der sie gedient haben, beerbt werden sollen[36]. Im Gegensatz zu der römischen Regelung, die hier als Vorlage gedient hat[37], ist nicht von einer Erbfolge der Klöster bei Mönchen und Nonnen die Rede. Ob das den Schluß erlaubt, das Mönchtum habe in der arianischen Kirche der Westgoten eine engere Beziehung zur bischöflichen Institution gehabt und keine selbständig vermögensfähigen Körperschaften gebildet, mag dahingestellt sein. — Das Kirchengut wird gesetzlich gegen eigennützige Minderung geschützt; seine Veräußerung durch den Bischof wird an die Zustimmung des gesamten Klerus gebunden[38]; für Zuwendungen von Kirchengut an Söhne von Klerikern wird der Fortbestand des kirchlichen Eigentumsrechts ausdrücklich festgestellt und damit gesichert, daß es an die Kirche zurückfällt, wenn die Empfänger nicht in den geistlichen Stand treten[39]. — In der Fassung, welche es in Leowigilds Revision des Gesetzbuches erhalten hat, ist schließlich ein Gesetz des Codex Euricianus über das Asylrecht der Kirchen überliefert[40]. Seine Gewährung wird entsprechend der römisch-rechtlichen Vorlage davon

---

[36] Cod. Eur. 335 = Lex Visig. IV 2,12
[37] Cod. Theod. V 3,1 (vgl. u. S. 53).
[38] Die Annahme von U. Stutz, Arianismus und Germanismus (Internationale Wochenschrift 3, 1909, 1561—1582; 1615—1622; 1633—1648), Sp. 1635, die Erforderlichkeit der Zustimmung des ganzen Klerus ließe eine genossenschaftliche Prägung der arianischen Kirchenverfassung vermuten, ist von H. v. Schubert, Staat, S. 83—86 widerlegt worden. Es könnte eine Weiterentwicklung von Conc. Antioch., c. 24 vorliegen.
[39] Cod. Eur. 306, nur unvollständig erhalten, aber aufgenommen in die Lex Visig. V 1,3 f., wonach auch Kleriker bei Rückkehr in den Laienstand oder Ausscheiden aus dem Dienst der betreffenden Kirche ihnen überlassenes Kirchengut zurückerstatten müssen.
[40] Lex Visig. IX 3,1 (Antiqua); zur Herkunft aus Cod. Eur. s. K. Zeumer in seiner Ausgabe, S. 379, Anm. 2. — In der Antiqua der Lex Visig., welche die Revision des Cod. Eur. durch Leowigild repräsentiert, sind Schuldner vom Asylrecht ausgenommen mit der Maßgabe, daß die Kleriker für einen in die Kirche geflüchteten Schuldner ein Übereinkommen mit dem Gläubiger vermitteln sollen (Lex Visig. IX 3,4). Dieses Gesetz dürfte wohl erst auf nachteilige Erfahrungen mit dem uneingeschränkten Asylrecht zurückzuführen sein (vgl. den Schlußsatz: »Quia licet ecclesie interventus religionis contemplatione concedatur, aliena tamen retineri non poterunt«) und wird nicht schon im Cod. Eur. gestanden haben. Noch Alarich II. räumt 506 den katholischen Kirchen uneingeschränktes Asylrecht ein, obwohl die Ausnahme der Schuldner bereits durch römisches Recht vorgesehen war (s. u. S. 54).

abhängig gemacht, daß der Asylsuchende sich seiner Waffen begibt[41].

b) Die Lage der katholischen Kirche um 475

Für eine Vorstellung von der Lage der katholischen Kirche in Eurichs gallischem Herrschaftsgebiet — für die Verhältnisse in Spanien läßt sich gar nichts ausmachen; überhaupt scheint die spanische Kirche vor der Verlagerung des Westgotenreiches auf die Pyrenäenhalbinsel im Rahmen einer Kirchengeschichte des westgotischen Machtbereiches gar keine oder nur eine sehr periphere Rolle gespielt zu haben — und für die Beurteilung der Einstellung und Politik Eurichs ihr gegenüber sind wir ganz auf die Mitteilungen des Sidonius Apollinaris angewiesen. Diese erlauben immerhin, sich ein gewisses Bild von den Vorgängen zu machen. Dabei wird deutlich, daß das gerne auf Eurichs Religionspolitik angewandte Schema von Toleranz und Intoleranz[42] keinen ausreichenden Beurteilungsmaßstab zum Verständnis seines Vorgehens abgeben kann.

Während der Friedensverhandlungen der Jahre 474/75, und zwar wohl in ihrem ersten Stadium, richtete Sidonius einen Brief an Basilius, wohl den Bischof von Aix in der Provence[43], der zusammen mit Leontius von Arles, Faustus von Riez und Graecus von Marseille zunächst die Friedensverhandlungen führte[44]. Darin geht er sehr ausführlich auf die kirchliche Lage im gotischen Herrschaftsbereich ein. In der offenkundigen Absicht, damit in seinem antigotischen Sinne auf die bischöflichen Vermittler einwirken zu können, stellt er Eurichs Verhalten als ein wesentlich religiöses und religionspolitisches dar. Er fürchte, so schreibt er, daß die Haltung des Gotenkönigs sich nicht so sehr gegen die römischen Mauern als gegen die christlichen Gesetze richte[45], und er begründet diese

---

[41] Cod. Theod. IX 45,4

[42] Vgl. z. B. L. Schmidt, Ostgermanen, S. 525; K. F. Stroheker, Eurich, S. 37 ff.

[43] Dazu s. L. Duchesne, Fastes épiscopaux de l'ancienne Gaule I, Paris ²1907, S. 280.

[44] Sid., Ep. VII 6

[45] Sid., Ep. VII 6,6: »... praefatum regem Gothorum ... non tam Romanis moenibus quam legibus christianis insidiaturum pavesco.« Sidonius dürfte hier, abgesehen von der Absicht seines Schreibens, bischöfliche Unterstützung zu gewinnen, noch unter dem Eindruck des erfolgreichen — wenn auch aussichtslosen — Widerstandes von Clermont stehen. Von einer Abtretung der Auvergne an Eurich scheint jedenfalls zur Zeit der Abfassung dieses Briefes noch keine Rede zu sein; vgl. K. F. Stroheker, Eurich, S. 78 f.

Befürchtung aus der religiösen Einstellung Eurichs. Dem König sei, so werde erzählt, schon die Erwähnung des Begriffes katholisch so zuwider, daß man sich fragen könne, ob er die Führerschaft seines Volkes oder seiner Religionspartei innehabe — die Hand des Sidonius ist hier sehr deutlich, haben doch aller Wahrscheinlichkeit nach die westgotischen Arianer sich selbst als katholisch, die Katholiken aber als römisch bezeichnet. Zudem, so heißt es bei Sidonius weiter, sei er der irrigen Meinung, der Erfolg seiner Unternehmungen und Pläne werde ihm aufgrund seines ihm für recht geltenden Glaubens zuteil, während er ihn nach der Meinung des Berichterstatters tatsächlich doch nur infolge irdischen Glücks habe erringen können[46]. Hier kommt in der Tat der religiös-kirchliche Aspekt, den Eurichs Auseinandersetzung mit dem Imperium hat, zum Ausdruck, wird aber von Sidonius nur von der Seite des dogmatischen Gegensatzes her erfaßt, weil er allein in des Königs Überzeugung vom Wert seines arianischen Glaubens für sich und das westgotische Volk sein Verhalten gegenüber der katholischen Kirche begründet sieht — in wie weit mit Recht, wird zu fragen sein.

Über die kirchlichen Verhältnisse in Eurichs Machtbereich weiß Sidonius sodann Folgendes mitzuteilen[47]: Die Bistümer von Bor-

---

[46] Sid., Ep. VII 6,6: »Tantum, ut ferunt, ori, tantum pectori suo catholici mentio nominis acet, ut ambigas ampliusne suae gentis an suae sectae teneat principatum. ad hoc armis potens acer animis alacer annis hunc solum patitur errorem, quod putat sibi tractatuum consiliorumque successum tribui pro religione legitima, quem potius assequitur pro felicitate terrena.«

[47] Sid., Ep. VII 6,7 ff.: »Burdigala, Petrogorii, Ruteni, Lemovices, Gabalitani, Helusani, Vasates, Convenae, Auscenses multoque iam maior numerus civitatum summis sacerdotibus ipsorum morte truncatus nec ullis deinceps episcopis in defunctorum officia suffectis, per quos utique minorum ordinum ministeria subrogabantur, latum spiritalis ruinae limitem traxit. quam fere constat sic per singulos dies morientum patrum proficere defectu, ut non solum quoslibet haereticos praesentum verum etiam haeresiarchas priorum temporum potuerit inflectere: ita populos excessu pontificum orbatos tristis intercisae fidei desperatio premit. nulla in desolatis cura dioecesibus parochiisque. videas in ecclesiis aut putres culminum lapsus aut valvarum cardinibus avulsis basilicarum aditus hispidorum veprium fruticibus obstructus. ipsa, pro dolor, videas armenta non modo semipatentibus iacere vestibulis sed etiam herbosa viridantium altarium latera depasci. sed iam nec per rusticas solum solitudo parochias; ipsa insuper urbanarum ecclesiarum conventicula rarescunt. quid enim fidelibus solacii superest, quando clericalis non modo disciplina verum etiam memoria perit? equidem cum clericus quisque defungitur, si benedictione succidua non accipiat dignitatis heredem, in illa ecclesia sacerdotium moritur, non sacerdos. atque ita quid spei restare pronunties, ubi facit terminus hominis finem religionis? altius inspicite

2*

deaux, Périgueux, Rodez, Limoges, Mende[48], Eauze, Bazas, St. Ber-
trand-de-Comminges, Auch und einer noch viel größeren Anzahl von
Civitates seien durch den Tod ihrer bisherigen Inhaber vakant
geworden. Sie seien dann nicht wiederbesetzt und damit zugleich
auch der Möglichkeit einer Auffüllung der Reihen des nachgeord-
neten Klerus beraubt worden. Die Folge sei ein weitreichender
geistlicher Verfall, der nahezu täglich infolge des Todes weiterer
Bischöfe fortschreite. Die Seelsorge in Bistümern und Pfarreien sei
zum Erliegen gekommen. Die Kirchengebäude verwahrlosten und
zerfielen, sogar schon weidendes Vieh habe in sie Eingang finden
können. Die Verödung erstrecke sich nicht allein auf ländliche,
sondern auch schon auf städtische Gemeinden. Die geistliche Lage
des Kirchenvolkes sei trostlos; denn wenn ein Kleriker sterbe, ohne
daß für ihn ein Nachfolger ordiniert würde, dann sterbe in dieser
Gemeinde mit dem Geistlichen das geistliche Amt, und der Tod
eines Menschen bedeute so das Ende der Religion. Die Zahl der
ausgefallenen Bischöfe lasse die Menge des in seinem Glauben
gefährdeten Volkes ermessen. Schließlich seien noch zwei Bischöfe
namens Crocus und Simplicius aus ihren Städten ausgewiesen worden[49]. Angesichts solcher Verhältnisse solle Basilius mit den anderen an den Friedensverhandlungen beteiligten Bischöfen darauf
hinwirken, daß in dem von Eurich kontrollierten Gebiet Ordinationen von Bischöfen wieder zugelassen werden, »damit wir die
innerhalb des gotischen Gebietes lebende Bevölkerung Galliens,
wenn auch nicht aufgrund eines Bündnisses, so doch wenigstens
aufgrund des Glaubens halten können«[50].

Nach diesem beredten Bericht des Sidonius beschränken sich die
unmittelbaren Eingriffe Eurichs in das kirchliche Leben auf die
Verbannung zweier Bischöfe[51]. Doch kann diese Maßnahme, soweit
sich darüber mit einiger Wahrscheinlichkeit und Berechtigung Näheres vermuten und erschließen läßt, kaum als im eigentlichen
Sinne kirchenpolitisch betrachtet werden. Für eine Identifikation
des Crocus und damit für weitere Erwägungen fehlen zwar brauch-

---

spiritalium damna membrorum: profecto intellegetis, quanti subrepti sunt
episcopi, tantorum vobis populorum fidem periclitaturam.«
[48] Nicht Javols, s. É. Griffe, Gaule, S. 103.
[49] Sid., Ep. VII 6,9
[50] Sid., Ep. VII 6,10: »Agite, ... ut episcopali ordinatione permissa populos
Galliarum, quos limes Gothicae sortis incluserit, teneamus ex fide etsi non
tenemus ex foedere.«
[51] Zur Beschlagnahme einer katholischen Kirche für den arianischen Gottesdienst nach Greg. Tur., Glor. conf. 47 s. o. S. 9.

bare Anhaltspunkte[52], von Simplicius aber wird man mit hoher
Wahrscheinlichkeit doch annehmen dürfen, daß er derjenige Bischof
von Bourges war, auf dessen Wahl und Ordination Sidonius selbst
einen entscheidenden Einfluß ausgeübt hat[53]. Des Simplicius Vorgänger war zu einem Zeitpunkt gestorben, als infolge des gotischen
Vordringens der Verkehr des Metropolitansitzes Bourges mit den
anderen Bischofssitzen seiner Provinz Aquitania I mit Ausnahme
von Clermont unterbunden war[54]. Um die Nachfolge bewarb sich
eine große Zahl von Kandidaten[55]. Sidonius als der einzige noch
erreichbare Bischof der Provinz war von der Gemeinde um eine
Regelung der Verhältnisse angegangen worden. Im Interesse einer
kanonisch einwandfreien Ordination zog er seinerseits zwei weitere
Bischöfe hinzu, Agroecius von Sens, den Metropoliten der Senonia,
und Euphronius von Autun aus der burgundisch besetzten Lugdunensis I. Die Entscheidung über die Bischofswahl scheint allerdings
allein Sidonius herbeigeführt zu haben. Offenbar mit Hilfe der
Laien gegen einigen, jedoch wohl nur geringen Widerstand im
Klerus ist es ihm gelungen, die Wahl des Simplicius durchzusetzen[56]. Zwar hatte er Agroecius die Prärogative eingeräumt[57], aber
doch wohl nur, um dem Metropoliten der Nachbarprovinz gegen-

---

[52] É. Griffe, Gaule, S. 63 erwägt eine Identifikation des Crocus mit jenem
Bischof gleichen Namens aus der Namensliste des um 470 in Arles mit dem
Prädestinatianismus des Presbyters Lucidius befaßten Konzils (ed. Ch. Munier, S. 159); sein Sitz müsse demnach in der Nähe des Rhônetals, in Aquitanien oder besser noch in Narbonensis I gesucht werden; speziell denkt
Griffe (nach dem Vorbild Älterer) an Nîmes (a. a. O., S. 64, Anm. 44). Jedenfalls müßte es sich um eine Stadt handeln, die zur Zeit des leider nicht
genau datierbaren Konzils noch römisch, 474/75 aber westgotisch war. Nun
lassen sich aber für zwölf oder dreizehn von den dreißig Namen der arelatensischen Liste mit einiger Sicherheit die zugehörigen Sitze ausmachen.
Es sind Städte der römischen Provence und der burgundisch besetzten Provinzen, also solcher Gebiete, die entweder nie oder zum Zeitpunkt von Sid.,
Ep. VII 6 noch nicht westgotisch waren. Wenn diese geographische Verteilung der knappen Hälfte der Namen für die ganze Liste repräsentativ wäre —
und nach dem Befund der arelatensischen Konzilien des fünften Jahrhunderts (s. u. S. 48, Anm. 136) ist das sehr wahrscheinlich —, käme eine Identifikation des darin angeführten Crocus mit dem von Sidonius als verbannt
genannten nicht in Betracht. Dafür, daß er als Bischof von Nîmes anzusehen
sei, fehlt jeder Anhaltspunkt.
[53] Sid., Ep. VII 5; VII 8; VII 9
[54] Sid., Ep. VII, 5,1.3; s. u. S. 25 f.
[55] Sid., Ep. VII 5,1; VII 9,2
[56] Sid., Ep. VII 9,2 f.; vgl. VII 8,3
[57] Sid., Ep. VII 5,4

über die Form zu wahren und damit eine notwendige Voraussetzung für seine Beteiligung an der Ordination zu schaffen.

In seinem Schreiben an Euphronius von Autun[58], vor allem aber in seiner anläßlich der Wahl in Bourges gehaltenen Rede[59] sucht Sidonius seinen Kandidaten zu charakterisieren[60], um seine Eignung für das ihm zu übertragende Bischofsamt zu beweisen. Simplicius ist ein Laie aus dem einheimischen Adel. Neben den Vorzügen seiner Abstammung, seiner Bildung und Begabung, seinen sittlichen und menschlichen Qualitäten weiß Sidonius auch seine diplomatischen Fähigkeiten und Erfahrungen zu rühmen. Mehr als einmal habe er im Interesse der Civitas vor pelzbekleideten Königen oder purpurgekleideten Herrschern gestanden[61]. »Schließlich ist er es, dem sich, da er ins Gefängnis geworfen war, das vielfach verriegelte Schloß eines barbarischen Kerkers durch göttliche Fügung auftat.[62]«

Diese letzte Bemerkung in des Sidonius Charakteristik seines Kandidaten verdient besonderes Interesse. Zwar läßt sich nicht ausmachen, in welchen historischen Zusammenhang die Inhaftierung des Simplicius durch die Barbaren gehört — man könnte immerhin an eine vorübergehende westgotische Besetzung von Bourges nach der Schlacht bei Déols 469 denken —, aber in der Erwähnung des dem Bischofskandidaten seitens der Barbaren widerfahrenen Geschicks deutet sich doch das an, was auch schon das Interesse des Sidonius gerade an diesem Kandidaten vermuten läßt, daß nämlich die politische Einstellung des Simplicius der des Sidonius verwandt gewesen sein muß. Wie dieser hätte er demnach den Grundsatz vertreten, um der Werte des Römertums willen den Ausbreitungsbestrebungen der barbarischen Völker in Gallien jeden möglichen Widerstand entgegenzusetzen. In einer solchen Einstellung und einem entsprechenden Verhalten und Wirken des Simplicius auf dem Bischofsstuhl von Bourges könnte dann auch der Grund dafür zu sehen sein, daß ihn nach der endgültigen gotischen Besetzung der Stadt Eurichs Verbannungsurteil traf, so wie es auch Sidonius nach der Besetzung von Clermont treffen sollte, als politische Kampfmaßnahme gegen eine bestimmte Persönlichkeit und deren Einfluß, nicht aber als kirchenpolitische Maßnahme gegen-

---

[58] Sid., Ep. VII 8
[59] Sid., Ep. VII 9,5 ff. (contio)
[60] Sid., Ep. VII 8,2 f.; VII 9,16 ff.
[61] Sid., Ep. VII 9,19
[62] Sid., Ep. VII 9,20

über dem Episkopat. Daß es sich im Falle des unbekannt bleiben-
den Bischofs Crocus ebenso verhalten habe, darf man vielleicht
annehmen.

In gleicher Weise ist nun aber auch jene andere aus dem Bericht
des Sidonius zu entnehmende Maßnahme Eurichs verstanden worden, das Unterbinden einer Neubesetzung vakant gewordener Bistümer[63]. Es ist jedoch zu fragen, ob man so tatsächlich zu einem hinreichenden Verständnis für den Sinn dieses Vorgehens kommt oder
ob dabei nicht vielmehr die Einstellung Eurichs zum katholischen
Episkopat und der katholischen Kirche in einem falschen Licht
erscheint. Wenn sich Bischöfe seiner nationalgotischen Politik gegenüber erkennbar feindlich verhielten und das zudem noch in den
Jahren der entscheidenden Kämpfe um die Verwirklichung dieser
Politik und ihrer Ziele, dann ist es nur sehr wenig wahrscheinlich,
daß sich Eurichs Gegenmaßnahmen darauf beschränkt haben sollten, ihren Tod abzuwarten und erst dann eine Neubesetzung ihrer
Stelle zu verhindern[64]. Das zeigt schon die Verbannung des Simplicius und des Sidonius. Es wird sich bei diesem Unterbinden einer
Neubesetzung erledigter Bistümer nicht um gezielte, auf einzelne
Punkte bestimmten Widerstandes oder erkennbarer Gefahr gerichtete Kampfmaßnahmen gehandelt haben. Vielmehr erweckt einmal
schon die Darstellung des Sidonius an sich den Eindruck, daß dabei
eine generelle Maßregel vorlag, mit deren fortdauernder Wirkung
Sidonius rechnet, und zum anderen macht auch die Zahl der betroffenen Civitates[65] wahrscheinlich, daß es sich bei ihnen nicht nur um
eine Auswahl aus der Gesamtzahl der erledigten bischöflichen Sitze
gehandelt hat. Sie umfaßt mehr als den vierten Teil der Bistümer,
die für die Zeit Eurichs und das 474/75 wahrscheinlich westgotische
Gebiet belegt oder als sicher anzunehmen sind, und dieser Anteil
an Vakanzen muß längstens in den acht Jahren seit Eurichs Regie-

[63] L. Schmidt, Ostgermanen, S. 525: »... eine Maßregel, die durch das staats-
feindliche Verhalten der seitherigen Inhaber veranlaßt worden zu sein
scheint.« Im gleichen Sinn ausführlich K. F. Stroheker, Eurich, S. 48 ff.
[64] Die von K. F. Stroheker, Eurich, S. 48, Anm. 48 zum Vergleich herangezogenen »gleichartigen Maßnahmen Geiserichs« (Vict. Vit., Hist. pers. I 23)
unterscheiden sich von denen Eurichs gerade im wesentlichen Punkt: die
letzten Inhaber der vakanten Stellen waren von Geiserich schon zu ihren
Lebzeiten verbannt worden.
[65] Man darf sicherlich damit rechnen, daß die von Sidonius, Ep. VII 6,7 genannten neun Bistümer alle ihm bekannten sind. Dagegen wird der »multoque iam maior numerus civitatum« ohne Bischöfe am Schluß dieser Aufzählung nur eine nach Stil und Absicht des Schreibens verständliche Übertreibung sein.

rungsantritt angefallen sein[66]. Die von Sidonius beschriebenen kirchlichen Verhältnisse müssen demnach schon eingeschätzt werden als
Folgeerscheinung eines umfassenden königlichen Vorgehens und
können nicht nur als das Ergebnis einer Summe von Einzelmaß-
nahmen gegen punktuelle Manifestationen ideologisch-politischen
Widerstandes aufgefaßt werden.

Daß nun ein derartiges umfassendes und allgemeines Vorgehen
nicht auf den Episkopat als solchen, als Träger und Repräsentanten
der katholischen Kirche innerhalb des westgotischen Herrschaftsgebietes gezielt gewesen sei, sondern ihm allein im Blick auf die
beherrschende Rolle gegolten haben sollte, die der gallo-römische
Adel in seinen Reihen spielte, ist schwerlich anzunehmen. Man darf
die Haltung dieses senatorischen Adels zur westgotischen Herrschaft
vor allem nicht nur oder auch nur vorwiegend von Sidonius Apollinaris her beurteilen. Vielmehr muß man auch in seinen Reihen mit
Tendenzen partikularistischer Art und Vorstellungen provinzialer
Eigenständigkeit rechnen, die durchaus den politischen Absichten
Eurichs entgegenzukommen vermochten[67]. Daraus erklärt sich die
vielfach belegte Bereitschaft zu positiver Zusammenarbeit mit der
gotischen Macht auch unter der von Eurich gestellten Bedingung
eigener Souveränität — es wären hier zu nennen der mit Eurich

---

[66] Es sind 9 von 32 Sitzen (einschließlich Tours und Bourges) vakant, das sind
28 %. Das statistische Argument für die Allgemeinheit der Maßnahme Eurichs
wird noch stärker, wenn man die Verteilung der neun Vakanzen auf das
schon 466 wahrscheinlich gotische und das erst seit 469 von Eurich eroberte
Gebiet beachtet: im altgotischen, also länger unter Eurich stehenden Gebiet
ist das Verhältnis 19 : 6 (etwa 32 % Vakanzen), im neu eroberten 13 : 3 (etwa
23 % Vakanzen). — Gegen die Annahme, es habe sich um ein generelles
Vorgehen Eurichs gehandelt, spräche nach K. F. Stroheker, Eurich, S. 55
auch, daß für Spanien nichts dergleichen belegt sei. Nun läßt aber einmal
die Quellenlage für die spanischen Vorgänge ein argumentum e silentio in
diesem Fall als besonders fragwürdig erscheinen, und andererseits darf nicht
schon eine vollständige Integration Spaniens in das Reich von Toulouse angenommen werden; sie liegt noch nicht einmal zur Zeit des Konzils von
Agde, 506, vor (s. dazu R. de Abadal y de Vinyals, Del reino . . ., S. 43—47).
— Ist das Verbot neuer Ordinationen eine generelle Maßregel Eurichs, dann
lassen sich nicht, wie Stroheker, Eurich, S. 53 versucht hat, aus der geographischen Verteilung der vakanten Sitze Rückschlüsse auf eine bestimmte
politische Situation ziehen, da diese Verteilung zufällig ist. — Auf der anderen Seite ist es aber auch kaum möglich, mit de Abadal (a. a. O., S. 28) nur
»una debilitación general del espíritu religioso en el país« für das Vakant-
bleiben der Bistümer verantwortlich zu machen und auf diese Weise Eurichs
Haltung ihres kirchenpolitischen Aspektes zu entkleiden.
[67] Vgl. dazu K. F. Stroheker, Geschichtl. Stellung, S. 115—117.

sympathisierende Praefectus Praetorio Galliarum Arvandus[68], der
sich offen auf die gotische Seite stellende Vicarius VII Provinciarum
Seronatus[69], ferner die direkt in Eurichs Diensten stehenden Römer,
sein Kanzler Leo[70], der Dux der Aquitania I Victorius[71], der Dux
Hispaniarum Vincentius[72], der Flottenbefehlshaber Namatius[73], und
selbst ein Sidonius scheint zuletzt den Wandel der Verhältnisse
akzeptiert und nicht nur in negativem Sinn gewertet zu haben[74].
Anlaß zu einem grundsätzlichen und allgemeinen Mißtrauen der
galloromanischen Aristokratie gegenüber scheint also Eurich weder
gehabt, noch scheint er ein solches Mißtrauen geübt zu haben.
Man müßte allerdings seinem Vorgehen gegenüber der katholischen Kirche die Konsequenz absprechen und die Einheitlichkeit
seiner Motivierung infrage stellen, wenn anzunehmen wäre, daß
die schon erwähnte Wahl und Ordination des Bischofs Simplicius
von Bourges, die ja während der Zeit der kriegerischen Auseinandersetzungen zwischen 469 und 474/75 stattgefunden hat[75] und
zudem ausschließlich von Bischöfen aus feindlichem, römischem und
burgundischem Gebiet durchgeführt wurde, mit dem Einvernehmen
oder doch unter der Duldung Eurichs erfolgt sei[76]. Diese schon an

[68] Sid., Ep. I 7; s. Nr. 37 der Prosopographie bei K. F. Stroheker, Senator.
   Adel, S. 137 ff.
[69] Sid., Ep. II 1; V 13; VII 7,2; s. Nr. 352 bei Stroheker, a. a. O.
[70] Sid., Ep. IV 22,3; VIII 3,3; Ennod., Vita Epif. 85; s. Nr. 212 bei Stroheker,
   a. a. O.
[71] Sid., Ep. VII 17,1; Greg. Tur., Hist. II 20, vgl. Glor. mart. 44.
[72] Chron. Gall. 652; 653
[73] Sid., Ep. VIII 6; s. Nr. 255 bei Stroheker, a. a. O.
[74] Sid., Ep. VIII 9,5
[75] Sid., Ep. VII 5,3
[76] So die gängige Auffassung, z. B. G. Yver, Euric, S. 44; L. Schmidt, Ostgermanen, S. 525; K. F. Stroheker, Eurich, S. 55. Für die praktizierte Möglichkeit eines offiziellen kirchlichen Verkehrs zwischen römischem und gotischem Territorium in diesen Kampfjahren führt Stroheker, a. a. O., S. 56
   (vgl. Yver, a. a. O.) zudem noch an, daß »in dem ebenfalls schon westgotischen Rodez ein von dem gallo-romanischen Adligen Elaphius erbautes
   Baptisterium ... von Sidonius eingeweiht werden konnte« (Sid., Ep. IV 15).
   Es ist sicherlich richtig, die Ausdrucksweise des Sidonius in Ep. IV 15,1 f.,
   sein Reden von der Ungunst der Zeit und seine Hoffnung, Elaphius möge
   nach Beruhigung der Zeitläufte Bischof von Rodez werden können, dahingehend zu deuten, daß zur Zeit dieses Briefes der Krieg im Gange und
   Rodez schon gotisch besetzt und ohne Bischof war. Aber die Taufkirche, zu
   deren Einweihung Sidonius sich aufmacht, liegt gar nicht in der Stadt Rodez
   selbst, sondern in einem schwer zugänglichen Castellum im Gebirge (Ep. IV
   15,3), und gerade die Reise des Sidonius dorthin läßt am ehesten vermuten,
   daß dieses Castellum damals nicht in gotischen Händen war.

sich recht wenig wahrscheinliche Annahme beruht auf der keineswegs gesicherten Voraussetzung, Bourges müsse schon seit der
Schlacht bei Déols 469 ständig zum westgotischen territorialen Besitzstand gehört haben. Das wird erschlossen aus dem Brief des
Sidonius an Agroecius von Sens anläßlich der Bischofswahl in Bourges. Darin rechtfertigt Sidonius seinen Schritt, den Metropoliten
der Senonia um einen Eingriff in die Nachbarprovinz anzugehen,
mit dem Hinweis, daß »der Krieg von den Städten der Aquitania I
allein Clermont dem römischen Gebiet belassen hat; daher fehlt es
uns für die Einsetzung des Bischofs der genannten Stadt (= Bourges) an der Zahl der Amtsbrüder aus der Provinz«[77]. Daraus darf
jedoch nicht gefolgert werden, daß auch Bourges zur Zeit der Abfassung dieses Briefes nicht mehr römisch war. Denn diese Auffassung würde wie den Vorgang selbst so auch die Worte des Sidonius
nur schwer verständlich werden lassen. Was er sagen will, ist doch
dies: Von allen eigentlich ordnungsgemäß in Betracht kommenden
Städten — zu diesen kann natürlich nicht Bourges selbst als der neu
zu besetzende Bischofssitz gehören — ist tatsächlich zum Handeln
nur noch Clermont in der Lage, und zwar zweifellos deshalb, weil
es allein die Voraussetzung erfüllt, unter der ein offizieller kirchlicher Verkehr mit Bourges noch möglich ist, und das kann nur
heißen, weil es allein mit Bourges zusammen noch zum römischen
Gebiet gehört[78]. Unter anderen Voraussetzungen wäre die Möglichkeit einer freien Aktion ausgerechnet des Sidonius in Bourges auch
kaum denkbar, und es ist daher verfehlt, aus den Vorgängen dieser
Bischofswahl Rückschlüsse auf die Kirchenpolitik Eurichs und die
Lage der katholischen Kirche im westgotischen Machtbereich ziehen
zu wollen. Was sie allein erkennen lassen können, ist die Tatsache,
daß die aus den politischen Machtverhältnissen jener Jahre resultie-

[77] Sid., Ep. VII 5,3: »... de urbibus Aquitanicae primae solum oppidum
Arvernum Romanorum reliquum partibus bella fecerunt. quapropter in
constituendo praefatae civitatis antistite provincialium collegarum deficimur
numero.«

[78] Vermutlich hat Eurich 469 Bourges infolge des von Gregor von Tours be-
richteten (Hist. II 18) erfolgreichen römisch-fränkischen Eingreifens nach der
Schlacht bei Déols nicht halten können (so auch É Griffe, Gaule, S. 54 f.).
Die Annahme, daß es sich mit Tours ähnlich verhalten haben mag, wird
dadurch nahegelegt, daß Sidonius bald nach der Ordination des Simplicius
dem Perpetuus von Tours auf dessen Anforderung hin noch seine bei der
Wahl in Bourges gehaltene Rede übersandt hat (Sid., Ep. VII 9). Zu beachten ist in diesem Zusammenhang die spätere Notiz des Sidonius über
eine scharfe Überwachung und Kontrolle des brieflichen Verkehrs im gotischen Bereich in einer Zeit politischer Spannungen (Ep. IX 3,2).

renden Grenzziehungen die Funktionen des Metropolitanverbandes empfindlich stören konnten.

Es würde ganz dem sich so ergebenden Bilde entsprechen, und man darf es wohl für ziemlich sicher halten, daß Eurich auch den Verkehr des katholischen Episkopats seines Herrschaftsgebietes mit Rom unmöglich gemacht hat. Die Jahre seiner Regierung fallen in die zeitliche Lücke, welche die römisch-gallische Korrespondenz zwischen den letzten nach Gallien gerichteten Schreiben des Hilarus[79] und dem Brief Gelasius I. in Aeonius von Arles vom 23. August 494[80] aufweist. Zudem spricht dieser Brief, in dem Gelasius mit über zweijähriger Verspätung seine Erhebung auf den römischen Stuhl anzeigt, auch ausdrücklich von einer längeren Unterbrechung des Verkehrs, so daß die genannte Lücke nicht oder doch nicht ganz auf einen überlieferungsgeschichtlichen Zufall zurückgeführt werden kann. Die Wiederaufnahme des Kontaktes mit Rom ist im übrigen von gallischer Seite aus erfolgt im Zusammenhang mit der Reise eines Presbyters Euphronius und eines Laien Restitutus nach Rom, die auf ihrer Rückreise das Schreiben des Gelasius überbringen, und sie darf sicherlich auf dem Hintergrund der völlig gewandelten politischen Verhältnisse gesehen werden, wie er durch die im Frühjahr 493 mit der Ermordung Odowakars durch Theoderich abgeschlossene Errichtung der Ostgotenherrschaft in Italien gekennzeichnet ist.

c) Die Kirchenpolitik Eurichs

Die erhaltenen Nachrichten und Hinweise lassen im ganzen einigermaßen deutlich erkennen, daß Eurich gegenüber der katholischen Kirche eine einheitliche und bewußte Politik betrieben hat, und zwar — sofern es gerechtfertigt ist, aus der Zahl der von Sidonius genannten Vakanzen auf die Dauer zu schließen, während der das Neubesetzungsverbot des Königs wirksam gewesen ist — schon früh, wahrscheinlich von Anfang seiner Regierung an betrieben hat. Die Richtung dieser Politik wird aus den von Sidonius beschriebenen kirchlichen Verhältnissen der Zeit um 474/75 erkennbar. Sie zielte offensichtlich auf eine unter Verzicht auf gewaltsame Maß-

[79] Entweder die Schreiben des Jahres 464 in der Angelegenheit des Mamertus von Vienne (Jaffé 557—559) oder das zwischen 463 und 466 zu datierende Schreiben »Movemur ratione« (Jaffé 562) über die Metropolitanrechte von Embrun.
[80] »Inter difficultates varias« (Jaffé 640). — »Inter ingruentium« vom 25. Januar 494 an Rusticus von Lyon (Jaffé 634) ist eine Fälschung J. Vigniers.

nahmen durchgeführte langsame Stillegung der kirchlichen Institutionen[81]. Mit dieser negativ gerichteten Politik scheinen aber keinerlei offizielle Versuche zu einer Arianisierung der galloromanischen Bevölkerung einhergegangen zu sein. Jedenfalls finden sich dafür weder bei Sidonius noch anderweitig irgendwelche Anhaltspunkte[82], und es ist darüber hinaus zu beachten, daß nach den Angaben des Sidonius die katholischen Kirchen zu einem Teil zwar verfallen, weil sie nicht mehr durch Kleriker versorgt sind, aber daß sie nicht dem arianischen Gottesdienst zugeführt werden. Das Auf-

---

[81] So urteilt z. B. auch Z. García Villada, Historia II 1, S. 37 mit der treffenden Formulierung: »... más que por violencia, intentó Eurico acabar con la Iglesia por la extinción de la jerarquía.« In der deutschen Darstellungstradition herrscht dagegen die Vorstellung, Eurich habe aus einem Prinzip der Toleranz heraus die katholische Kirche als solche sich selbst überlassen.

[82] E. Loening, Geschichte I, S. 515, Anm. 3 betrachtet als Indiz für eine versuchte Zwangsarianisierung die cc. 10 (»de his qui in persecutione praevaricati sunt ...«) und 11 (»Si qui vero dolore victi et pondere persecutionis negare vel sacrificare compulsi sunt ...«) der als Kanones des zweiten Konzils von Arles überlieferten, in der zweiten Hälfte des fünften Jahrhunderts entstandenen Sammlung, und zwar unter der Voraussetzung, daß es sich tatsächlich um Beschlüsse eines zur Zeit Eurichs tagenden Konzils handele (Loening versucht sogar, das angenommene Konzil aufgrund dieser Auffassung von cc. 10 f. näher zu datieren). Zum Sammlungscharakter des Arelatense II vgl. jedoch C. H. Turner, Arles and Rome: the first developments of canon law in Gaul (Journal of Theol. Studies 17, 1916, S. 236 bis 247), S. 239 ff., der die Sammlung gegen 450 ansetzt. Gegen die Annahme von B. Krusch, MG ScrRerMer III, S. 440 f., es könne sich um die Kanones eines arelatenser Konzils vom 6. April 515 handeln, spricht schon die Tatsache, daß bereits das Konzil von Agde 506 aller Wahrscheinlichkeit nach das zweite Arelatense voraussetzt (s. u. S. 59, Anm. 183). Als Bestandteil einer nicht genau datierbaren und vielleicht sogar schon vor die Zeit Eurichs fallenden Sammlung können diese Kanones gegenüber der Darstellung des Sidonius und angesichts des Fehlens anderer Hinweise auf gotische Gewaltmaßnahmen (man vgl. dagegen das Echo der wandalischen Religionspolitik) gar nicht ins Gewicht fallen. Im Blick auf andere Bestimmungen könnte man meinen, das Arelatense II setze normale, unbehinderte kirchliche Verhältnisse voraus, die Möglichkeit regulärer Bischofsordinationen (! cc. 5 f.; 42; 54), von Synoden (cc. 18 f.) und Kirchenbauten (cc. 36 f.; vgl. allerdings die Bautätigkeit des von Eurich eingesetzten Dux Victorius in Clermont: Greg. Tur., Hist. II 20). Aber es ist überhaupt zu fragen, ob eine solche kanonistische Sammlung in allen Einzelheiten als Widerspiegelung bestimmter Verhältnisse ausgewertet werden darf; c. 11 spricht doch deutlich von einem durch Zwangsmaßnahmen erpreßten Abfall zum Heidentum, und nach c. 16 (vgl. Conc. Nic., c. 19) müßte man das Vorhandensein von Anhängern des Paulus von Samosata voraussetzen (vgl. allerdings zu den ebenfalls erwähnten Photinianern Sid., Ep. VI 12,4). — Vgl. zu den Statuta ecclesiae antiqua (s. u. S. 31, Anm. 91).

treten eines Goten Modahari, der werbend für das arianische Bekenntnis wirkt, ist unter diesen Umständen — ganz abgesehen davon, daß es keineswegs sicher ist, ob es überhaupt in die Zeit Eurichs oder in den Raum des 474/75 westgotischen Territoriums gehört — gewiß nicht als Indiz für eine allgemeine, umfassende und staatlich gelenkte oder hervorgerufene Arianisierungskampagne verwertbar[83].

Dieses Fehlen eines aktiven Zuges in Eurichs kirchlicher Politik macht deutlich, daß sie ihre tragenden Impulse nicht von dem Ziel der Durchsetzung einer Rechtgläubigkeit und einer dadurch zu gewinnenden Glaubenseinheit seines Herrschaftsgebietes empfangen haben kann. Die beherrschende Zielsetzung ist allein die negative einer Ausschaltung der katholischen kirchlichen Institution. Mit dieser klaren Zielsetzung aber stellt Eurichs Verhalten den religiös-kirchlichen Teilaspekt seiner westgotischen Souveränitätspolitik und vor allem der sie beherrschenden Souveränitätsidee dar. Diese mußte grundsätzlich eine Ausschaltung der katholischen Kirche verlangen, solange nicht ihre positive Eingliederung in den westgotischen Staat und in das Gefüge der allein dessen Souveränität verkörpernden herrschaftlichen Gewalt des westgotischen Königtums als möglich erschien. Eine solche Möglichkeit mußte aber in der Tat für fraglich gehalten werden, wenn der dogmatische Gegensatz unter dem Aspekt der ihm aus der geschichtlichen Entwicklung zugewachsenen politischen Bezüge gesehen und die katholische Kirche daher als eine auch im politischen Sinn wesentlich römische Größe verstanden wurde. Dieses Verständnis war ein Erbteil der voraufgehenden Epoche westgotisch-römischer Beziehungen und hat sichtlich seinen Einfluß auf Eurichs politisches Denken geübt

---

[83] Der Bischof Basilius von Aix hat sich in einer Disputation dem gotischen Arianer Modahari gegenüber überlegen erwiesen: Sid., Ep. VII 6,2. Der Zeitpunkt dieser Auseinandersetzung, die Sidonius selbst miterlebt zu haben scheint, fällt einige Zeit vor 474/75, und es ist nicht auszuschließen, daß sie in der Provence stattgefunden hat. Die Verallgemeinerung des Falles Modahari zur Charakterisierung der Maßnahmen Eurichs bei Heinz-Eberhard Giesecke, Die Ostgermanen und der Arianismus, Leipzig/Berlin 1939, S. 96 ist jedenfalls nicht statthaft. Wenn Sidonius sich darüber beklagt (a. a. O.), »qualiter ecclesiasticas caulas istius haereseos« (nämlich des Arianismus) »lupus, qui peccatis pereuntium saginatur animarum, clandestino morsu necdum intellecti dentis arrodat«, wird doch wohl deutlich genug, daß er von einem unmittelbaren, noch dazu auf breiter Front vorgetragenen arianischen Angriff auf den Glauben der romanischen Katholiken, den er sich in der Situation und Absicht dieses Briefes an Basilius von Aix kaum hätte entgehen lassen können, nichts zu berichten weiß.

und jedenfalls bis 475 seine kirchenpolitische Grundtendenz bestimmt. In der Intensität ihrer Durchführung hat er dabei aber
zugleich auch ein Maß an Zurückhaltung und Vorsicht an den Tag
gelegt, das ihm einen hohen Grad staatsmännischer Umsicht be-
scheinigt.

Über sein kirchenpolitisches Verhalten in der Folgezeit nach 475
läßt sich nichts Näheres ausmachen. Der Tatsache, daß die Verbannung des Sidonius, die nach der Besetzung von Clermont ausgesprochen worden war, später wieder aufgehoben wurde, darf in
diesem Zusammenhang kein größeres Gewicht beigemessen werden. Sidonius ist nicht als Bischof, sondern als politischer Gegner
Eurichs und der westgotischen Souveränitäts- und Ausdehnungs-
bestrebungen verbannt worden. Außerdem verdankt er seine Befreiung der Fürsprache des Kanzlers Leo[84]. Im übrigen kann man
nur wenige Vermutungen äußern. Die Relegation des Faustus von
Riez, die aus einigen seiner Briefe zu erschließen ist[85], mag zwar —
ohne daß man das allerdings sicher behaupten könnte — in die
Regierungszeit Eurichs fallen, in die Jahre nach dem Gewinn der
Provence (477), wie allgemein angenommen wird[86], aber ihre Hintergründe bleiben ganz im Dunkeln. Daß die Vermutung, seine
offene antiarianische Polemik[87] habe die Verbannung ausgelöst, das
Richtige trifft, braucht keineswegs als sicher oder gar selbstverständlich zu gelten. Doch ist ein politischer Anlaß zu einem Verbannungsurteil über ihn noch weniger zu erkennen. Eine anläßlich der gotischen Besetzung der Provence gehaltene, wohl auf Faustus zurück-
gehende Predigt zeigt vielmehr, daß ihm ein politischer Widerstand
gegenüber der gotischen Herrschaft, der in diesen Jahren auch wenig
realistisch und sinnvoll gewesen wäre, fernlag[88]. Daß seine Rückkehr[89] erst nach dem Tode Eurichs möglich gewesen sei, ist eine

[84] Sid., Ep. VIII 3,1
[85] Faust. Rei., Ep. VI Engelbrecht (S. 196,1) = XVI 2 Krusch; IX Engelbrecht
    (S. 211, 11 f.) = II 1 Krusch; XII Engelbrecht (S. 218, 16 f.) = V 1 Krusch
[86] So z. B. B. Krusch, MG AuctAnt VIII, S. LVII; A. Engelbrecht, CSEL 21,
    S. X; K. F. Stroheker, Eurich, S. 58; É. Griffe, Gaule, S. 70. Unter Alarich II.
    wird sie dagegen von M. Torres, Las invasiones, S. 83 angesetzt.
[87] Vgl. Gennad. Massil., Vir. ill. 86: ein »Schriftchen« des Faustus adversum
    Arianos et Macedonianos; zur Identifizierung s. Josef Huhn, De ratione fidei
    als ein Werk des Faustus von Reji: Theolog. Quartalschrift 130 (1950), S. 176
    bis 183; vgl. E. Dekkers, Clavis 964.
[88] Ps.-Euseb. Emes., Sermo 24 (in Litaniis); vgl. dazu É. Griffe, Gaule, S. 66
    bis 70.
[89] Ep. XII Engelbrecht (S. 218, 16 f.) = V 1 Krusch

zwar oft vertretene[90], aber durchaus nicht zwingend notwendige Annahme. Bleiben schon die konkreten Umstände der Verbannung des Faustus ganz im Dunkeln, so kann von diesem Ereignis erst recht kein Licht auf die allgemeinen kirchenpolitischen Verhältnisse fallen. Es muß daher die Frage offen bleiben, ob und wie weit Eurich seine vor 475 eingeschlagene Richtung der Kirchenpolitik gegenüber der katholischen Kirche weiter verfolgt hat[91]. Daß er Ordinationen von Bischöfen in der letzten Zeit seiner Regierung, nach dem siegreichen Abschluß des Kampfes um seine politischen Ziele und nach dem Untergang des weströmischen Reiches wieder zugelassen hätte, wäre nicht undenkbar. Zur Zeit Alarichs II. ist dann auf jeden Fall ein praktischer Modus vivendi zwischen gotischem Staat und Königtum und katholischer Kirche gefunden, wie die Erhebung des Caesarius zum Metropoliten von Arles zeigt. Eine grundsätzliche neue Ausrichtung der westgotischen Kirchenpolitik auf Grund einer positiven Neubestimmung des staatlich-kirchlichen Verhältnisses ist allerdings erst am Ende der Regierung Alarichs erfolgt.

[90] Z. B. B. Krusch, MG AuctAnt VIII, S. LVII; A. Engelbrecht, CSEL 21, S. XI; K. F. Stroheker, Eurich, S. 58.

[91] Ch. Munier hat die von ihm herausgegebenen und mit hoher Wahrscheinlichkeit dem Gennadius von Marseille zugeschriebenen Statuta ecclesiae antiqua für die historischen Verhältnisse im einzelnen auszuwerten versucht (Les Statuta ecclesiae antiqua, Paris 1960, S. 235 ff.), um dabei Anhaltspunkte für eine genaue Datierung zu gewinnen. Aufgrund von c. 70 (»Christianum catholicum, qui pro catholica fide tribulationes patitur, omni honore a sacerdotibus honorandum, etiam in quotidiani victus ministerio«) denkt er an Verfolgungsmaßnahmen gegen einzelne, aber nicht an eine umfassende, grundsätzlich motivierte Verfolgung: »Ce n-est là, semble-t-il, qu'une persécution larvée, qui dépouille les catholiques aisés de leurs biens et les réduit à la mendicité« (S. 233 f.). Im übrigen setzten die Statuta immer die Möglichkeit eines ordnungsgemäßen und freien Funktionierens der kirchlichen Institutionen voraus. Man muß jedoch stets damit rechnen, daß in einer planmäßig ausgearbeiteten und kasuistisch durchgeführten Kirchenordnung, wie sie die Statuta darstellen, bestimmte Situationen nur als reine Eventualitäten ins Auge gefaßt sind. Die Erhebung historischer Details aus einzelnen ihrer Bestimmungen muß daher starken methodischen Bedenken ausgesetzt sein, und so bleiben die entsprechenden Feststellungen Muniers wie auch seine darauf basierende Datierung der Statuta in die Zeit zwischen der gotischen Besetzung der Provence und dem Tod Eurichs anfechtbar. Übrigens sieht Munier auch die Gesamtsituation der Regierungszeit Eurichs nicht richtig, da er von ihm für die Zeit vor 475 das Bild eines gewaltsamen Katholikenverfolgers zeichnet (so schon Greg. Tur., Hist. II 25; vgl. dazu F. Görres, ThStKr 66, 1893, S. 717 ff.; K .F. Stroheker, Eurich, S. 42 ff.).

3. Die Zeit des inneren Ausbaus des Reiches durch Alarich II. (484—507)

a) Die Stellung der Katholiken zur westgotischen Herrschaft

Das geschichtliche Bild Alarichs II. wird vielfach davon überschattet, daß das Westgotenreich von Toulouse, wie es sein Vater eben erst geschaffen und zugleich zu einer vielversprechenden Vormachtstellung innerhalb des allerdings sehr labilen Systems der abendländischen Völkerwanderungsreiche geführt hatte, in der Zeit seiner Herrschaft so vollständig zusammenbrach, daß der tatsächliche Weiterbestand eines selbständigen westgotischen Staates ganz von politischen und militärischen Faktoren abhing, die außerhalb seiner selbst lagen. Schon Isidor von Sevilla verbindet mit seinem Bericht vom Zusammenbruch des Reiches Eurichs unter der Gewalt des fränkischen Ansturms ein moralisches Verdikt über die Person Alarichs[92], das ihn als einen müßigen Lebemann erscheinen läßt, und auch in neuerer Zeit ist sein Bild, vor allem in der deutschen Geschichtsschreibung, in recht ungünstigen Farben gezeichnet worden[93]. Aber man wird Alarich schwerlich historische Gerechtigkeit widerfahren lassen können, wenn man ihn und seine Herrschaft nur im Zusammenhang der Katastrophe von 507 sieht, als er in der Schlacht auf dem vogladensischen Felde bei Poitiers Reich und Leben verlor[94]. Denn immerhin hat er das Problem einer grundsätzlichen inneren Konsolidierung seines Reiches und einer Integrierung aller in ihm lebenden Kräfte energisch in Angriff genommen. Es war dies ein Problem, wie es sich angesichts der wachsenden Bedrohung durch Chlodwig besonders drängend stellen mußte, und Alarich hat es im Sinne der einen westgotischen Einheitsstaat anstrebenden Politik seines Vaters unter gleichzeitiger Beschränkung auf das in seiner Zeit politisch Mögliche überzeugend gelöst. Daher können seine entsprechenden Maßnahmen durchaus den Rang wirklicher staatsmännischer Leistungen beanspruchen: die Ergänzung der Rechtskodifikation Eurichs durch eine solche für die romanische Bevölkerung, die Lex Romana Visigothorum (Brevia-

---

[92] Hist. Goth. 36 in der kürzeren Rezension: »... qui cum a pueritia vitam in otio et convivio peregisset, tandem provocatus a Francis ... proelio inito extinguitur eoque interfecto regnum Tolosanum ... destruitur.«

[93] Sehr betont z. B. von L. Schmidt, Ostgermanen, S. 496 ff.

[94] Chron. Caesaraug. ad a. 507 (vgl. Isid., Hist. Goth. 36); Greg. Tur., Hist. II 37

rium Alaricianum)[95], und die damit in engstem Zusammenhang
stehende Lösung des von Eurich überkommenen kirchenpolitischen
Grundsatzproblems[96]. Die Früchte dieser innenpolitischen Leistungen, die ihn als würdigen Nachfolger seines Vater ausweisen, blieben Alarich dann allerdings infolge des raschen Fortgangs der von
Chlodwigs fränkischem Imperialismus bestimmten gewaltsamen
Entwicklung versagt. Die Lex Romana aber hat seinen Untergang
überlebt und dem germanischen Abendland, gerade auch dem fränkischen Reich, das römische Recht übermittelt.

Die ersten Anzeichen der kommenden machtpolitischen Entwicklung wurden für das westgotische Reich schon in den Anfangsjahren
der Regierung Alarichs vernehmbar. 486, unmittelbar nach der
Schlacht bei Soissons, bekam es unmißverständlich den fränkischen
Druck und den Anspruch der fränkischen Macht zu spüren. Chlodwig forderte ultimativ die Auslieferung des besiegten Syagrius, der
nach Toulouse unter westgotischen Schutz geflüchtet war. Alarich
sah sich damals — aus welchen Gründen ist nicht auszumachen —
veranlaßt, dieser Forderung nachzugeben[97]. Ende der neunziger
Jahre erhielt dann der Druck aus dem Norden für das Westgotenreich angesichts seiner Bevölkerungsmajorität katholischer Romanen
zwangsläufig auch einen innenpolitischen Aspekt infolge der Annahme des katholischen Christentums durch Chlodwig. Deren tatsächliche Bedeutung für die Selbstbehauptung des westgotischen
Reiches ist allerdings nicht ganz einfach einzuschätzen. Zwar schreibt
Gregor von Tours in diesem sachlichen Zusammenhang[98]: »Viele
hatten schon damals in Gallien den brennenden Wunsch, die Franken zu Herren zu haben,« aber es ist nicht statthaft, diese ver-
allgemeinernde Bemerkung des ganz aus der Sicht einer späteren
Zeit schreibenden und fränkisch orientierten Autors ohne weiteres,
wie öfter geschehen[99], als zuverlässiges und verwertbares Zeugnis

---

[95] Vgl. dazu das o. S. 15 f. und 15, Anm. 4 Ausgeführte.
[96] Ohne Einschränkung positiv bewertet A. Malnory, Césaire, S. 64 f., vgl. S. 90,
die Neuordnung Alarichs II., allerdings nur von ihren Folgen für die katholische Kirche her und ohne ihre grundsätzliche Bedeutung und ihre Stellung
im geschichtlichen Gesamtzusammenhang deutlich werden zu lassen.
[97] Greg. Tur., Hist. II 27
[98] Greg. Tur., Hist. II 35
[99] Z. B. F. Görres, ThStKr 66 (1893), S. 722 f.; L. Schmidt, Ostgermanen,
S. 499. Gegen die Überschätzung der Aussagen Gregors vgl. Georg Pfeil-
schifter, Der Ostgotenkönig Theoderich d. Gr. und die katholische Kirche
(Kirchengesch. Studien III 1/2), Münster 1896, S. 127, Anm. 3; auch P. B.
Gams, Kirchengeschichte II 1, S. 485 f.

für eine notwendige innere Bedrohung des Reiches von Toulouse
infolge der religiösen Entscheidung Chlodwigs anzusprechen.

Gregor entwertet seine Angabe nicht zuletzt selbst. So wie hier
zum gotischen Reich hatte er sich nämlich schon einige Kapitel zuvor
im Blick auf das Burgunderreich geäußert[100], und zwar in diesem
Falle im Zusammenhang eines Berichtes von Ereignissen, die vor
die Bekehrung Chlodwigs, in die Zeit unmittelbar nach dem Tode
des Sidonius Apollinaris (zwischen 480 und 490) fallen. Und die
auf das Westgotenreich bezügliche Bemerkung gehört im Gegensatz
zu Gregors eigener chronologischer Einordnung in den Zusammenhang von Ereignissen der Zeit zwischen 511 und 515. In beiden
Fällen leitet die Äußerung über die Sehnsucht nach fränkischer
Herrschaft zudem Erzählungen ein, die eine kanonisch anfechtbare
Besetzung des Stuhles von Clermont durch Bischöfe, die schon zuvor ein anderes Bistum innegehabt hatten, erklären sollen. Das erste
Mal handelt es sich um Aprunculus, der aus dem burgundischen
Langres nach Clermont überwechselt[101]. Im zweiten Fall geht es
um den, übrigens aus Afrika stammenden und daher vielleicht ger-
manisch-arianischer Herrschaft gegenüber besonders voreingenom-
menen[102] Bischof Quintian von Rodez. Im Verlauf einer Auseinandersetzung mit den Bürgern seiner Stadt sei ihm vorgeworfen
worden, er wünsche die fränkische Herrschaft herbei. Indem Gregor die Bürger von Rodez dies als Vorwurf anbringen läßt, stellt er
seine eigene Behauptung von einem allgemeinen Wunsch nach fränkischer Herrschaft unversehens wieder infrage. Diese Verdächtigung, so heißt es weiter bei Gregor, sei den Goten von Rodez zu
Ohren gekommen, und sie hätten daraufhin beschlossen, Quintian
aus dem Wege zu räumen. Dieser sei jedoch gewarnt worden, und
es sei ihm gelungen, bei Nacht zu fliehen. Er habe sich nach Cler-

---

[100] Hist. II 23: »... omnes eos (sc. Francos) amore desiderabili cupirent reg-
    nare.«
[101] Greg. Tur., Hist. II 23. Aprunculus von Langres wird von den Burgundern
    des Sympathisierens mit den Franken verdächtigt; er soll deshalb ermordet
    werden, flieht jedoch bei Nacht (nicht aus Langres, sondern) aus Dijon, und
    zwar nicht in den fränkischen Machtbereich, sondern in das westgotische (!)
    Clermont, wo er zum Nachfolger des kurz zuvor verstorbenen Sidonius
    Apollinaris gewählt wird. Da sein Nachfolger Eufrasius wiederum nach
    Greg. Tur., Hist. III 2 Chlodwig (gest. 27. November 511) um vier Jahre
    überlebte und im 25. Jahr seines Bischofsamtes starb, müßte Aprunculus
    schon 490/91 gestorben sein.
[102] Greg. Tur., Vit. Patr. IV 1: »Quintianus Afer natione«. Vgl. E. A. Thompson,
    Conversion, S. 5, Anm. 8: »As Quintianus was an African, he may have
    taken a more jaundiced view of Germans than many other bishops held.«

mont begeben und sich dort niedergelassen, später auch den bischöflichen Stuhl von Clermont erhalten[103]. Die Tatsache, daß er am 10. Juni 511 noch auf der ersten fränkischen Reichssynode zu Orléans als Bischof von Rodez zugegen war[104], zeigt jedoch, daß seine Vertreibung nicht die Zustände der Zeit Alarichs II., sondern die Grenz- und Herrschaftsverhältnisse voraussetzt, die erst nach dem Tod Chlodwigs und der darauf folgenden gotischen Rückeroberung von Rodez gegeben waren[105]. Sie darf daher nicht als symptomatisch für eine Beurteilung der Verhältnisse im Westgotenreich vor 507 angesehen werden, und ob sie für die Gegebenheiten ihrer eigenen Zeit in besonderem Maße charakteristisch ist, steht überdies auch nicht außer Frage. Gregors Bemerkungen über das angeblich verbreitete Streben in Gallien nach fränkischer Herrschaft zeigt jedenfalls im Grunde nicht mehr als das, daß Gregor es offensichtlich verstanden hat, Geschichtsdeutung aus fränkischer Sicht[106] mit Apologetik für Bischöfe seiner Heimatstadt Clermont, deren Verhalten aus streng kanonischer Sicht mißbilligt werden konnte, zu verbinden.

Was der Geschichtsschreiber tatsächlich über ein Sympathisieren katholischer Bischöfe mit der fränkischen Macht aus der Regierungszeit Alarichs zu berichten weiß, beschränkt sich auf Vorgänge in seinem eigenen Bistum Tours. Zwei seiner Vorgänger auf dem Stuhl des heiligen Martin, Volusianus und dessen Nachfolger Verus, gerieten in dieser Zeit in den Verdacht subversiver Tätigkeit zugunsten Chlodwigs und mußten aus diesem Grunde in die Verbannung gehen[107]. Es hieße jedoch auch hier, voreilig zu urteilen,

[103] Greg. Tur., Hist. II 36. Der Anschluß an die o. S. 33 angeführte Bemerkung am Ende von II 35: »Multi iam tunc ex Galleis habere Francos dominos summo desiderio cupiebant. Unde factum est, ut Quintianus Rutenorum episcopus per hoc odium ab urbe depelleretur.« — Man beachte die auffallende Parallelität dieses Berichtes mit dem über die Vertreibung des Aprunculus von Langres.

[104] Conc. Aurel. I, Unterzeichnerliste, ed. de Clercq, S. 13,9; 14,9; 15,12; 18,3; vgl. 16,9; 17,7; 18,7.

[105] Greg. Tur., Hist. III 21. Die Ereignisse (Rückeroberung von Rodez und Vertreibung des Quintian) müssen in die Zeit zwischen 511 (Tod Chlodwigs) und 515 (nach Greg. Tur., Hist. III 2 Wahl des Quintian zum Bischof von Clermont) fallen. Es ist zu beachten, daß Rodez durch die überkommene kirchliche Organisation nach Bourges orientiert war, das seit 507 fränkisch geblieben ist.

[106] Zum Standort der Geschichtsdeutung Gregors im Blick auf die Westgoten vgl. H. Messmer, Hispania-Idee, S. 64—72.

[107] Volusianus: Hist. II 26; X 31, Nr. 7. Wenn II 26 als Verbannungsort »Spanien« genannt wird, hat das gegenüber der präzisen Angabe »Toulouse« in

3*

wollte man die Hintergründe dieser Vorfälle von vornherein im
Gegensatz des katholischen Episkopats zum Arianismus der westgotischen Herrschaft suchen. Die politische Haltung und Tätigkeit
des Volusianus kann aus chronologischen Gründen nicht als eine
Wirkung von Chlodwigs Übertritt zum katholischen Christentum
gewertet werden. Er hatte wohl 488/89 bis 495/96 den bischöflichen
Stuhl von Tours inne[108], und seine Verbannung fällt in sein siebtes
Amtsjahr, also in das Jahr 495/96, spätestens in den Frühsommer
496. Die Ereignisse, die Anlaß zu Alarichs Einschreiten gegen ihn
geboten haben, könnten mit einem fränkischen Vorstoß nach Süden
in Zusammenhang stehen, der einen Nachklang in einer chronistischen Notiz[109] über die (Rück-)Eroberung von Saintes durch Alarich II. im Jahre 496 gefunden hat. Daß aber Chlodwig schon in
diesen Jahren die katholische Bevölkerung bewußt und nicht erfolglos gegen die westgotische Herrschaft ausgespielt habe[110], wird
durch diesen Konflikt des Volusianus mit seiner arianischen Obrigkeit keineswegs sichergestellt. Es muß nämlich insofern mit besonderen Verhältnissen gerechnet werden, als für die Bischöfe von
Tours ohnehin ein gewisses Interesse an einer Änderung der territorialen Verhältnisse in der Touraine anzunehmen ist, ganz unabhängig von den bekenntnismäßigen Aspekten der Machtgruppie-
rungen. Denn infolge der Zugehörigkeit von Tours zum Westgotenreich war die Stadt, der Sitz des Metropoliten der Lugdunensis III,
durch eine politische Grenze von ihrem Metropolitansprengel nördlich der Loire getrennt, und ihre Bischöfe mußten daher an der
Ausübung ihrer Metropolitangewalt spürbar gehindert sein[111].

Für die Verbannung von des Volusianus Nachfolger Verus findet
man bei Gregor keine Zeitangabe. Da Verus aber zum Konzil von
Agde am 10. September 506 einen Diakon delegiert hat, wird wohl
anzunehmen sein, daß er zu diesem Zeitpunkt noch seine Amts-
geschäfte in Tours ausüben konnte. Möglicherweise hat er sich auf

---

X 31 keinen Wert. Gregor identifiziert, von den Verhältnissen seiner Zeit
ausgehend, den westgotischen Machtbereich mit Spanien, vgl. Hist. II 25. —
Verus: Hist. X 31, Nr. 8.
[108] Zur Datierung s. W. v. d. Steinen, Chlodwigs Übergang, S. 476, Anm. 2
[109] Prosp., Chron. Cont. Hav. ad a. 496
[110] So W. v. d. Steinen, Chlodwigs Übergang, S. 476, Anm. 2.
[111] Zur Behinderung des kirchlichen Lebens durch die politischen Grenzen vgl.
Avit. Vien., Ep. 34 (S. 64,7 ed. Peiper). — Dazu, daß die politischen Grenzen für die Funktionen des Metropolitanverbandes ohne wesentliche Bedeutung gewesen seien, wie seit E. Loening immer wieder, aber kaum zu
Recht, angenommen wird, s. u. S. 39, Anm. 118.

dem Konzil vertreten lassen, weil die politische Aktivität, die ihm dann zum Vorwurf gemacht wurde, ihm eine Abwesenheit von Tours nicht erlaubte oder nicht geraten erscheinen ließ. Seine Verbannung wäre dann frühestens Mitte September 506 anzusetzen, und es ist recht gut denkbar, daß eine Zusammenkunft von ihm mit Caesarius von Arles einige Zeit nach dem agathenser Konzil, von der Caesarius in einem Brief an Ruricus von Limoges spricht[112], eine Folge seiner Ausweisung aus Tours ist. So stünde für Verus von der chronologischen Seite her zwar die Möglichkeit eines bestimmenden Einflusses der Hinwendung Chlodwigs zum katholischen Bekenntnis auf die politische Wirksamkeit und Einstellung des Bischofs ganz außer Zweifel, aber auf der anderen Seite bleibt es ebenso wenig ausgeschlossen, daß auch in diesem Fall ein spezielles kirchlich-territoriales Interesse von Tours den wesentlichen Ausschlag gegeben haben könnte. 506 war die Lage so, daß bei einer Fixierung der Loire-Grenze Tours von der entstehenden westgotischen Landeskirche aufgesogen werden mußte und damit in Gefahr stand, seinen Metropolitansprengel und damit seinen metropolitanen Rang ganz zu verlieren. Natürlich ist nicht zu bezweifeln, daß Chlodwigs Besuch am Grabe des heiligen Martin anläßlich eines Feldzuges nach Aquitanien im Jahre 498[113] Eindruck gemacht hat. Aber auffällig ist doch der zeitliche Abstand, der zwischen diesem Geschehen und dem Zeitpunkt liegt, an dem des Verus fränkische Neigungen an den Tag traten.

In mancher Hinsicht ähnlich wie in Tours lagen die Verhältnisse in Arles. Dort war Caesarius durch einen Angehörigen seiner eigenen Kanzlei, dem Notar Licinianus, bei Alarich denunziert worden, er wolle Stadt und Gebiet von Arles an Burgund bringen, woraufhin er vorübergehend nach Bordeaux verbannt wurde[114]. In diesem Fall

---

[112] Caes. Arelat., Ep. III ed. Morin.

[113] Die Angaben des Briefes des Nicetius von Trier an Chlodosvinde, die Gemahlin des Langobardenkönigs Alboin (MG Epp III, S. 122) im Zusammenhang mit Prosp., Chron. Cont. Hav. ad a. 498; s. dazu W. v. d. Steinen, Chlodwigs Übergang, S. 469 ff. Er möchte (S. 476, Anm. 2) die Verbannung des Verus mit diesem Ereignis in Verbindung bringen, muß aber dann voraussetzen, daß Verus den Diakon Leo, der Tours auf dem Konzil von Agde vertritt, aus dem Exil dorthin delegiert habe.

[114] Vita Caes. I 21. Zu beachten ist die Motivation, die nach der Vita der Denunziant dem Verhalten des Caesarius unterlegt: »... quod beatissimus Caesarius, quia de Galliis haberet originem« (Caesarius stammt aus dem Gebiet von Chalon-sur-Saône, also aus der gallischen Diözese, während das westgotische Gebiet sich zum größten Teil mit der alten Diözese der sieben Provinzen deckt), »totis viribus affectaret territorium et civitatem Arelaten-

kommen allgemeine bekenntnismäßige Beweggründe für das Verhalten des Bischofs gar nicht in Betracht, denn der Burgunderkönig
Gundobad war ja ebenso wie Alarich Arianer[115]; es können nur par-
tikuläre kirchenpolitische Interessen wirksam gewesen sein, und
diese Interessen sind leicht zu erkennen. Caesarius konnte nämlich
nicht hoffen, die metropolitanen Herrschaftsansprüche des arelatenser Stuhles, wie sie zuletzt noch von Papst Symmachus bestätigt
worden waren[116], über die westgotisch-burgundische Grenze hinweg gegen Avitus von Vienne durchsetzen und ausüben zu können[117]. In der Tat hat er sie dann auch nördlich der Durance erst

sem Burgundionum ditionibus subiugare.« — Eine genaue Datierung der
Verurteilung und des Exilbeginns ist nicht möglich. Terminus a quo ist die
Erhebung des Caesarius zum Bischof etwa Anfang September 502 (zu er-
rechnen aus dem Todesdatum 27. August 542 und den Angaben der Vita
Caes. II 46; vgl. J. Stilting, AASS Aug. IV, S. 52 u. 61), allerspätester Termin
ist der Anfang 506, denn ein von Ruricus von Limoges, Ep. II 33,2 erwähn-
tes Zusammentreffen mit Caesarius in Bordeaux dürfte höchstwahrscheinlich
in die Zeit von dessen Zwangsaufenthalt dort fallen; es hat aber vor dem
Konzil von Agde (September 506), zu dessen Zeit Caesarius schon wieder
frei war, in einem Winter, und zwar sicher im Winter 505/06 stattgefunden,
da dabei schon über das Konzil gesprochen worden ist.

[115] Der Hinweis, daß die Burgunder mit den Franken verbündet gewesen
seien (z. B. L. Schmidt, Ostgermanen, S. 153, der die Caesarius-Affäre als
Indiz für dieses Bündnis wertet und so einem Zirkelschluß erliegt;
E. F. Bruck, Caesarius, S. 152), läßt die religiöse Motivierung burgundischer
Sympathien des Caesarius nicht wahrscheinlicher werden. Es ist auch gar
nicht genau festzustellen, wann das 507 zum Tragen kommende fränkisch-
burgundische Bündnis sich angebahnt hat.

[116] Ep. »Dilectionis tuae litteras« vom 29. September 500 (Jaffé 754)

[117] Zu den Hintergründen der Verdächtigung des Caesarius ebenso G. Bardy,
L'attitude, S. 244 f.; nur nimmt er an — und auch diese Möglichkeit muß
zur Diskussion gestellt bleiben —, daß Caesarius nicht auf eine Grenz-
korrektur hingearbeitet, sondern lediglich mit der burgundischen Seite
Kontakte wegen seiner Jurisdiktionsansprüche aufgenommen und allein
damit Argwohn erregt habe. Ähnlich auch schon A. Malnory, Césaire, S. 49,
der auch für die Verhältnisse in Tours auf die territorialen Gegebenheiten
hingewiesen hat, in ihnen aber nur den Anlaß zu völlig unbegründeten
Verdächtigungen der entsprechenden Bischöfe durch Alarich II. sieht. —
C. F. Arnold, Caesarius, S. 194 ff. meint, kaum mit Recht, daß Arles schon
vor dem Burgunderkrieg Chlodwigs 500/01 einige Zeit zu Burgund gehört
habe und erst in den Wirren dieses Krieges von Alarich zurückgewonnen
worden sei (vgl. dagegen L. Schmidt, Ostgermanen, S. 152, Anm. 6); außerdem hält er den von J. Vignier gefälschten Brief des Symmachus an Avitus
von Vienne vom 13. Oktober 501 (Jaffé 756) für echt (s. zu diesem Brief
Hugo Rahner, Die gefälschten Papstbriefe aus dem Nachlaß von Jérôme
Vignier, Phil. Diss. Bonn 1935, S. 24 ff.). Die Angabe Greg. Tur., Hist. II 32,

geltend zu machen vermocht, nachdem Theoderich der Große 523 die Grenze des inzwischen ostgotisch gewordenen ostrhodanischen Gebietes gegen Burgund nach Norden bis an die Isère vorgeschoben hatte[118].

Soweit die konkreten Mitteilungen der Quellen zur politischen Einstellung des katholischen Episkopats im Westgotenreich gegenüber den miteinander konkurrierenden Mächten zur Zeit der Herrschaft Alarichs II. Ihre kritische Durchsicht zeigt, daß die unmittelbare Wirkung der katholischen Taufe Chlodwigs am 25. Dezember 498 im Sinne einer propagandistischen Vorbereitung der katholisch-romanischen Bevölkerung im Westgotenreich für die nach Süden gerichtete fränkische Expansionspolitik kaum so hoch eingeschätzt werden darf, wie es gemeinhin geschieht[119]. Unmittelbar gefähr-

wonach die Burgunder um 500 die »provintia Massiliensis« und damit tatsächlich einen bis ans Mittelmeer ausgedehnten Territorialstand besessen hätten, dürfte wohl eine Übertragung der Verhältnisse aus Gregors eigener Zeit, des Besitzstandes Gunthramns, in die Vergangenheit sein (vgl. zu einer ähnlichen Übertragung o. S. 35, Anm. 107).

[118] S. L. Schmidt, Ostgermanen, S. 163; vgl. die Unterzeichnerlisten der Konzilien von Arles (524), Carpentras (527), Orange (529), Vaison (529), ed. de Clercq, S. 45 f.; 49—51; 64 f.; 80 f. — Eine Bedeutungslosigkeit der politischen Grenzen für die Funktionen des Metropolitanverbandes, wie sie E. Loening, Geschichte I, S. 540, Anm. 1 unter Berufung auf die Konzilien von Valence 529 (Vita Caes. I 60) und Marseille 533 (Teilnehmerliste ed. de Clercq, S. 85 f.) verficht, kann keinesfalls angenommen werden. Für die Zeit des Konzils von Marseille ist der Grenzverlauf unsicher, denn Cassiod., Var. XI 1,13 braucht nicht unbedingt zu besagen, daß nach 529 das gesamte Gebiet zwischen Durance und Isère wieder an Burgund zurückgefallen sei (so L. Schmidt, Ostgermanen, S. 165); Hans Barion, Das fränkisch-deutsche Synodalrecht des Frühmittelalters (Kanonist. Studien und Texte 5/6), Bonn/Köln 1931 (Nachdruck: Amsterdam 1963), S. 208 f. weist auch darauf hin, daß zur Zeit des Konzils das burgundische Reich bereits in Auflösung begriffen war. Für das Konzil von Valence hat Barion a.a.O. gezeigt, daß es einen Ausnahmefall darstellt, der eher gegen als für Loenings Behauptung (a.a.O., S. 540 f.) spricht, es habe »eine zeitweise Verschiebung der gothisch-burgundischen Grenze . . . auf die kirchlichen Verhältnisse keinen Einfluß geübt«.

[119] Vgl. auch zum Burgunderreich die Analyse, die W. v. d. Steinen, Chlodwigs Übergang, S. 478 ff. von des Avitus Ep. 46 an Chlodwig gegeben hat. — Ganz einseitig ist dagegen die Schilderung der Situation im Westgotenreich durch L. Schmidt, Ostgermanen, S. 499: »Demgemäß« (sc. gemäß der religiösen Annäherung von Franken und Romanen) »hielt der größte Teil der römischen Untertanen Alarichs, an ihrer Spitze natürlich der Klerus, zu Chlodovech und war eifrig bemüht, die Unterwerfung des westgotischen Reiches unter die Herrschaft der Franken herbeizuführen.« Schmidts Vorstellung nähert sich hier der Geschichtsdeutung Gregors, eine Tatsache, die

dend und belastend für das westgotische Reich und die Behauptung
seines Territorialbestandes wirkte sich vielmehr an einzelnen kritischen Punkten die überkommene territoriale Struktur der katholischen Kirche aus, sofern sie sich nicht in den Rahmen der jüngst
erwachsenen Gebietsabgrenzungen einfügte. Nicht in erster Linie
der Bekenntnisgegensatz, sondern die Kontinuität des auf der
Grundlage der römischen Verwaltungseinteilung geschaffenen Ter-
ritorialaufbaus der katholischen Kirche bringt empfindliche Spannungen und Konflikte mit sich. Das Beharren der Kirche auf ihrer
römischen Territorialgliederung unter Hintansetzung der jüngeren
politisch-geographischen Gegebenheiten ist das wirksame Symptom,
an dem ihre mangelnde Integrierung in den westgotischen Herrschaftsbereich sichtbar wird. Hier wird in einer Zeit, in der die
gespannte Rivalität der germanischen Reichsbildungen auf gallischem Boden die Abgrenzungen ihrer Machtbereiche gegeneinander
besonders spürbar werden lassen mußte, der latente Fortbestand
des von Eurich nicht gelösten kirchenpolitischen Problems offen-
kundig.

nicht ganz der Ironie entbehrt, da seine Auffassung in den Zusammenhang
einer entscheidend von F. Dahn geprägten Darstellungstradition gehört (zu
Dahn vgl. Hanno Helbling, Goten und Wandalen. Wandlung der historischen Realität, Zürich 1954, S. 75—85), deren Urteile in hohem Maße von
Vorbehalten nationalliberaler Provenienz gegenüber der katholischen
Kirche mitbestimmt sind. Noch zugespitzter als Schmidt drückt sich M. Torres, Las invasiones, S. 82 aus: »El principal enemigo de Alarico y de los
visigodos no era Clodoveo. Podemos decir que el enemigo estaba dentro
de casa: el clero católico . . . se esforzaba en labrar la ruina de los visigodos arrianos.« Falscher kann der Akzent kaum gesetzt werden. — Die
Vermutungen über eine antigotische Einstellung einzelner Bischöfe, die
A. Malnory, Césaire, S. 68 f. anhand der aus der Teilnehmerliste des Konzils von Agde sich ergebenden Absenzen auf dieser Synode anstellt, lassen
sich kaum hinreichend untermauern. Ihre Unsicherheit zeigt sich im Falle
von Poitiers, für das Malnory in Gregors Bericht von einem Feuerglanz,
der von der Hilarius-Basilika Chlodwig entgegengeleuchtet habe (Hist. II
37), einen Anhaltspunkt für seine Vermutung findet; denn sehr wahrscheinlich war entgegen Malnorys Auffassung der Bischof von Poitiers doch in
Agde anwesend (s. u. S. 244, Anm. 7). Im übrigen entwirft Malnory selbst
an anderer Stelle (a.a.O., S. 91) ein anderes und zutreffenderes Bild von
der Haltung der katholischen Bevölkerung und ihres Episkopats, das ihn
zu dem Schluß führt: »Alaric . . . n'est donc pas tombé victime de l'ingra-
titude de ses sujets, et il ne dut son malheur . . . qu' à l'inériorité de son
armée . . .« Gegen die Fehleinschätzung der politischen Konsequenzen des
Bekenntnisgegensatzes verwahrt sich auch R. de Abadal y de Vinyals, Del
reino . . ., S. 32.

Daraus ergibt sich nun aber auch die tatsächliche politische Relevanz des Gegensatzes zwischen dem katholischen fränkischen oder wenigstens fränkisch-königlichen Bekenntnis und dem Arianismus der Westgoten; denn gerade unter den geschilderten Voraussetzungen konnte die von Chlodwig gegebenenfalls durchaus auch werbend zur Geltung gebrachte[120] Annäherung der Franken an die galloromanische Bevölkerung auf die Dauer die Gefahr einer wachsenden inneren Spannung und Bedrohung für das Westgotenreich in sich bergen, die nicht auf einzelne neuralgische Punkte konzentriert blieb. Aber in ihrer tatsächlichen Aktualität und in ihrem wirklichen Ausmaß war diese Gefahr keineswegs eine absolut vorgegebene Größe. Sie mußte vielmehr wesentlich davon mitbestimmt werden, ob es dem westgotischen Königtum gelang oder nicht gelang, die katholische Kirche innerhalb seines eigenen Herrschaftsgefüges zu beheimaten, und Alarich II. hat in der Tat den Weg zu einer klaren innen- und kirchenpolitischen Konzeption gefunden, die sehr wohl geeignet sein konnte, eine bedrohliche Entwicklung des religiös-kirchlichen Gegensatzes unter äußeren Einflüssen aufzufangen. Die Katastrophe von 507 allerdings hat sie nicht aufhalten können, denn dabei fiel die Entscheidung allein auf dem militärischen Gebiet, und Chlodwig hat sie nicht aufgrund oder mit Hilfe seiner religiösen, sondern ausschließlich aufgrund seiner strategischen Position zu seinem Gunsten wenden können. Gegenüber einer Fehleinschätzung der Rolle, die der Bekenntnisgegensatz im westgotischen Reich für den Zusammenstoß mit Chlodwig gespielt hat, kann nicht nachdrücklich genug auf die einzige verbürgte Nachricht hingewiesen werden, die über eine unmittelbare Beteiligung der Romanen an der gotisch-fränkischen Auseinandersetzung vorliegt: Unter großem Einsatz nahm an der Schlacht auf dem vogladensischen Felde ein romanisches Aufgebot aus der Auvergne teil, an dem sich angesehene Mitglieder des senatorischen Adels beteiligten und das von dem Sohn des Sidonius Apollinaris geführt

---

[120] Vgl. die Maßnahmen bei Ausbruch des Krieges von 507: Greg. Tur., Hist. II 37 und Schreiben Chlodwigs an die Bischöfe des gewonnenen Territoriums MG Leg Sect. II, Capitular. I, S. 1 f. Die Feststellung, daß Chlodwig versucht hat, die religiösen Gegensätze für seine Angriffsabsichten auszunutzen, ist etwas anderes als die Behauptung, »die Feindseligkeit der gallorömischen Bevölkerung« gegenüber den Westgoten habe »den Weg für Chlodwichs Angriffskrieg« bereitet (E. F. Bruck, Caesarius, S. 159). So wird der Akzent ungerechtfertigt um eine entscheidende Nuance verschoben.

wurde — aber es nahm auf westgotischer Seite an der Schlacht
teil[121]!

b) Die innen- und kirchenpolitische Neuorientierung

Die Schlüsselposition innerhalb der politischen Neuorientierung
und Neugestaltung Alarichs II. kommt der Lex Romana Visigothorum zu[122]. Diese Kodifikation des römischen Rechtes umfaßt Auszüge aus dem Codex Theodosianus und den posttheodosianischen
Novellen bis auf Libius Severus (461—465), also bis an die Schwelle
der staatsrechtlichen Lösung des gotischen Machtbereiches aus dem
Imperium, eine Bearbeitung der Gaius-Epitome, Stücke aus den
Sentenzen des Paulus, dem Codex Gregorianus und Hermogenianus
und ein Responsum Papinians sowie zu diesen Texten mit Ausnahme der Gaius-Bearbeitung eine aus Hand- und Schulbüchern
geschöpfte Interpretatio[123]. Mit der Zustimmung eines Gremiums

[121] Greg. Tur., Hist. II 37. Daß sie auf westgotischer Seite kämpften, was
Gregor bezeichnenderweise nicht vermerkt hat (mit ihrem Einsatz auf fränkischer Seite scheint A. Malnory, Césaire, S. 69 zu rechnen), geht daraus
hervor, daß Chlodwigs Sohn Theuderich im weiteren Verlauf des Feldzuges
auch Clermont noch unterwerfen mußte (ebd.). Vgl. K. F. Stroheker,
Senator. Adel, S. 91. Es sei darauf hingewiesen, daß dieser römische Einsatz auf westgotischer Seite die einzige Tatsache ist, die L. Schmidt, Ostgermanen, S. 501 (vgl. S. 155, Anm. 1) wirklich anführen kann, nachdem er
zuvor vermutet hatte, es werde den Franken »an Zuzug aus dem Westgotenreich selbst nicht gefehlt haben« (S. 500 f.). Das Mißverhältnis von
Befund und Deutung kann kaum sichtbarer werden. — Zum Sohn des
Sidonius Apollinaris, der höhere staatliche Funktionen im Dienst Alarichs II.
versehen hat, vgl. K. F. Stroheker, Senator. Adel, S. 145 f. (Nr. 22 der Prosopographie).
[122] Es wird im folgenden die Geltung des Personalitätsprinzips für das westgotische Recht vor Leowigild als nach wie vor wahrscheinlichste Auffassung
vorausgesetzt (vgl. o. S. 15, Anm. 35). Doch auch unter der Voraussetzung
territorialer Geltung der westgotischen Kodifikationen Eurichs und Alarichs II. könnte bei aller notwendigen Verschiebung in einzelnen Zügen die
oben gegebene Darstellung in ihrer Grundauffassung der kirchenpolitischen
Entwicklung aufrecht erhalten bleiben.
[123] Zu Charakter und Herkunft der Interpretatio s. Franz Wieacker, Latei-
nische Kommentare zum Codex Theodosianus (in: Symbolae Friburgenses
in honorem Ottonis Lenel, Leipzig 1934, S. 259—356). — Daß Unzulänglichkeiten der Redaktion dieses Gesetzbuches als ein Zeichen überstürzter
Hast bei der Zusammenstellung zu werten sind (vgl. Th. Mommsen in den
Proleg. zur Edition des Cod. Theod., I 1, S. XXXV f.; E. F. Bruck, Caesarius, S. 153 ff.), darf keineswegs als sicher gelten; es ist dies eine Erklärung, die sich aus der oben kritisierten Auffassung von der innenpolitischen Situation des westgotischen Reiches um 506 und einer entsprechen-

von Bischöfen und vornehmen Provinzialen wurde sie am 2. Februar 506 von Alarich unter Ausschluß allen anderen Rechtes für seine nach römischem Recht lebenden Untertanen in Kraft gesetzt[124].

Dieser Schritt wird kaum richtig gewertet, wenn er lediglich oder auch nur in erster Linie als Konzession, als Versöhnung der westgotischen Herrschaft gegenüber den Romanen aufgefaßt wird[125]. Alarichs Kodifikation stellt vielmehr, welche Beweggründe auch immer bei ihrer Durchführung mit angeklungen sein mögen — das Promulgationsedikt nennt nur praktische Bedürfnisse —, in ihrem eigentlichen Wesen eine folgerichtige Weiterführung der gotischen

den Wertung der Kodifikation Alarichs nahelegt. Es ist sehr wohl denkbar, daß die Redaktionskommission mangels geeigneter Schulung die technische Bewältigung der Kompilation einer solchen Stoffmenge und der reibungslosen Abstimmung ihrer einzelnen Elemente aufeinander nicht immer mit der wünschenswerten Exaktheit durchzuführen vermochte.

[124] Lex Rom. Visig., Commonit., ed. G. Haenel, S. 2/4; Cod. Theod. ed. Th. Mommsen, I 1, S. XXXIII f.

[125] So L. Schmidt, Ostgermanen, S. 500; vgl. auch F. Görres, ThStKr 66 (1893), S. 723. Nach E. F. Bruck, Caesarius, S. 154 ist die Lex Rom. Visig. nur »eine späte Konzession Alarichs an seine römischen Untertanen«. Aber schon die Tatsache, daß das römische Recht in einer eigens geschaffenen neuen Kodifikation in Kraft gesetzt wird, führt über den Rahmen einer bloßen Konzession hinaus. Bruck vermerkt in diesem Zusammenhang auch: »Daß die Westgoten überhaupt darauf eingingen, ein Gesetzbuch zu verwerten, das die stärksten Beschimpfungen ihres Glaubens enthielt (z. B. Ariani sacrilegii venenum), zeigt wieder die prekäre Lage ihres Reiches« (S. 159; das genannte Beispiel: Cod. Theod. XVI 5,6), in der Bruck wie andere den Anlaß zu der überstürzten Konzession des Königs sehen will. Aber es ist doch ernsthaft zu fragen, welche anderen Möglichkeiten einer westgotischen Gesetzgebung für die römischen Provinzialen im Rahmen der vorgegebenen politischen und geistigen Voraussetzungen und ihrer eigenen Leistungsfähigkeit sonst überhaupt zur Verfügung gestanden hätten. Und schließlich hat ja die Neukodifikation gerade die für nichtkatholische Christen diffamierende Gesetzgebung zum größten Teil auch de jure beseitigt. Außerdem ist zu bedenken, daß sich das homoeische Bekenntnis der Goten von einer Diffamierung des Arianismus überhaupt nicht betroffen zu fühlen brauchte. Es gehörte ja fast schon zur traditionellen homoeischen Position, von Arius abzurücken (vgl. schon die erste Formel der Kirchweihsynode zu Antiochien von 341, bei Hahn, Bibliothek der Symbole, S. 183; das Bekenntnis des Auxentius von Mailand, ebd., S. 148 f; Palladius von Ratiara und Secundianus von Singidunum auf dem Konzil zu Aquileia 381: Gesta Conc. Aquil. 25 u. 66, PL 16, Sp. 963 B u. 976 C; die sog. Dissertatio Maximini, § 95). Außerdem fand sich im Theodosianus auch die Konstitution Valentinians II. vom 23. Januar 386, die den Homoeern ausdrücklich Kultfreiheit zusicherte (Cod. Theod. XVI 1,4).

Souveränitätspolitik Eurichs dar, deren Bedeutung durch das Fehlen eines expliziten Verfassungsrechtes noch wesentlich unterstrichen wird. Durch die Inkraftsetzung der Lex Romana wird das römische Recht in einem gewissen für notwendig und zweckmäßig gehaltenen Umfang und in einer praktischen Bedürfnissen entgegenkommenden Gestalt als westgotisches Reichsrecht rezipiert. Damit leitet sich dann auch seine Fortgeltung ausschließlich aus der legislativen Souveränität der gotischen Herrschaft ab, und der Behauptung dieser Souveränität dient es wohl ebenso so sehr wie dem Gedanken der Rechtseinheit und -sicherheit, wenn die Anwendung anderen Rechtes mit Kapitalstrafe und Vermögensverlust bedroht wird[126]. Die Beteiligung der Nobilität an diesem legislativen Akt entspricht dem Herrschaftscharakter des germanischen Königtums[127] und zeigt, daß die Stellung der romanischen Bevölkerung dem westgotischen König gegenüber nun derjenigen des gotischen Volkes parallelisiert wird. Für die Romanen bedeutet dieser Schritt zweifellos auch ein Entgegenkommen, aber das doch nur insofern, als ihnen damit die eigene gewohnte Rechtsordnung für die Regelung ihrer Lebensverhältnisse nicht mehr nur, wie bisher, faktisch eingeräumt, sondern grundsätzlich sichergestellt wird[128]. Wesentlich bleibt, daß sich dieses Entgegenkommen, das gewiß einer taktischen Absicht Alarichs entsprechen mag, in einer Weise vollzieht, die grundsätzlich und unmißverständlich die vollständige Inanspruchnahme der Romanen mit ihrer römischen Tradition für die westgotische Herrschaft ausdrückt und ihre endgültige Einglie-

---

[126] Lex Rom. Visig., Commonit. (ed. G. Haenel, S. 4; Cod. Theod. ed. Th. Mommsen, I 1, S. XXXIV 13—16): »Providere ergo te convenit, ut in foro tuo nulla alia lex neque iuris formula proferri vel recipi praesumatur. Quod si factum fortasse constiterit, aut ad periculum capitis tui aut ad dispendium tuarum pertinere noveris facultatum.« — Der Charakter der Lex Rom. Visig. tritt bei einem Vergleich mit der etwa gleichzeitigen sog. Lex Romana Burgundionum Gundobads in Erscheinung; denn diese »hat nicht sowohl den Charakter eines Gesetzbuches als den einer Instruktion« (Heinr. Brunner, Deutsche Rechtsgeschichte I, ²1906, S. 507); auf die Regelung kirchlicher Fragen geht sie übrigens nicht ein.

[127] Vgl. Rudolf Buchner, Die römischen und die germanischen Wesenszüge in der neuen politischen Ordnung des Abendlandes (in: Caratteri del secolo VII in occidente = SettStudCentIt 5, 1958, S. 223—269), S. 238 f.

[128] Bei der Annahme, der Cod. Eur. sei mit territorialer Geltung in Kraft gesetzt und daher auch auf die Romanen angewandt worden, müßte sich der Akzent zugunsten eines Konzessionscharakters der Lex Rom. Visig. verschieben, ohne daß man auch dann darin ihren politischen Sinn erschöpft sehen dürfte.

derung in deren Gefüge abschließt. So werden die tatsächlich bestehenden Verhältnisse in eine feste Ordnung gebracht auf einer Grundlage, die sowohl den Zielen des gotischen Königtums als auch den Bedürfnissen der Provinzialen entsprechen konnte, und darin liegt fraglos ein echter politischer Fortschritt auf dem Wege zu einer wirklichen Stabilisierung des westgotischen Staatswesens von innen heraus.

Aus diesem Sinn der Kodifikation Alarichs ergibt sich von selbst auch ihre kirchenpolitische Bedeutung. War die Lage der katholischen Kirche im westgotischen Herrschaftsgebiet seit Eurich mindestens unklar und zeitweise auch gefährdet, so wurde jetzt ein Teil der Konstitutionen, durch die ihre Position innerhalb des römischen Reiches charakterisiert war, als geltendes westgotisches Recht in den neuen Codex übernommen. Damit war ihr eine legitime und anerkannte Stellung auch im Rahmen dieses germanischen Nachfolgestaates römischer Herrschaft gesichert[129]. Selbstverständlich ist,

---

[129] Ein Schreiben Theoderichs d. Gr. vom Jahre 508 an seinen Heerführer und Repräsentanten in Gallien Ibba nimmt Bezug auf einen Erlaß Alarichs II., durch den der Kirche von Narbonne Grundeigentum restituiert worden ist, das ihr durch widerrechtliche Okkupation — von welcher Seite, ist nicht ersichtlich — entfremdet war (Cassiod., Var. IV 17,2). Man könnte auf den ersten Blick versucht sein, einen solchen Erlaß als praktische Folge und Auswirkung der Situationsbereinigung Alarichs anzusehen. Doch wird hier wohl Zurückhaltung am Platze sein; denn es ist keineswegs auszuschließen, daß dieser Erlaß älter ist als die Lex Rom. Visig. und eine Gemeinde auch früher schon mit Erfolg den König um rechtliches Gehör angehen konnte. — Ebenso wenig wird man Greg Tur., Glor. mart. 91 als kennzeichnend für die Situation vor der Lex Rom. Visig. auswerten dürfen. Nach dieser Erzählung soll die Basilika des Märtyrers Felix von Gerona in Narbonne baulich ein Stück erniedrigt worden sein, um dem König eine bessere Aussicht von seinem Palaste aus zu verschaffen. Gregor schildert das als einen Akt persönlicher Initiative und Verantwortung eines Katholiken, des galloromanischen Consiliarius Leo (zu diesem vgl. o. S. 25, Anm. 70). — Einen ernsten gotischen Übergriff dagegen berichtet die Passio Vincentii Aginnensis in der Fassung des Cod. Namur 53 (BHL 8622; Text der Episode: Analecta Bollandiana 2, 1883, S. 300 f.): ein als »potentissimus« qualifizierter gotischer Bischof Guetari hat eine Basilika des Märtyrers Vinzenz von Agen im Gebiet dieser Civitas zerstören lassen. Einen Hinweis darauf, daß dieser Vorfall in die Regierungszeit Alarichs zu datieren sein könnte, gibt die Passio mit der Feststellung, der Gote habe sich nach diesem Sakrileg nicht mehr lange seiner Macht erfreuen können, er sei vielmehr bald unter Einbuße seines Besitzes nach Spanien vertrieben worden (»... statim eum ... intra Hispaniarum Alpes ... ultio divina exiliavit«, a.a.O., S. 301); es liegt nahe, dabei an den Zusammenbruch des tolosanischen Reiches 507 und den Abzug der Goten nach Süden zu den-

daß sich dabei gegenüber der ihr im römischen Reich seit Theodosius d.Gr. zugefallenen Stellung zugleich auch ein charakteristischer Unterschied ergeben mußte; denn infolge des arianischen Bekenntnisses der gotischen Herrschaft konnte natürlich der Teil der kaiserlichen Gesetzgebung nicht übernommen werden, der die staatsrechtliche Anerkennung kirchlicher Einrichtungen und deren Rechtsfolgen an das katholische Bekenntnis band und der Ketzerbekämpfung diente[130]. So fehlen dann auch erwartungsgemäß in Alarichs Breviar aus dem sechzehnten Buch des Codex Theodosianus ganz die Titel I (»de fide catholica«), IV (»de his qui super religione contendunt«), V (»de haereticis«) und VI (»ne sanctum baptismum iteretur«)[131]. Von weit größerem Interesse als das ohnehin vorauszusehende Fehlen dieser Titel[132] ist jedoch die Nichtaufnahme des Gesetzes über die Autorität des römischen Stuhls in den Provinzen, das Valentinian III. am 8. Juli 445 im Zusammenhang mit dem Vorgehen Leos des Großen gegen Hilarius von Arles und dessen metropolitane und primatiale Herrschaftsansprüche erlassen hatte[133].

ken. Aber wie dem auch sei, auf jeden Fall hat man es hier wohl nur mit einem persönlichen Übergriff des arianischen Bischofs, nicht aber mit einem Ausfluß offizieller königlich-gotischer Kirchen- und Religionspolitik zu tun, der die Situation vor der Lex Rom. Visig. charakterisieren könnte.

[130] Vgl. Max Conrat, Westgotischer und katholische Auszüge des sechzehnten Buches des Theodosianus: ZSavR kan 1 (1911), S. 67 ff.

[131] Zur arianischen Wiedertaufe s. u. S. 160.

[132] Außer den genannten Titeln sind aus Cod. Theod. XVI ferner nicht in die Lex Rom. Visig. übergegangen tit. III (»de monachis«, schon im Cod. Theod. nur noch historischer Bedeutung) und tit. X (»de paganis sacrificiis et templis«). M. Conrat, ZSavR kan 1 (1911), S. 83 f. denkt daran, daß auf den Ausschluß des Titels X »ein arianisches Prinzip der Duldung eingewirkt haben« könne (vgl. immerhin Cassiod., Var. II 27. Greg. Tur., Hist. V 43 kann dagegen nicht als typisch für den westgotischen Arianismus angesehen werden: s. u. S. 187, Anm. 167). Es hat jedoch das Religionsgesetz Theodosius II. vom 31. Januar 438 (Nov. Theod. III: »de Iudaeis Samaritanis Haereticis et Paganis«) Aufnahme gefunden; es interessierte wahrscheinlich wegen der Judengesetzgebung, auf der auch sein Ton liegt (vgl. die Interpretatio). Die darin (§ 9: ed. Haenel, S. 258; Cod. Theod. ed. Th. Mommsen, II, S. 10) aufgezählten christlichen Häretiker mußten auch für die westgotischen Arianer als solche gelten. Das Interesse an der Judengesetzgebung könnte wohl bischöflichen Ursprungs sein; vgl. die entsprechende Initiative des dritten toletanischen Konzils von 589 (s. u. S. 230 f.).

[133] Nov. Valent. XVII (XVI) vgl. bes. § 3 (Cod. Theod., ed. Th. Mommsen, II, S. 103,27—30): ». . . hac perenni sanctione censemus, ne quid tam episcopis Gallicanis quam aliarum provinciarum contra consuetudinem veterem liceat sine viri venerabilis papae urbis aeternae auctoritate temptare. Sed hoc illis omnibusque pro lege sit quidquid sanxit vel sanxerit aposto-

Die Unterdrückung dieser Novelle entspricht ganz der mit der neuen Kodifikation verfolgten Absicht, die vollständige Integration der römischen Provinzialen und ihrer Institutionen unter die gotische Herrschaft zu begründen und abzuschließen. Die Anerkennung und rechtliche Fixierung der Unterstellung eines wesentlichen und beherrschenden Lebensbereiches der Romanen unter eine außerhalb des Herrschaftsbereiches des westgotischen Königtums stehende Autorität war mit dieser Zielsetzung unvereinbar, und ebenso wenig konnte ihr die Unterstellung des westgotischen Arles unter die Metropolitangewalt des burgundischen Vienne annehmbar erscheinen. Hier zeigt sich besonders deutlich, daß die mit der Lex Romana Visigothorum verbundene Neuorientierung der westgotischen Kirchenpolitik nicht nur ein Wechsel der Taktik ist. Seit Theoderich war als der konstante Hintergrund des wechselnden westgotischen Verhaltens gegenüber der katholischen Kirche die Grundauffassung festzustellen, daß diese Kirche eine wesensgemäß auf das römische Reich bezogene Größe sei, die leicht wohl auch als dessen fortlebende Repräsentanz verstanden werden konnte. Und diese Auffassung ist jetzt aufgegeben. Nebenbei zeichnet sich dann auch noch die Möglichkeit eines Zusammentreffens staatspolitischer Interessen des westgotischen Königtums mit speziellen kirchenpolitischen Interessen von Arles ab, und die fruchtbaren Folgen dieses Zusammentreffens sollten auch nicht ausbleiben.

Positiv bedeutet Alarichs Breviar so nach seiner kirchenpolitischen Konsequenz hin einen energischen Schritt in Richtung auf die Schaffung einer katholischen Landeskirche innerhalb des westgotischen Reiches und damit zugleich der ersten katholischen Landeskirche einer germanischen Staatsbildung überhaupt. Diese Auffassung findet in den folgenden kirchlichen Ereignissen ihre volle Bestätigung: acht Monate nach der Promulgation des neuen Gesetzbuches, fünf Jahre vor der ersten fränkischen Reichssynode zu Orléans und elf Jahre vor dem Gesamtkonzil der Bischöfe des burgundischen Reiches zu Epaon tritt im September 506 in Agde eine westgotische landeskirchliche Synode zusammen, und darüber hinaus ist die regelmäßige Abhaltung weiterer Synoden dieser Art ins Auge gefaßt[134]. Beachtenswert ist, daß der Plan für deren nächste,

licae sedis auctoritas . . .« — Zur Bedeutung des Fehlens dieser Konstitution in der Lex Rom. Visig. für die weitere kirchenrechtliche Entwicklung in Gallien s. Loening, Geschichte, I, S. 527.
[134] Conc. Agath., c. 48: »Et quia in nomine Domini omnibus salubriter constitutis synodus in pace dimittitur, gratias Deo primitus, deinde domino

die 507 unter Zuziehung des westgotisch-spanischen Episkopats in
Toulouse stattfinden sollte, nach dem, was Caesarius von Arles darüber mitgeteilt hat[135], von dem Laien Eudomius ausging, der offenbar eine einflußreiche Funktion am tolosaner Hofe ausübte. Darin
zeichnet sich deutlich die für Agde wohl nur aus Mangel an Nachrichten über die Vorgeschichte des Konzils nicht faßbare Rolle der
staatlichen Initiative bei dieser Formung eines landeskirchlichen
Zusammenhangs ab. Sehr bezeichnend ist dabei das Hervortreten
des staatlichen Territoriums als des äußeren Rahmens überregiona-
len kirchlichen Handelns — welche Zukunftsperspektiven darin
beschlossen liegen, zeigt ein Blick in die Akten des vierten toletanischen Konzils vom Jahre 633, das im Zusammenhang mit dem
Bestreben nach einer Vereinheitlichung der Liturgie innerhalb des
westgotischen Reichsgebietes bestimmt: »Es soll fürderhin unter
uns, die wir durch einen Glauben und in einem Reich verbunden
sind, keinen unterschiedlichen kirchlichen Brauch mehr geben.[136]«

nostro regi Alarico agamus, orantes divinam clementiam ut haec eadem
facere in honore Domini per multos annos, praefato rege iubente et permittente, possimus.« Vgl. folgende Anm.

[135] In einem bald nach dem Konzil von Agde an Ruricus von Limoges gerichteten Schreiben (Ep. III ed. Morin): »Simulque indico pietati vestrae,
ut, quia filius vester Eudomius, si potuerit hoc elaborare, desiderat, et
superveniente anno Tolosae synodum Christo propitio habeamus, ubi
etiam, si potuerit, Hispanos vult episcopos convenire.« Zu Eudomius vgl.
K. F. Stroheker, Senator. Adel, S. 168 f. (Nr. 122 der Prosopographie).

[136] Conc. Tolet. IV, c. 2. — Hans Barion, Das fränkisch-deutsche Synodalrecht des Frühmittelalters (Kanonist. Studien u. Texte 5/6), Bonn/Köln 1931
(Nachdruck: Amsterdam 1963), S. 205—207 wertet das Konzil von Agde
zwar als den Ausdruck eines bewußten Versuches Alarichs, »durch die Veranlassung von Nationalkonzilien in seinen katholischen Untertanen das
Bewußtsein der Landeskirche zu wecken« (S. 205), sieht es aber in einem
scharfen Gegensatz zum ersten fränkischen Nationalkonzil zu Orléans 511.
Agde habe »im wesentlichen doch unter dem Einfluß der Kirche« gestanden, während in Orléans Chlodwig unmittelbar Einfluß auf Gegen-
stand und Inhalt der konziliaren Verhandlungen genommen und die
Tagesordnung aufgestellt habe. »Das Konzil von Agde ist also nicht
eine Vorwegnahme des Konzils von Orléans, sondern eine Fortsetzung alter
Überlieferung. Es tagte unter dem Vorsitz des Bischofs von Arles und
umfaßte vor allem die Gebiete, in denen er Primatialrechte schon längst
beansprucht und teilweise durchgesetzt hatte. Es führte, vom kirchlichen
Standpunkt aus gesehen, die südgallischen Primatialsynoden, die jährlich
einmal zusammentreten sollten, weiter und betonte, indem es diese Forderung ‚secundum statuta patrum' aufnahm, ausdrücklich den Zusammenhang mit der Vergangenheit« (S. 206 f.). Es ist aber fraglich, ob allein der
unbestreitbare Unterschied zwischen Agde und Orléans im Blick auf Form

In den Ereignissen des Jahres 506 nimmt in der Tat eine neue katholische Landeskirche greifbare Gestalt an. Die damit sich eröffnende Möglichkeit einer Eingliederung der katholischen Kirche

und Umfang der ausgeübten königlichen Synodalhoheit es rechtfertigen kann, das agathenser Konzil in erster Linie als eine Fortführung von Gegebenheiten des fünften Jahrhunderts und der vorgotischen Zeit zu verstehen. Der arelatenser Primatialanspruch, so wie er im Schreiben des Papstes Zosimus vom 22. März 417 (»Placuit apostolicae sedi«; Jaffé 328; Collect. Arelat. 1) oder in der Eingabe neunzehn südgallischer Bischöfe an Leo d. Gr. vom April 450 (Coll. Arelat. 12) vorausgesetzt ist, bezog sich zweifellos auf das ganze Gallien, für das ein päpstlicher Vikariat angestrebt wurde. Daneben aber steht ausdrücklich ein besonderer Anspruch metropolitaner Zuständigkeiten neben dem viennenser Metropolitanrecht in den Provinzen Narbonensis I und II (und auch Alpes maritimae). Wenn die von Arles geleiteten Synoden des fünften Jahrhunderts als Ausdruck des beanspruchten und ausgeübten Primatialrechtes verstanden werden sollen, wie es bei Barion (S. 15—18) ausdrücklich geschieht, so weisen sie auf den letztgenannten engeren Einflußbereich von Arles. Gerade die Konzilien, die einen Ansatz dazu machen, die Primatialsynode, wie Barion sie nennt, zu einer regelmäßigen Institution auszubilden, Orange 441 und Vaison 442, sind fast ausschließlich auf den Kreis der erweiterten arelatensischen Kirchenprovinz (und zwar ohne Narbonensis I) beschränkt; in Orange ist darüber hinaus nur noch der Metropolit von Lyon und ein gewiß nur zufällig anwesender spanischer Bischof vertreten, in Vaison nur der Bischof von Uzès als einsamer Vertreter der Narbonensis I, die man faktisch trotz aller beanspruchten arelatenser Rechte nicht der erweiterten arelatenser Kirchenprovinz zuordnen kann, weil sie sich offensichtlich dem Anspruch von Arles weitgehend zu entziehen vermocht hat. Von den 46 Bistümern aber, die 506 für das westgotische Gallien vorauszusetzen sind, gehören 26 (etwa 56,5 %) in das Gebiet der Provinzen Novempopulana, Aquitania I und II und Lugdunensis III und fallen damit ganz aus dem Bereich des in der synodalen Praxis des fünften Jahrhunderts wirksamen arelatenser Einflusses. Bei den in Agde vertretenen Bistümern ist dieses Verhältnis noch augenfälliger: von 33 identifizierbaren Bistümern (aus einer Gesamtzahl von 34) gehören nicht weniger als 21 (etwa 63,6 %) in das Gebiet der vier letztgenannten Provinzen. Ferner ist in Agde die erweiterte arelatensische Kirchenprovinz ohne die Narbonensis I die am schlechtesten vertretene der Provinzen (s. u. S. 57). Ihre auf westgotischem Boden liegenden mindestens dreizehn Bistümer stellen etwa 28,3 % der Bistümer des westgotischen Gallien, ihre in Agde gegenwärtigen sechs Repräsentanten bilden demgegenüber aber nur einen Anteil von 18,2 % unter den Vertretern der 33 identifizierbaren Sitze; unter Einschluß der in Agde mit sechs von sieben Bistümern sehr gut vertretenen Narbonensis I — daß das nicht zum Bild der von Barion sog. Primatialsynoden des fünften Jahrhunderts paßt, ist schon gesagt worden — sind die entsprechenden Werte 43,5 % zu 36,4 %. Außerdem war auch das Interesse des Caesarius von Arles kurz zuvor gar nicht auf eine Inanspruchnahme arelatenser Primatialrechte westlich der Rhône, sondern auf

in das Gefüge des westgotischen Staates, die seinem Herrschaftsgebiet eine positive kirchliche Bedeutung gibt und Bekenntnis und
Religionsausübung der katholischen romanischen Bevölkerung auf
seinem Boden sichert, beruht ganz auf der Struktur dieses Staates
mit zwei mindestens theoretisch durch das Verbot des Connubiums
scharf getrennten Staatsvölkern. Diese staatliche Struktur war an
sich eine vorgegebene Größe, aus dem historischen Werdegang des
westgotischen Reiches erwachsen. Sie für die Lösung des von Eurich
nicht bewältigten kirchenpolitischen Problems des westgotischen
Ausbrechens aus dem römischen Reichsverband genutzt zu haben,
ist Alarichs Verdienst. Er hat dabei unter spätantiken Voraussetzungen einen zweikonfessionellen Staat geschaffen, der in dieser Form
ein dreiviertel Jahrhundert Bestand haben sollte, bis der Bekenntnisgegensatz in das gotische Königshaus selbst eindrang und dabei
Alarichs Konstruktion an ihrer Nahtstelle sprengte.

Abgesehen von den Einschränkungen, die sich aus der Rücksicht
auf das arianische Bekenntnis der gotischen Herrschaft ergeben
mußten, erfuhr der äußere Status der katholischen Kirche als westgotischer Landeskirche, soweit es die gesetzliche Grundlage betraf,
keine wesentliche Veränderung gegenüber den Verhältnissen der
voraufgehenden römischen Zeit[137]. Auf dem personenrechtlichen

die Behauptung der viennenser Metropolitanrechte gerichtet (s. o. S. 37 ff.).
Auf diesem Hintergrund hebt sich das Konzil von Agde sowohl seiner
Intention als auch seiner Zusammensetzung nach nicht als einfache Weiterführung bestehender Gegebenheiten ab, sondern als wesentlicher Neuansatz, und der skizzierte Unterschied zu Orléans muß demgegenüber als
situationsbedingt — das soll besagen, in der konfessionellen Struktur des
westgotischen Staates begründet — an die zweite Stelle treten. Im Grund-
ansatz steht Agde wesentlich näher bei Orléans als bei dem, was Barion
die südgallischen Primatialsynoden nennt (vgl. etwa auch die bezeichnende
protokollarische Hervorhebung des Bischofs der Hauptstadt Toulouse in
der agathensischen Unterzeichnerliste: s. u. S. 246). Das schließt nicht aus,
daß Alarich II. an Gegebenes anknüpft, indem er dem Bistum Arles eine
führende Rolle bei der Durchführung seiner kirchenpolitischen Absichten
zuweist (s. u. S. 57 ff.). Es ist aber eine Anknüpfung an Altes, um Neues
zu beginnen. Vgl. H. v. Schubert, Geschichte, S. 33 f.

[137] Vgl. dazu E. Loening, Geschichte I, S. 520 ff.; systematische Zusammenstellung der Texte mit deutscher Übersetzung auf der Grundlage der
Interpretatio: M. Conrat, Breviarium, S. 781—804. — Zur Redaktionskommission sind nach dem Commonitorium auch Bischöfe hinzugezogen
worden — »adhibitis sacerdotibus ac nobilibus viris« —, und sicher werden sie versucht haben, darin ihren Einfluß auszuüben. Aber es ist kaum
möglich, Umfang und Auswirkungen dieses Einflusses im einzelnen ab-
zugrenzen. Von E. F. Bruck, Caesarius, S. 155 ff. wird er wohl zu stark

Gebiet bleibt die Befreiung der Kleriker von der Übernahme öffentlicher Ämter und Lasten bestehen[138], aber auch das dazu komplementäre Verbot des Eintritts in den geistlichen Stand für Kuriale wird aufrecht erhalten[139]; seine Ausdehnung auf die Vermögenden überhaupt entfällt allerdings[140]. Unterbunden bleibt die Flucht von Unfreien und Kolonen in den Klerus oder in die Klöster[141]. Im übrigen darf niemand zwangsweise in den Klerus eingereiht werden, nur die Ordination zum Bischof kann nicht mit dem Einwurf der Unfreiwilligkeit angefochten werden[142] — in der entsprechenden Novelle Maiorians ist übrigens eine Bezugnahme auf den

betont. Seine S. 156, Anm. 51 angeführten Belege sind teilweise nicht beweiskräftig. Auf bischöflichen Einfluß soll es z. B. weisen, daß Nov. Valent. X, durch die ältere Befreiungen der Kirche von öffentlichen Lasten aufgehoben wurden, nicht übernommen worden sei. Aber die entsprechenden Immunitätsbestimmungen sind ebenfalls nicht übernommen worden, nach Bruck »wohl eins der nicht seltenen Versehen in der Eile der Arbeit«. Diese Argumentationsweise könnte zu methodischen Bedenken Anlaß geben; außerdem ist es ebenso gut denkbar, daß die Novelle deshalb übergangen worden ist, weil sie infolge Nichtaufnahme der Immunitätsbestimmungen, die dann das Primäre wäre, überflüssig war (vgl. den Fortfall von Cod. Theod. XVI 3 mit zwei Gesetzen, von denen eins das andere aufhebt). Von einer der Kirche günstigen Unklarheit, wie H. v. Schubert, Geschichte, S. 40 will, kann in diesem Fall überhaupt keine Rede sein. Auch die Überweisung von Kriminalklagen gegen Bischöfe an die synodale Gerichtsbarkeit trägt nicht aus, da infolge Aufnahme einer konkurrierenden Novelle Valentinians III. (s. u. S. 52) die eigentliche Absicht der Lex Rom. Visig. nicht deutlich wird. H. v. Schubert, a.a.O., denkt auch hier an eine bewußte Unklarheit zugunsten der Kirche. Wenn das richtig wäre und die Bischöfe darauf angewiesen gewesen wären, in so versteckter Weise die Durchsetzung kirchlicher Interessen zu versuchen, müßten die Stärke ihrer Position und das Ausmaß ihres Einflusses eher sehr begrenzt als gewichtig gewesen sein. Wenn sich nun aber der Einfluß des Episkopats auf die Gestaltung der Lex Rom. Visig. im allgemeinen nicht näher definieren läßt, kann es auch nicht mehr von großem Interesse sein, mit Bruck in Erwägungen über die Einflußmöglichkeiten speziell des Caesarius von Arles einzutreten.

[138] Cod. Theod. XVI 2,2 = Lex Rom. Visig. XVI 1,1.
[139] Nov. Valent. XXXV (XXXIV) § 3 = XII § 3 Lex Rom. Visig.; vgl. Nov. Maior. VII § 7 = I § 7 Lex Rom. Visig.
[140] Cod. Theod. XVI 2,3; 2,6; 2,17; Nov. Valent. III § 4. Der Fortfall wird von E. F. Bruck, Caesarius, S. 156, Anm. 51 als Zeichen bischöflichen Einflusses gewertet. Doch wenn hier besonderes Interesse obwaltet hat, dürfte es wohl bei den Betroffenen selbst, den wohlhabenden Saecularen, gelegen haben.
[141] Nov. Valent. XXXV (XXXIV) § 3 = XII § 3 Lex Rom. Visig.
[142] Nov. Maior. XI = II Lex Rom. Visig.

4*

römischen Stuhl erhalten geblieben, die diesem allerdings bei weitem keine so exponierte Stellung zuschreibt wie das Gesetz Valentinians von 445: Bischöfe, die jemanden zwangsweise zum Kleriker
geweiht haben, sollen vom römischen Bischof zurechtgewiesen werden. Zu Unklarheiten kommt es bei den Bestimmungen über den
Gerichtsstand der Geistlichen. Einerseits wird festgelegt, daß An-
klagen gegen Bischöfe der Zuständigkeit der weltlichen Gerichte
entzogen und an die Synoden verwiesen werden sollen[143], während
im übrigen die Verpflichtung besteht, Kriminalsachen gegen Kleriker vor die regulären Gerichte zu bringen[144]. Jedoch konkurriert
diesem den Bischöfen eingeräumten Privileg die Bestimmung, daß
sie in Kriminalfällen vor dem ordentlichen Gericht zu erscheinen
haben, wobei ihnen — und nach der Interpretatio auch den Presbytern — lediglich eingeräumt werden soll, sich im Falle einer
Klage wegen Okkupation oder Injurien durch einen Prokurator vertreten zu lassen[145]. Presbyter sind als Zeugen vor Gericht von der
peinlichen Befragung befreit[146]; die Aufhebung des Zeugniszwangs
für Bischöfe, die doch als sachliche Voraussetzung oder Entsprechung für diese Befreiung der Presbyter betrachtet werden kann,
ist dagegen nicht aufgenommen worden[147].

Schließlich sind auch noch Bestimmungen übernommen worden,
die sachlich kirchliches Disziplinarrecht darstellen. Es bleibt in
Geltung ein Gesetz Valentinians III., das Klerikern das Treiben
von Handelsgeschäften und die Verfolgung von anderen als kirchlichen Angelegenheiten untersagt[148]. Ebenso ist eine Konstitution
des Honorius aufgenommen, die sich gegen den Brauch der geistlichen Ehen richtet — diese Nuance ist in der Interpretatio dazu
nicht erfaßt — und im Sinne kirchlicher Bestimmungen das Zusammenleben von Klerikern mit nicht nahe verwandten Frauen untersagt, jedoch die Trennung von Ehen, die vor Eintritt in den Klerus
bestanden, nicht für notwendig erklärt[149].

---

[143] Cod. Theod. XVI 2,12 = Lex Rom. Visig. XVI 1,2.
[144] Cod. Theod. XVI 2,23 = Lex Rom. Visig. XVI 1,3 (vgl. o. S. 50, Anm. 137).
[145] Nov. Valent. XXXV (XXXIV) § 1 = XII § 1 Lex Rom. Visig.
[146] Cod. Theod. XI 39,10 = Lex Rom. Visig. XI 14,5.
[147] Cod. Theod. XI 39,8. Die Nichtaufnahme mag weniger in einer bestimmten Absicht als in den Unzulänglichkeiten der Redaktion begründet sein.
Auf jeden Fall aber sollte das Fehlen dieser Konstitution davor warnen,
bei Inkongruenzen an anderen Stellen sogleich an hintergründiges Wirken bischöflichen Einflusses zu denken (vgl. o. S. 50, Anm. 137).
[148] Nov. Valent. XXXV (XXXIV) §§ 4.7 = XII §§ 4.7 Lex Rom. Visig.
[149] Cod. Theod. XVI 2,44 = Lex Rom. Visig. XVI 1,6; vgl. Conc. Nic., c. 3.

Die korporative Erbfähigkeit der Kirchen ist in dieser Zeit natürlich eine Selbstverständlichkeit[150], und sie gilt nach dem westgotischen Codex ohne die zeitweise dazu erlassenen Beschränkungen[151].
Im einzelnen wird noch bestimmt, daß der Nachlaß von Klerikern,
Mönchen und Nonnen, die keine testamentarische Verfügung getroffen haben und gesetzliche Erben nicht hinterlassen, der betreffenden Kirche oder ihrem Kloster zufallen soll, sofern keine Ansprüche der Kurie oder eines Patrons bestehen[152].

Die Ausschließlichkeit der bischöflichen Gerichtsbarkeit in kirchlichen Angelegenheiten ist gesetzlich fixiert[153]. Die zivile Gerichtsbarkeit der Bischöfe gegenüber Laien in Form der freiwilligen
Schiedsgerichtsbarkeit bleibt erhalten[154]; das übernommene diesbezügliche Gesetz Valentinians III. hatte für Streitigkeiten von Klerikern die gleiche Regelung vorgesehen, doch setzt die Interpretatio
dazu unter Verweis auf ein Gesetz Maiorians voraus, daß den
Bischöfen für solche Fälle die volle, an keine Bedingung gebundene
Gerichtsbarkeit zustehe[155]. Aber der damit befaßte Teil der Novelle Maiorians, auf die die Interpretatio hier allem Anschein nach
Bezug nimmt, ist nicht in die Lex Romana Visigothorum übergegangen[156]. Erhalten bleibt den Bischöfen ferner die Vollmacht der

[150] Das diesbezügliche Gesetz Konstantins (Cod. Theod. XVI 2,4) wird zwar
    nicht übernommen, aber die Erbfähigkeit wird anderweitig vorausgesetzt.
    Die Redaktoren haben es jedenfalls offsichtlich auch dann zuweilen des
    Perfektionismus ermangeln lassen, wenn es um positive Bestimmungen für
    die Kirche ging.
[151] Nov. Marc. V; vgl. dazu E. Loening, Geschichte I, S. 221 ff.
[152] Cod. Theod. V 3,1 = Lex Rom. Visig. V 3,1.
[153] Cod. Theod. XVI 11,1 = Lex Rom. Visig. XVI 5,1.
[154] Nov. Valent. XXXV (XXXIV) = XII Lex Rom. Visig.
[155] Lex Rom. Visig., Nov. Valent. XII, Interpret. (ed. G. Haenel, S. 294; Cod.
    Theod., ed. Th. Mommsen, II, S. 148, 116—118: ». . . de clericis quod dictum
    est, ut nisi per compromissi vinculum iudicium episcopale non adeant,
    posteriore lege Maioriani abrogatum est.«
[156] Nov. Maior. XI = II Lex Rom. Visig., »de episcopali iudicio et ne quis
    invitus clericus ordinetur vel de ceteris negotiis«; der Teil »de episcopali
    iudicio« ist überhaupt nicht erhalten, da die Novelle nur durch die Lex Rom.
    Visig. überliefert ist. — E. Loening, Geschichte I, S. 525 ff. schließt aus diesem
    Befund auf einen starken Einfluß des Episkopats, der hier versucht habe,
    bei der Redaktion das Gesetz in seinem Sinne zu manipulieren. Nach
    Th. Mommsen, Proleg. zur Edition des Cod. Theod., I 1, S. XXXV f. (vgl.
    E. F. Bruck, Caesarius, S. 157, Anm. unter 4) wäre die Unstimmigkeit ein
    Zeichen des vermeintlichen hastigen Abschlusses der Redaktion (vgl. o.
    S. 50, Anm. 137). Die einfachste Erklärung aber liegt wohl in der An-
    nahme, daß die Novelle den Redaktoren überhaupt nicht in dem von der

Freilassung von Sklaven zu vollem Bürgerrecht[157].

Das Asylrecht der Kirchen wird in der Form eines Gesetzes Theodosius' II. übernommen, wodurch es auf das gesamte umfriedete Grundstück einer Kirche mit den dazugehörigen Gebäuden ausgedehnt ist und lediglich Bewaffneten verweigert werden soll[158], so daß seine Versagung für Sklaven, Kuriale, Staats- und Privatschuldner und die Verpflichtung der Kirche, bei Asylgewährung für Schuldner deren Schulden abzulösen[159], entfällt. Bezeichnend für die Respektierung des Asylrechts auch katholischer Kirchen durch das arianische Königtum ist das Verhalten Leowigilds, als sich Hermenegild in den Schutz kirchlichen Asyls geflüchtet hatte: er wird durch Überredung zum Verlassen der Kirche bewogen[160].

Ein nur mittelbar zu erfassender Aspekt der sich so vollziehenden Einordnung der katholischen Kirche in den westgotischen Staat ist die Kirchenhoheit des Königtums über die werdende Landeskirche. Tatsächlich hatte natürlich bereits Eurich eine solche Hoheit in Anspruch genommen und in der unter seinen eigenen Voraussetzungen einzig möglichen Form ausgeübt, als er die Wiederbesetzung erledigter Bistümer untersagte. Doch konnte das für die Kirche selbstverständlich nicht mehr sein, als eine erzwungene Folge bestehender Machtverhältnisse, deren Bejahung in keiner Form möglich war. Wesentlich positiver vermochte man kirchlicherseits diesen vorgegebenen Machtverhältnissen schon Rechnung zu tragen, als nach der Aufgabe des Besetzungsverbotes die kirchenpolitische Situation weniger gespannt war. Das deutet die Vita des Caesarius von Arles an, wenn sie berichtet, Aeonius von Arles habe, als er die Wahl des Caesarius zu seinem Nachfolger sicherstellen wollte, durch Verbindungsmänner auch mit den weltlichen Machthabern verhandelt (502)[161].

Ob sich darin ein allgemeines von der arianischen Obrigkeit in Anspruch genommenes und von der katholischen Kirche an-

Interpretatio vorausgesetzten vollen Wortlaut zur Verfügung gestanden hat.
[157] Cod. Theod. IV 7,1 = Lex Rom. Visig. IV 7,1.
[158] Cod. Theod. IX 45,4 = Lex Rom. Visig. IX 34,1; vgl. o. S. 17 f. zum Cod. Eur.
[159] Cod. Theod. IX 45,1.3.
[160] Greg. Tur., Hist. V 38.
[161] Vita Caes. I 13: »Eonius sanctus clerum vel cives adloquitur et ipsos dominos rerum per internuntios rogat, ut … nullum sibi alterum quam sanctum Caesarium eligerent fieri successorem.« Vgl. für Italien die Hineinziehung Theoderichs d. Gr. in die Papstwahlaffäre von 498.

erkanntes oder hingenommenes Besetzungs- oder Mitspracherecht auch für katholische Bistümer widerspiegelt, mag dahingestellt sein. Es fehlen für den westgotischen Bereich alle Nachrichten, die definitive Aussagen ermöglichen könnten[162]. Das Konzil von Agde aber läßt klar erkennen, daß jetzt entsprechend der durch die Lex Romana Alarichs geschaffenen neuen Situation der entscheidende Schritt von bloß tatsächlicher Machtausübung zu einer ordentlichen, kirchlicherseits anerkannten und nicht bloß hingenommenen Kirchenhoheit des arianischen Königtums über die katholische Landeskirche vollzogen ist. Ihren Ausdruck findet diese Kirchenhoheit im Recht des Königs mindestens zur Genehmigung der Landessynoden. So stellt das Eröffnungsprotokoll von Agde, das dem arianischen König sogar den Titel »piissimus« zubilligt, ausdrücklich fest, daß die Synode aufgrund königlicher Erlaubnis zusammenträte[163], und die versammelten Bischöfe schließen den König als den, »der uns die Ermächtigung zur Tagung erteilt hat«, in ihr Gebet ein[164]. Ihre Erwartung, daß weitere Landessynoden stattfinden werden, geht von der Voraussetzung aus, daß diese »auf Anordnung und mit Genehmigung«[165] des Königs zusammentreten müßten. Diese Gebundenheit wird damit als legitime Bedingung eines wesentlichen Momentes der bischöflichen Tätigkeit und der Realisierung überregionaler kirchlicher Funktionszusammenhänge im Raum des westgotischen Reiches anerkannt.

c) Das Landeskonzil zu Agde 506

Der Tagungsort des Konzils, dessen Zusammentreten die grundsätzliche Wendung der kirchenpolitischen Situation unter westgotischer Herrschaft in ein helles Licht rückt, die Stadt Agatha (Agde im Départment Hérault), ist eine griechische Gründung nahe der

---

[162] Zu den ostgotischen Verhältnissen vgl. H. v. Schubert, Staat, S. 103—106.
[163] Conc. Agath., Prol. (ed. Munier, S. 192,2—4): ». . . ex permissu domni nostri gloriosissimi magnificentissimi piissimique regis . . .«
[164] Conc. Agath., Prol. (ed. Munier, S, 192,6—14): ». . . flexis . . . genibus, pro regno eius, pro longaevitate, pro populo Dominum deprecaremur, ut qui nobis congregationis permiserat potestatem, regnum eius Dominus felicitate extenderet, iustitia gubernaret, uirtute protegeret . . .« Mit »pro populo« dürfte das gotische Volk gemeint sein. — Daß dies »charakteristisch für das zweideutige Verhalten der Geistlichkeit« sei, ist ein unbegründetes moralisches Urteil von L. Schmidt, Ostgermanen, S. 499. Gregor von Tours hat hier offenbar mit seiner Darstellung mehr Erfolg gehabt, als ihm selbst lieb gewesen sein kann.
[165] Conc. Agath., c. 48.

Mündung des Hérault in den Golf du Lion und gehört zur Provinz Narbonensis I. Die Stadt besaß eine Basilika, die dem Apostel Andreas geweiht war[166], da sie sich rühmen konnte, Reliquien dieses Apostels zu besitzen[167], und in eben dieser Andreas-Basilika wurden am 10. September 506, einem Sonntag, die Beschlüsse des Konzils unterzeichnet[168]. Die überlieferte Teilnehmerliste führt in ihrer vollständigsten Form[169], in der den Namen der Unterzeichner auch die zugehörigen Bistümer beigefügt sind, als Unterzeichner auf vierundzwanzig Bischöfe, davon vier Metropoliten, und als Vertreter von zwei Metropoliten und acht Bischöfen acht Presbyter und zwei Diakone. Alle gehören sie dem gallischen Teil des westgotischen Reiches an, und mit ihnen sind drei Viertel der mindestens 46 Bistümer dieses Gebietet vertreten. Die gotische Herrschaft in Spanien war zu dieser Zeit noch keineswegs so gefestigt und geordnet wie im gallischen Kerngebiet des tolosanischen Reiches. Gerade im Jahre des agathenser Konzils mußte in der Tarraconensis der Aufstand eines gewissen Petrus, der sich gegen die gotische Herrschaft erhoben und in Tortosa festgesetzt hatte, niedergeschlagen werden[170]. Es ist denkbar, daß unter diesen Umständen eine Teilnahme der spanischen Bischöfe an der Landessynode praktisch unmöglich oder auch von Alarich nicht erwünscht war, wenn sie für dieses Mal überhaupt schon in Erwägung gezogen worden sein sollte. Aber auf jeden Fall war vorgesehen, zu der für 507 geplanten Landessynode in Toulouse, die infolge der kriegerischen Entwicklung der Ereignisse sicher nicht mehr hat stattfinden können, auch die Spanier hinzuzuziehen[171].

Von den vierunddreißig Namen der agathenser Unterzeichner-

---

[166] Conc. Agath., Prol. (ed. Munier, S. 192,14 f.). Zur Lage der Kirche vor der Stadt s. A. Longnon, Géographie de la Gaule au VIe siècle, Paris 1878, S. 610.

[167] Greg. Tur., Glor. mart. 78.

[168] Conc. Agath., Subscr. (ed. Munier, S. 213,4 f.): ». . . sub die IIII Idus Septembris, [anno XXII] regni domini nostri Alarici regis Messala V.C. concule.« Nach der von Ch. Munier nicht benutzten Handschrift Novara XXX (ed. A. Amelli, Spicilegium Casinense I, 1888, S. 276) ist »anno XXII« im Text zu ergänzen (vgl. die Überschrift in der Span. Epitome, ed. G. Martínez Díez, S. 155 und den Beginn des Prologs in der Hispana, PL 84, Sp. 263).

[169] Im Cod. Paris. lat. 1564, Maassens Sammlung der Pithou'schen Handschrift. Ed. Munier, S. 213 f.

[170] Chron. Caesaraug. ad a. 506. Vgl. R. de Abadal y de Vinyals, Del reino . . ., S. 45—47.

[171] Caes Arelat., Ep. III ed. Morin.

liste[172] sind für dreiunddreißig die zugehörigen Bistümer zu identifizieren; für einen der unterzeichnenden Presbyter wird kein Ort
genannt[173]. Es sind bei weitem am schlechtesten vertreten die Provinz Aquitania II mit nur drei von sechs Sitzen[174] und die erweiterte
arelatenser Kirchenprovinz mit sechs von mindestens dreizehn
Sitzen[175], wobei das Fehlen von Aix wahrscheinlich als ein Zeichen
bewußten Widerstandes gegen Arles angesehen werden darf[176].
Aus der Aquitania I fehlen von acht Städten zwei, St. Paulien[177] und
Limoges; Ruricus von Limoges begründet sein Fernbleiben mit
Krankheit; sein Entschuldigungsschreiben an Caesarius hat diesen
nicht erreicht; aber daß er keinen Vertreter geschickt hat, zeigt
ebenso wie seine Klagen gegenüber Caesarius, daß möglicherweise
auch gekränkter Ehrgeiz infolge vermeintlicher Hintansetzung und
verspäteter Einladung eine Rolle gespielt hat, nachdem er im Winter 505/06 schon in Bordeaux an den vorbereitenden Gesprächen
über das Konzil beteiligt war[178]. Aus der Narbonensis I fehlt nur
Béziers, und die Bistümer der Novempopulana sind vollzählig vertreten.

Den Vorsitz führt Caesarius von Arles. Noch im Winter 505/06
hatte er sich im Exil in Bordeaux befunden[179]. Daß dort schon über
das Konzil verhandelt worden ist, zeigt, daß die Landessynode zu

---

[172] S. die Übersicht u. S. 243 ff.

[173] Nr. 32 der Liste (s. u. S. 245).

[174] Nr. 2, 18 und 19 der Liste (s. u. S. 244 f.); es fehlen Agen, Saintes und An-
goulême.

[175] Nr. 1, 22—24, 26 und 29 der Liste (s. u. S. 244 f.). Es fehlen Marseille, Toulon, Aix, Riez, Vence, Nizza und aus dem westrhodanischen Teil der
Viennensis Viviers.

[176] Einige Jahre später, 514, ist Caesarius genötigt, sich bei Papst Symmachus
über die Obstruktion des am eigenen Metropolitanrang festhaltenden Bischofs von Aix zu beklagen: Ep. VIII (lib. petitorius) ed. Morin; vgl. die
Antwort des Symmachus (»Qui veneranda patrum«, Jaffé 769) vom 11. Juni
514. Vgl. auch A. Malnory, Césaire, S. 70.

[177] Dép. Haute-Loire, Arrond. Le Puy (Civitas Vellavorum). Oder Anicium
(Le-Puy-en-Velay, Dép. Haute Loire) als Bischofssitz (s. É. Griffe, Gaule,
S. 103).

[178] Ruric., Ep. II 33 an Caesarius (»quin etsi non pro dignitate vel pro aetate
non debemus tardius quam alii commoneri, qui fortasse, ut minus prudens
dicam, merebamur ambiri; quia si aliis nomen urbium praestet auctoritas,
nobis auctoritatem demere non debet urbis humilitas; siquidem multo
melius multoque eminentius est, civitatem de sacerdote quam sacerdotem
de civitate notescere«!); II 35 an Sedatus von Nîmes; Caes., Ep. III ed.
Morin an Ruricus; vgl. o. S. 37, Anm. 114.

[179] Vgl. o. S. 37.

der gleichen Zeit schon geplant war und vorbereitet wurde, als die
Redaktion der Lex Romana Visigothorum vor dem Abschluß stand
— auch dies ein Zeichen dafür, wie klar Alarich II. die kirchenpolitischen Konsequenzen seiner römischen Rechtskodifikation sah
und wie bewußt er kirchenpolitisch auf das Ziel der Landeskirche
hin orientiert war. Im Zusammenhang mit diesen Absichten und
Plänen muß auch das Verbannungsurteil gegen Caesarius aufgehoben worden sein. Der Aufgabenkreis und die Wirkungsmöglichkei-
ten, die sich für den Stuhl von Arles aufgrund seines Ansehens im
Rahmen einer westgotischen Landeskirche boten, kamen sicher den
überkommenen arelatenser Ansprüchen in Gallien entgegen, und
darin konnte wohl ein Anreiz liegen, das im Blick auf die Behauptung der viennenser Metropolitanrechte in Arles bestehende Interesse an einem Anschluß an Burgund in den Hintergrund treten zu
lassen und eine intensivere Bindung an den westgotischen Staat
herbeizuführen, an jenen Staat, der auch das für Arles so erniedri-
gende Gesetz von 445 beseitigt hatte. Zugleich und in erster Linie
mußte aber auch für Alarich II. eine positive Einbeziehung von
Arles in seine kirchenpolitischen Pläne und Maßnahmen von größ-
ter Wichtigkeit sein. Das arelatenser Bistum war für das westgotische Herrschaftsgebiet in Gallien der sich von selbst anbietende
Kristallisationspunkt zur Bildung einer übergeordneten kirchlichen
Einheit mit festerem Zusammenhalt[180]. In der Möglichkeit einer
aktiven Einschaltung des arelatenser Bischofs mußte daher eine
wesentliche Voraussetzung für eine Erfolgsaussicht des ganzen landeskirchlichen Unterfangens gesehen werden. Wie weit auch immer
Alarichs Pläne und Absichten, Stellung und Ansprüche von Arles —
und vielleicht auch die Befähigung des Caesarius — für die Schaffung einer Art landeskirchlichen Patriarchats auszunutzen, entwik-
kelt und ausgereift sein mögen[181], auf keinen Fall kann es als ledig-

---

[180] Conc. Arelat. II, c. 18: »Ad Arelatensis episcopi arbitrium synodus con-
greganda...«; vgl. dazu die u. S. 61, Anm. 193 genannten Briefe des
Papstes Hilarus aus den Jahren 462—464. Daß sich dagegen allerdings
immer noch Widerstand fand, zeigen die Schwierigkeiten mit Aix (s. o.
S. 57, Anm. 176). Vgl. die Bemerkung von L. Duchesne, L'Église, S. 510 zur
Stellung des Caesarius in dieser Zeit:»Césaire était en passe de devenir,
pour toutes les églises du royaume wisigoth, en Gaule et peut-être en
Espagne, un directeur et un réformateur.«
[181] In diesem Zusammenhang kann nicht verwertet werden der Bericht
der Vita Caes. I 20 (ed. Morin, S. 304,6—13) über eine Verhandlung des
Caesarius mit Alarich II., als deren Ergebnis der Kirche von Arles steuer-
liche Immunität eingeräumt worden sei; es handelt sich dabei um eine

lich konziliante Geste gedeutet werden, daß er die Verbannung des Caesarius von Arles aufgehoben hat, um gerade ihm die Durchführung der ersten Landessynode zu überlassen.

In den äußeren Gegebenheiten des Konzils, seiner territorialen Zusammensetzung und dem Plan seiner Wiederholung unter Einschluß der Spanier, und in seinen positiven Bezugnahmen auf das Königtum kommt sein landeskirchlicher Charakter zur Geltung, der Wille, einen auf die politische Vorgegebenheit des westgotischen Reiches bezogenen kirchlichen Funktionszusammenhang darzustellen. Dagegen weist das Fehlen einer Beteiligung des Königs an der synodalen Beschlußfassung oder seiner unmittelbaren Einflußnahme darauf — etwa im Vergleich zu Chlodwigs Reichskonzil in Orléans 511 oder gar zu Rekkareds drittem toletanischen Konzil 589 — auf den bestehenden Bekenntnisgegensatz. Die Ausübung einer königlichen Kirchenhoheit blieb infolge dieses Gegensatzes auf die Bestimmung des äußeren Rahmens und Spielraums einer landeskirchlichen Aktivität für die katholische Kirche beschränkt. Dem entspricht es, daß die Beschlußfassung des agathenser Konzils nach ihrem sachlichen Gehalt allein die gegenüber dem fünften Jahrhundert grundsätzlich neue Situation nicht zu erkennen gibt. Es geht ihr lediglich darum, die gewonnene kirchliche Handlungsfreiheit im Sinne einer energischen Ordnung der inneren kirchlichen Verhältnisse zu nutzen.

Eine hervorragende Rolle spielt bei dieser Ordnung die Bekräftigung und der Ausbau bestehender Regelungen, auf die immer wieder zurückgegriffen wird und für die dem Konzil verschiedene Quellen zur Verfügung gestanden haben. Als bedeutsamste darunter lag den versammelten Bischöfen eine geordnete Kanonessammlung vor[182], die auf jeden Fall eine Reihe gallischer Konzilien einschließlich des sogenannten zweiten Konzils von Arles[183] und

---

spätere Interpolation (s. Samuel Cavallin, Literarhistorische und textkritische Studien zur Vita S. Caesarii Arelatensis. Lunds Universitets Årsskrift N.F. Avd. 1, Bd. 30, 1934, S. 100 ff.).

[182] Conc. Agath., c. 1: »In primo id placuit, ut canones et statuta patrum per ordinem legerentur.«

[183] Daß die Sammlung sowohl die Kanones von Valence 374 als auch das Arelatense II enthielt, kann man mit einiger Wahrscheinlichkeit aus Conc. Agath., c. 1 erschließen. Er geht von der verlesenen Sammlung aus und trifft, »quamquam aliud patrum statuta decreverint«, eine neue Regelung für bigamistische Kleriker. Die Formulierung »de bigamis aut internuptarum maritis« nimmt die Terminologie von Conc. Valent., c. 1 auf; die getroffene Regelung aber scheint eine Milderung von Arelat. II, c. 45 zu

wohl auch die Statuta ecclesiae antiqua enthalten hat. Diese
Sammlung könnte durchaus identisch gewesen sein mit einer zu
erschließenden arelatenser Quelle gallischer Kanones, aus der die
durch das zweite Verzeichnis der Handschrift von Corbie (Cod.
Paris lat. 12097) repräsentierte Sammlung[184] und der »Liber Complutensis« der spanischen Epitome[185] geschöpft haben[186]. Daß sie
auch griechische Konzilien enthielt, kann als wahrscheinlich vermutet werden. Über einen möglichen weiteren Umfang jedoch,
vor allem darüber, ob sie auch Dekretalen umfaßte[187], ist allerdings
nichts auszumachen. Im übrigen sind die mehrfach vorliegenden
ausdrücklichen Bezugnahmen agathenser Kanones auf ältere Bestimmungen[188] nur schwer, zum Teil gar nicht an Hand der uns
überlieferten älteren Quellen oder deren überlieferter Gestalt zu
verifizieren[189]. Sicher aber wurden außer der verlesenen Sammlung
noch andere Rechtsquellen benutzt. So sind neun Kanones einer
Provinzialsynode der Lugdunensis III, die unter Perpetuus von
Tours (461—491) in Vannes getagt hatte, im Wortlaut übernommen worden. Der offiziellen arelatenser Kanonessammlung sind

sein, der seinerseits wieder c. 24 von Orange 441 aufgenommen und erweitert hatte.

[184] S. F. Maassen, Geschichte, S. 556 ff.

[185] S. G. Martínez Díez, Epítome, S. 55 ff.

[186] Zu dieser gallischen Quelle s. u. S. 69 ff.

[187] Conc. Agath., c. 9 führt c. 1 aus Innozenz I. Schreiben »Consulenti tibi«
an Exuperius von Toulouse vom 20. Februar 405 (Jaffé 293) wörtlich an.
Dieses Schreiben gehört zum Bestand der ältesten gallischen Sammlungen
(z. B. älteste Form der Sammlung der Handschrift von Corbie, s. F. Maassen,
Geschichte, S. 558), kann aber in Agde auch zusätzlich zu der vorliegenden Kanonessammlung herangezogen worden sein. Vgl. noch u. S. 62,
Anm. 195 zu Conc. Agath., c. 43. Daß die Ausdrucksweise »canones et statuta patrum« in c. 1 dahingehend zu deuten sei, daß die verlesene Sammlung mehr als nur Konzilskanones enthielt (s. A. Malnory, Césaire, S. 71), ist
unsicher. Der Rekurs auf Konzilskanones gibt sich im gleichen Kanon als
Bezugnahme auf »statuta patrum«, so daß »canones« und »statuta« als
Synonyme erscheinen (s. o. S. 59, Anm. 183).

[188] Außer c. 1 vgl. c. 4 (»sicut synodus sancta constituit«), cc. 7 u. 35 (»sicut
prisca canonum praecepit auctoritas«), c. 22 (»quod omnes canones iubent«),
c. 24 (hier wird statt einer eigenen Bestimmung nur verwiesen auf das,
»quod iamdudum synodus sancta constituit«; gemeint ist c. 9 des Konzils
von Vaison 442), c. 36 (»secundum . . . ordinationem canonum«), c. 43
(»quod sancti patres nostri synodali sententia statuerunt«), c. 49 (»secundum constituta patrum«).

[189] Vgl. die von Ch. Munier in seiner Ausgabe und die unten zu den einzelnen
Kanones angeführten Beleg- und Parallelstellen.

diese Bestimmungen sicherlich nicht entnommen[190], und nur die
Tatsache, daß die Kanones von Vannes selbst überliefert sind, läßt
erkennen, daß die agathenser Beschlüsse in diesem Falle von einer
Quelle abhängig sind. Einem in die Lex Romana Visigothorum
nicht übergegangenen kaiserlichen Gesetz schließlich entspricht es,
wenn das kanonische Alter für Sanktimoniale auf vierzig Jahre festgesetzt wird[191].

Ihrem sachlichen Umfang nach erstrecken sich die Beschlüsse von
Agde auf fast alle Bereiche des kirchlichen Lebens. Dabei treten als
Themenkreise hervor die Disziplin des Klerus, die Hebung der allgemeinen Zustände in den Gemeinden, die Sicherung des Kirchen-
gutes, liturgische Regelungen und Fragen des Mönchtums. Außerhalb dieser größeren Themenkreise steht noch die Einschärfung der
Teilnahmepflicht an den Provinzialsynoden, von der nur Krankheit
oder königliche Anordnung entbinden könne[192], der Beschluß jährlichen Zusammentretens der Landessynode[193] sowie der Hinweis

---

[190] Conc. Venet., cc. 1.5—8.11—13.16 = Conc. Agath., cc. 37 bis 42. Ihre
Aufnahme in Agde muß gewiß mit Ch. Munier, S. 135 seiner Ausgabe der
Conc. Gall. darauf zurückgeführt werden, daß der Vertreter des Bischofs
Verus von Tours sie mitgebracht und dem Konzil vorgelegt hat.

[191] Conc. Agath., c. 19, vgl. Nov. Maior. VI 1. Das Gesetz Maiorians ist hin-
sichtlich der darin gegebenen vermögensrechtlichen Bestimmungen durch
eine von der Lex. Rom. Visig. aufgenommene Novelle Leos I. und des
Severus (Nov. Sev. I, die einzige Severus-Novelle der Lex Rom. Visig.)
aufgehoben worden, woraus sich wahrscheinlich seine Unterdrückung im
westgotischen Codex erklärt. Daß dieser auch die Bestimmung über das
Mindestalter der Verschleierung von Sanktimonialen zum Opfer gefallen
ist, die dem Episkopat offenbar wichtig war, sollte vor allzu überspitzten
Vorstellungen von einer geradezu intriganten Wachsamkeit, in der der
bischöfliche Einfluß bei der Redaktion des Gesetzbuches sich geäußert
haben soll, warnen (vgl. o. S. 50, Anm. 137).

[192] Conc. Agath., c. 35, vgl. Conc Arelat. II, cc. 18 f.; Stat. eccl. ant., c. 9.

[193] Conc. Agath., c. 49, vgl. die Briefe des Papstes Hilarus »Quamquam notitiam«, »Qualiter contra sedis« und »Etsi meminerimus« aus den Jahren
462—464 (Jaffé 555 f., 559; Coll. Arelat. 18—20, speziell S. 27,4 ff., 28,29 f.,
29,25 bis 27 ed. W. Gundlach), ferner Brev. Hippon., c. 5 (= c. 18 fin. des
karthagischen Konzils 419 bei Dion. Exig. oder c. 2 des Conc. Carth. III
der Hispana): hier auch das einmal jährliche Zusammentreten der über-
provinzialen Synode, nicht zu verwechseln mit der Bestimmung der zweimal jährlichen Tagung der Provinzialsynoden (Conc. Nic., c. 5; vgl. Conc.
Chalc., c. 19), die in Riez 439, c. 7 und Orange 441, c. 28 aufgenommen
worden ist, dort mit dem Hinweis, daß das zweimalige Zusammentreten
der Zeitverhältnisse wegen schwierig sei, und der Anberaumung der
nächsten Synode auf Jahresfrist. Nach dem genannten afrikanischen Kanon
sollen die provinzialen Synoden die überprovinziale beschicken.

auf eine ältere Vorschrift über den Modus der kirchlichen Konte-
station der Auffindung von Findelkindern, durch die diese nach
staatlichem Recht unwiderruflich in die Gewalt des Finders übergingen[194].
Die Beschlüsse zur Disziplin der Geistlichen befassen sich mit
den Bedingungen für die Aufnahme in den Klerus oder seine höheren Grade[195], mit der Ordnung des Zölibats[196] und anderen Vor-
schriften für die Regelung der persönlichen Lebensführung der

[194] Conc. Agath., c. 24 verweist auf Conc. Vas., c. 9, der sich seinerseits auf
die Konstitution Cod. Theod. V 9,2 (Lex Rom. Visig. V 7,2) bezieht.
[195] Conc. Agath., c. 16: kanonisches Alter für Diakone 25 Jahre (vgl. Brev.
Hippon., c. 1 = c. 16 des karthag. Konz. 419 bei Dion. Exig. und c. 4 des
Conc. Carth. III der Hisp.). — c. 17: Kanonisches Alter für Presbyter und
Bischöfe 30 Jahre (vgl. Conc. Neocaes., c. 11). — c. 43: kein Büßer zum
Klerus zugelassen; das muß auf alle bezogen werden, die je ein, wenn
auch mit der Rekonziliation abgeschlossenes Bußverfahren durchgemacht
haben; vgl. das schon früh auch in Gallien (z. B. in der Quesneliana) ver-
breitete Schreiben des Siricius »Directa ad decessorem« an Himerius von
Tarragona vom 10. Februar 385 (Jaffé 255), c. 14; c. 2 des (ersten) Konzils
von Toledo 400; aber eine Abhängigkeit von diesem toletanischen Konzil
(so C. F. Arnold, Caesarius, S. 218 und wohl auch Ch. Munier z. St.) ist
für Agde kaum anzunehmen, denn die spanischen Konzilien sind vor der
Verbreitung der spanischen Sammlungen im 8. Jahrhundert kaum über
Spanien hinausgedrungen — Ausnahmen sind die isolierte und auf ihre
Herkunft nicht hinweisende Überlieferung des Symbols und der Anathematismen von 400 (s. u. S. 82, Anm. 40) sowie der Beschlüsse von Toledo 589
(s. G. Martínez Díez, Hispana, S. 338 f.); die Behauptung von Antonio
Ariño Alafont, Colección canónica Hispana, Avila 1941, S. 86: »En 511,
los obispos reunidos en Orange afirman conocer desde muy antiguo los
cánones de los Concilios españoles,« ist auch abgesehen davon, daß 511
zwar das erste Konzil zu Orléans, aber keines zu Orange tagte, nicht halt-
bar; die sachliche Ähnlichkeit einzelner Kanones von Orange 441 zu solchen
von Elvira belegt noch keine Abhängigkeit. — Vgl. ferner Stat. eccl. ant.
c. 84.
[196] Conc. Agath., c. 1: bigamist. Kleriker (vgl. o. S. 59, Anm. 183). — c. 9:
Diakone und Presbyter, die ihre Ehe fortsetzen wollen (vgl. Siricius, »Directa ad decessorem« an Himerius von Tarragona vom 10. Februar 385,
Jaffé 255, c. 7; Innozenz I., »Etsi tibi frater« an Victricius von Rouen
vom 15. Februar 404, Jaffé 286, c. 9; ders., »Consulenti tibi« an Exuperius
von Toulouse vom 20. Februar 405, Jaffé 293, c. 1, vgl. o. S. 60, Anm. 187;
vgl. ferner Conc. Ancvr., c. 10 in der modifizierten Form der Quesneliana
und der Sammlung der Handschrift von Corbie, s. F. Maassen, Geschichte,
S. 492 f.). — c. 10: Umgang mit Frauen (vgl. Conc. Nic., c. 3 in der
Abbreviatio Rufins oder Versio Isidoriana; Cod. Theod. XVI 2,44 = Lex
Rom. Visig. XVI 1,6, hier wie in Agde Rekurs auf das Naturrecht; Conc.
Arelat. II, c. 3). — c. 11: Verhalten gegenüber Mägden (vgl. Conc. Arelat.
II, c. 4).

Kleriker, wobei sichtlich Wert auf ein angemessenes und würdiges Auftreten in der Öffentlichkeit gelegt wird[197], und schließlich mit Maßnahmen gegen widersetzliche Angehörige des Klerus[198]. Ferner wird ein weitgehendes Verbot der Klage durch Kleriker vor weltlichen Gerichten erlassen[199] und die Flucht von Geistlichen aus der kirchlichen Disziplinargewalt in den Schutz mächtiger Laien unter Kirchenstrafe gestellt[200]. Auf der anderen Seite soll aber auch der Unterhalt des Klerus sichergestellt[201] und ungerechtfertigte Zurücksetzung durch die Bischöfe bei der Übertragung von Ämtern ausgeschaltet werden[202].

Die Richtlinien zur Hebung der allgemeinen Verhältnisse in den Gemeinden scheinen in erster Linie auf eine um sich greifende Laxheit des Verhaltens und der Auffassung zu zielen. Die Zulassung zur Buße soll nur erfolgen, wenn eine gewisse Gewähr dafür gegeben ist, daß sie von den Bewerbern ernst genommen wird[203]. Die Notwendigkeit von Kirchenzuchtmaßnahmen gegen Totschläger und falsche Zeugen bedurfte offenbar der Fixierung[204]. In gleicher Weise richtet sich das Konzil gegen ungerechtfertigte, ohne bischöfliches Urteil vorgenommene Ehescheidungen[205], gegen hartnäckige und trotzige Unversöhnlichkeit[206] und die Mißachtung des Anspruchs Freigelassener auf kirchlichen Rechtsschutz[207]. Die Entsprechungen dieser Beschlüsse in älteren gallischen Bestimmungen zeigen, daß es sich um verbreitete Übelstände handeln muß, gegen die hier angegangen wird. Neben der Anordnung energischer Maßnahmen in solchen Fällen steht aber auch die Ermöglichung von Be-

---

[197] Conc. Agath., c. 20: Tonsur und geziemende Kleidung (vgl. Stat. eccl. ant., cc. 25 ff.). — c. 39: Verbot der Teilnahme an Hochzeitsfeiern (= Conc. Venet., c. 11). — c. 41: Trunkenheit unter Strafe gestellt (= Conc. Venet., c. 13).

[198] Conc. Agath., c. 2.

[199] Conc. Agath., c. 32: Zivilklagen nur mit Genehmigung des Bischofs, Kriminalklagen ganz verboten (vgl. Brev. Hippon., c. 9 = c. 15 des karth. Konz. 419 bei Dion. Exig. und c. 9 des Conc. Carth. III der Hisp.; Conc. Venet., c. 9; vgl. Conc. Arelat. II, c. 31).

[200] Conc. Agath., c. 8.

[201] Conc. Agath., c. 36.

[202] Conc. Agath., c. 23.

[203] Conc. Agath., c. 15.

[204] Conc. Agath., c. 37 = Conc. Venet., c. 1; vgl. Conc. Tur. 461, c. 7.

[205] Conc. Agath., c. 25, vgl. Conc. Venet., c. 2.

[206] Conc. Agath., c. 31, vgl. Conc. Arelat. II, c. 50.

[207] Conc. Agath., c. 29, vgl. Conc. Nemaus. 394/96, c. 7; vgl. auch Conc. Araus. 441, c. 6.

helfen gegen ungerechtfertigt strenge Kirchenzuchtmaßnahmen eines
Bischofs[208]. Die Bekämpfung religiöser Lässigkeit und Gleichgültig-
keit findet Ausdruck in den Geboten, die Laien sollten Weihnachten, Ostern und Pfingsten kommunizieren[209] und die Sonntagsmesse
nicht vorzeitig verlassen[210]. Der offenbar verbreitete, auch von
Geistlichen geübte Brauch des Bibelorakels wird unter Kirchenstrafe gestellt[210a]. Nach dem Verständnis der Synodalen gehört wohl
auch in den Zusammenhang einer Hebung der kirchlichen Verhältnisse die Mahnung zur Zurückhaltung gegenüber jüdischen Tauf-
bewerbern, die nicht als zuverlässig gelten und eine achtmonatige
Katechumenatszeit auferlegt bekommen[211], und das Verbot einer
Teilnahme an jüdischen Gastmählern mit der Begründung, durch
das einseitige Beharren der Juden auf ihren Speisegesetzen ergäbe
sich daraus für die Christen eine unwürdige Situation[212].
    Der Sicherung des Kirchengutes als des Armengutes[213], auf die
sehr großes Gewicht gelegt wird, dienen sowohl Verwaltungs- als
auch Kirchenzuchtmaßnahmen. Das Veräußerungsverbot und seine
Ausnahmen werden sehr genau festgelegt[214]. Es wird weiter bestimmt, daß Vermächtnisse und Schenkungen an die Bischöfe als
solche an die Kirche zu betrachten seien[215], Vorkehrungen gegen die
Veruntreuung von Kirchengut werden getroffen[216], und für die Zurückhaltung von Vermächtnissen zugunsten der Kirche, die Rück-

[208] Conc. Agath., c. 3; vgl. auch Stat. eccl. ant., c. 51.
[209] Conc. Agath., c. 18; vgl. u. S. 66, Anm. 224. Nach P. Drews, RE V, S. 571,
       11 ff. richtet sich die Bestimmung nicht gegen Lässigkeit, sondern gegen
       sektiererische Verschmähung der kirchlichen Eucharistie, wie sie Conc.
       Tolet I, c. 13 gemeint sein könnte. Aber dann ist eher grundsätzliche For-
       derung der Teilnahme zu erwarten als eine Bestimmung, die sich durch
       Beschränkung auf bestimmte Festtage als Minimalforderung ausweist; vgl.
       Henry G. J. Beck, The pastoral Care of Souls in South-East France during
       the Sixth Century (Analecta Gregoriana 51), Rom 1950, S. 150—153.
[210] Conc. Agath., c. 47.
[210a] Conc. Agath., c. 42 = Conc. Venet., c. 16, wo das Verbot nur für Geist-
       liche ausgesprochen ist. Zur Sache vgl. E. v. Dobschütz, Sortes Apostolorum
       oder Sanctorum, RE XVIII, S. 537—539.
[211] Conc. Agath., c. 34.
[212] Conc. Agath., c. 40 = Conc. Venet., c. 12, wo die Bestimmung allerdings
       nur für Kleriker getroffen war; vgl. Conc. Laod., cc. 37 f.
[213] Conc. Agath., c. 7: ». . . res unde pauperes vivunt . . .«
[214] Conc. Agath., c. 7 (vgl. Conc. Carthag. v. 13. September 401: Cod. Eccl.
       Afric., c. 26). — c. 22 (vgl. Conc. Carthag. 419: Cod. Eccl. Afric., 33). —
       cc. 45 f.
[215] Conc. Agath., c. 6.
[216] Conc. Agath., cc. 5.33.

nahme eigener früherer Zuwendungen sowie die Unterdrückung
von Urkunden oder deren Auslieferung an interessierte Dritte zum
Vermögensnachteil der Kirche wird Ausschluß aus der Kirchengemeinschaft angedroht[217].

Die liturgischen Regelungen der Synode zielen in erster Linie
auf eine Vereinheitlichung der Formen und Gepflogenheiten, wie
auch zu einem der Beschlüsse ausdrücklich hervorgehoben wird[218].
Angesichts des landeskirchlichen Charakters des Konzils und der
seinen Beschlüssen damit vorgegebenen unmittelbaren territorialen
Reichweite verdient dieses Bestreben besondere Aufmerksamkeit;
denn bei einer ungestörten Entwicklung, wie sie dem politischen
Werk Alarichs II. dann allerdings nicht mehr vergönnt war, hätte
es einen sehr wesentlichen Ansatz für die Herstellung landeskirchlicher Einheit und zugleich Abgeschlossenheit bilden können. Im
einzelnen geht es um einige Punkte des gottesdienstlichen Formu-
lars[219], die Festlegung der Traditio Symboli auf den Palmsonntag,
was Mailänder Übung entspricht[220], und die Einbeziehung der
Samstage in das Quadragesimalfasten gegenüber anderer früherer
gallischer Gepflogenheit[221], ferner um die Altarweihe[222] und das
Verbot für Presbyter, in der Kirche dem Volk die Benediktion zu
erteilen[223]. Hervorzuheben ist in diesem Zusammenhang schließlich
noch eine Bestimmung, die unter dem üblichen verwaltungsrecht-
lichen Gewand auch ein verfassungsrechtliches Element birgt und

---

[217] Conc. Agath., c. 4 (vgl. Conc. Vas. 442, c. 4; Conc. Arelat. II, c. 47;
Stat. eccl. ant., c. 86). — c. 26

[218] Conc Agath., c. 30: ». . . quia convenit ordinem ecclesiae ab omnibus
aequaliter custodiri . . .«

[219] Conc. Agath., c. 30. Zum Verständnis dieses Kanons und seinem Platz in
der Geschichte der gallikanischen Liturgie s. H. Leclercq bei Hefele/
Leclercq II 2, S. 992, Anm. 2; F. Cabrol, DictArchChrétLit I, Sp. 875—877.

[220] Conc. Agath., c. 13 — Vgl. Ambros., Ep. 20,4 (Traditio Symboli am Sonntag, wohl dem Palmsonntag, da die spätere mailänder Praxis die Traditio
am Samstag vor Palmsonntag kennt; vgl. P. de Puniet, DictArchChrétLit
II 2, Sp. 2626).

[221] Conc. Agath., c. 12 — Das Konzil schließt sich damit der römischen Sitte
an im Gegensatz zu dem offenbar in Gallien verbreiteten (über Mailand
eingedrungenen?) östlichen Brauch; zur Ausnahme der Samstage vom
Fasten s. den »Sermo de Quadragesima« des Faustus von Riez (?),
CSEL 21, S. 328 ff.; vgl. Joh. Cassian., Coll. XXI 25,3; zu Mailand s.
Ambros., De Helia et jejunio 10,34. Vgl. E. Vacandard, Carême: DictArch-
ChrétLit II 2, Sp. 2139 ff.

[222] Conc. Agath., c. 14.

[223] Conc. Agath., c. 44; zur Benediktion außerhalb der Kirche vgl. Conc. Reg.
439, c. 4.

die Absicht einer strafferen Ordnung und Zentrierung des Pfarr-
kirchensystems erkennen läßt: in Oratorien, die auf Gütern »außerhalb der Pfarreien, in denen die Gemeinde recht- und ordnungsgemäß zusammenkommt«, eingerichtet sind, kann zwar als Erleichterung für die Gutsangehörigen regulärer Sonntagsgottesdienst gehalten werden; aber Ostern, Weihnachten, Epiphanias, Christi
Himmelfahrt, Pfingsten, am Johannistag und an sonstigen hohen
Festtagen soll es strengstens untersagt sein, Gottesdienste außerhalb der Städte und Landpfarreien abzuhalten[224].

Die Beschäftigung des Konzils mit dem Mönchtum schließlich
betrifft sowohl dessen Verhältnis zum bischöflichen Amt als auch
die Regelung des monastischen Lebens selbst. Es wird die Errichtung eines Klosters von der Billigung des Bischofs und die Aufnahme von Mönchen in den Klerus von der des Abtes abhängig
gemacht[225]. Das kanonische Alter für Sanktimoniale wird, wie schon
erwähnt, auf vierzig Jahre festgelegt[226], räumlicher Abstand zwischen Männer- und Frauenklöstern angeordnet[227], das freie Umher-
ziehen von Mönchen untersagt[228], ihr Einsiedlerleben in gesonder-
ten Zellen auf Ausnahmen beschränkt und auch dann nur im Klo-
sterbezirk geduldet[229] und der Aufsichtsbereich der Äbte auf je nur
ein einziges Kloster begrenzt[230].

Insgesamt stellt die Beschlußfassung des Konzils auf dem durch
sie zu erschließenden Hintergrund verbreiteter Mißstände und Ver-

---

[224] Conc. Agath., c. 21: »Si quis etiam extra parrocias, in quibus legitimus est
ordinariusque conventus, oratorium in agro habere voluerit, reliquis festivitatibus ut ibi missas teneant propter fatigationem familiae iusta ordinatione permittimus; Pascha vero, Natale Domini, Epiphaniam, Ascensio-
nem Domini, Pentecosten et Natale sancti Ioannis Baptistae, vel si qui
maximi dies in festivitatibus habentur, nonnisi in civitatibus aut in parrociis
teneant. Clerici vero, si qui in his festivitatibus quos supra diximus, in ora-
toriis nisi iubente aut permittente episcopo missas facere aut tenere
voluerint, a communione pellantur.« — H. v. Schubert, Geschichte, S. 43
weist darauf hin, daß diese Bestimmung im Zusammenhang mit der Kom-
munionsvorschrift des c. 18 (s. o. S. 64) den Anfang eines Pfarrzwanges
erkennen läßt.
[225] Conc. Agath., c. 27; vgl. Conc. Chalced., c. 4 und das unter Ravennius
von Arles tagende Konzil in der Angelegenheit des Streites zwischen dem
Bischof Theodor von Fréjus und dem Abt von Lérins (und späteren
Bischof von Riez) Faustus: Conc. Gall. ed. Munier, S. 134.
[226] Conc. Agath., c. 19 (s. o. S. 61).
[227] Conc. Agath., c. 28.
[228] Conc. Agath., c. 27; vgl. c. 8 des Konzils von Angers 453; Conc. Venet., c. 6.
[229] Conc. Agath., c. 38; vgl. Caes. Arelat., Regula monach. 3.
[230] Conc. Agath., c. 38 = Conc. Venet., cc. 5—8.

flachungstendenzen einen zielbewußten und umfassenden Ansatz
dar, unter Aktualisierung der bestehenden kanonistischen Tradition
zu einer Ordnung, Straffung und Kräftigung des kirchlichen Lebens
in der ganzen Breite seiner Erscheinungen zu kommen. Man wird
kaum einen Zweifel daran hegen können, daß die in Agde versammelten Bischöfe damit in einem wesentlichen Maße Anstöße aufgenommen haben, die von dem Bischof aus dem Mönchsstande aus-
gingen, der den Vorsitz ihrer Versammlung führte und sich in seiner
eigenen Amtsführung dem gleichen Geist verpflichtet wußte, den
die agathenser Kanones bekunden. Diesem Geist der Kirchenreform
eine Wirkungsmöglichkeit und Geltung zu verschaffen, dürfte für
Caesarius der wesentliche Sinn des großen Konzils gewesen sein.
Man wird darüber hinaus fragen können, ob dieses Ziel für ihn
nicht auch der eigentliche und wesentliche Antrieb seiner erfolgreichen kirchenpolitischen Aktivität im Sinne der Behauptung und
des Ausbaus der kirchlichen Position von Arles überhaupt gewesen
ist. Damit wäre auch der Schlüssel zum Verständnis seines Ein-
gehens auf die Vorstellungen der katholischen Landeskirche im
Rahmen des westgotischen Reiches und seiner wahrscheinlich entscheidenden Mitwirkung an deren Realisierung gegeben: unter
den bestehenden politischen Voraussetzungen lag 506 in dieser
Idee der Landeskirche die erfolgversprechendste Möglichkeit zu
einer Entfaltung gestaltender kirchlicher und bischöflicher Verantwortung in einem der arelatenser Tradition entsprechenden übergeordneten Rahmen.

II. DIE KIRCHE IM SPANISCHEN WESTGOTENREICH
BIS AUF ATHANAGILD (507—567)

1. Kirchliche Aspekte der Personalunion mit der Ostgotenherrschaft (507—526)

a) Der Einfluß von Arles

Die Niederlage und der Tod Alarichs II. bei Poitiers[1] ließen die begonnene kirchengeschichtliche Entwicklung noch in ihren allerersten Anfängen jäh abbrechen. Die militärischen und politischen Ereignisse führten in rascher Folge dazu, daß nun für die Zukunft die Pyrenäenhalbinsel der Schauplatz der westgotischen Geschichte wurde, während sie bislang — sieht man von einem vorübergehenden Aufenthalt des wandernden Volkes in den Jahren 415 bis 418 in der Tarraconensis ab — nur ein Vorfeld des westgotischen Siedlungs- und Reichsgebietes und vor allem immer wieder Operationsfeld westgotischer Heere gewesen ist[2]. Noch im Katastrophenjahr 507 wurde in Narbonne Alarichs unehelicher Sohn Gesalech zum König gewählt. Möglichkeiten und Kräfte, den Niedergang aufzuhalten oder auch nur zu verlangsamen, standen ihm nicht zu Gebote. Er war vielmehr sogleich gezwungen, sich vor der burgundischen Heeresmacht nach Barcelona zurückzuziehen. Zu einer Wendung kam es erst im folgenden Jahre, als es Theoderich dem Großen endlich gelungen war, sich die Hände für ein Eingreifen in die militärischen Auseinandersetzungen freizumachen, und nur durch die erfolgreiche ostgotische Intervention ist wahrscheinlich der Wei-

---

[1] Zum Geschichtsverlauf im einzelnen s. L. Schmidt, Ostgermanen, S. 154 ff.; 342 ff.

[2] Die Chronik von Saragossa läßt das erkennen, wenn sie erst zum Jahre 497 im Zusammenhang mit dem Ende des Aufstandes des Burdunelus berichtet: »Gotthi intra Hispanias sedes acceperunt.« Vgl. R. de Abadal y de Vinyals, Del reino . . ., S. 45—47. — Zur westgotischen Ansiedlung in Spanien seit dem Ende des fünften Jahrhunderts und vor allem seit 507 s. Wilhelm Reinhart, Sobre el asentamiento de los visigodos en la Península (ArchEspArq 18, 1945, S. 124—139); Haupteinzugsweg scheint der Paß von Roncesvalles gewesen zu sein, und das gotische Siedlungsgebiet in Spanien ist im wesentlichen in Altkastilien zu suchen.

terbestand eines selbständigen westgotischen Reiches ermöglicht
worden.

510 konnte sich Theoderich nach Beseitigung der äußeren Bedrohung den inneren Verhältnissen des Westgotenreiches zuwen-
den. Im Sinne dynastischer Vorstellungen wandte er sich jetzt gegen
den bisher auch von ostgotischer Seite anerkannten und im Rahmen
des westgotischen Wahlkönigtums durchaus legitimen Gesalech zugunsten von Alarichs noch im Kindesalter befindlichem Sohn Amalarich, der zugleich Theoderichs eigener Enkelsohn war. Gesalech
wurde zur Flucht gezwungen, begab sich zunächst in das wandalische und später in das fränkische Reich und kam schließlich 511
nach einem mißglückten Versuch, seine Herrschaft wiederzugewin-
nen, ums Leben. Faktisch seit 510, formell seit 511 führte nun
Theoderich bis zu seinem Tode (30. August 526) anstelle seines
Enkelsohnes durch Statthalter die Regierung auch des westgotischen Reiches. Die Regelung der territorialen Verhältnisse beließ
Chlodwig seinen Gewinn. Westgotisch blieb in Gallien nur das
Gebiet des Roussillon und eines großen Teils des Languedoc (»Septimanien«). Die Provence wurde dem Ostgotenreich und damit entsprechend den staatsrechtlichen Verhältnissen formell sogar wieder
dem römischen Imperium eingegliedert. Dagegen blieb das westgotische Gebiet auch unter Theoderichs Oberherrschaft souverän
gegenüber Konstantinopel. Zudem konnte der letzte Statthalter
Theoderichs in Spanien, Theudis, der spätere Nachfolger Amalarichs in der Königswürde, eine weitgehende Selbständigkeit auch
gegenüber Ravenna behaupten.

Chronologisch gesehen hat der Übergang des westgotischen Reiches auf spanischen Boden eine Begleiterscheinung auf dem Gebiet
der kirchlichen Rechtsquellen, die es wohl verdient, daß man ihr
einige Aufmerksamkeit zuwendet. Es handelt sich dabei um den
Übergang einer kanonistischen Sammlung mit gallischen Kanones
in den spanischen Raum, der wahrscheinlich zugleich das erste Eindringen gallischer Kanones nach Spanien überhaupt darstellt[3]. Diese
zu erschließende gallische Sammlung scheint mit derjenigen verwandt oder vielleicht sogar identisch zu sein, die nach dem Ausweis

---

[3] Völlig unverständlich ist die Behauptung von Antonio Ariño Alafont,
Colección canónica Hispana, Avila 1941, S. 38: »Bastante tiempo antes de
San Cesáreo fueron conocidos en España los cánones de Francia y aun en la
misma Tarraconense,« wofür er sich beruft auf c. 1 (gemeint sein muß
c. 11) des Konzils von Tarragona, das im November 516, mithin im fünf-
zehnten Amtsjahr des Caesarius getagt hat.

des zweiten Verzeichnisses der Handschrift von Corbie zu einer im
Text nicht erhaltenen Erweiterung der durch das erste Verzeichnis
dieser Handschrift vertretenen Sammlung gedient haben muß[4].
Eine dieser Quelle eigentümliche Zusammenstellung gallischer Konzilien ist in Spanien von einer der Vorlagen der Spanischen Epitome
aufgenommen worden, nämlich dem »Liber Complutensis«, d. h.
wohl dem oder einem Rechtsbuch der Kirche von Alcalá de Henares[5]. Enthalten haben muß die gallische Sammlung die Kanones
von Nicaea in der Abbreviation des Rufin, diejenigen des Konzils
von Arles 314, darauf wohl auch die Statuta ecclesiae antiqua unter
dem Titel des karthagischen Konzils von 418, dann das Konzil von
Valence 374, danach möglicherweise auch das allerdings nach Ausweis der spanischen Epitome im »Liber Complutensis« nicht aufgeführte Konzil von Turin 398 oder 401[6], ferner schließlich die
Beschlüsse der Konzilien von Riez 439, Orange 441, Vaison 442,

[4] S. F. Maassen, Geschichte, S. 556 ff.
[5] Auf die Verwandtschaft dieser Quelle der Spanischen Epitome mit der
     Sammlung der Handschrift von Corbie in der durch ihr zweites Verzeich-
     nis vertretenen Form hat F. Maassen, Geschichte, S. 661 ff. hingewiesen,
     und G. Martínez Díez hat sich in seiner Analyse der Spanischen Epitome
     mit Erfolg bemüht, diese Spur weiterzuverfolgen (S. 55 f. seiner Ausgabe
     der Epitome; anders als noch in meiner Rezension ZKG 74, 1963, S. 368 ff.
     glaube ich allerdings, Martínez Díez nicht mehr in allen Punkten folgen
     zu können). — Der »Liber Complutensis« enthielt auch noch ein anderes
     Stück gallischer Herkunft, die Zusammenstellung griechischer, serdizen-
     sischer und vereinzelter gallischer Kanones, die von der Spanischen Epitome
     unter Nr. II (ed. Martínez Díez, S. 105 ff.) ausgezogen worden ist; es ist
     von F. Maassen, a.a.O., S. 648 ff. und Martínez Díez, S. 38 ff. seiner Aus-
     gabe, beschrieben und von letzterem »Capitula Gallica« genannt worden.
     Da dieses Stück das Arelatense II voraussetzt, kann es nicht vor der zweiten
     Hälfte des fünften Jahrhunderts entstanden sein, und entsprechend den
     sonst zu erschließenden Verhältnissen ist es dann wohl erst nach 510 nach
     Spanien eingedrungen. — Die einseitige, keineswegs hinreichend begrün-
     dete und auch nicht begründbare These von Jean Tarré, Sur les origines de
     la collection canonique dite Hispana (in: Mélanges Paul Fournier, Paris
     1929, S. 705—724), daß alle drei spanischen kanonistischen Sammlungen
     überhaupt gallischen, arelatensischen Ursprungs seien, braucht nicht be-
     rücksichtigt zu werden (vgl. Martínez Díez, S. 19 f. seiner Ausgabe der
     Epitome mit Literaturangaben).
[6] In der Handschrift von Corbie gehört das Konzil von Turin schon der
     durch das erste Verzeichnis repräsentierten Form der Sammlung an. Wenn
     es auch nicht in den »Liber Complutensis« eingegangen ist, so ist es doch
     der spanischen Überlieferung gut bekannt: außer in der Hispana ist es auch
     noch vertreten im »Liber Egabrensis« (d. h. aus Cabra, Prov. Córdoba)
     der Spanischen Epitome, hier allerdings nur c. 1 (ed. G. Martínez Díez,
     S. 183); die Benutzung des der Hispana eigentümlichen Titels durch die

das Arelatense II, die Kanones von Agde 506 und von Orléans 511[7]. Als Entstehungsort für diese Sammlung ist sehr wahrscheinlich Arles anzunehmen[8], und die Kanones von Orléans 511 sind ihr, wie sich mit einiger Wahrscheinlichkeit vermuten läßt, auf dem Wege über Rodez im Zusammenhang mit westgotisch-fränkischen Grenzverschiebungen zugewachsen. Rodez gehörte zu dem 507/08 fränkisch gewordenen Gebiet, das nach Chlodwigs Tod (27. November 511) von westgotischer Seite wieder zurückerobert wurde[9]. Der Bischof Quintian von Rodez hatte 511 die Beschlüsse des ersten fränkischen Reichskonzils in Orléans mit unterzeichnet und wird eine Ausfertigung dieser Kanones nach Rodez mitgebracht haben. Von dort müssen sie nach der westgotischen Rückgewinnung des

Epitome weist auf eine gemeinsame überlieferungsgeschichtliche Grundlage für Hispana und »Liber Egabrensis«.

[7] G. Martínez Díez, S. 55 ff. seiner Ausgabe der Epitome, will auch die griechischen und afrikanischen Kanones des »Liber Complutensis« dieser gallischen Quelle zuordnen. Für die afrikanischen ist das recht unwahrscheinlich, denn das von der Epitome dem »Liber Complutensis« entnommene karthagische Konzil von 419 kommt in älteren gallischen Sammlungen gar nicht vor (vgl. F. Maassen, Geschichte, S. 663). Für das griechische Material kann zwar gallische Herkunft angenommen werden, aber für seine Verbindung mit der nach Spanien gelangenden Quelle gallischer Konzilien gibt es keine zuverlässigen Indizien. Im Gegenteil, die Sammlung der Handschrift von Corbie enthält die zwölf Anathematismen Kyrills und die Kanones von Chalkedon (Span. Epit. Nr. X und XI) nicht, auch in keinem ihrer Verzeichnisse, und im Gegensatz zur Spanischen Epitome (und der Hispana) gibt der in ihr überlieferte Text der Isidoriana den c. Ancyr. 10 in der nach abendländischer Disziplin modifizierten Form (C. H. Turner, Monumenta II, S. 80) und läßt den c. Gangr. 4 aus (ebd., S. 188); doch hier wäre allerdings denkbar, daß die durch das zweite Verzeichnis der Handschrift bezeugte Quelle, wenn sie nicht auf gallische Konzilien beschränkt war, eine andere Textform geboten haben könnte.

[8] Den Konzilien von Arles 314, Riez 439 und Orange 441 präsidierte der Bischof von Arles, in Vaison 442 unterzeichnete Hilarius von Arles als zweiter nach dem Bischof von Vaison; in Valence 374, allerdings unter dem Vorsitz von Vienne, war Arles wenigstens beteiligt; die Statuta ecclesiae antiqua stammen womöglich aus Marseille, also aus dem engeren arelatenser Bezirk, und wurden in Arles für afrikanische Kanones angesehen (Germain Morin, Les Statuta ecclesiae antiqua sont-ils de S. Césaire d'Arles? RevBénéd 30, 1913, S. 334—342, hier S. 339 f.); das Arelatense II ist gewiß in Arles selbst zu Hause. 506 ist die Sammlung noch durch das ebenfalls von Arles präsidierte agathensische Konzil erweitert worden (zu Orléans 511 s. u.), ferner hat sie Spuren in solchen Sammlungen hinterlassen, für die ebenfalls Herkunft aus dem arelatenser Raum angenommen werden kann.

[9] Greg. Tur., Hist. III 21.

Gebietes ihren Weg in die arelatenser Sammlung gefunden haben, und zwar in einer bearbeiteten Form; in ihr sind die Kanones 4, 5 und 7 mit Bezugnahmen auf das fränkische Königtum und der Kanon 10, der den Übertritt arianischer Kleriker und die Katholisierung gotischer Kirchen betrifft, unterdrückt worden[10], und in der Praefatio ist der Hinweis auf die Einberufung des Konzils durch Chlodwig getilgt[11]. So erweitert muß die arelatenser Sammlung bis 516 nach Spanien gelangt sein. Das Konzil von Tarragona, dessen Beschlüsse am 6. November 516 unterzeichnet wurden, verbietet Mönchen, außerhalb der Klöster ohne Auftrag des Abtes eine kirchliche Tätigkeit auszuüben oder weltlichen Geschäften nachzugehen; es bestimmt, daß dazu vor allem die Anordnungen der gallischen Kanones beachtet werden sollten[12]. Damit scheint in erster Linie der Kanon 19 von Orléans[13], dazu möglicherweise auch noch der Kanon 27 von Agde ins Auge gefaßt zu sein[14]. Ferner nimmt Kanon 6 von Tarragona deutlich erkennbar den Kanon 35 von Agde auf. Mit Ausnahme des Konzils von Arles 524, das also erst nach dem

---

[10] So in der Spanischen Epitome und der Hispana, desgleichen in einer Reihe gallischer Sammlungen (s. d. Apparat bei de Clercq).

[11] Conc. Aurel. I, praef.: »Cum autore Deo ex euocatione gloriosissimi regis Clothouechi... fuisset concilium... congregatum.« Die Worte »ex euocatione... Clothouechi« fehlen in der Hispana und in zwei gallischen Sammlungen und werden anscheinend auch von der spanischen Epitome nicht vorausgesetzt.

[12] Conc. Tarr., c. 11: ». . . canonum ante omnia Gallicanorum de eis constitutione servata.«

[13] c. 15 in der Hispana, c. 16 in der Spanischen Epitome.

[14] Vgl. Conc. Ilerd., c. 3: »De monachis vero id observari placuit quod synodus Agathensis vel Aurelianensis noscitur decrevisse.« Man beachte die Reihenfolge Agde — Orléans in der Anführung von Lérida; sie entspricht noch der für die mutmaßliche Quelle anzunehmenden chronologischen, während der »Liber Complutensis« eine andere Reihenfolge aufweist. Dort ist das Konzil von Agde aus der Reihe der gallischen Konzilien herausgenommen und zusammen mit dem unabhängig von der alten gallischen Sammlung nach Spanien gelangten Konzil von Arles 524 offenbar unter Berücksichtigung der zeitgenössischen politischen Geographie 510—526 mit der Reihe der Konzilien des gotischen Raumes verbunden worden (s. dazu G. Martínez Díez, S. 57 in seiner Ausgabe der Epitome). Das undatierte Arelatense II wurde an den Schluß des (fränkisch-)gallischen Teils, hinter Orléans 511 gesetzt. — Zur weiteren Benutzung der gallischen Sammlung in den spanischen Konzilien der ersten Hälfte des sechsten Jahrhunderts: das Konzil von Valencia 546 bezieht sich ausdrücklich auf dasjenige von Riez (Conc. Vallet., c. 2, vgl. Conc. Reg. c. 5 f.); das Konzil von Barcelona um 540 greift Bestimmungen der Statuta ecclesiae antiqua auf (Conc. Barc. I, cc. 3.8.9, vgl. Stat. eccl. ant., c. 25.20.21).

Übergang der alten Sammlung auf spanischen Boden getagt hat[15], stellt die zu erschließende gallische Sammlung auch den Bestand der gallischen Konzilien, den die älteste Form der Hispana aufweist[16].

Trotz des zeitlichen Zusammenfallens kann nun allerdings die Verlagerung des Herrschafts- und Siedlungsbereiches der arianischen Westgoten von Gallien auf die Pyrenäenhalbinsel an sich noch keine hinreichende Erklärung für den Übergang einer arelatenser Sammlung gallischer Rechtsquellen der katholischen Kirche nach Spanien bieten. Der eigentliche Anlaß dafür dürfte vielmehr in der Art zu suchen sein, in der Papst Symmachus, wohl kaum ohne Einverständnis Theoderichs, den politischen und territorialen Verhältnissen seit 510 Rechnung getragen hat, indem er den durch sein Schreiben an Caesarius von Arles vom 11. Juni 514[17] begründeten Vikariat des arelatenser Bischofs nicht allein auf Gallien, sondern zugleich auch auf Spanien ausdehnte[18]. Caesarius erhielt dadurch ein Aufsichtsrecht über die spanische Kirche und die Berechtigung

[15] Es ist wahrscheinlich, daß seine Kanones in Spanien noch nachträglich der gallischen Sammlung angeschlossen wurden, s. u. S. 75, Anm. 21.

[16] S. F. Maassen, Geschichte, S. 667 ff. Daß Hispana und »Liber Complutensis« für diese Konzilien eine gemeinsame Grundlage haben, ergibt sich daraus, daß die Spanische Epitome mehrfach ganz offensichtlich die der Hispana eigentümlichen Kanonestitel benutzt hat, die sich demnach auch im »Liber Complutensis« gefunden haben müssen. In jüngeren Formen der Hispana finden sich dann noch sechs gallische Konzilien aus der ersten Hälfte des sechsten Jahrhunderts: Epaon 517, Carpentras 527, Vaison 529, Clermont 535, Orléans 538 und 549 (das letztere auch im »Liber Egabrensis« der Span. Epitome, und zwar dort wie hier unter dem Namen eines zweiten Konzils zu Clermont). Die ebenfalls spanische Sammlung der Handschrift von Novara (s. F. Maassen, a. a. O., S. 717 ff.) greift für ihre gallischen Konzilien nur auf den Bestand zurück, der sich auch in der alten arelatenser Sammlung fand.

[17] »Qui veneranda patrum« (Jaffé 769; Coll. Arelat. 28). Der Brief hat übrigens keine spanische Überlieferung gefunden; außerhalb der Collectio Arelatensis findet er sich nur noch in zwei von Arles abhängigen oder beeinflußten Sammlungen.

[18] Sicherlich richtig ist die Annahme von L. Duchesne, L'Église, S. 512, daß »Gallien« dabei in einem eingeschränkten Sinn verstanden war: »Dans la pensée de Symmaque, il ne s'agissait sans doute que de la provence soumise au roi de Ravenne, ainsi que de la Narbonnaise 1er et de l'Espagne, dans les limites où Théodoric y était reconnu comme tuteur du jeune roi des Wisigoths.« Ganz andere Vorstellungen hat Georg Langgärtner, Die Gallienpolitik der Päpste im 5. und 6. Jahrhundert (Theophaneia 16), Bonn 1964, S. 136 bis 138. Mit »Spanien« meint Symmachus seiner Ansicht nach nicht wirklich Spanien, sondern den westgotischen Teil Galliens. Denn angesichts der

zur Ausstellung von litterae formatae für den Verkehr des spanischen Episkopats mit Rom zugesprochen. Über die praktischen Auswirkungen dieser Beauftragung ist weiter nichts bekannt. Es liegt aber durchaus im Bereich des Möglichen, daß Caesarius versucht hat, diese Stellung von Arles in Spanien, wenigstens in der Tarraconensis, geltend zu machen und so unter gewandelten Voraussetzungen die Ansätze des Jahres 506, wie sie in den Plänen für das Landeskonzil in Toulouse sichtbar geworden sind[19], wieder aufzugreifen. Es wäre denkbar, daß unter diesen Umständen eine Rechtssammlung der arelatenser Kirche in Spanien eingeführt wurde. Jedenfalls läßt sich der überlieferungsgeschichtliche Tatbestand so zwanglos deuten und sinnvoll einordnen in den Zusammenhang nicht nur der kirchlichen Aktivität von Arles, sondern darüber hinaus auch bewußter kirchenpolitischer Bestrebungen Roms, innerhalb des vorgegebenen Rahmens der staatlich-politischen Machtverhältnisse und unter Ausnutzung der in ihnen liegenden Möglichkeiten seine Vormachtstellung als Patriarchat des Westens zu behaupten, die es durch die Bildung eines katholischen Landeskirchentums in den germanischen Staatsgründungen bedroht sehen konnte[20]. Der Grundbestand gallischer Kirchenrechtsquellen in der

päpstlichen Vikariatspolitik in Spanien bliebe dort für Rechte von Arles kein Raum. Nun, Hormisda hat 517 den Bischof Johannes von Elche zum päpstlichen Vikar ernannt und dabei übersehen, daß die gleiche Würde schon früher einmal dem Metropoliten von Sevilla verliehen worden war (s. u. S. 78 ff.; Langgärtner verzerrt das zu einer Teilung des spanischen Vikariatsgebietes). Sollte Ähnliches nicht auch Symmachus unterlaufen sein können? Ferner habe Caesarius nicht persönlichen Einfluß auf die in seine Zeit fallenden spanischen Synoden genommen, was er doch »als Primas hätte tun müssen«. Hätte er speziell das tun müssen? Das Schreiben des Symmachus sagt davon nichts. Und hat er wirklich keinen Einfluß auf die kirchlichen Verhältnisse in Spanien genommen? Die Überlieferungsgeschichte der kirchlichen Rechtsquellen scheint da etwas anderes zu besagen (s. o.). Nicht eingeschränkt ist dagegen nach Langgärtner im Schreiben des Symmachus die Bedeutung von »Gallien«. Der Begriff umschließe »das ganze Gallien, also auch den größten, nichtgotischen Teil des Landes«. Warum dann aber der westgotische Teil des Landes der besonderen Bezeichnung »Spanien« bedurfte, das zu erklären hat Langgärtner leider unterlassen.

[19] S. o. S. 47 f.
[20] Vgl. die Unterdrückung der Konstitution Valentinians III. vom 8. Juli 445 in der Lex Rom. Visig. (s. o. S. 46 f.). Vgl. auch Johannes Haller, Das Papsttum I, Basel ²1951, S. 203 ff.; Erich Caspar, Geschichte des Papsttums II, Tübingen 1933, S. 124 ff.: »Der Gedanke war offenbar, das gesamte politisch unter der Hoheit Theoderichs d. Gr. stehende Gebiet wieder in engen hierarchischen Zusammenhang mit Rom zu bringen« (S. 126).

spanischen Überlieferung, an den sich dann auch das ihr sonst noch
zuwachsende gallische Material ankristallisiert hat[21], kann so sicherlich mit einigem Anspruch auf Wahrscheinlichkeit als eine Spur des
gewiß nur kurzen und seit 526 erloschenen oder doch jeder praktischen Bedeutung beraubten spanischen Vikariats von Arles ange-
sprochen werden[22], und sicher ist das eine dafür kennzeichnendere
Spur als die wohl schon gleichzeitige, von der Vita Caesarii bereits
notierte Verbreitung der Predigten des großen Arelatensers auch in
Spanien[23]. Der Übergang dieser gallischen Quellen nach Spanien
ist dann eben nicht durch die Schwerpunkt- und Gebietsverlagerung
des Westgotenreiches von Gallien auf die Pyrenäenhalbinsel ausgelöst. Sie ist vielmehr eine Folge der von Theoderich d. Gr. errich-
teten Personalunion dieses Reiches mit seiner Ostgotenherrschaft in
Italien.

b) Die direkten Beziehungen zu Rom

Auch des Symmachus Nachfolger Hormisda hat die Möglichkeit
zu ungehinderter Bewegungsfreiheit im Blick auf Spanien wahr-
genommen, die sich so für den römischen Stuhl mit der Ausdehnung
der Herrschaft Theoderichs ergeben hatte. Ihm boten sich dazu
günstige Anknüpfungspunkte in Spanien selbst. So sind dann von
Hormisda auch mehr nach Spanien gerichtete Schreiben überliefert
als von jedem seiner Vorgänger. Es sind sechs Briefe aus den Jahren
517—521, die allerdings nur drei jeweils zusammengehörende Ein-
heiten bilden[24]. Mit ihren verschiedenen dokumentarischen Bei-

---

[21] Die Beschlüsse des Konzils 524 sind vielleicht noch sofort nach Spanien
übersandt worden; sie gehören auch zum Bestand der ursprünglichen
Hispana und finden sich im »Liber Complutensis«, und zwar hier zusammen mit Agde von den übrigen gallischen Konzilien getrennt (dazu s. o.
S. 72, Anm. 14).

[22] R. de Abadal y de Vinyals, Del reino..., S. 57 sieht im Zusammentreten
der Konzilien von Tarragona 516 und Gerona 517 den Einfluß des Caesarius
von Arles wirksam werden.

[23] Vita Caes. I 55.

[24] 1. An Johannes von Elche »Fecit dilectio tua« (Jaffé 786); 2. an die spanischen Bischöfe »Benedicta trinitas« (Jaffé 787); desgl. »Inter ea quae
notitiae« (Jaffé 788), alle drei zusammengehörig und vom 2. April 517.
4. An Johannes von Elche »Vota nostra« (Jaffé 828) vom Jahre 519, dazu
eine Abschrift des Libellus fidei des Johannes von Konstantinopel vom
19. März 519 (»Redditis mihi«, Coll. Avell. 159) und der Sacra Justins I.
vom 22. April 519 (»Scias effectum«, Coll. Avell. 160).
5. An Sallust von Sevilla »Suscipientes plena« (Jaffé 855); 6. an die
Bischöfe der Baetica »Quid tam dulce« (Jaffé 856), beide zusammengehörig

lagen machen sie den Gesamtbestand der in der spanischen Überlieferung bekannten Hormisda-Korrespondenz aus[25].

Am Anfang steht ein Schreiben an den Bischof Johannes von
Elche aus dem Jahre 517. Johannes hatte eine Reise nach Italien
unternommen und dem Papst brieflich seinen beabsichtigten Besuch
in Rom angekündigt. Bei Gelegenheit dieser Ankündigung hatte er
zugleich von Hormisda Weisungen in einer Reihe von Fragen kirchlicher Ordnung und für das Verhalten gegenüber Klerikern aus dem
Osten erbeten. In zwei dem Brief an Johannes beigefügten Dekretalen an alle spanischen Bischöfe hat Hormisda diese Weisungen
erteilt. Die sachlichen Gründe für die Anfragen des Spaniers sind
leicht zu ersehen. Das akazianische Schisma hatte eine Unsicherheit
in Fragen des kirchlichen Umgangs mit Klerikern aus dem Osten
ausgelöst. Weiterhin boten die kirchlichen Verhältnisse in Spanien
selbst offenbar an einigen Punkten Anlaß zur Klage. Hormisdas
Weisungen lassen auf unkanonische Ordinationen schließen, bei
denen Laien ohne weiteres direkt zu Bischöfen geweiht und Büßer
in den Klerus aufgenommen wurden, auf Fälle von Simonie und
auf das Unterbleiben regelmäßiger Provinzialsynoden. Das sind
Mißstände, die zumeist Funktionen nicht eines einzelnen Bistums,
sondern des Metropolitanverbandes betreffen. Darum ist es bemerkenswert, daß sie in Rom von einem Bischof, der doch schließlich
nur ein Suffragan des Metropoliten der Carthaginiensis[26] war,

und nach dem 26. März 521, dazu als Beilagen Hormisdas Schreiben an
Justin 1. »Inter ea quae ad unitatem« und an Epiphanius von Konstantinopel »Multo gaudio« vom 26. März 521 (Jaffé 857; 861; Coll. Avell. 236 f.).
   Diese relativ große Zahl überlieferter spanischer Hormisdabriefe darf
nicht in ursächlichen Zusammenhang mit der an sich reichen Überlieferung der Hormisda-Korrespondenz gebracht werden; dieser Reichtum beruht auf der Collectio Avellana, die jedoch keines der nach Spanien gerichteten Schreiben (abgesehen von deren diversen Beilagen) enthält. —
Die Behauptung von Wilhelm M. Peitz, Dionysius Exiguus-Studien (Arbeiten zur Kirchengesch. 33, Berlin 1960), S. 22 ff.; 252 ff., daß zur Zeit
Hormisdas der Grundstock der Hispana aus Rom nach Spanien gelangt
sei, gehört in den Rahmen seiner auf willkürlichen Postulaten beruhenden, völlig unhaltbaren Auffassung von der kanonistischen Gesamtüber-
lieferung des Okzidents (vgl. dazu Gonzalo Martínez Díez, A propósito
de la obra de Wilhelm M. Peitz: Miscelánea Comillas 39, 1963; Charles
Munier, L'oeuvre canonique de Denys le Petit, d'après les traveaux du
R. P. Wilhelm Peitz: Sacris Erudiri 16, 1963, S. 236 ff.; meine Rezension des
Peitz'schen Werkes: ZKG 74, 1963, S. 353 ff.) und bedarf keiner Diskussion.
[25] Hispana Nr. 86—95 González; vgl. O. Günther, CSEL 35, S. LXXVI f.
[26] Die metropolitane Zuständigkeit in der Carthaginiensis ist für diese Jahre
unklar. Die Unterzeichnerliste des Konzils von Tarragona 516 führt den

allein in seinem eigenen Namen und anscheinend aufgrund eigener persönlicher Initiative unter Übergehung des Metropoliten vorgetragen wurden. Denn die Briefe des Hormisda lassen keine Spur davon erkennen, daß Johannes in irgend einer Form als Beauftragter gehandelt hätte oder vom Papst als solcher betrachtet worden wäre. Man hat es hier daher wohl entweder mit dem eigenmächtigen Vorstoß eines ehrgeizigen Kirchenmannes zu tun oder aber mit der Notmaßnahme eines Bischofs, der ernstlich um die Zustände seiner heimatlichen Kirchenprovinz besorgt ist, dort selbst aber wenig Rückhalt zu finden hofft.

Wie dem auch sei — Hormisda jedenfalls hat die damit sich bietende Gelegenheit genutzt, die Beziehungen Roms zur spanischen Kirche zu beleben und zu festigen. Der Eingabe des Johannes, so schreibt der Papst diesem, sei die Möglichkeit zum päpstlichen Eingreifen im Interesse der kirchlichen Ordnung zu verdanken. Darum übertrage Hormisda ihm unbeschadet der Rechte der Metropoliten die Stellvertretung des apostolischen Stuhles. Diese Beauftragung wird noch näher definiert: Johannes solle »auf dem Posten sein«, daß die Kanones und päpstlichen Weisungen eingehalten werden und Berichtenswertes von ihm nach Rom mitgeteilt werde[27]. Im Unterschied zur Übertragung des Vikariates

Bischof Hector von Cartagena auf als »episcopus Carthaginensis (v. l. Carthaginis) metropolis (v. l. metropolitanae)«, wobei übrigens die Betonung des Metropolitancharakters auffällt gegenüber der Bezeichnung des Johannes von Tarragona als »episcopus Tarraconensis civitatis« (vgl. dazu P. B. Gams, Kirchengeschichte II 1, S. 444 f.: »Vielmehr — war Hector nicht aus Zufall, sondern sehr mit Absicht zu Tarraco anwesend. Dort und nach der natürlichen Analogie mit Tarraco als Metropolit anerkannt, konnte er hoffen, daß der Sitz von Cartagena endlich auch in der Provinz von Cartagena zur Anerkennung kommen werde.«) Dagegen wird von dem Provinzialkonzil 531 (Toletanum II der Hispana) Montanus von Toledo als Bischof, »qui in metropoli est«, betrachtet, und Montanus selbst spricht in seinem zusammen mit den Beschlüssen des Konzils überlieferten Brief an den Klerus von Palencia davon, daß »Toletanae urbi metropolitanum privilegium vetus consuetudo tradiderit« (vgl. u. S. 85). Klare Verhältnisse sind jedenfalls zwangsläufig seit der byzantinischen Inbesitznahme von Cartagena (nach 551) gegeben. Vgl. Juan F. Rivera Recio, Encumbramiento de la sede toledana durante la dominación visigótica (HispSacr 8, 1955, S. 3—34), S. 10 ff.

[27] Jaffé 786 (PL 84, Sp. 820 B): »Et quia per insinuationem dilectionis tuae huius nobis est via patefacta providentiae, remuneramus sollicitudinem tuam, et, servatis privilegiis metropolitanorum, vices vobis apostolicae sedis eatenus delegamus, ut in speculis sitis, ut sive ea quae ad canones pertinent et a nobis sunt nuper mandata, serventur, sive si quid de ecclesia-

an Caesarius durch Symmachus und an Sallust von Sevilla ebenfalls durch Hormisda fällt hierbei auf, daß dem Illicitaner nicht das Recht zur Berufung von Synoden zugestanden wird. Das ist wohl eine Einschränkung, die der kirchlichen Stellung von Elche mit Rücksicht auf die Metropoliten Rechnung trägt[28]. Im übrigen ist die Beauftragung des Johannes in der Folgezeit tatsächlich von praktischer Bedeutung für die römischen Beziehungen zu Spanien gewesen. Davon zeugt zunächst ein zweites Schreiben Hormisdas an Johannes aus dem Jahre 519, durch das der Papst über ihn den Bischöfen, die »ihm benachbart« seien[29], den Friedensschluß mit Konstantinopel kundmacht.

Eine weitere, unvorhergesehene Wirkung der Vikariatsbeauftragung des Johannes ist dann, nochmals zwei Jahre später, ein Schriftwechsel zwischen Sevilla und Rom. Speziell steht dieser Briefwechsel in Zusammenhang mit der Einschaltung des illicitanischen Bischofs bei der Information über den günstigen Ausgang der Ver-

sticis causis dignum relatione contigerit, sub tua nobis insinuatione pandatur.« Der Tenor dieser Beauftragung spricht für die Annahme von Erich Caspar, Geschichte des Papsttums II, Tübingen 1933, S. 765, es habe sich »bei dieser Auszeichnung wohl um ein persönliches Gelegenheitsprivileg« gehandelt. Das schließt aber nicht aus, daß es sich zugleich auch um einen zielbewußten kirchenpolitischen Akt gehandelt hat.

[28] Diese Nuance ist ein innerer Grund dafür, daß die überlieferte Zuweisung der Korrespondenz an Johannes von Elche als Adressaten richtig ist, und sie spricht gegen die Zweifel, die z. B. noch Wilhelm M. Peitz, Dionysius Exiguus-Studien (Arbeiten zur Kirchengeschichte 33), Berlin 1960, S. 254 daran geäußert hat, der immer noch die schon von Coustant (s. A. Thiel, S. 106 f. seiner Ausgabe der Papstbriefe) richtiggestellte Annahme des Baronius bevorzugt, es habe sich um Johannes von Tarragona gehandelt. Bei O. Engels, Art. Tarragona, Lexikon für Theologie und Kirche IX, ²1964, Sp. 1302 steht gar noch zu lesen:»517 erhielt Tarragona die Primatialwürde von Spanien.«

[29] Jaffé 828:». . . qui fraternitati tuae vicini sunt . . .« Es fällt auf, daß weder Jaffé 786 noch hier nähere Angaben über den räumlichen Bereich des Vikariats des Johannes von Elche gemacht werden. Auch das steht im Gegensatz zur Übertragung an Caesarius von Arles (zur Abgrenzung des Vikariats von Sevilla s. u. S. 79 f.). Vielleicht ist auch dies eine vorsichtige Zurückhaltung im Blick auf die Metropoliten. Die Behauptung, Johannes sei zum Vikar für die Provinz Tarragona ernannt worden (Georg Langgärtner, Die Gallienpolitik der Päpste im 5. und 6. Jahrhundert [Theophaneia 16], Bonn 1964, S. 136), beruht auf freier Fantasie und verkennt zudem die zeitgenössische Provinzialeinteilung Spaniens. Sie ist ein letzter Reflex der Konjektur, Johannes sei nicht Bischof von Elche, sondern von Tarragona gewesen (s. voraufgehende Anm.).

handlungen mit Konstantinopel 519[30]. Wegen dieser Einschaltung hatte Sallust von Sevilla offenbar eine Synode der Bischöfe seiner Provinz veranstaltet, um in nachdrücklicher Weise die Rechte seines Stuhles im Blick auf das Verhältnis Spaniens zu Rom geltend zu machen. In einem Schreiben an Hormisda hatte diese Synode auf »alte Rechte und Satzungen der Väter«[31] verwiesen, die sich offensichtlich auf eine Bestellung des Metropoliten von Sevilla zum Vikar des römischen Stuhles bezogen. Eine solche Bestellung ist überliefert in einem Schreiben des Papstes Simplicius an Zeno von Sevilla[32]. Dieser nicht datierte Brief gehört in eine Zeit — Simplicius regierte von 468—483 —, als die Baetica kaum schon zum westgotischen Besitzstand gehörte. Es werden daher bei der Ernennung Zenos noch die Verhältnisse der römischen Verwaltung vorausgesetzt sein, unter der Sevilla Sitz des kaiserlichen Vikars für Spanien war. Auf jeden Fall hat man wohl in Sevilla den von Simplicius territorial nicht definierten Auftrag in Analogie dazu verstanden und auf ganz Spanien bezogen, wie auch die Beschwerde gegen die Ernennung eines carthaginiensischen Bischofs vermuten läßt[33]. Doch muß dieser spanische Vikariat der baetischen Metropole ohne praktische Bedeutung gewesen und bald eingeschlafen sein, wenn es auch unter des Simplicius Nachfolger Felix III. anläßlich einer Italienreise eines spanischen vir clarissimus Terentianus noch einmal zu einer Kontaktaufnahme mit Zeno gekommen

---

[30] Hormisdas Schreiben an die Bischöfe der Baetica bezieht sich auf diese Information zurück, c. 2: ». . . quos (sc. Orientales) ad ecclesiae corpus unitatemque revocatos dudum Dei nostri ope litteris significavimus destinatis . . .« Wenn nun die Mitteilung über die endgültige Liquidation des akazianischen Schismas mit den entsprechenden Dokumenten den baetischen Bischöfen zugeht, wird das wohl darin begründet sein, daß diese sich in ihrer Beschwerde speziell auch über die Übergehung Sevillas bei der Übermittlung der Nachrichten von 519 beklagt haben.

[31] Jaffé 856, c. 3: ». . . privilegiorum veterum et statutorum paternorum indidistis iisdem litteris mentionem.«

[32] »Plurimorum relatu« (Jaffé 590). Gegen die Zuweisung an Zeno von Mérida durch José Vives, Die Inschrift der Brücke von Mérida und der Bischof Zenon (Röm. Quartalschrift 46, 1938 [1946], S. 57—61), S. 60 f spricht die Hispana eindeutig (vgl. J. F. Rivera Recio, HispSacr 8, 1955, S. 7, Anm. 11).

[33] Wenn von einer Verwahrung der Baetica gegen die Bestellung des Caesarius von Arles nichts überliefert oder zu erschließen ist, wird das seinen Grund darin haben, daß der Ausstrahlungsbereich von Arles praktisch nicht über die Tarraconensis hinaus gedrungen sein wird und für die Beziehungen des südspanischen Raumes zu Rom auch schon verkehrsgeographisch keine Rolle spielen konnte.

ist; sachlich ist das überlieferte Schreiben Felix' nichtssagend[34].
Bei der Beauftragung des illicitaner Bischofs mag Hormisda den
spanischen Vikariat des Caesarius von Arles deshalb übergangen
haben, weil dieser im südlichen Spanien nicht wirksam zu werden
vermochte — schon die unmittelbare Kontaktaufnahme und Klage-
führung des Johannes in Rom zeugt ja von dieser Wirkungslosig-
keit. Die von Sevilla reklamierten Rechte scheint er dagegen nicht
berücksichtigt zu haben, weil sie ihm nicht geläufig waren. Jedenfalls erweckt sein Schreiben an die baetischen Bischöfe durchaus
den Eindruck, als sei er erst durch ihren Einspruch darauf gestoßen
worden. Er bereinigt dann die Situation dadurch, daß er gleichzeitig mit diesem Schreiben Sallust von Sevilla zum Vikar für die
Baetica und Lusitanien ernennt. Diese geographische Umgrenzung
enthält gewiß eine Beschränkung der von Sallust wahrscheinlich
erhobenen Ansprüche. Das kennzeichnet die Beauftragung des
Hispalensers auf jeden Fall als die diplomatische Weise, sich aus
der gegebenen Verlegenheit zu ziehen. Zugleich aber ist diese Beauftragung doch auch ein entschlossener Versuch, selbst eine für
Hormisda etwas peinliche Lage im Interesse einer Intensivierung
des römischen Einflusses in Spanien positiv nutzbar zu machen und
den Vikariat von Sevilla wirksam wieder zu beleben.
Mit der Nutzung dreier verschiedener Gelegenheiten zu Vika-
riatsbeauftragungen für Spanien innerhalb von nur sieben Jahren
hat so Rom während der Herrschaft Theoderichs des Großen sich
um den Ausbau und die Festigung seiner Stellung in und gegenüber der spanischen Kirche bemüht. Abgesehen von dieser Intensität des Bemühens aber ist sowohl von Rom als auch von Spanien
aus gesehen diese Gestaltung enger römisch-spanischer Beziehungen grundsätzlich nur eine Fortsetzung der Verhältnisse, wie sie in
den Zeiten des römischen Reiches herangewachsen waren[35]. Hor-

---

[34] Jaffé 618 (»Filius noster vir«).
[35] Vgl. außer der genannten Bestellung des Zeno von Sevilla durch Simplicius
und dem Schreiben Felix' III. an Zeno: Siricius an Himerius von Tarragona,
»Directa ad decessorem« vom 10. Febr. 385 (Jaffé 255); Innozenz I. an die
Bischöfe von Toledo, »Saepe me« vom Jahre 404 (Jaffé 292); Leo d. Gr. an
Turribius von Astorga, »Quam laudabiliter« vom 21. Juli 447 (Jaffé 412)
und an die spanischen Bischöfe zur gleichen Zeit (nicht erhalten, Jaffé 413)
sowie an Balconius von Braga (nur erhalten durch das Regest Span. Epitome XXXII, S. 224 ed. Martínez Díez); zwei Briefe der tarraconensischen
Bischöfe an Hilarus und die Akten der römischen Synode vom 19. Nov. 465
(s. u. S. 83, Anm. 42); Hilarus an die tarraconensischen Bischöfe, »Post-
quam litteras«, und an Ascanius von Tarragona, »Divinae circa nos« vom
30. Dezember 465 (Jaffé 560 f.).

misdas Beauftragungen stehen zugleich jedoch auch am Ende dieser
von beiden Seiten betriebenen Entwicklung eines aktiven und
praktisch wirksam werdenden Geltendmachens der Autorität Roms
im Raum der spanischen Kirche. Nach ihm ist sie, soweit erkennbar,
einfach abgebrochen, sind die spanisch-römischen Beziehungen eingeschlafen, bald nachdem die kirchliche Trennung Roms vom Osten
überwunden war und zu eben der Zeit, da die Herrschaft Theoderichs d. Gr. zuende ging. Mit dem Ende dieser Herrschaft fiel
eben auch das letzte politische Gebilde auseinander, das Rom und
Spanien innerhalb eines übergeordneten politischen Zusammenhangs umschloss und damit Gegebenheiten des römischen Imperiums fortgesetzt hatte[36]. In der Folgezeit hat zwar die Kirche
des suewischen Gebietes 538 noch einmal gelegentlich in Rom Rat
gesucht[37], aber zu einer Kontaktaufnahme Roms mit der Kirche des
westgotischen Reiches ist es erst wieder zur Zeit Gregors des Großen nach dem Übergang der Westgoten zum katholischen Bekenntnis gekommen, und dabei mögen zudem noch die persönlichen
Beziehungen zwischen Leander von Sevilla und Gregor eine wesentliche Rolle gespielt haben. Und auch diese Kontaktaufnahme
ist im Grunde eine Episode geblieben[38]. Nur in jenem Teil Spaniens, der in den fünfziger Jahren des sechsten Jahrhunderts in
byzantinischen Besitz geriet und damit wieder in den Zusammenhang des Imperiums einrückte, ist es noch zu tatsächlicher unmittelbarer Ausübung römischer kirchlicher Jurisdiktion gekommen[39].

[36] Die Bedeutung der Herrschaft Theoderichs d. Gr. für das römische Bemühen erhellt aus dem Eingang eines der Schreiben an den spanischen
Episkopat vom Jahre 517 (Jaffé 787): »Benedicta trinitas Deus noster, qui
per misericordiam suam Romanae reipublicae per universas partes sua pace
et tranquillitate diffusa nobis quoque viam monstrandae circa nos invicem
charitatis indulsit.«
[37] S. u. S. 117 ff.
[38] Greg. Magn., Reg. Ep. I 41; V 53; IX 227—230. Dazu und zur Fortentwick-
lung im siebten Jahrhundert s. José M. Lacarra, La iglesia visigoda en el
siglo VII y sus relaciones con Roma (in: Le Chiese nei regni dell'Europa
occidentale e i loro rapporti con Roma sino all'800 = SettStudCentIt 7,
1960, S. 353—384).
[39] Greg. Magn., Reg. Ep. XIII 47.49.50.

2. Die kirchliche Lage im westgotischen Spanien von Theoderich d. Gr. bis Theudis (510—548)

a) Die Konzilien der ersten Hälfte des sechsten Jahrhunderts

Für Spanien brachte die Herrschaft Theoderichs des Großen gegenüber den zeitweise chaotischen Zuständen des fünften Jahrhunderts eine Klärung, Normalisierung und Festigung der Lebensverhältnisse und den Gewinn einer Pax Gothica. Ihren augenfälligsten kirchlichen Niederschlag hat diese Beruhigung gefunden in der von der spanischen Überlieferung bezeugten regen konziliaren Tätigkeit in der ersten Hälfte des sechsten Jahrhunderts während der Regierungszeiten Theoderichs (bis 526), Amalarichs (526 bis 531) und Theudis' (531—548). Aus dem fünften Jahrhundert kennt die direkte Überlieferung[40] nur ein Konzil, das erste toletanische vom Jahre 400, also noch aus der Zeit der ungestörten Pax Romana vor dem Einbruch der Suewen (408) und der Wandalen und Alanen (409) nach Spanien. Jedoch hat wahrscheinlich auch später noch, nicht allzu lange nach dem 21. Juli 447, ein nahezu gesamtspanisches Konzil vermutlich ebenfalls in Toledo stattgefunden[41]. Ein

---

[40] Hispana und «Liber Egabrensis» der Spanischen Epitome. J. A. de Aldama, El símbolo toledano I (Analecta Gregoriana VII), Rom 1934, S. 12—66 hat wahrscheinlich gemacht, daß die kürzere Redaktion des jetzt von der Hispana unter diesem Konzil überlieferten Symbols mit zwölf Anathematismen, die nicht im Zusammenhang der Konzilsakten und nur außerhalb Spaniens teils unter dem Namen Augustins, teils unter dem des Hieronymus erhalten sind (Text bei de Aldama, a. a. O., S. 29—36, Sp. 2), dem Konzil von 400 zugehört.

[41] Zum ganzen Problem s. J. A. de Aldama, a. a. O. Es handelt sich um das Konzil, das Leo d. Gr. nach einer Mitteilung seines Briefes an Turribius von Astorga vom 21. Juli 447 («Quam laudabiliter», Jaffé 412) in einem gleichzeitigen Schreiben an den spanischen Episkopat gefordert hat: »Dedimus itaque litteras ad fratres et coepiscopos nostros Tarraconenses, Carthaginenses, et Lusitanos atque Gallaecos eisque concilia synodi generalis indiximus.« Für die tatsächliche Abhaltung sprechen ein Hinweis des Konzils von Braga 561 sowie die Überschrift zu dem Symbol mit 18 antipriszillianischen Anathematismen, die die Hispana und von ihr abhängige Sammlungen unter dem ersten Konzil von Toledo überliefern, die aber eine durch das Konzil von 447 erweiterte oder in schon erweiterter Gestalt gebilligte Form der entsprechenden Stücke des ersten Toletanums darstellen. Conc. Brac. I, prol. (S. 106 ed. C. W. Barlow): »Cuius (sc. Leonis) etiam praecepta Tarraconenses et Charthaginienses episcopi, Lusitani quoque et Baetici, facto inter se concilio, regulam fidei contra Priscillianam haeresem cum aliquibus capitulis conscribentes ad Balconium, tunc huius Bracarensis ecclesiae praesulem direxerunt.« Conc. Tolet. I (PL 84, Sp. 333 A): »Regulae fidei catho-

tarraconensisches Provinzialkonzil — die Tarraconensis war übrigens noch bis zur Zeit Eurichs römisch geblieben — läßt sich aus den Akten der römischen Synode vom 9. November 465 erschließen, der zwei Schreiben des tarraconensischen Episkopats unter Ascanius von Tarragona vorlagen[42].

Demgegenüber weist das sich neu konsolidierende Spanien der westgotischen Herrschaft nach 510 für die kurze Zeitspanne von 516 bis 546 allein sechs direkt überlieferte Konzilien auf — von einem nur zu erschließenden baetischen Provinzialkonzil unter Sallust von Sevilla war schon die Rede[43] —, die energisch Probleme der kirchlichen Ordnung angehen konnten. Ihre entsprechenden Beschlüsse haben dann auch eine hinreichende Verbreitung gefunden, um einen festen Platz in der spanischen kirchenrechtlichen Überlieferung zu erhalten. Eröffnet wird ihre Reihe durch das Konzil von Tarragona[44], dessen Beschlüsse auf den 6. November

licae . . . quas episcopi Tarraconenses, Carthaginenses, Lusitani et Baetici fecerunt et cum praecepto papae urbis Leonis ad Balconium episcopum Galleciae transmiserunt.« — Unwahrscheinlich ist ein gleichzeitiges Konzil in der Gallaecia (de Aldama, a.a.O., S. 56 f.); hier wiegt das Schweigen des Hydatius doch wohl zu schwer. Allerdings weist J. A. Ferreira, Fastos, S. 47 auf die Notiz des Hydatius zum Jahre 447 hin, nach der die antipriszillianischen Kapitel Leos d. Gr. von einigen Gallaeciern nur aus Verstellung angenommen wurden (Chron. 135): »Ora isto suppõe, parece, a Junta dos Bispos e a apresentação da Carta d'aquelle Pontifice.«

[42] Nr. 13 und 14 unter den Briefen des Papstes Hilarus bei A. Thiel.

[43] S. o. S. 79.

[44] Überliefert von der Hispana, der Sammlung der Handschrift von Novara und der Spanischen Epitome nach dem »Liber Complutensis« (die Sammlung der Handschrift von S.Amand, die von der Hispana abhängig ist, kann hier und im folgenden unberücksichtigt bleiben). Die Unterzeichnerliste weist acht Bischöfe aus der Tarraconensis auf. Außer Vinzenz von Saragossa sind sie alle aus dem äußersten Osten der Provinz, dem Gebiet des heutigen Kataloniens: Johannes von Tarragona als Metropolit (vgl. seine Grabinschrift Hübner 412, Vives 277), die Bischöfe von Ampurias, Gerona, Barcelona, Tortosa, Vich und Egara (beim heutigen Tarrasa). Dazu kommen noch zwei Teilnehmer aus anderen Provinzen: Hector von Cartagena und »Orontius episcopus Eliberritanae civitatis«, sicher aus Elvira (Granada oder in dessen Nähe); denn es ist nicht anzunehmen, daß für das nach der Mutter Konstantins benannte narbonensische Helena (Elne, Dép. Pyrénées orient.) noch der frühere Name Illiberris gebraucht wurde; der Vermutung von K. J. Hefele (Hefele/Leclercq II, S. 1027), es könne Lérida gemeint sein, steht die eindeutige Überlieferung der Hispana und der Sammlung der Handschrift von Novara entgegen (alle Angaben über den Text der letzten beruhen hier allein auf Cod. Novara XXX ed. A. Amelli, Spicilegium Casinense 1, 1888,

516 datiert sind und das bereits als Zeugnis für das Eindringen und die Aufnahme gallischer Kanones in Spanien genannt worden ist[45]. Schon ein gutes halbes Jahr später folgte ein zweites tarraconensisches Konzil in Gerona, abgeschlossen am 8. Juni 517[46]. Während der Regierung Amalarichs hielt Montanus von Toledo in seiner Residenz ein Konzil[47], dessen Beschlüsse am 17. Mai wahrscheinlich

S. 286 ff.). Die Anwesenheit von je einem Vertreter der Carthaginiensis und der Baetica besagt jedoch nicht, daß das Konzil in einem größeren Rahmen als dem der tarraconensischen Provinz geplant war. Zur Anwesenheit Hectors s. o. S. 76, Anm. 26. Orontius von Elvira scheint sich aus unbekannten Gründen überhaupt längere Zeit in der Tarraconensis aufgehalten zu haben, denn er wird wohl auch mit dem gleichnamigen Unterzeichner des Konzils von Gerona zu identifizieren sein.

[45] S. o. S. 72.

[46] Überliefert von der Hispana, der Sammlung der Handschrift von Novara und der spanischen Epitome nach dem »Liber Complutensis«. Daß Reg. Bened., c. 13 die Vorschrift über das Beten des Vaterunsers in Laudes und Vesper unmittelbar dem Conc. Gerund., c. 11 entnommen hat und dadurch eine sehr frühe Verbreitung des Konzils sogar außerhalb Spaniens bezeugen würde, ist unwahrscheinlich. Zu den sieben Namen der Unterzeichnerliste fehlen die Ortsangaben (Cod. Novara XXX hat Reste davon erhalten), aber es sind ausschließlich Namen, die auch in der Unterzeichnerliste von Tarragona 516 aufgeführt werden, und es wird sich um die selben Bischöfe handeln. Gegenüber dem letzten Konzil fehlen Hector von Cartagena und zwei der tarraconensischen Bischöfe, diejenigen von Tortosa und Saragossa; das sind der südlichste und der westlichste der 516 noch vertretenen Sitze, für die beide Gerona schlechter erreichbar war als Tarragona. Die provinziale Beschränkung des Konzils tritt in c. 1 ausdrücklich hervor: »Quomodo in metropolitana ecclesia fiunt, ita ... in omni Tarraconensi provincia tam ipsius missae quam psallendi vel ministrandi consuetudo servetur.«

[47] Überliefert von der Hispana, der Sammlung der Handschrift von Novara und der Spanischen Epitome nach dem »Liber Complutensis«. Der Provinzialcharakter wird deutlich an dem Beschluß über die Berufung der Provinzialsynoden durch Montanus von Toledo (ed. Martínez Díez, S. 393) und einer Anspielung auf die, »qui nunc sanctae synodo ex hac provincia defuerunt« (ebd.). Neben Montanus von Toledo unterzeichneten noch vier demnach sicherlich der Carthaginiensis zugehörende Bischöfe, deren Sitze jedoch nicht angegeben sind, und ein nach Toledo exilierter auswärtiger Bischof (s. u. S. 93 ff.). Nach Abschluß des Konzils wurden die Beschlüsse dann noch einmal nachträglich unterzeichnet von den aus unbekannten Gründen nach Toledo kommenden vier, aus Isid., Vir. ill. 33 f. bekannten bischöflichen Brüdern Nebridius von Egara, Elpidius, wohl von Huesca, Justinian von Valencia und Justus von Urgel (s. dazu Henri Quentin, Elpidius évêque de Huesca et les souscriptions du deuxième concile de Tolède, RevBénéd 23, 1906, S. 257—260. Die Namen des Elpidius und Justinian sind nur in der Sammlung der Handschrift von Novara überliefert).

des Jahres 531[48] unterzeichnet wurden. Mit diesem Konzil treten zum ersten Mal metropolitane Ansprüche Toledos faßbar in Erscheinung; daraus, daß eine Cartagena entzogene toletanische Kirchenprovinz erst noch in den Anfängen ihrer Ausbildung und Entwicklung steckte, mag sich erklären, daß Montanus nicht mehr als vier Komprovinziale herbeizuziehen vermocht hatte, deren Sitze wohl alle im westlichen Teil der Carthaginiensis zu suchen sind. Mehrere Konzilien schließlich fanden unter der Herrschaft des Theudis, eines Ostgoten und ehemaligen Statthalters Theoderichs, statt: etwa um das Jahr 540 das in der Überlieferung nicht datierte, von Sergius von Tarragona präsidierte erste Konzil von Barcelona[49], weiter

[48] Die überlieferte Datierung der Konzilsbeschlüsse lautet auf den 17. Mai des fünften Jahres Amalarichs und des Jahres 565 spanischer Ära. Beide Angaben stehen nicht in Einklang miteinander. Die spanische Überlieferung zählt fünf Regierungsjahre Amalarichs (Chron. Caesaraug. ad a. 525; Isid., Hist. Goth. 40; Laterc. Reg. Visig., S. 466 ed. Mommsen), d. h. sie setzt mit der Zählung nach dem Tode Theoderichs d. Gr. (30. Aug. 526) ein. Danach begänne das fünfte Jahr Amalarichs nach dem 30. Aug. 530, und es ergäbe sich für das Konzil der 17. Mai 531. Das Jahr 565 spanischer Ära dagegen ist 527 n. Chr. Der auf 527 führende Versuch, beide Angaben zu vereinigen mit Hilfe der Annahme einer teilweisen Übertragung der Herrschaft durch Theoderich an Amalarich im Jahre 522/23, das dann ein zweites mögliches Epochenjahr für Amalarich sein soll (H. Flórez, EspSagr VI, S. 133 f.; F. Dahn, Könige V, S. 116), stützt sich allein auf die Differenzen in der Datierung des toletanischen Konzils und ist gegenüber der sonstigen Zuweisung von nur fünf Regierungsjahren an Amalarich kaum aufrecht zu erhalten. Eine der beiden überlieferten Jahresangaben für dieses Konzil muß schon als falsch angesehen werden. Da die Angabe der spanischen Ära (nur in der Hispana) aber als redaktionell zu betrachten ist und die als primär anzusprechende Angabe des Königsjahres durch zwei verschiedene Überlieferungszweige gesichert ist (Hispana und Sammlung der Handschrift von Novara; die letzte hat allerdings, wie auch eine Hispana-Handschrift, »Amalarici« zu »Alarici« entstellt, was jedoch nicht schwer wiegt), muß der letzteren und damit dem Ansatz des Konzils auf 531 der Vorzug gegeben werden (s. auch Gonzalo Martínez Díez, Hacia la edición crítica de la Hispana. Miscelánea Comillas 41, 1964, S. 377—397, hier S. 396).

[49] Überliefert von der Hispana-Handschrift Escorial D I 1 (= »Codex Aemilianus« der Hispana, aus dem ehemaligen Kloster San Millán de la Cogolla in der heutigen Provinz Logroño) in einer erweiterten Form der von Martínez Díez »Juliana« genannten Hispana-Rezension und von der Spanischen Epitome nach dem »Liber Egabrensis«. Die Datierung auf etwa 540 geht auf J. B. Pérez zurück (bei H. Flórez, EspSagr II, S. 198); dieser Ansatz ergibt sich aus den Übereinstimmungen der Unterzeichnerliste mit derjenigen von Lérida 546. Sergius von Tarragona steht hier wie dort an erster Stelle; außerdem finden sich noch weitere drei Namen der sieben Namen umfassenden Liste von Barcelona auch in derjenigen von Lérida; dem-

das am 6. August 546 unterzeichnete Konzil von Lérida, ebenfalls unter Leitung des tarraconensischen Metropoliten Sergius[50], und schließlich ein wohl in Valencia tagendes, auf den 4. Dezember desselben Jahres datiertes Konzil[51]; von diesem darf man vielleicht

nach wäre das Konzil von Barcelona in die zeitliche Nähe desjenigen von Lérida zu setzen, aber wiederum nicht allzu nahe an 546 heranzurücken, da für die übrigen drei in Barcelona vertretenen Bistümer andere Unterzeichner aufgeführt sind als in Lérida. Nach der Reihenfolge der Namen ist der beim Konzil von Barcelona anwesende Nebridius von Barcelona dem Dienstalter nach älter als Casontius von Ampurias und Johannes von Saragossa (falls er nicht nur als Bischof des Tagungsortes an erster Stelle hinter dem Metropoliten steht), während in Lérida Paternus von Barcelona jünger ist als diese beiden; der in Barcelona anwesende Andreas von Lérida ist älter als Johannes von Saragossa, während der in Lérida den Tagungsort vertretende Februarius jünger als dieser ist. Demnach muß in der Tat das Konzil zu Barcelona vor demjenigen zu Lérida getagt haben. Die Behauptung von F. Görres, ThStKr 66 (1893), S. 730, daß das Konzil »nicht zu Barcelona, sondern zu Tarragona gehalten« worden sei, ist reine Willkür. — Auch dieses Konzil vereint mit Ausnahme von Saragossa wieder nur katalanische Gemeinden: Tarragona, Barcelona, Ampurias, Lérida, Gerona und Tortosa.

[50] Überliefert von der Hispana, der Sammlung der Handschrift von Novara und der Spanischen Epitome nach dem »Liber Complutensis«. Während die Datierung nach spanischer Ära eindeutig überliefert ist (584 = 546 n. Chr.), gibt der größte Teil der Handschriften als Königsjahr das 15. Jahr Theoderichs an, weshalb das Konzil zuweilen auf 524 angesetzt worden ist (z. B. F. Dahn, Könige VI, S. 423). Die richtige Angabe, das fünfzehnte Jahr des Theudis, haben jedoch mindestens die Handschrift von Gerona (nach F. A. González, PL 84, Sp. 321) und der Cod. Matrit. Bibl. Nat. 1872 mit »Theudi« sowie der Cod. Novara XXX mit »Thiudi« erhalten. Daß das Konzil nicht 524 schon stattgefunden haben kann, ergibt sich auch daraus, daß der in Tarragona 516 als Bischof von Egara bezeugte Nebridius auch noch zu den nachträglichen Unterzeichnern der Beschlüsse von 531 gehört, während Egara in Lérida durch den Bischof Taurus vertreten wird. Die Unterzeichnerliste weist neun Namen auf. Die zugehörigen Orte sind teils genannt, teils durch Identifikation mit den gleichnamigen Unterzeichnern von Barcelona (s. o.) und für Justus aufgrund von Isid., Vir. ill. 34 wahrscheinlich zu machen. Der Teilnehmerkreis ist auch hier auf den Osten der Provinz beschränkt: neben Sergius von Tarragona (vgl. seine Grabinschrift Hübner 413, Vives 278) und dem Ortsbischof des Tagungsortes die Bischöfe von Urgel, Ampurias, Saragossa, Barcelona, Tortosa, Egara und ein Presbyter als Vertreter für Gerona.

[51] Überliefert von der Hispana und der Spanischen Epitome nach dem »Liber Complutensis«. Die Hispana lokalisiert dieses Konzil in »Valles«, und dementsprechend wird es als »concilium Valletanum« (Hispana) oder »Vallense« (Span. Epitome) bezeichnet. Auf Valencia führt die Überschrift der spanischen Epitome: »Ex concilio Vallense Cartagines Spanie« und die Tatsache, daß an zweiter Stelle ein Bischof Justinian unterzeichnet, der mit

vermuten, daß es im Gegensatz zu Toledo 531 den östlichen Teil
der Charthaginiensis repräsentierte und daß sein Vorsitzender Celsinus dementsprechend Metropolit von Cartagena war. Dagegen
dürfte die Mitteilung des Isidor von Sevilla, es habe unter Theudis
ein Konzil zu Toledo stattgefunden[52], auf einer irrtümlichen chronologischen Einordnung des Konzils von Toledo 531 beruhen[53].

Alle diese sechs Konzilien sind reine Provinzialkonzilien, und
zudem auch nur zweier Provinzen. Die Feststellung dieser an sich
nicht besonders auffälligen Tatsache ist deshalb wesentlich, weil sie
vielleicht einen Zugang zum Verständnis der kirchlichen Gesamtsituation in Spanien während der ersten Jahrzehnte des westgotischen Reiches nach dem Vergrollen der Katastrophe von 507 er-
schließt. In ihrer im ganzen wie im einzelnen regionalen Beschränkung kann die konziliare Tätigkeit dieser Zeit nur verstanden
werden als der Ausdruck eines kirchlichen Ordnungswillens im
katholischen Episkopat, der den vorgegebenen Rahmen seiner Geltendmachung in der kirchlichen Verfassungswirklichkeit des Metropolitanverbandes findet, die im sechsten Jahrhundert auch in
Spanien beherrschend ist. Nichts deutet dagegen auf Impulse einer
übergeordneten Initiative aktiver und gezielter westgotischer Kirchenpolitik oder auch nur auf Ansätze dazu, und wenn das Konzil
von Toledo 531 in einer Wendung auf die Regierung Amalarichs
Bezug nimmt[54], so kommt darin nicht mehr zum Ausdruck als das

dem als zeitgenössisch belegten Justinian von Valencia (bei Isid., Vir. ill. 33
und den nachträglichen Unterzeichnern des Konzils von Toledo 531) identifiziert werden kann. Auch hier ist neben der Datierung auf das Jahr 584
spanischer Ära = 546 n. Chr. (allerdings mit abweichenden fehlerhaften Les-
arten) in einer Reihe von Hispanahandschriften als Königsjahr das 15. Jahr
Theoderichs angegeben, was ebenfalls zuweilen einen Ansatz auf 524 veranlaßt hat (z. B. F. Dahn, Könige VI, S. 423). Doch haben entgegen dem Anschein der Ausgabe von F. A. Gonzáles (PL 84, Sp. 325/6) die Handschriften
Escorial E I 12 und Matrit. Bibl. Nat. 1872 das richtige »Theudi« erhalten
wie auch der untergegangene, aber in wesentlichen Zügen rekonstruierbare
Hispana-Codex von Lugo (García Goldáraz, El Códice Lucense II, S. 418).
Die Unterzeichnerliste führt sieben Namen ohne Ortsangaben auf.

[52] Hist. Goth. 41.
[53] Wesentlich für diese Annahme spricht, daß dieses Konzil auch in einem
Zweig der spanischen Überlieferung fälschlich der Regierungszeit des Theudis zugewiesen wird: der Auszug aus seinen Beschlüssen in der Spanischen
Epitome (nach dem »Liber Complutensis«) ist überschrieben: »Ex concilio
Toletano Thyudi« (S. 163 ed. Martínez Díez).
[54] S. 393 f. ed. Martínez Díez: »... gratias egimus omnipotenti Deo, deinde
domino glorioso Amalarico regi divinam clementiam postulantes, qui in-

Bewußtsein der Abhängigkeit der bischöflichen Handlungs- und Bewegungsfreiheit von der gotischen Herrschaft. Die katholische Kirche hat die anerkannte Stellung, wie sie ihr unter Alarich II. zuteil geworden ist, offenbar behalten können. Das zeigt sich nicht nur in der Tätigkeit der Konzilien und der Möglichkeit einer weiteren Verbreitung ihrer Beschlüsse allein, sondern auch etwa darin, daß das Konzil von Tarragona die Ausübung der zivilrechtlichen Jurisdiktion der Bischöfe in erheblichem Umfang voraussetzt[55] oder daß Montanus von Toledo daran denken kann, zur Ordnung kirchlicher Verhältnisse an die Staatsgewalt zu appellieren[56]. Zugleich aber erscheint diese Stellung der Kirche gegenüber ihrer Lage im letzten Jahr des gallischen Reiches politisch neutralisiert. Auf der einen Seite ist der spanischen Kirche der Gewinn an staatlich-politischer Ordnung seit 510 voll zugute gekommen; er sicherte wesentliche äußere Bedingungen für die Entfaltung ihres eigenen Handelns und ließ ihr zugleich die Freiheit, sie auch zu nutzen. Auf der anderen Seite aber blieb sie dabei auch im Bereich ihrer hergebrachten organisatorischen und verfassungsmäßigen Funktionszusammenhänge, ohne in Rahmen und Funktion einer Landeskirche hineingezogen zu werden.

Der Bruch in der kirchenpolitischen Entwicklung zwischen 507 und 510 wird hier sehr deutlich sichtbar. Nach der Verlagerung des

---

numeris annis regni eius ea quae ad cultum fidei pertinent peragendi nobis licentiam praestet.«

[55] Conc. Tarrac., cc. 4.10.

[56] So muß wohl ein Passus seines Briefes an Turibus verstanden werden (PL 84, Sp. 341 f.): »Hoc ergo providere volumus, ut consuetudinem antiquam nulla ratione praetermittere debeatis; quod si haec nostra admonitio in vobis nihil profecerit, necesse nobis erit domini nostri« (d. h. doch wohl des Königs) »exinde auribus intimare, pariter et filio nostro Ergani« (offenbar ein gotischer Inhaber staatlicher Funktionen) »suggerere, et huiusmodi ausum praecepta culminis eius vel districtio judicis . . . vindicabunt.« Die Störung der kirchlichen Ordnung ist durch Eingriffe auswärtiger Bischöfe (Weihe von Basiliken) in die Kirchenprovinz des Montanus hervorgerufen worden. Im einzelnen scheinen die Verhältnisse recht kompliziert gewesen zu sein, und die Andeutungen, die Montanus dazu macht (PL 84, Sp. 340 D bis 341 A), sind nicht mehr verständlich. Die Vorgänge scheinen allerdings nach seinem Brief an den Klerus von Palencia ohnehin schon geeignet gewesen zu sein, die Aufmerksamkeit der Obrigkeit auf sich zu ziehen; denn es heißt dort im Zusammenhang mit den gleichen Gravamina: ». . . nec provinciae privilegiis, nec rerum domini« (des Königs) »noscitur utilitatibus convenire, quia iam ad ipsum huiuscemodi fama perlata est« (PL 84, Sp. 339 C). P. B. Gams, Kirchengeschichte II 1, S. 449, Anm. 1 denkt an Eingriffe aus dem suewischen Astorga.

Westgotenreiches auf die Pyrenäenhalbinsel gestaltet sich das Verhältnis der gotischen Herrschaft zur katholischen Kirche nicht in Fortsetzung der aktiven landeskirchlichen Politik Alarichs II., sondern eher in der Weise einer praktischen »Koexistenz«. Eine gewisse Tendenz zu landeskirchlicher Entwicklung mag zwar auch jetzt noch gegeben sein — das völlige Einschlafen der römischen Beziehungen nach ihrer vorübergehenden Intensivierung während der Regierungszeit Theoderichs ist dafür symptomatisch. Aber es fehlt der politische Wille, sie in positive kirchliche Verfassungswirklichkeit umzusetzen. Gemessen an der Idee des von Eurich und Alarich geschaffenen gotisch-romanischen Einheitsstaates, der sich im gotischen Königtum repräsentiert und dem auch der kirchliche Bereich als ein notwendiges Konstituens angehört, war das sichtlich ein Rückschritt.

Man wird in diesem Wechsel zunächst vielleicht eine Auswirkung der Herrschaft Theoderichs d. Gr. auch über das Westgotenreich sehen können. Sein politisches Denken war an einer ganz anderen staatsrechtlichen Wirklichkeit orientiert, als es die des souveränen Westgotenreiches war, und der landeskirchliche Gedanke mußte ihm von daher ferner liegen. Es mag hinzukommen, daß eine engere Verflechtung der katholischen Kirche in das westgotische Staatsgefüge als politische Notwendigkeit jetzt weniger aktuell erscheinen konnte. Denn nach dem Rückzug aus dem offenen Raum Galliens bildete das westgotische Herrschaftsgebiet nun — von Septimanien allerdings abgesehen — auch in kirchlicher Hinsicht eine geographisch wie historisch begründete, geschlossene Einheit. Zudem kam es bald zu einer weitgehenden Labilität der inneren politischen Ordnung des Reiches, die einer freien Initiative des westgotischen Königtums zu einer aktiven politischen Inanspruchnahme der katholischen Kirche im Interesse staatlicher Konzentration entgegenwirken mußte. Sie äußerte sich in einem von den zentrifugalen Kräften der gotischen Aristokratie geförderten Machtverfall des Wahlkönigtums; bezeichnend ist, daß von den fünf Königen der Zeit zwischen dem Tode Theoderichs d. Gr. und dem Regierungsantritt Liuwas I. nicht weniger als vier ermordet wurden.

b) Die Gestaltung der kirchlichen Situation außerhalb der konziliaren Tätigkeit

Im kirchlichen Leben der ersten Jahrzehnte des spanischen Reiches steht neben der Wiederaufnahme konzilarer Tätigkeit auch

ein neues Erwachen schriftstellerischen Bemühens, das in der zweiten Hälfte des turbulenten fünften Jahrhunderts zum Erliegen
gekommen zu sein scheint nach der bis 469 reichenden Chronik des
Bischof Hydatius von Aquae Flaviae (Chaves in der portugiesischen
Provinz Traz os Montes)[57]. Anhand von Isidors »De viris illustribus«
können wenigstens drei theologische Autoren namhaft gemacht werden, die dem hier besprochenen Zeitraum zugehören, wenn ihre
Wirksamkeit auch, jedenfalls zum größten Teil, an dessen Ende, in
die Regierungszeit des Theudis fällt. Nicht allein im Zusammenhang der kirchlichen Literaturgeschichte begegnet Justinian von
Valencia, der als Bischof bei seinen Zeitgenossen offenbar in hohem
Ansehen stand. Er verfaßte einen nicht mehr erhaltenen »Liber
responsionum ad Rusticum de interrogatis quaestionibus«[58], in dem
fünf theologische Fragenkomplexe behandelt wurden, die sich dem
Fragenden in der praktischen kirchlichen Tätigkeit, bei Begegnun-
gen und Auseinandersetzungen, gestellt zu haben scheinen[59]. Einer
der drei Brüder Justinians, der Bischof Justus von Urgel (Provinz
Lérida) hat eine noch erhaltene »Explicatio mystica in Canticum
Canticorum« verfaßt[60]. Der Exegese verschrieben hat sich auch
der Bischof Apringius von Pax Julia (Beja in der portugiesischen
Provinz Alemtejo Baixo), dessen von Isidor gepriesenes Haupt-
werk ein nur noch unvollständig erhaltener Kommentar zur Apo-

[57] Ein Bewußtsein des kulturellen Niedergangs, der Spanien in der Folge der
Ereignisse der Völkerwanderungszeit ergriffen hat, spricht sich in der Bemerkung des Braulio von Saragossa in seiner Praenotatio zu Isidors »De viris
illustribus« aus: »Quem (sc. Isidorem) Deus post tot defectus Hispaniae no-
vissimis temporibus suscitans, credo ad restauranda antiquorum monumenta, ne usquequaque rusticitate veterasceremus, quasi quamdam apposuit
destinam.«

[58] Isid., Vir. ill. 33. Justinian ist ferner bekannt als einer der nachträglichen
Unterzeichner der Beschlüsse von Toledo 531, aus der Unterzeichnerliste des
Konzils von Valencia 546 sowie aus seiner Grabinschrift (Hübner 409, Vives
279).

[59] Isid., Vir. ill. 33: ». . . quarum prima responsio est de Spiritu Sancto, secun-
da est contra Bonosianos qui Christum adoptivum filium et non proprium di-
cunt, tertia responsio est de baptismo Christi quod iterare non licet,
quarta responsio est de distinctione baptismi Ioannis et Christi, quinta
responsio est quia Filius sicut Pater invisibilis sit.«

[60] Isid., Vir. ill. 34. E. Dekkers, Clavis 1091. Justus erscheint ebenfalls als
einer der nachträglichen Unterzeichner von Toledo 531 und darf sehr wahrscheinlich mit dem Justus der Unterzeichnerliste von Lérida 546 identifiziert
werden. Daß er an der Synode von Valencia teilgenommen habe (O. Bar-
denhewer, Geschichte der altkirchl. Literatur V, 1932, S. 394; B. Altaner,
Patrologie [5]1958, S. 456), ist ein Irrtum.

kalypse ist[61]. Gerade diese exegetischen Schriften sind hier bemerkenswert, und zwar nicht in erster Linie als theologische Leistungen, sondern als Indiz für die kirchliche Situation. Denn allein schon ihre Abfassung und Verbreitung zeigt doch, daß die spanische Kirche in diesen Jahren wieder in der Lage war, Kräfte freizusetzen für die theologische Arbeit, und zwar für eine theologische Arbeit, die durchaus auch hinausreichte über die Ansprüche der sich unmittelbar aufdrängenden kirchlichen Notwendigkeiten, wie sie etwa Justinian von Valencia die Feder in die Hand gedrückt zu haben scheinen. Es kündigt sich darin die Hochblüte der spanischen Literatur des siebten Jahrhunderts an.

Nicht übergangen werden soll schließlich in diesem Zusammenhang ein Ansatz zur Entwicklung eines kirchlichen Schulwesens für die Ausbildung des Klerus, in dessen Reihen es nach Meinung des Justus von Urgel an der Bereitschaft zur regelmäßigen Beschäftigung mit kirchlich-theologischen Studien fehlte[62]. Dieser Ansatz ging aus von dem kleinen Kreis von Bischöfen, der sich 531 zum Konzil in Toledo zusammengefunden hatte. Einer der Kanones ordnete nämlich an, daß Kinder, die von ihren Eltern für den Eintritt in den Klerus bestimmt worden seien, nach ihrer formellen Oblation unter der Aufsicht eines besonderen Praepositus bei der Bischofskirche erzogen werden sollten[63]. Wieweit allerdings diese Anordnung tatsächlich zu einer Einrichtung diözesaner Ausbildungsstätten für zukünftige Kleriker geführt hat, ist nicht festzustellen.

Insgesamt darf man die Lage der katholischen Kirche Spaniens unter der arianischen Westgotenherrschaft während der ersten

---

[61] Isid., Vir. ill. 30. E. Dekkers, Clavis 1093.

[62] Begleitschreiben zu seinem Hoheliedkommentar an den Diakon Justus (ed. Z. García Villada, Historia II 2, S. 265): »Cum nostris temporibus, tepescentibus studiis, rarus quisque reperiatur, qui sit vel ad legendum quae sancta sunt quotidiana intentione promptissimus . . .«

[63] Conc. Tolet. II, c. 1: »De his quos voluntas parentum a primis infantiae annis clericatus officio mancipaverint statuimus observandum: ut mox detonsi vel ministerio lectorum contraditi fuerint in domo ecclesiae sub episcopali praesentia a praeposito sibi debeant erudiri.« Vgl. c. 2, der die so ausgebildeten Kleriker an die Kirche bindet, in deren Schule sie herangezogen wurden, eine Bindung, die an sich geläufig ist (vgl. Conc. Arelat. I, c. 21; Conc. Nic., c. 16; Conc. Antioch., c. 3; Conc. Arelat. II, c. 13), hier aber noch besonders dadurch motiviert wird, daß nicht ein Bischof den anderen um die in die Ausbildung investierte Mühe bringen soll, »quia durum est, ut eum quem alius rurali sensu ac squalore infantiae exuit alius suscipere aut vindicare praesumat.«

Hälfte des sechsten Jahrhunderts wohl als ausgesprochen günstig
bezeichnen[64]. Die Entfaltungsmöglichkeiten des kirchlichen Lebens
scheinen kaum beschränkt gewesen zu sein. Auch die Freiheit zur
offenen Auseinandersetzung mit dem Arianismus und zur Abwehr
arianischer Einbrüche in die eigenen Reihen hat die katholische
Kirche offenbar besessen. Jedenfalls konnte das Konzil von Lérida
arianischer Infiltration mit disziplinären Maßnahmen entgegentre-
ten[65]. Damit wird mittelbar zugleich allerdings auch deutlich, daß
es im gotischen Arianismus nicht an Ansätzen zu propagandisti-
schem Ausgreifen in den Bereich der katholisch-romanischen Bevölkerung gefehlt haben kann. Doch dürfte es sich dabei eher um
private Initiative als um Auswirkungen königlicher Religionspolitik
und staatlicher Bekämpfung des katholischen Bekenntnisses gehandelt haben[66]. Auf der anderen Seite läßt sich wenigstens fragen, ob

[64] Die Charakterisierung des Theudis bei Isidor, Hist. Goth. 41, die wohl nur
aufgrund der falschen Zuweisung des zweiten toletanischen Konzils in seine
Regierungszeit gegeben wird, kann als durchaus zutreffend für diese ganze
Epoche angesehen werden: ».. . qui dum esset haereticus, pacem tamen
concessit ecclesiae adeo ut licentiam catholicis episcopis daret in unum
apud Toletanam urbem convenire et quaecumque ad ecclesiae disciplinam
necessaria existerent libere licenterque disponere.«

[65] Conc. Ilerd., c. 9 (»De his qui rebaptizati sunt quantum poeniteant«); c. 13
(»De catholicis qui filios suos baptismati haereticorum dederunt«); c. 14
(»De catholicis ut cum rebaptizatis non conversentur«). — Wenn c. 9 die
Rede ist von denen, »qui in praevaricatione rebaptizati sine aliqua necessi-
tate vel tormento dilapsi sunt«, deutet das nicht darauf hin, daß auch
Zwangsarianisierung praktiziert worden sei; denn die Ausdrucksweise
kopiert nur den zugrundegelegten c. 11 von Nicaea, den das Konzil in der
gallisch-spanischen Version benutzt hat.

[66] Ähnlich ist die Situation etwa gleichzeitig im Suewenreich (s. u. S. 117 f.). —
Im fünften Jahrhundert sehen wir in Gallien einen Goten Modahari »die
Netze der arianischen Irrlehre auslegen« und darob mit dem Bischof
Basilius von Aix in eine Disputation geraten (Sid., Ep. VII 6,2; vgl. o.
S. 29, Anm. 83); nach dem Bericht des Gregor von Tours über die gotische
Okkupation der Kirche von Rions (Glor. conf. 47; vgl. o. S. 9) haben
gotische Arianer offenbar versucht, Kinder katholischer Eltern zu taufen,
»ut . . . facilius ad hanc sectam populus implicaretur«, und Caesarius von
Arles eröffnet eine Apologie des katholischen Glaubens mit der Feststellung:
»Solent homines alterius religionis simplices quosque catholicos subtilissima
et non simplici interrogatione provocare, ut cum eis aliquid de Trinitatis
mysterio conloquantur, proponentes eis tortuosissimas quaestiones,« er hält
also Versuche von Arianern, in Streitgesprächen die bekenntnismäßige Position einzelner Katholiken zu erschüttern, für eine geläufige Erscheinung (De
myst. s. trin. 1; der Abfassungstermin, d. h. die Frage, ob die Schrift in der
west- oder ostgotischen Zeit von Arles verfaßt wurde, ist in diesem Zusam-

des Justinian von Valencia Polemik gegen die Wiedertaufe in seinem »Liber responsionum« nicht eventuell auch Übertritte von Arianern zum katholischen Bekenntnis im Auge hatte.

Demgegenüber könnte nun allerdings gerade das Konzil, das als einziges in diesen Jahren nicht nur durch die Datierung nach Königsjahren auf die westgotische Herrschaft Bezug nimmt, das toletanische des Jahres 531, Anlaß zu der Frage nach eventuellen Stö-

menhang nicht von ausschlaggebender Bedeutung). K. D. Schmidt, Bekehrung, S. 297—299 vertritt dagegen die Meinung, der gotische Arianismus habe grundsätzlich auf jede Werbung verzichtet, einmal aus einem postulierten speziell germanischen Prinzip der Toleranz (vgl. H. v. Schubert, Geschichte, S. 28) und zum anderen in der Absicht der Aufrechterhaltung der Divergenz zwischen Romanen und Goten aus einem den Goten substituierten »völkischen Erhaltungswillen« heraus — Schmidt übernimmt hierbei nicht so sehr die Vorstellungen seiner zeitgenössischen Gegner, wie möglicherweise die Formulierung vermuten lassen könnte, als vielmehr wesentliche Elemente der Auffassung F. Dahns von der geschichtlichen Stellung der germanischen Völkerwanderungsreiche und der Erfüllung oder Verfehlung der geschichtlichen Sendung ihrer Gründervölker in der Erhaltung oder Aufgabe ihres nationalen Eigenwesens (s. dazu Hanno Helbling, Goten und Wandalen. Wandlung der historischen Realität. Zürich 1954, S. 75—85). E. A. Thompson, Conversion, S. 30 f. hat sich diese Meinung Schmidts zu eigen gemacht. Tatsachen wie die eben angeführten sprächen nicht dagegen, da sie keineswegs auf eine organisierte und planmäßige Mission seitens der Arianer wiesen. Zunächst jedoch weisen sie mit aller wünschenswerten Deutlichkeit darauf hin, daß die arianische Kirche durchaus nicht grundsätzlich auf jede Werbung verzichtete — zur Rolle der arianischen Wiedertaufe, in der Schmidt aufgrund einer nicht nachvollziehbaren Deutung die wesentlichste Stütze seiner Auffassung sieht, s. u. S. 160, Anm. 96. Ferner unterscheidet sich die arianische Kirche dabei nicht von der katholischen. Auch hier kann zunächst, soweit feststellbar, von einer Organisation und Planmäßigkeit der Arianerbekehrung keine Rede sein. Das ändert sich erst mit dem Auftreten des katholischen Königtums, das dann tatsächlich eine planmäßige und gezielte Katholisierungspolitik den Arianern gegenüber betreibt und sich insofern vom arianischen Königtum unterscheidet, Leowigild ausgenommen (die planmäßige arianische Suewenmission unter Theoderich — s. u. S. 109 f. — kommt hier nicht in Betracht; sie richtet sich an Heiden oder doch ein vorwiegend heidnisches Volk). Hier wird man aber J. N. Hillgarth, Conversión, S. 34, Anm. 48 beistimmen müssen, daß diese als Toleranz angesprochene Haltung der arianischen Könige im wesentlichen wohl als Zeichen eines politischen Realismus zu werten ist, der in Abwägung des Möglichen die innere Stabilität des Reiches nicht unnötig zu belasten trachtet. Angesichts der Kirchenpolitik Eurichs, die — grundsätzlich gesehen — auf halbem Wege stehen bleibt, wird das besonders deutlich, und die Gesetzgebung Alarichs II. hat diese realistische Haltung geradezu institutionalisiert. Unter den arianischen Reichen hat allein das wandalische nachdrücklich einen anderen Kurs versucht.

rungen des günstigen kirchenpolitischen Klimas geben. Zu seinen
Teilnehmern gehört nämlich auch ein Bischof Marracinus, der bei
der Unterzeichnung angibt, er sei »um des katholischen Glaubens
willen nach Toledo ins Exil verwiesen« worden[67]. Damit ist er aber
sicher nur einer speziellen Einzelmaßnahme zum Opfer gefallen.
Denn eine allgemeine kirchliche Bewegungsfreiheit wird ja für
diese Zeit eben doch durch die Möglichkeit des Konzils selbst bezeugt, das seiner Loyalität gegenüber der gotischen Herrschaft
dadurch Ausdruck verleiht, daß es die Fortdauer der Regierung
Amalarichs als Voraussetzung für den erhofften Fortbestand kirchlicher Freizügigkeit anspricht[68]. Für Weiteres bleibt man dann
allerdings auf Vermutungen angewiesen.

Der Amtssitz des Verbannten ist nicht bekannt. Er ist aber gewiß in einiger Entfernung von Toledo, mithin wohl am Rande des
westgotischen Herrschaftsgebietes zu suchen. Das läßt an Gallien
denken. Die Grenze war dort ständiger fränkischer Bedrohung
ausgesetzt und gerade in diesen Jahren unruhig. Im gleichen Jahr,
in dem das Konzil tagte, kam es zum offenen Ausbruch fränkisch-
westgotischer Streitigkeiten[69], und nicht viel später versuchten die
Franken erfolgreich die Wiedergewinnung gallischen Gebietes, das
die Goten nach Chlodwigs Tod zunächst hatten zurückerobern
können[70]. Und in diesem umstrittenen Gebiet ist schon einmal, in
der Zeit zwischen 511 und 515, ein katholischer Bischof, Quintian
von Rodez, dem Verdacht fränkischer Sympathien ausgesetzt gewesen und hatte gotische Feindseligkeiten befürchten müssen[71].
Schließlich könnte man als Parallele auch an die Verbannungsurteile
gegen die Bischöfe von Tours und Arles zur Zeit Alarichs II. denken[72]. Jedenfalls liegt hier wohl eine Möglichkeit, die Gründe für
die Verbannung des Marracinus nach Toledo zu suchen.

Aber auch noch in eine andere Richtung könnten die Vermutungen gehen. Amalarich war mit einer Tochter Chlodwigs, Chlothilde,
verheiratet[73], ohne daß diese zweifellos politische Ehe auf die Dauer
jedoch die davon erwarteten guten Beziehungen zu den Franken

---

[67] S. 394 ed. Martínez Díez: »Marracinus in Christi nomine episcopus ob cau-
sam fidei catholicae in toletana urbe exilio deputatus.«
[68] S. o. S. 87, Anm. 54.
[69] S. u. S. 95.
[70] Greg. Tur., Hist. III 21; Prok., Bell. goth. I 13,11 f.
[71] S. o. S. 34 f.
[72] S. o. S. 35 ff.
[73] Greg. Tur., Hist. III 1; Prok., Bell. goth. I 13,4

schaffen konnte. 531 eröffnete Chlothildes Bruder Childebert I. einen Kriegszug nach Septimanien, in dessen Verlauf Amalarich geschlagen, zur Flucht aus Narbonne gezwungen und schließlich unter Umständen, über die in den Quellen verschieden berichtet wird, ermordet wurde[74]. Gregor von Tours und Prokop von Caesaraea nennen nun als Kriegsgrund für Childebert eine demütigende Behandlung, die Chlothilde durch ihren Gemahl widerfahren sei, weil sie nicht habe zum arianischen Bekenntnis übertreten wollen[75]. Auch wenn die spanischen Quellen davon nichts sagen und die Angaben Gregors in ihren Einzelheiten leicht als übertrieben gelten können — sie brauchen das aber durchaus nicht zu sein —, darf man diese Nachricht nicht einfach für gegenstandslos halten[76]. Mit einem politisch nicht belanglosen Zerwürfnis zwischen Amalarich und seiner fränkisch-katholischen Gemahlin in Form konfessioneller Auseinandersetzungen muß man rechnen, und im Zusammenhang damit könnte sich sehr wohl ein Bischof, der die Königin

---

[74] Chron. Caesaraug. ad a. 531; Isid., Hist. Goth. 40 (in zwei Versionen); Greg. Tur., Hist. III 10; Fredegar III 30

[75] Greg. Tur., Hist. III 10: »Haec (sc. Chlotchildis) vero multas insidias ab Amalarico viro suo propter fidem catholicam patiebatur. Nam plerumque procedente illa ad sanctam ecclesiam, stercora et diversos fetores super eam proieci imperabat, ad extremum autem tanta eam crudelitate dicitur caecidisse, ut infectum de proprio sanguine sudarium fratri (sc. Childebertho) transmitteret, unde ille maxime commotus Hispanias appetivit.« — Prok., Bell. goth. I 13,10 f. (es ist zu beachten, daß Prokop in I 13,9—12 offenbar zwei verschiedene Vorgänge miteinander vermengt, einmal den Kriegszug Childeberts I. von 531 gegen Amalarich und zum anderen den Eroberungszug, den dessen Neffe, der spätere König Theudebert I. wohl 533 im Auftrage seines Vaters Theuderich I. unternahm und von dem Greg. Tur., Hist. III 21 die Rede ist): »Δόξης γὰρ ὀρθῆς τὴν γυναῖκα οὖσαν, αἵρεσιν αὐτὸς (sc. Ἀμαλάριχος) τὴν Ἀρείου ἔχων, οὐκ εἴα νομίμοις τοῖς εἰωθόσι χρῆσθαι οὐδὲ κατὰ τὰ ἔθη τὰ πάτρια τὰ ἐς τὸ θεῖον ἐξοσιοῦσθαι, ἀλλὰ καὶ προσχωρεῖν τοῖς αὐτοῦ ἤθεσιν οὐκ ἐθέλουσαν ἐν πολλῇ ἀτιμίᾳ εἶχεν. ἅπερ ἐπεὶ οὐχ οἷά τε ἦν ἡ γυνὴ φέρειν, ἐς τὸν ἀδελφὸν ἐξήνεγκεν ἅπαντα. διὸ δὴ ἐς πόλεμον Γερμανοί τε καὶ Οὐσίγοτθοι πρὸς ἀλλήλους κατέστησαν.« — Die Angaben der Vita Droctovii des Giselmar von S. Germain (BHL 2336), c. 12 (ed. B. Krusch, S. 540 f.), auf die sich M. Torres, Las invasiones, S. 91 bezieht, gehen über den »Liber Historiae Francorum« (c. 23) auf Gregor von Tours zurück. Der von Torres für eine katholikenfreundliche Einstellung Amalarichs herangezogenen Vita des Dalmatius von Rodez (BHL 2084; c. 5, ed. B. Krusch, S. 546) aus dem achten Jahrhundert darf kein besonderer Quellenwert beigemessen werden.

[76] So etwa W. Stach, Geschichtl. Bedeutung, S. 421, Anm. 10, der die Aussagen Gregors nur für eine Erfindung fränkisch-katholischer Greuelpropaganda hält.

in ihrer Bekenntnistreue zu bestärken versuchte, den Zorn des
Königs zugezogen haben. Auch hier gäbe es eine Parallele in dem
Fall des Bischofs Fronimius von Agde, der — ein knappes halbes
Jahrhundert später — ebenfalls eine in das gotische Königshaus
einheiratende Merowingerprinzessin zur katholischen Bekenntnistreue ermunterte und dafür Nachstellungen des Königs Leowigild
erfuhr[77]. Doch auch wenn der Fall Marracinus hier einzustellen
wäre — er bliebe ein Einzelfall ohne symptomatische Bedeutung
für die kirchenpolitische Gesamtsituation. Denn der konfessionelle
Zwist zwischen Amalarich und Chlothilde ist eine interne Auseinandersetzung im Königshaus, und es ist überdies nicht ausgeschlossen, daß er überhaupt erst die Auswirkung einer Verschlechterung
der gotisch-fränkischen Beziehungen war. Die politische Haltung
des Königs gegenüber der katholischen Kirche seines Reiches läßt
sich daran nicht ablesen. Für sie bleiben die einzigen zuverlässig
verwertbaren Indizien das Konzil von Toledo mit seiner positiven
Einstellung zur Herrschaft Amalarichs und die von Montanus er-
wogene Möglichkeit, für die Ordnung kirchlich-organisatorischer
Verhältnisse auf die Staatsgewalt zurückzugreifen.

3. Die Entwicklung unter den Nachfolgern des Theudis (548—567)

a) Die Lage der Kirche im allgemeinen

Für die Zeit zwischen der Ermordung des Theudis (Juni 548)
und dem Tode Athanagilds (zwischen März und 14. Juni 567) ist
der Schauplatz der quellenmäßig erfaßbaren westgotischen Königsgeschichte das südliche Spanien. Gekennzeichnet ist diese Zeitspanne durch die Schwäche des Königtums und eine entsprechende
innere Instabilität des Reiches. Daß aber in den Wirren und Auseinandersetzungen dieser Jahre, wie oft in der Literatur behauptet
worden ist[78], der katholisch-arianische Gegensatz in irgend einer
Weise frontbildend oder wenigstens frontmarkierend hervor-
getreten sei, läßt sich nicht belegen. Überhaupt erlauben die Quellen für diese ganze Zeitspanne keinen näheren Einblick in die Verhältnisse der katholischen Kirche des westgotischen Reiches und die
Gestaltung ihrer Beziehungen zur arianischen Herrschaft. Zwar

---

[77] S. u. S. 173.
[78] S. u. S. 101, Anm. 97.

dürfte sich das Opusculum IV der »Vitae Patrum Emeritensium«[79] etwa auf diese Zeit oder doch wenigstens auch auf sie beziehen, aber als Quelle ist es dafür von recht geringem Wert[80]. Der Kirche grundsätzlich ungünstige Verhältnisse oder irgendwelche staatlichen Eingriffe in ihre Belange setzen die darin enthaltenen Erzählungen über die beiden aufeinander folgenden Bischöfe Paulus und Fidelis von Mérida jedenfalls nicht voraus[81]. Für den nordspani-

---

[79] Kap. IV—VIII der Einteilung von J. B. Pérez

[80] Der anonyme Verfasser der Vitae, in der älteren Literatur des öfteren ohne hinreichenden Grund Paulus von Mérida genannt, ist wohl dem siebten Jahrhundert zuzurechnen (s. J. N. Garvin in seiner Ausgabe, S. 11 f.; die Datierungsfrage ist allerdings ein kaum ganz befriedigend zu lösendes Problem). Opusc. IV befaßt sich mit den Bischöfen Paulus und Fidelis von Mérida und scheint ganz von mündlicher Überlieferung abhängig zu sein (vgl. IV 1,1; IV 7,1). Die einzige chronologische Handhabe für diese Abschnitte ist, daß Paulus und Fidelis als die beiden Vorgänger des Mausona von Mérida erscheinen, der nach einer Notiz des Johannes von Biclaro (Chron. ad a. 573) spätestens schon 573 im Amt gewesen sein muß. Paulus soll ein zugewanderter griechischer Arzt gewesen sein, der wegen seines frommen Lebenswandels zum Bischof von Mérida gewählt wurde. Von ihm wird nur berichtet, daß er sich, als er bereits Bischof war, durch eine gelungene schwierige gynäkologische Operation ein Vermögen erworben habe und daß er selbst seinen Nachfolger herangezogen und ordiniert und seine Anerkennung durch ein geschicktes Testament sichergestellt habe. Dieser Nachfolger sei ebenfalls Grieche gewesen und als junger Mann mit griechischen Kaufleuten nach Mérida gekommen; in einer regelrechten Rekognitionszene wird er als Neffe des Paulus vorgestellt. Es fällt jedoch auf und trägt nichts zur Glaubwürdigkeit dieser Verbindung bei, daß er den lateinischen Namen Fidelis trägt. Außer mirakulösen Anekdoten wird von ihm erzählt, er habe das eingestürzte bischöfliche Palais von Mérida neu errichtet sowie die Basilika St. Eulalia ausgebaut und verschönert. Zur Vorbereitung auf seinen Tod soll er unter anderem seinen Schuldnern ihre Schuldverschreibungen zurückgegeben haben, wobei also offenbar vorausgesetzt wird, daß er sich auch in privaten Finanzgeschäften betätigt hat (sein Nachfolger Masona soll dagegen eine kirchliche Kreditbank für Bedürftige errichtet haben: Opusc. V 3,9). Der historische Wert dieser Erzählungen liegt wohl im wesentlichen darin, daß sie einen bestimmten Typ des weltgewandten, aber nicht unbedingt immer kanonisch korrekten Bischofs in ihrer naivanschaulichen Art als eine im damaligen westgotischen Spanien verbreitete Erscheinung vor Augen stellen. Man wird solche bischöflichen Herren als wesentliche Faktoren für die Aufrechterhaltung der Ordnung des bürgerlichen Lebens ansehen dürfen.

[81] Vit. Patr. Emerit. IV 1,3 ist allerdings für die Zeit von des Paulus Vorgänger auf dem Bischofsstuhl von stürmischen Wirren die Rede, welche die Kirche von Mérida erschüttert haben:»Atubi eligente Deo ordinatus est episcopus (sc. Paulus) omnes statim Deus conturbationum procellas quae

schen Raum und Septimanien erweckt den gleichen Eindruck die Grabinschrift des Abtes Victorian von Asán[82], der Anfang Januar 558 gestorben ist[83], nachdem er in einer zweiundfünfzigjährigen Amtszeit durchaus gute Möglichkeiten zu einer weitreichenden monastischen Wirksamkeit gehabt hatte[84].

Konzilien sind dagegen für diesen Zeitraum nicht bekannt, und man hat es hier kaum mit einer zufälligen Lücke der Überlieferung zu tun; denn bei der Eröffnung des großen toletanischen Bekehrungskonzils von 589 weist Rekkared darauf hin, daß »in der vergangenen Zeit die drohend ihr Haupt erhebende Häresie in der gesamten katholischen Kirche die Verfolgung synodaler Tätigkeit nicht zugelassen« habe[85]; in die gleiche Richtung weist es, wenn Isidor, offenbar ausgehend von den Verhältnissen der letzten Zeit der arianischen Herrschaft und den Gegebenheiten der ersten Hälfte des sechsten Jahrhunderts nicht entsprechend, die Möglichkeit der Abhaltung eines Konzils unter Theudis als Zeichen einer ungewöhn-

eandem ecclesiam tempore praedecessoris sui conturbaverunt abstulit et nimiam tranquillitatem ecclesiae suae eius precibus condonavit.« Die Beziehung dieser Stelle auf die Machtkämpfe zwischen Agila, der seinen Hauptstützpunkt in Mérida gehabt hat und 555 dort ermordet wurde (Isid., Hist. Goth. 46), und Athanagild ist willkürlich und höchst unsicher (s. J. N. Garvin, S. 359 seiner Ausgabe). Als »stürmische Wirren« könnten durchaus auch innere Auseinandersetzungen in der Gemeinde bezeichnet werden. Schließlich ist nicht ausgeschlossen, daß man es überhaupt nur mit einem Topos des Berichtes vom bischöflichen Amtsantritt zu tun hat.

[82] Hübner 390, Vives 284; vgl. Venant. Fort., Carm. IV 11. Zum Kloster Asán s. A. Lambert, DictHistGéogrEccl IV, Sp. 867—870. Es wird lokalisiert am Fuße der Pyrenäen zwischen den Flüssen Cinca und Esera im Norden der heutigen Provinz Huesca. Zur historischen Wertlosigkeit der in zwei Textformen überlieferten Vita des Victorian (BHL 8596 b) s. A. Lambert, a. a. O., Sp. 868.

[83] Bestattungsdatum: »anno Athanagildi septimo regis, sabbato Ianuarias pridie idus« = Samstag, der 12. Januar 558 (nicht 14. Januar 560 wie bei Hübner).

[84] »Augmine multo monacorum Iberiam Galliasve replebit cellas . . .« Für Südspanien könnte man vielleicht noch auf die Inschrift Hübner 50 u. 357, Vives 301 aus Jerez de los Caballeros im Südwesten der Provinz Badajoz verweisen, die die Weihe einer Kirche für den 24. Dezember 556 (?) bezeugt. Allerdings ist die Lesung des Jahresdatums ebenso unsicher wie der Verlauf der byzantinisch-westgotischen Grenze in diesem Jahr. Immerhin scheint aber 556 das wahrscheinlichste Datum zu sein (s. J. Vives, Inscripciones, S. 100), und der Ort könnte durchaus noch im westgotischen Bereich gelegen haben, obwohl die Byzantiner Sevilla besetzt hielten.

[85] Conc. Tolet. III (PL 84, Sp. 341 C): »... decursis retro temporibus haeresis imminens in tota ecclesia catholica agere synodica negotia denegabat ...«

lichen Konzilianz der arianischen Herrschaft wertet[86]. Zwar wird
mit der Apostrophierung der drohend ihr Haupt erhebenden Häresie sicher auf die Zeit der arianischen Religionspolitik Leowigilds
angespielt, aber die beklagte Stillegung der synodalen Tätigkeit
kann kaum allein die doch nur relativ kurze Zeitspanne dieser
Kampfjahre seit 580 betreffen, sondern muß als fühlbarer Mangel
schon längere Zeit angedauert haben. Es wäre jedoch voreilig, das
ohne weiteres als staatliche Abwehrmaßnahme gegen tatsächliche
oder befürchtete probyzantinische Ambitionen des katholischen
Episkopats seit dem Erscheinen der byzantinischen Macht auf
spanischem Boden Anfang der fünfziger Jahre zu deuten. Auch das
arianische Königtum der Suewen hat die synodale Tätigkeit der
katholischen Bischöfe nicht zugelassen[87], obwohl es dort seit der
Errichtung der Westgotenherrschaft in Spanien eine Bedrohung
durch benachbarte katholische Mächte nicht gab und eher die gotische Umklammerung bedrohlich erscheinen konnte. Für die Nicht-
zulassung von Konzilien sind vielleicht gar nicht so sehr unmittelbar
praktische politische Erwägungen und Notwendigkeiten ausschlag-
gebend als vielmehr die Vorstellung, in den Synoden könne eine
kirchliche Autonomie Ausdruck gewinnen, die mit der Herrschafts-
idee des Königtums nicht vereinbar sei. Daran ließe sich gerade
auch für Athanagild (551—567) denken, dessen Herrschaft trotz
großer Gebietsverluste im Süden doch eine vorübergehende Stärkung der Königsmacht bedeutete. So gesehen wäre dann auch die
Lahmlegung der synodalen Tätigkeit in diesen Jahrzehnten kennzeichnend dafür, wie sehr der Gedanke einer aktiven landeskirchlichen Politik gegenüber der katholischen Kirche aus dem Gesichtskreis des gotischen Königtums zurückgetreten war.

Von des Theudis Nachfolger Theudigisil, der nach nur andert-
halbjähriger Regierung (Juni 548 bis Dezember 549) in Sevilla
ermordet wurde[88], weiß Gregor von Tours zu berichten[89], daß er
eine angeblich jährlich zu Ostern sich ereignende wunderhafte Auffüllung von Brunnen in einer südspanischen Kirche[90] lediglich als

---

[86] Isid., Hist. Goth. 41
[87] S. u. S. 119.
[88] Isid., Hist. Goth. 44
[89] Greg. Tur., Glor. mart. 24
[90] Über den Ort dieses von ihm mehrfach erwähnten Wunders (außer Glor.
mart. 23 f. vgl. Hist. V 17; VI 43; X 23) ist sich Gregor wohl nicht ganz im
Klaren; nach Glor. mart. 23 ist es ein Ort namens Osen in Lusitanien, nach
Hist. VI 43 ein Castrum Osset, das im allgemeinen mit Ossetum = San Juan

»römischen Trick« bezeichnet habe und nicht als göttlichen Kraft-
erweis ansehen wollte[91]. Daß sich eine solche Erzählung an seinen
Namen geknüpft hat, dürfte jedoch nur für seine persönliche religiöse Einstellung gegenüber bestimmten Erscheinungen des katholischen Kultes kennzeichnend sein, nicht aber seinen kirchenpolitischen Kurs charakterisieren können. Nur als Ungläubigkeit des
Ketzers, nicht als Feindseligkeit des Verfolgers schildert Gregor
sein Verhalten[92]. Bezeichnend gegenüber der später, in der Zeit
Leowigilds zu beobachtenden Entwicklung innerhalb des westgotischen Arianismus[93] ist, daß hier der arianische König noch versucht,
sich dem Eindruck solcher bodenständigen Elemente des katholischen Kultes zu entziehen.

Von Theudigisils Nachfolger Agila (Dezember 549 bis März 555)
berichtet der fränkische Geschichtsschreiber ganz allgemein, seine
Herrschaft habe das Volk bedrückt[94]. Von einer besonders gerichteten Feindschaft gegen den katholischen Glauben und die Kirche
ist keine Rede. Agila fand zu Anfang seiner Regierung offenbar
recht erheblichen Widerstand in der Baetica, der ihn zu einem
Feldzug gegen Córdoba veranlaßte[95]. Nach dem Bericht, den Isidor

de Alfarache (gegenüber Sevilla am Guadalquivir) identifiziert wird (vgl.
R. Grosse, Fuentes, S. 158).

[91] »Ingenium est Romanorum . . ., ut ita accedat, et non est Dei virtus«, lautete
nach Gregor sein Kommentar.

[92] Die von F. Dahn, Könige IV, S. 366 an die Erzählung geknüpften Erwägungen sind abwegig. Die Annahme, es sei vielleicht gar nicht Theudigisil,
sondern Theudis gemeint, da eine mindestens vierjährige Regierungszeit
vorausgesetzt sei, verkennt den literarischen Charakter des Ganzen. Übrigens sind tatsächlich nur drei Osterfeste vorausgesetzt, zu denen der König
den »Trick« verhindern wollte, weshalb er ein viertes nicht erleben durfte;
man käme schon mit zweieinhalb Jahren aus.

[93] S. u. S. 182 ff.

[94] Greg. Tur., Hist. IV 8: »Regnante vero Agilane apud Hispaniam, cum
populum gravissimo dominationis suae iugo adterriret . . .« Die Möglichkeit,
daß hier ein Reflex athanagildischer Propaganda vorliegt, ist nicht auszuschließen. Tours gehörte zu Anfang des Episkopats Gregors noch zum Gebiet Sigiberts, des Schwiegersohnes Athanagilds. Außerdem berichtet Gregor
im selben Kapitel zwar von der byzantinischen Invasion in Spanien
und Athanagilds Erfolgen gegenüber den Griechen, jedoch nichts von Athanagilds Erhebung und davon, daß er die byzantinische Macht zunächst als
Bundesgenossen in seinem Kampf mit Agila hatte einsetzen wollen.

[95] Isid., Hist. Goth. 45. — Nach R. de Abadal y de Vinyals, Del reino . . ., S. 64
würde den Hintergrund das Bestreben des Königtums bilden, überhaupt
erst die gotische Herrschaft über die Baetica zu erringen. Diese habe sich
bis dahin noch unter der Führung römischer Grundherren unabhängig
gehalten. Bei dieser Deutung spielt zum Teil aber wohl auch eine Fehl-

davon gibt, kam es im Verlauf dieser militärischen Operation zu
einer Profanierung der Grabeskirche des Märtyrers Acisclus, und
dieses Vorkommnis versteht Isidor als eine »aus Verachtung für die
katholische Religion« begangene Freveltat, die als gerechte Vergel-
tung eine schwere Niederlage Agilas nach sich gezogen habe[96]. Der
Tatbestand eines solchen Mißgriffs allein, gelöst aus dem Zusammenhang der Geschichtsdeutung Isidors, in dem er erst seine besondere Akzentuierung erhält, kann für die Frage der religions- und
kirchenpolitischen Gesamttendenz Agilas nicht viel besagen. Auf
jeden Fall bietet er keine hinreichende Basis für die Annahme, der
Gegensatz von Arianismus und Katholizismus habe einen wesentlichen Aspekt der Auseinandersetzung Agilas mit seinen Gegnern
gebildet dergestalt, daß die oppositionellen Kräfte Rückhalt vornehmlich im katholischen Bereich gefunden hätten im Gegensatz
zu einer auf die Arianer gestützten, antikatholisch tendierenden
Politik Agilas[97]. Auch die weitere, durch die Erhebung Athanagilds

einschätzung der Vikariatsbeauftragung des Sallust von Sevilla durch Hor-
misda eine Rolle (a. a. O., S. 57 f.; de Abadal übersieht die Beauftragung des
Johannes von Elche ganz und verkennt die konkreten Umstände, die zur
Ernennung des Sallust führen).

[96] Isid., a. a. O.: »Iste (sc. Agila) adversus Cordubensem urbem proelium mo-
vens dum in contemptu catholicae religionis beatissimi martyris Aciscli
iniuriam inferret hostiumque ac iumentorum horrore sacrum sepulchri eius
locum ut profanator pollueret, inito adversus Cordubenses cives certamine
poenas dignas sanctis inferentibus meruit.« Die Geschichtsdeutung ist offensichtlich, und man hat den Eindruck, daß das Ereignis der Profanation des
Heiligtums überhaupt erst im Zusammenhang mit der Niederlage Agilas
Bedeutung gewinnt (vgl. M. Torres, Las invasiones, S. 95). Das Einbringen
von Tieren könnte unter Umständen topisch für die Profanation sein (vgl.
Hyd., Chron. 174).

[97] F. Dahn, Könige V, S. 123: »Gegen ... Agila ... erhob sich unter der An-
klage schwerer Bedrückung eine Partei, zu der namentlich auch die katholische Kirche gehört zu haben scheint.« Ebenso, aber ohne die in Dahns Formulierung noch spürbare Zurückhaltung K. F. Strohecker, Leowigild, S. 135.
A. K. Ziegler, Church, S. 11: »Agila ... exhibited an anti-Catholic bias, that
alienated much of the population.« Nach F. Görres, ThStKr 66 (1893),
S. 730 f. soll sich Agila in seiner Auseinandersetzung mit Athanagild auf die
Arianer gestützt haben. A. Lambert, DictHistGéogrEccl IV, Sp. 1297
charakterisiert Agila als »débauché et arien fanatique« und sagt Sp. 1298
entsprechend, Athanagild habe die Notwendigkeit eines Rückhaltes bei dem
romanisch-katholischen Element empfunden. — Weit sachgerechter die
nüchterne Darstellung von M. Torres, Las invasiones, S. 95: »Muy proba-
blemente la sublevación ... encuentra sus raíces en el nombramiento mismo
de Agila. Sin duda en virtud de esos motivos políticos Agila gobierna dura-
mente. De ello nos dan notica las fuentes, y creemos que es esta explicación

im Jahre 551[98] und seinen Kampf mit Agila bis zu dessen Ermordung in Mérida im März 555 bestimmte Entwicklung braucht keineswegs zur Annahme einer solchen Verteilung der Fronten zu veranlassen.

b) Der konfessionelle Aspekt der byzantinischen Intervention

Athanagild war 551 — ob im Zusammenhang der Opposition und in Fortsetzung der Ereignisse, die zu Agilas fehlgeschlagenem Zug gegen Córdoba geführt hatten, mag dahingestellt bleiben — zum Gegenkönig gewählt worden[99]. Um sich gegen Agila, dessen Position demnach offenbar noch keineswegs aussichtslos war, durchsetzen zu können, hat er nach den Berichten von Jordanes und Isidor um byzantinische Hilfe nachgesucht[100]. Ob aber byzantinische Truppen tatsächlich an der Schlacht bei Sevilla teilgenommen haben, in der Agila eine, wenn auch den Machtkampf noch nicht unmittelbar entscheidende schwere Niederlage erlitt, erscheint weniger sicher, als allgemein vorausgesetzt wird[101]. Auf jeden Fall aber

mucho mas natural y exacta que la afirmación corriente, pero no probada, de una persecución al catolicismo.«

[98] Die Darstellung von F. Dahn, Könige V, die den Zug auf Córdoba schon in die Auseinandersetzung mit Athanagild einbezieht, wird dem Bericht Isid., Hist. Goth. 45 f. nicht gerecht.

[99] Ab 551 wurde nach der Inschrift CIL XII 5343 und dem Laterc. reg. Visig. offiziell seine Regierungszeit gezählt (anders Isidor).

[100] Jord., Get. 303: »Contra quem (sc. Agilanem) Athanagildus insurgens Romani regni concitat vires, ubi et Liberius Patricius cum exercitu destinatur.« — Isid., Hist. Goth. 47: »Hic (sc. Athanagildus) cum iam dudum sumpta tyrannide Agilanem regno privare conaretur, militum sibi auxilia ab imperatore Iustiniano poposcerat, quos postea submovere a finibus regni molitus non potuit.«

[101] So z. B. F. Dahn, Könige V, S. 124; F. Görres, ByZ 16 (1907), S. 515; K. F. Stroheker, Leowigild, S. 135, Westgotenreich, S. 212; M. Torres, Las invasiones, S. 96. — Bei Isidor heißt es (Hist. Goth. 46): ». . . Athanagildus tyrannidem regnandi cupiditate arripiens, dum exercitum eius (sc. Agilanis) contra se Spalim missum virtute militare prostrasset, videntes Gothi proprio se everti excidio et magis metuentes, ne Spaniam milites auxili occasione invaderent, Agilanem Emerita interficiunt et Athanagildi se regimini tradiderunt.« Nach dieser Darstellung wäre erst nach der Schlacht bei Sevilla, als es Agila offenbar gelungen war, sich wieder auf Mérida zurückzuziehen und dort zu behaupten, die Gefahr einer fremden Intervention mit ihren bedrohlichen Folgen in Erscheinung getreten. Andererseits aber müssen die Byzantiner schon 552 in Spanien erschienen sein, denn Jordanes, dessen Werk mit dem Jahr 551 abschließt, berichtet noch von Athanagilds Hilfegesuch, das demnach gleich bei seiner Erhebung (frühestens September 551) oder sogar schon bei deren Vorbereitung erfolgt sein muß, und von

machte Justinian sich die inneren Zwistigkeiten des Westgotenreichs zunutze, um beträchtliche Gebiete im Südosten und Süden Spaniens zu besetzen und so nach den afrikanischen und italienischen Erfolgen Belisars und Narses' nun auch auf der Pyrenäenhalbinsel seine »Reconquista« fortzusetzen. Er errang hier zwar keinen vollen Erfolg, gewann aber immerhin eine Position, aus der Byzanz endgültig erst wieder durch Swinthila zwischen 621 und 625 verdrängt werden konnte[102]. Die religionspolitische Bedeutung der Kontaktaufnahme Athanagilds mit Justinian und des byzantinischen Vorstoßes in Spanien sollte nicht überschätzt werden. Die Möglichkeit, daß das Wiedererscheinen des römischen Reiches auf spanischem Boden zur Ausbildung und zum Hervortreten probyzantinischer Strömungen innerhalb der katholisch-romanischen Bevölkerung geführt haben könnte, mag gegeben sein. Unmittelbar faßbar sind aber solche Strömungen und Bestrebungen nicht, und daß sie einen wesentlichen und ins Gewicht fallenden Einfluß ausgeübt hätten, ist daher auch nirgends nachzuweisen. Die italienischen Verhältnisse können nicht ohne weiteres als Analogie herangezogen werden, und das Bestehen oder die Verbreitung eines lebendigen Interesses an einer Unterstellung Spaniens unter die kaiserliche Herrschaft darf nicht a priori als selbstverständlich vorausgesetzt werden[103].

der Beauftragung des Patricius Liberius (s. K. F. Stroheker, Leowigild, S. 135, Anm. 1). Dann aber müßte die Schlacht von Sevilla schon sehr bald nach der Erhebung Athanagilds stattgefunden haben, und die Ermordung Agilas in Mérida (nach Laterc. Reg. Visig. auf März 555 zu berechnen) könnte ihrem unglücklichen Ausgang nicht so schnell gefolgt sein, wie Isidor es darstellt. Oder aber die Schlacht von Sevilla hat doch erst nach der byzantinischen Intervention stattgefunden. So oder so jedoch bleibt Isidors Darstellung nicht ganz präzise.

[102] Isid., Hist. Goth. 62

[103] Nicht uninteressant mag in diesem Zusammenhang die Beobachtung sein, daß der Abt Donatus, der vor 571 sein Kloster aus dem byzantinischen Afrika nach Spanien verlegt, dabei in das westgotische, nicht in das byzantinische Spanien kommt (s. u. S. 139). Leander von Sevilla, derselbe Leander, der sich in Konstantinopel um byzantinische Hilfe für Hermenegild bemüht (s. u. S. 150), schildert die Verhältnisse im byzantinisch besetzten Spanien als trostlos (Ep. ad Florentinam 21). Vor allem aber sollte bei Vermutungen über die Haltung und Einstellung der Romanen nicht außer acht gelassen werden, daß unter ihnen sehr bald schon durch Isidor ein ausgeprägtes, auf das Westgotenreich bezogenes Nationalbewußtsein bezeugt ist, das doch wohl nicht erst durch Rekkareds Konversion unvermittelt und plötzlich entstanden sein kann, sondern sich schon seit längerer Zeit angebahnt haben mußte.

Auf keinen Fall berechtigt erscheint der Schluß, Athanagilds Versuch, sich mit oströmischer Unterstützung durchzusetzen, weise darauf hin, daß sein Rückhalt innerhalb des Westgotenreiches vornehmlich katholische Kreise gewesen sein müßten[104]. Worauf Athanagilds Unterfangen hinweist, ist lediglich, daß er zunächst nicht glaubte, sich allein mit den Kräften seiner spanischen Partei- und Hausmacht wirksam genug durchsetzen zu können. Und wenn er es einmal für notwendig oder doch geraten hielt, auf eine äußere Unterstützung zurückzugreifen, dann mußte er diese Unterstützung dort zu gewinnen trachten, wo die politisch-militärische Gesamtsituation dafür freie Kräfte bieten konnte, und darum war er auf Byzanz gewiesen. Eine zweite Frage erst ist es, welche Gründe Athanagild veranlassen konnten, die Unterstützung der byzantinischen Kräfte für seine Sache zu erhoffen. Daß er, solange er selbst Arianer war und blieb, dafür speziell religionspolitische Argumente geltend zu machen vermochte, ist äußerst unwahrscheinlich. Vermutlich sind es doch von Anfang an territoriale Zugeständnisse an Byzanz gewesen, die er für sich einzusetzen versucht hat[105].

[104] Nach F. Görres, ThStKr 66 (1893), S. 731 hat Athanagild »bekanntlich die katholischen Romanen und deren byzantinische Glaubensgenossen« aufgeboten. In seinem ersten Teil stellt dieser Befund aber nur eine schlecht begründete, doch in der historiographischen Tradition sich zäh haltende Vermutung dar. Die Vorstellung von Athanagilds politischer Allianz mit dem Katholizismus wirkt fast wie ein Reflex der historisch wertlosen Notiz des Lukas von Tuy (13. Jahrhundert), die er in Isidors Gotengeschichte eingeschaltet hat: »Fidem catholicam occulte tenuit Athanagildus et Christianis valde benivuldus fuit« (Isid, Hist. Goth. ed. Mommsen, S. 286, App. z. Z. 19); sie beruht auf späteren Spekulationen (vgl. F. Dahn, Könige V, S. 126).

[105] Aus Greg. Magn., Reg. Ep. IX 229 (an Rekkared) geht hervor, daß ein Vertrag Athanagilds mit Justinian existiert hat, der allem Anschein nach Abmachungen territorialer Art enthielt. Die Bewertung der Vorgänge durch M. Torres, Las invasiones, S. 96, der die Bedeutung der Kontaktaufnahme Athanagilds für die byzantinische Besitzergreifung in Spanien für sehr gering einschätzt und territoriale Konzessionen bezweifelt, ist so kaum durchzuführen. Vgl. dagegen K. F. Stroheker, Westgotenreich, S. 211 f.

III. DIE KIRCHE IM SPANISCHEN SUEWENREICH
(408—585)

1. Die Zeit bis zur Annahme des arianischen Christentums durch die Suewen
(408 bis ca. 466)

a) Die Geschichte der spanischen Suewen in diesem Zeitraum

Es ist angebracht, vor einer Weiterverfolgung der Entwicklung im westgotischen Bereich an dieser Stelle zunächst einmal eine Betrachtung der Geschicke des Nordwestens der iberischen Halbinsel, des suewischen Herrschaftsgebietes, einzuschalten. In der Folgezeit wird dieses Gebiet sehr bald schon, 585, von Leowigild dem westgotischen Reich einverleibt. Der Gang seiner kirchengeschichtlichen Entwicklung rückt dann in den Zusammenhang der westgotischen Kirchengeschichte, während er in der gerade behandelten Periode, etwa zur gleichen Zeit mit der Herrschaft Athanagilds im Westgotenreich, in dem Übergang der Suewen vom arianischen zum katholischen Bekenntnis einen Wende- und Endpunkt erreicht hat.

Man scheint es bei den spanischen Suewen mit einem Teilstamm der Nordsuewen zu tun zu haben, der gegen 408 auf dem Seewege verheerend und plündernd in die Gallaecia einfiel und sich dort eine Basis für weitere Vorstöße in die übrige Pyrenäenhalbinsel schuf[1]. Doch konnten sie dieses Wirkungsfeld nicht lange für sich allein in Anspruch nehmen. Schon im Herbst des nächsten Jahres erhielten sie beachtliche Nebenbuhler in Gestalt der nach dreijährigen Raubzügen in Gallien über die Pyrenäen nach Süden vorstoßenden Wandalen und Alanen. Nach zwei weiteren Jahren der Raub- und Plünderungszüge[2] scheint dann 411 wahrscheinlich im Zusammenhang eines Foedus mit Honorius der Versuch einer ge-

---

[1] So nach Robert L. Reynolds, Reconsideration of the history of the Suevi, Revue belge de philologie et d'histoire 35 (1957), S. 19—47. Nach der herkömmlichen Auffassung sind die Suewen 409 zusammen mit den Wandalen und Alanen in Spanien erschienen und müßten mit den von Hieron., Ep. 123,15,2 erwähnten Quaden identifiziert werden. Diskussion der Quellen bei Reynolds, a. a. O.

[2] Oros., Hist. VII 40,10—41,2; Hyd., Chron. 46.48; vgl. Olympiod., F. 30

regelten Ansiedlung aller dieser Volkshaufen gemacht worden zu sein. Dabei mußten sich die Suewen die Gallaecia zunächst noch mit den asdingischen Vandalen teilen[3], bis diese nach einem mit römischer Hilfe abgewiesenen Versuch, die Suewen aufzureiben, zum Abzug in die Baetica gezwungen waren (420)[4]. In den folgenden Jahren war offenbar das suewische Bestreben darauf gerichtet, die gewonnene Position zu festigen und den Bereich der suewischen Herrschaft über die ganze Gallaecia auszudehnen. In einem von Hydatius zum Jahre 438 notierten Friedensschluß scheint das zu einem Abschluß gekommen zu sein, möglicherweise in einer Form, die den Suewen eine territoriale Herrschaft mit faktischer Unabhängigkeit zubilligte und damit das »Regnum Suevorum« begründete, von dem Hydatius im Zusammenhang mit den Ereignissen der Jahre 455/56 spricht[5]. Von dieser Position kam es dann zu weiterem Ausgreifen auf das übrige Spanien, zunächst mit Ausnahme der Tarraconensis.

Hatten die einzelnen Aktionen auch zum größten Teil den Charakter von Raubzügen, so schien auf die Dauer das Ziel doch eine Ausweitung des suewischen Macht- und Herrschaftsbereichs zu sein. Wie weit immer solche Pläne gegangen und mit den suewischen Mitteln, ihrer Volks- und Heeresstärke, überhaupt realisierbar gewesen sein mögen — schon um die Mitte des Jahrhunderts wurden sie infolge eines Wechsels der westgotischen Einstellung

[3] Oros., Hist. VII 40,10; 41,7; 43,14; Hyd., Chron. 49
[4] Hyd., Chron 71—74. Die silingischen Wandalen und die Alanen waren mittlerweile von den 418 nach Gallien abziehenden Goten vernichtet worden (Hyd., Chron. 67—69). Zum Geschichtsverlauf bis 469 im einzelnen s. L. Schmidt, Westgermanen, S. 206—213. Für die Zeit bis zum Untergang des Königs Rechiar (456) sei vor allem auch auf die Ausführungen von C. Torres Rodríguez, Reckiario hingewiesen, wenn auch sein Versuch, ein durchgehendes, abgerundetes Bild des Geschehens zu zeichnen, nicht an allen Stellen in gleichem Maße überzeugend ist und dabei zuweilen ein starker regional-patriotischer Akzent bemerkbar wird. — Zur Chronologie der Chronik des Hydatius s. C. Courtois, Auteurs et scribes. Remarques sur la chronique d'Hydace (Byzantion 21, 1951, 23—54), dessen Ansätze ich übernommen habe.
[5] Hyd., Chron. 113.175; vgl. dazu C. Torres Rodríguez, Reckiario, S. 147: »... podemos concluir que posiblemente por la paz de 438 queda bajo el dominio de los suevos toda la antigua provincia Gallaecia; mas no como región concedida en ius hospitii o ad inhabitandum, sino con cierta soberanía sobre las nuevas tierras adquiridas; de un modo semejante a como sucedió en Africa en la paz del año 435, que se llevó a cabo entre Genserico, rey de los vándalos y Trigetio representante de Roma ...«

zu den Vorgängen in Spanien hinfällig. Hatten Theodorid (418 bis 451) und Thorismund (451—453) den Suewen im wesentlichen freie Hand auf der Halbinsel gelassen, so trat Theoderich (453 bis 466) mit dem Anspruch, römische Interessen zu wahren, dem suewischen Ausgreifen entgegen und setzte ihm 455/56 mit militärischen Mitteln ein Ende. Durch ihn und Eurich müssen dann die Suewen wohl schon auf das Gebiet beschränkt worden sein, in dessen Besitz sie sich in der letzten Zeit ihrer Selbständigkeit nach Ausweis der Unterzeichnerliste des zweiten Konzils von Braga und der »Divisio Theodemiri«[6] befanden, die Gallaecia und das nordwestliche Lusitanien wohl bis hinab zum Tejo[7]. Doch fehlen ab 469 alle Nachrichten für fast ein Jahrhundert.

Von dem zweiten der spanischen Suewenkönige, Rechila (441 bis 448, Mitregentschaft unter seinem Vater schon 438) weiß Hydatius, der seit 427 Bischof von Chaves war, zu berichten, daß er als Heide gestorben ist[8], und man darf daher sicher damit rechnen, daß auch sein Vater und Vorgänger Hermerich noch der alten Stammesreligion anhing. Rechilas Sohn und Nachfolger Rechiar (448—456) dagegen war katholisch, und zwar war er das dem Wortlaut der Notiz des Hydatius zufolge allem Anschein nach schon, als er die Nachfolge in der Königswürde antrat[9]. Daß mit seinem

---

[6] S. u. S. 128, Anm. 85.

[7] Falsch ist es, wenn J. A. Ferreira, Fastos, S. 69, Anm. 1 als südliche Grenze den Rio Mondego benennt. 572 gehörten wenigstens zwei Bistümer zum Suewenreich, die südlich des Mondego liegen: das alte Conimbriga (Condeixa a velha; der Name Coimbra ist später mit dem Bistum auf das frühere Aeminium übergegangen) und Egitania (Idanha a velha). Allerdings kann die suewische Südgrenze spätestens seit dem zweiten Drittel des sechsten Jahrhunderts dem Tejo nicht mehr bis zur Mündung gefolgt sein. Zwar hatten die Suewen 469 Lissabon besetzen können (Hyd., Chron. 246), aber sie müssen später wieder nach Norden zurückgedrängt worden sein; denn der Gote Johannes von Biclaro ist in Scalabis (Santarem) beheimatet und muß dort um 540 geboren sein (Isid., Vir. ill. 44), und demnach wird die Stadt zu dieser Zeit in gotischem Besitz gewesen sein. Richtig wird P. David, L'organisation, S. 77 den Grenzverlauf darstellen: etwa von Nazaré an der Küste hinüber zum Tejo, dann diesem aufwärts folgend bis wenigstens zur Einmündung des Erges (an der heutigen portugiesisch-spanischen Grenze); vgl. die Karte bei Z. García Villada, Historia II 1 nach S. 208.

[8] Hyd., Chron. 137

[9] Ebd.: »... cui (sc. Rechilani) mox filius suus catholicus Rechiarius succedit in regnum.« Bei Isidor (Hist. Suev. 87) heißt es: »Recciarius Reccilani filius catholicus factus succedit in regnum«. Isidor ist aber für den ersten Teil der Suewengeschichte ganz von Hydatius abhängig und daher als Quelle ohne eigenen Wert, so daß mit Interpretationsversuchen des »catholicus factus«

katholischen Bekenntnis aber der Einsatz einer im ganzen katholischen Periode der religiösen Geschichte des suewischen Volkes
insgesamt gekennzeichnet sei, kann jedoch nicht so ohne weiteres
behauptet werden, wie das gemeinhin geschieht[10]. Hydatius weiß
davon nichts. Dagegen vermerkt er gerade von Rechiar, er habe
eine verborgene Gegnerschaft im suewischen Volke gefunden[11].
Man kann nun zwar nicht einfach behaupten, daß dazu sein christ-
liches Bekenntnis Anlaß gegeben hat; aber ausgeschlossen oder
auch nur unwahrscheinlich ist das ganz gewiß nicht. Hier deutet
sich ja wohl eine bestehende Spannung zwischen den einzelnen
Unterverbänden des Volkes an, die in den Wirren des Jahrzehntes
nach Rechiars Untergang dann sehr deutlich zum Ausdruck kommt.
Auf dem Hintergrund dieser gerade unter seiner Herrschaft für
den gallaecischen Beobachter spürbar werdenden inneren Gegen-
sätzlichkeiten aber ist die Tragweite des Bekenntnisses Rechiars für
die religiöse Geschichte des Gesamtvolkes wahrscheinlich doch als
begrenzt anzusehen, zumal eben auch sein Glaubenswechsel selbst
offenbar nicht ein Akt seiner Herrschaft als Volkskönig war. Erkennbar wird eigentlich nur, daß um diese Zeit das katholische
Christentum tatsächlich in einem gewissen Umfang in das suewische Volk und vor allem auch in den Kreis der herrschenden Familien eingesickert war. Daher konnte auch ein katholischer An-
gehöriger der Königsfamilie, zumindest wenn diese stark genug
war, trotz seines christlichen Glaubens die Königswürde übernehmen, wenn auch vielleicht nicht ganz unangefochten; denn das ist
ja doch beim Regierungsantritt Rechiars vor sich gegangen. Von
einem im Rahmen des Volksverbandes öffentlich vollzogenen Übertritt und damit von einer im ganzen katholischen Epoche der
suewischen Volksgeschichte aber kann jedenfalls aufgrund des unmittelbaren Quellenbefundes keine Rede sein.
    Die Herrschaft dieses ersten katholischen Suewenkönigs, der mit
einer Tochter des Westgotenherrschers Theodorid verheiratet war[12],
nahm ein unrühmliches Ende. In völliger Überschätzung der suewi-

nichts gewonnen werden kann. — Ein Beispiel für katholische Söhne eines
heidnischen Königs findet man in Chlodwigs ersten Söhnen Ingomer und
Chlodomer: Greg. Tur., Hist. II 29.
[10] So etwa C. P. Caspari, S. IV, Anm. 2 seiner Ausgabe von »De correctione
rusticorum« des Martin von Braga; F. Görres, ZwissTh 36,2 = N. F. 1 (1893),
S. 549; ders., RE 19, S. 129; K. D. Schmidt, Bekehrung, S. 375; M. Torres,
Las invasiones, S. 30 f.
[11] Hyd., Chron. 137
[12] Hyd., Chron. 140

schen Macht reagierte er 455 auf eine Warnung des von den Westgoten gestützten Kaisers Avitus und seines eigenen Schwagers
Theoderich, von Übergriffen in die römischer Jurisdiktion unter-
stehenden Provinzen abzulassen, in provozierender Weise mit
einem Einfall in die Tarraconensis. Das führte zu einer westgotischen Strafexpedition noch im gleichen Jahre. Am 5. Oktober wurden die Suewen bei Astorga vernichtend geschlagen, am 28. Oktober nahmen die Westgoten Braga ein — die Hauptleidtragenden
bei der Plünderung der Stadt waren natürlich die Romanen. Rechiar
selbst wurde im folgenden Jahr auf der Flucht in Porto festgenom-
men und im Dezember hingerichtet[13].

Nach einem mißglückten Versuch Theoderichs, das suewische
Gebiet der westgotischen Herrschaft unmittelbar zu unterstellen,
teilten sich in den nächsten Jahren verschiedene suewische Herrscher
in die Königswürde und machten sie sich zugleich, auch das natürlich wieder zumeist auf Kosten der Provinzialen, gegenseitig strei-
tig. Über ihre religiöse Haltung und ihren Bekenntnisstand ist zunächst ebenso wenig bekannt, wie über die religiösen Verhältnisse
im suewischen Volk überhaupt. Zum Jahre 466 aber notiert dann
Hydatius, daß unter dem König Rechimund[14], der seit 465 die

---

[13] Hyd., Chron. 170—174.178
[14] Dieser König erscheint bei Hydatius zunächst mit dem Namen Rechimund
(Chron. 193.202f.219), wird dann aber im letzten Teil der Chronik (223.226.
233.237f.251) Remismund genannt, und auch Isidors von Hydatius abhängige Suewengeschichte weist diesen Wechsel auf. Hyd., Chron. 251 liest
aber die »Fredegarsche Epitome« (Cod. Paris. 10910) im Gegensatz zum Cod.
Berol. Philips. 1829, dem einzigen Zeugen des vollen Textes der Chronik,
nicht »Remismundum«, sondern »Richymundum«, während sie für Chron.
233 auch die Form Remismund bezeugt. Hier scheint Älteres bewahrt zu
sein, denn ein Grund für eine nachträgliche Änderung von Remismund in
Rechimund, nachdem zuvor durchaus Remismund beibehalten worden ist,
wird sich kaum nennen lassen; leider fällt Isidor als Kontrollinstanz aus,
da er Chron. 251 nicht aufgenommen hat. Der Wechsel Rechimund - Remismund erfolgt von Chron. 219 zu 223. Nun tritt aber Chron. 220 ein Gesandter des Westgotenkönigs Theoderich namens Remismund auf. Es liegt
von daher die Annahme nahe, daß ein Kopist unter dem Nachklang dieses
Namens und weil er den zweimaligen Wechsel der Person (suewischer König
Rechimund — gotischer Gesandter Remismund — suewischer König Rechimund) nicht erfaßt hatte, in der Folge den Namen des Suewenherrschers
in Remismund änderte, aber nicht konsequent bis zum Ende, so daß Chron.
251 zunächst noch Rechimund stehen blieb und erst später in einem Teil
der Überlieferung »verbessert« wurde. Der Tatbestand ist allerdings noch
komplexer, da auch Jord., Get. 234 »Rimismundus« bietet, ohne von Hyda-

Alleinherrschaft innehatte und eine politische Annäherung an die
Westgoten betrieb[15], die Suewen planmäßig und zielbewußt dem
arianischen Christentum zugeführt wurden; und zwar wirkte unter
ihnen mit Unterstützung Theoderichs ein arianischer Missionar
kleinasiatischer, galatischer Abstammung namens Ajax, der aus dem
westgotischen Gallien herübergekommen war[16]. Der gallaecische
Chronist umschreibt die Tätigkeit dieses arianischen Sendboten aus
seiner katholischen Sicht und sagt, Ajax sei »unter den Suewen . . .
als Feind des katholischen Glaubens und der göttlichen Dreifaltig-
keit in Erscheinung getreten«. Falls diese Formulierung nicht überhaupt nur als eine grundsätzliche Bewertung der Wirksamkeit des
Arianers aus dem Blickwinkel des katholischen Bischofs von Chaves
zu verstehen ist, deutet sie ebenso wie das katholische Bekenntnis
Rechiars eine gewisse Verbreitung des Katholizismus unter den
Suewen an. Daß sie aber diese als insgesamt bereits katholisiertes
Volk voraussetze, darf man kaum aus ihr herauslesen[17]. Auch wenn

tius erkennbar abhängig zu sein. Das deutet darauf hin, daß der Name
Remismund für den Suewenkönig auch außerhalb der Überlieferungskor-
rumption bei Hydatius vorgekommen sein muß. Offenbar ist er in gotischen
Kreisen so benannt worden — der erste Bestandteil des Namens scheint
speziell gotisch zu sein (s. Ernst Förstmann, Altdeutsches namenbuch, 1. Bd.,
Personennamen, Bonn ²1900, Sp. 1277). Daß sein wirklicher Name aber
Rechimund gewesen ist, wird festzuhalten sein; denn nur von dieser Voraus-
setzung läßt sich der Bestand der Hydatius-Überlieferung erklären.

[15] Hyd., Chron. 223.226
[16] Hyd., Chron. 232: »Aiax natione Galata effectus apostata et senior Arrianus
inter Suevos regis sui auxilio hostis catholicae fidei et divinae trinitatis
emergit, a Gallicana Gothorum habitatione hoc pestiferum inimici hominis
virus advectum.« Mit E. A. Thompson, Conversion, S. 10 muß man wohl
»regis sui auxilio« auf den Westgotenkönig Theoderich beziehen, zumal ja
Hydatius den Ajax als einen Fremdling unter den Suewen charakterisiert
und ihn daher schwerlich in dieser Form dem Suewenkönig zugeordnet
haben wird — wäre dieser gemeint, müßte es wohl »regis eorum« oder auch
einfach »regis« heißen. — Die Annahme von Jacques Zeiller, Isidore de
Seville et les origines chrétiennes des Goths et des Suèves (Miscellanea Isidoriana, Rom 1936, S. 287—292), S. 291, Ajax sei ein Gallaecier von Herkunft gewesen, ist sicher keine berechtigte Interpretation von »natione
Galata«.
[17] Isid., Hist. Suev. 90 in der kürzeren Rezension ist scheinbar instruktiver:
». . . cuius (sc. Aiacis) seductione Suevi a fide catholica recedentes in Arrianum dogma declinant« (in der längeren Rezension statt dessen nur: ». . . et
totam gentem Suevorum letali tabe inficiens«). Aber tatsächlich hat diese
Stelle nicht den mindesten Erkenntniswert. Isidor ist völlig von Hydatius
abhängig, und die kürzere Rezension bietet hier (ebenso natürlich, wenn
auch in zurückhaltender Form, die längere) nicht mehr als eine sekundäre,

Ajax nur Ansätze zur Verbreitung des katholischen Christentums unter den Suewen hinfällig macht, muß sein Wirken unter ihnen als Feindschaft gegen den katholischen Glauben erscheinen.

Im übrigen hat auch eine mögliche Verbreitung des katholischen Christentums unter den Suewen, in welchem Umfang immer sie vorzustellen sein mag, nach den von Hydatius zur Verfügung gestellten Nachrichten keine festeren Beziehungen der suewischen Herrschaft zur katholischen kirchlichen Organisation und dem Episkopat des beherrschten Gebietes nach sich gezogen. In dem ganzen durch die Chronik des Gallaeziers erfaßbaren Zeitraum ist eine religionspolitische Aktivität auf suewischer Seite nicht festzustellen — die Rezeption eines arianischen Missionars ist ja gewiß nicht so zu benennen. Es hat den Anschein, als habe in dieser Zeit die kirchliche Institution der beherrschten Romanen als solche kein politisches Interesse der suewischen Herrschaft hervorgerufen. Es ist auch nicht nachzuweisen, daß religiöser Gegensatz oder religiöse Gemeinsamkeit der beiden Seiten sich während dieser Jahre bestimmend auf das suewische Handeln im ganzen oder an einzelnen Stellen ausgewirkt hätte[18]. Sicherlich hat dazu mit beigetragen, daß die Einstellung der Suewen gegenüber der katholischen Kirche nicht schon wie bei den Westgoten durch eine längere Geschichte der Begegnung geprägt war.

interpretierende Fortführung von dessen zuvor fast wörtlich übernommener Nachricht über Ajax. Zum Wert der Notiz Isidors über die »Rückkehr« der Suewen zum Katholizismus unter Theodemir s. u. S. 247 ff.

[18] Für die Annahme von C. Torres Rodríguez, Reckiario, S. 157 f., der katholische Episkopat möge Rechiars politische Ziele der Machtausweitung aufgrund seines katholischen Bekenntnisses unterstützt haben (»que vieron en este príncipe un medio de salvación para la Pensínsula, como la habían de ver San Remigio y San Leandro en Clodoveo y San Hermenegildo entre los francos y visigodos«), gibt es keinen Anhaltspunkt, und ebensowenig für seine Vorstellung, Rechiars Annahme des Christentums sei im Blick auf die Herstellung der religiösen Einheit von Suewen und Romanogallaeciern erfolgt (a. a. O., S. 163); diese Vorstellung bleibt im Rahmen einer verbreiteten, aber nicht immer berechtigten Deutungsweise von Herrscherkonversionen allein unter dem Aspekt rationaler politischer Zwecksetzungen (s. dagegen Kurt Aland, Über den Glaubenswechsel in der Geschichte des Christentums, Berlin 1961); übrigens wird dabei auch übersehen, daß Rechiar anscheinend doch schon vor seinem Herrschaftsantritt katholisch geworden ist (s. o. S. 107).

b) Die Lage der katholischen Kirche während der ersten Epoche der Suewenherrschaft

Es entspricht diesen Feststellungen, daß den Katholiken des suewischen Machtbereiches wenigstens um ihres Glaubens willen keine Bedrängnis seitens der neuen Herren widerfuhr. Wenn in den ersten Jahren des Barbarensturms einige Bischöfe aus Spanien geflüchtet sind, hat das seinen Grund nicht in religiöser Verfolgung, sondern in der Not der Lebensverhältnisse[19]. Ein Sakrileg, das der 429 in Lusitanien einbrechende suewische Anführer Hermigar gegen die Schutzheilige Méridas, die heilige Eulalia, begangen haben soll[20], hat wohl kaum dem katholischen Christentum als solchem gegolten, sondern wird nur mit dem üblichen Rauben und Plündern in Zusammenhang zu bringen sein. Es hat sicherlich vor allem deshalb Erwähnung in der Überlieferung gefunden, weil Hermigar bald darauf eine schwere Niederlage durch die Wandalen erlitt und auf der Flucht im Guadiana ertrank, ein Ereignis, das so als göttliches Strafgericht dargestellt werden konnte und damit Gelegenheit zu einer beliebten Art der Geschichtsdeutung im chronistischen Detail bot.

Suewische Maßnahmen, die einzelne katholische Bischöfe direkt betrafen, lassen sich für die Zeit bis 469 in einem Fall sicher feststellen, in einem anderen mit einiger Wahrscheinlichkeit vermuten. Auch sie haben nicht die Kirche als solche zum Ziel. Im Jahre 441 wurde Sevilla von den Suewen unter Rechila genommen[21], und im gleichen Jahr wurde auch der dortige Bischof Sabinus vertrieben und — unrechtmäßig und aufgrund von Umtrieben, sagt Hydatius — durch einen neuen Bischof namens Epifanius ersetzt[22]. Für einen engeren, unmittelbaren Zusammenhang zwischen beiden Ereignissen spricht vor allem die Tatsache, daß im Jahre 458, in dem von Theoderich ein westgotisches Heer in die Baetica geschickt wurde[23], zugleich auch Sabinus — nach einer allerdings nur von einem Überlieferungszweig der Chronik des Hydatius gebotenen Notiz — aus Gallien zurückkehrend seinen Sitz wieder einnehmen konnte[24].

---

[19] Augustin, Ep. 228,5 vom Jahre 429
[20] Hyd., Chron. 90
[21] Hyd., Chron. 123
[22] Hyd., Chron. 124: »Sabino episcopo de Hispali factione depulso in locum eius Epifanius ordinatur fraude, non iure.«
[23] Hyd., Chron. 192
[24] Hyd., Chron. 192 a ed. Th. Mommsen: Überlieferung der »spanischen Epitome« des Chroniktextes. Das Jahr 458 ergibt sich aus der Stellung der

Diese Koinzidenz sowohl von Vertreibung als auch von Rückkehr mit politisch-militärischen Ereignissen ist sicher nicht zufällig, und es legt sich die Annahme politischer Hintergründe für beides sehr nahe. Sabinus könnte den Suewen entgegengewirkt haben oder in diesem Sinne verdächtigt worden sein, und erst im Schutze der gotischen Macht war ihm daher die Rückkehr möglich. Religiöse Gründe seitens der Suewen waren dabei sicher nicht im Spiel; denn die sofortige Neubesetzung des Bistums nach der Vertreibung des Sabinus zeigt deutlich genug, daß es nicht um die Kirche und den katholischen Bischof als solchen ging, sondern eben nur um die Person des Sabinus.

Ebenso des religiösen Aspektes entbehrt eine dreimonatige Inhaftierung des Bischofs und Chronisten Hydatius selbst im Jahre 460 durch den Suewenkönig Frumari, der Chaves überfiel und plünderte. Sie erfolgte auf Anstiften zweier verräterischer Hispano-Romanen, die mit Frumari gemeinsame Sache machten. Sie scheinen ein ganz besonderes Interesse an der Ausschaltung des Hydatius gehabt zu haben, denn seine Freilassung erfolgte, offenbar infolge veränderter Machtverhältnisse nach westgotischem Eingreifen, gegen ihren ausdrücklichen Wunsch[25]. Hydatius war in den Auseinandersetzungen seiner Zeit offensichtlich politisch ziemlich stark engagiert, und zwar durchaus im antisuewischen Sinne, wie eine von ihm im Interesse der Romanen übernommene Gesandtschaft an Aëtius im Jahre 431/32 zeigt, bei der es um Hilfe gegen eine suewische Inbesitznahme der ganzen Gallaecia ging[26], und sicher hat das Vorgehen des Frumari und seiner Parteigänger gegen ihn ausschließlich politische Gründe.

Als funktionsfähig bleibende Instanz der römischen Provinzialen hat der katholische Episkopat Gallaeciens ohne Zweifel auch eine nicht gering einzuschätzende Rolle bei den Bemühungen der gallaecischen Bevölkerung um einen Ausgleich mit den neuen Herren des Landes gespielt. Ein Streiflicht darauf wirft eine kurze Notiz des Hydatius, es sei 433 in der Gallaecia durch bischöfliche Vermittlung zu einem Friedensschluß mit Hermerich gekommen[27]. Daß man sich in der katholischen Kirche aber nicht nur auf eine politische Vermittlerrolle zurückgezogen, sondern sich wenigstens in

Notiz, die selbst das Jahr 495 spanischer Ära angibt, entsprechend 457 n. Chr., was jedoch als Verschreibung sehr leicht erklärbar ist.
[25] Hyd., Chron. 201. 207; vgl. 204—206
[26] Hyd., Chron. 96. 98
[27] Hyd., Chron. 100; vgl. 101, ein Bischof als Gesandter Hermerichs.

einzelnen Fällen auch darüber hinaus um eine tiefergreifende Einflußnahme auf die Eroberer bemüht hat, zeigt sich eben darin, daß
der König Rechiar und vielleicht nicht er allein sich zum katholischen Glauben bekannte. Dabei mochte wohl begünstigend ins
Gewicht fallen können, daß die Kirche der Gallaecia ihre Inva-
soren nicht, wie etwa zur gleichen Zeit diejenige Aquitaniens, als
bereits zum allergrößten Teil christianisiertes Volk mit einem trennenden Sonderbekenntnis und eigener Kirchensprache vorfand. Zu
einem planmäßigen Wirken, wie es die westgotisch-arianische Mission offenbar durchgeführt hat, scheint es jedoch nicht gekommen
zu sein, und so blieb es eben bei Ansätzen zu einer Katholisierung,
denen keine Zukunft beschert sein sollte.

Auf das kirchliche Handeln und seine Möglichkeiten mußte sich
auswirken, daß den Provinzialen offenbar zunächst und wohl ohne
Rücksicht auf die jeweilige suewische Stellung zum Reich die Regelung ihrer eigenen Angelegenheiten überlassen blieb, so daß in
dieser Hinsicht praktisch die Bedingungen eine Foedus bestanden.
So konnte der Bischof Antonius von Mérida, das seit 439 und wahrscheinlich bis zur westgotischen Besetzung 469 suewisch war[28], im
Jahre 448 veranlassen, daß ein in Mérida ergriffener Manichäer aus
Lusitanien ausgewiesen wurde[29], gewiß in Anwendung der römischen Manichäergesetze. Unter diesen Voraussetzungen blieb dem
katholischen Episkopat eine große Freizügigkeit in der Verfolgung
kirchlicher Belange. Auch die kirchliche Verbindung mit dem römischen Gallien und mit Rom selbst war möglich. So unterzeichnet auf
dem Konzil zu Orange 441 aus Gallaecia ein Bischof Agrestius mit
einem Diakon Deodatus, wohl der aus Hydatius bekannte Agrestius
von Lugo[30]. 447 konnte der Bischof Turribius von Astorga, von
dessen antipriscillianischer Aktivität sein Schreiben an Idacius und

[28] Hyd., Chron 119. 245
[29] Hyd., Chron. 138: »Pascentium quemdam urbis Romae, qui de Asturica
diffugerat, Manichaeum Antonius episcopus Emerita comprehendit audi-
tumque etiam de provincia Lusitania facit expelli.« Aus Astorga nach Mérida
geflüchtet war Pascentius vermutlich nach der Aufdeckung eines manichäi-
schen Konventikels in Astorga durch den dortigen Bischof Turribius und den
Chronisten Hydatius im Jahre 445 (Hyd., Chron. 130). Die Akten des in
Astorga angestellten Verhörs waren Antonius von Mérida übersandt worden.
[30] Conc. Araus. I, ed. Munier, S. 87: »Ex prouincia Gallecia ciuit. Lecentium
Agrestius episcopus, Deudatus diaconus.« Es handelt sich eher um Lugo als
um Legio (León; so Munier, Index nominum, S. 237), das seit Elvira nicht
mehr, auch während der westgotischen Zeit nicht, als Bistum begegnet und
in der Divisio Theodemiri Astorga zugeordnet ist. Agrestius von Lugo:
Hyd., Chron. 102 (zum Jahre 433).

Ceponius[31] zeugt, durch seinen Diakon Pervincus Leo dem Großen ein Exemplar eben dieses Briefes sowie einen antipriscillianischen Libellus und ein Commonitorium zustellen[32]. Leo antwortete am 21. Juli 447 mit einem Brief an Turribius, der in Anlehnung an dessen Libellus sechszehn antipriscillianische Kapitel formuliert[33], und einem diesem zur Weiterleitung beigefügten Schreiben an den gesamten spanischen Episkopat, das zu einem allgemeinen spanischen Konzil auffordert.

Turribius hat dieses Schreiben weiterleiten und das geforderte Konzil hat aller Wahrscheinlichkeit nach stattfinden können[34], zu einem Zeitpunkt, zu dem der Einfluß- und Wirkungsbereich der noch von dem Heiden Rechila geführten Suewen fast ganz Spanien außer der Tarraconensis umfaßte, wenn auch kaum in einer Weise, die an einen insgesamt ständig besetzten oder kontrollierten festen Machtbereich denken lassen könnte; jedoch dem gallaecischen Episkopat scheint die Teilnahme an diesem Konzil versagt gewesen zu sein, und hier mag allerdings eine Restriktion wirksam geworden sein, die den Bischöfen des suewischen Kerngebietes auferlegt war. Man könnte versucht sein, die restriktive Kirchenpolitik Eurichs als eine Parallelerscheinung zu betrachten, und es ist bedauerlich, daß gerade an diesem Punkte die Quellen gar nichts hergeben.

Im übrigen läßt die Wirksamkeit des Turribius und das Konzil von 447 erkennen, daß das sachliche Problem, das zu dieser Zeit die Kirche der Gallaecia belastete und nach Ausweis des Konzils zu Braga von 561 noch ein gutes Jahrhundert belasten sollte, immer noch das gleiche war wie zur Zeit vor der Barbareninvasion, das zählebige Erbe Priszillians, das in den Wirren der Invasionszeit sicher an Boden hat gewinnen können[35]. Die dagegen gerichteten Kapitel Leos seien, so meint Hydatius, von einigen Gallaeciern nur aus Verstellung gebilligt worden[36], und er wird als unmittelbarer Kenner der Verhältnisse dabei sicherlich bestimmte Persönlichkeiten, möglicherweise aus dem Episkopat, im Auge gehabt haben.

---

[31] E. Dekkers, Clavis 564; »Idacius« ist sicher der Chronist Hydatius, des Turribius Gesinnungs- und Kampfgenosse bei der Verfolgung der Manichäer (vgl. Hyd., Chron. 130).

[32] Nach Leo Magn., Ep. 15

[33] Leo Magn., Ep. 15 (»Quam laudabiliter«, Jaffé 412); vgl. Hyd., Chron. 135.

[34] Dazu s. o. S. 82, Anm. 41.

[35] Vgl. Leo Magn., Ep. 15 (PL 84, Sp. 746 B).

[36] Hyd., Chron. 135: »Inter quae (sc. scripta Leonis) ad episcopum Thoribium de observatione catholicae fidei et de haeresum blasphemiis disputatio plena dirigitur, quae ab aliquibus Gallaecis subdolo probatur arbitrio.«

Wenn die Auffassung richtig ist, daß die Bischöfe Pastor und Syagrius, die 433 gegen den Willen des Bischofs Agrestius von Lugo im Conventus Lucensis ordiniert worden sind[37], mit den von Gennadius von Marseille aufgeführten gleichnamigen antipriszillianischen Schriftstellern identisch sind[38], könnte ihre Ordination als Kampfmaßnahme katholischer Bischöfe, als Versuch eines Einbruchs in einen priszillianisch beherrschten Bezirk verstanden werden.

2. Die arianische Epoche der Suewen (etwa 466 bis gegen 555)

Mit dem Ende der als Quelle unschätzbaren Chronik des Hydatius hören, abgesehen von einem Dokument, alle historischen Informationen über das Suewenreich für die Zeit bis in die fünfziger Jahre des sechsten Jahrhunderts, und das heißt für die Zeit der arianischen Epoche der Suewen, auf[39]. Eine Inschrift über die Stiftung einer Kirche in der Nähe von Braga, deren Datum auf 485 angegeben wird, gehört in Wirklichkeit höchstwahrscheinlich erst in das zehnte Jahrhundert[40], und die Passio des Abtes Vinzenz von León ist ein wertloses Fantasieprodukt[41], ebenso die seines angeb-

---

[37] Hyd., Chron. 102.

[38] Gennad., Vir. ill. 77.66; s. Germain Morin, Pastor et Syagrius, deux écrivains perdus du cinquième siècle, RevBénéd 10 (1893), S. 385—394; E. Dekkers, Clavis 559 f.

[39] F. Dahn, Könige VI, S. 555 f.: »Für die nächsten hundert Jahre wissen wir von diesem Reich so gut wie nichts, nicht einmal die Namen der Könige. Isidor, der sie hätte erfahren können, hielt es nicht für der Mühe wert, die Namen dieser Arianer zu überliefern.« Aber nachdem Isidor zuvor in demselben Werk die Geschichte der Goten auch für ihre arianische Zeit und selbst die der Wandalen nach Maßgabe der von ihm auffindbaren Quellen erzählt hat, wäre eine derartige Einstellung in höchstem Maße verwunderlich. Isidor hatte für diese Zeit ganz offensichtlich erhebliche Informationsschwierigkeiten (vgl. u. S. 247 ff.).

[40] Hübner 135, Vives 355. Das Datum der Inschrift, aus der F. Görres, ZwissTh 36,2 = N.F. 1 (1893), S. 553—558 auch weitreichende Folgerungen für die kirchlichen Verhältnisse in der arianischen Zeit der suewischen Herrschaft zieht, ist wahrscheinlich falsch überliefert: »era DXXIII« (= 485 n. Chr.) statt »era MXXIII« (= 985 n. Chr.), so daß es sich bei dem darauf genannten König Vermundus nicht um einen unbekannten suewischen Herrscher Veremund, sondern um Bermudo II. von León handelt: L. Schmidt, Westgermanen, S. 213; J. Vives, Inscriptiones, S. 123.

[41] Die »Passio Sancti et Beatissimi Vincentii Martyris atque Abbatis« (BHL 8677), die M. Risco in EspSagr 34, S. 417—420 »ex Breviario antiquo Legio-

lichen Nachfolgers Ranimir mit zwölf Mönchen[42]. Das einzige echte Dokument zu den Verhältnissen im Suewenreich, das aus dieser Zeit überkommen ist, bezieht sich auf die Zustände innerhalb der katholischen Kirche der Gallaecia. Es ist der Brief des Papstes Vigilius an Profuturus von Braga vom 29. Juni 538[43].

Vigilius antwortet in diesem Schreiben auf eine an ihn gerichtete Anfrage, in der um die Klärung einer ganzen Reihe verschiedener Punkte gebeten worden war. Es zeigt sich dabei, daß der Priszillianismus oder priszillianisierende Tendenzen in der gallaecischen Kirche immer noch das beherrschende Problem des kirchlichen Lebens und Alltags sind[44]. Aber zugleich ist auch der unter den

nensi« abgedruckt hat, ist eine abenteuerliche Konstruktion. Der Abt Vinzenz soll unter einem arianischen Suewenkönig um seines katholischen Glaubens willen das Martyrium erlitten haben. Die dabei genannten, angeblich arianischen Suewenkönige bezieht der Verfasser aus dem wörtlich ausgeschriebenen Kapitel Isid., Hist. Suev. 85; es sind Hermerich und Rechila, die ersten spanischen Suewenherrscher, die beide Heiden waren. Das Martyrium des Vinzenz soll nun unter Rechila (441—448) stattgefunden haben, und zwar am 11. März 630 (!), zu einem Zeitpunkt also, da das Suewenreich seit fast einem halben Jahrhundert nicht mehr bestand und die Regierungsmacht in Händen des katholischen Westgotenkönigs Swinthila lag. Dieses Datum stammt aus der Grabinschrift Hübner 142 (s. dazu auch die Ergänzungen in Suppl., S. 68), Vives 285, und nur aus dem Mißverständnis dieser Inschrift ist die ganze Passio gesponnen (vgl. auch J. Pérez de Urbel, Monjes I, S. 514 f.). Die einem Abt Vinzenz gewidmete Inschrift aus León feiert diesen nämlich gar nicht als Märtyrer, wie der Erdichter der Passio angenommen hat, sondern als göttlich inspirierten Entdecker bestimmter Märtyrerreliquien. Allerdings befleißigt sie sich dabei nicht gerade der größten Klarheit, und das mag dem unbekannten frommen Legendendichter gern zugute gehalten werden, wenn auch seine Anleihe bei Isidor zeigt, daß er es ohnehin nicht sehr genau zu nehmen beabsichtigte.

[42] Die Passio des Abtes Ranimir und der zwölf mit ihm das Martyrium erleidenden Mönche (in zwei Formen: BHL 7087 f.; EspSagr 34, S. 420 f.; AASS Mart. II, ³1865, S. 62) setzt die des Vinzenz voraus. Ihr Alter wird auch von den Bollandisten in BHL mit Recht angezweifelt.

[43] »Directas ad nos« (Jaffé 907). Das Datum ist nur in der gallischen Überlieferung des Cod. Paris. 1452 erhalten. Auf 538 weist auch der Inhalt: c. 5 wird für das nächste Osterfest der 24. April genannt, was nach alexandrinischem Zyklus für 539 zutrifft.

[44] Cc. 1 f. — In c. 2 wird eine modifizierte Form der Doxologie beanstandet: »Gloria Patri et Filio Spiritui Sancto.« In der handschriftlichen Überlieferung hat sich dafür zwar die korrekte Fassung (». . . et Spiritui Sancto«) eingeschlichen (PL 84, Sp. 831 A; vgl. PL 69, Sp. 17, textkrit. Note z. St.), aber der gerügte Wortlaut läßt sich aus dem Inhalt erschließen und wird von der Spanischen Epitome (S. 221 ed. Martínez Díez) bezeugt. Diese Formel

Suewen inzwischen sicherlich eingewurzelte Arianismus nicht ohne
spürbare Wirkungen auf die einheimische katholische Kirche geblieben, wenn er auch ihre innere Einheit nicht bedroht. Es gibt
Katholiken, die zum arianischen Bekenntnis übergetreten sind, und
es gibt darüber hinaus auch Rücktritte solcher abgefallenen Katholiken; die damit verbundenen Probleme werden offenbar als besonders wichtig empfunden, da Vigilius dem Brief eigens eine
nicht mehr überlieferte Sammlung diesbezüglicher Entscheidungen
aus dem römischen Archiv beigegeben hat[45]. Im Anschluß daran
werden Fragen behandelt, die sich bei der Einweihung wiederher-
gestellter, vordem zerstörter Kirchen ergeben haben[46]. Diese Fragen des Wiederaufbaus von Kirchen stellen sich also zur gleichen
Zeit wie das Problem des Rücktrittes arianisch gewordener Katholiken zu ihrem alten Bekenntnis. Das könnte die Frage aufwerfen,
ob man es hier eventuell mit Folgen einer vorübergehenden Welle
antikatholischer Zwangs- und Gewaltmaßnahmen zu tun hat. Doch
diese Frage muß wohl verneint werden. Es gibt kein positives Indiz für solche Verfolgungsmaßnahmen der suewischen Herrschaft.
Mit der Frage des Rücktritts arianisch wiedergetaufter Katholiken
befaßte sich acht Jahre später im westgotischen Bereich auch das
Konzil von Lérida, ohne daß dabei an Zwangsarianisierung gedacht werden kann[47]. Und der Wiederaufbau zerstörter oder auch
verfallener[48] Kirchen zeigt, daß die gallaecische Kirche immer noch
dabei war, die Einbußen und Verluste aufzuarbeiten, die die
Wirren des fünften Jahrhunderts und die in ihrer Folge einge-
tretene Ungunst der Lebensverhältnisse mit sich gebracht hatten. —

entspricht nicht, wie F. Görres, ZwissTh 36,2 = N.F. 1 (1893), S. 559 will,
der arianischen Form (dazu s. u. S. 163) und läßt sich auch nicht daraus ab-
leiten. Sie verwischt vielmehr den Unterschied zwischen Sohn und Geist,
worauf auch Vigilius ausdrücklich hinweist: ». . . quia subducta una syllaba«
— nämlich das »et« — »personam Fili et Spiritus Sancti unam quodammodo
esse designat.« Damit aber steht man priszillianischen Tendenzen (vgl.
Anath. 4 des Konzils von 447) näher als der homöischen Theologie des germanischen Arianismus, der ja gerade in dem Bestreben wurzelt, die inner-
trinitarischen Grenzen nicht zu verwischen.
[45] C. 3.
[46] C. 4: »De fabrica vero cuiuslibet ecclesiae, quae diruta fuerat, restauranda . . .« Zum liturgiegeschichtlichen Aspekt s. B. Capelle L'»aqua exorcizata«
dans les rites romains de la dédicace au VIᵉ siècle. RevBénéd 50 (1938),
S. 306—308.
[47] Conc. Ilerd., c. 9; vgl. o. S. 92, Anm. 65.
[48] Diruere ist für das 6. Jahrhundert auch intransitiv belegt (s. Thesaurus ling.
lat., s. v.).

Am Schluß seines Briefes behandelt Vigilius dann noch liturgische
Fragen⁴⁹. Das starke Interesse, das Profuturus daran offenbar ge-
zeigt hat, läßt erkennen, daß die liturgische Ordnung in seiner
Kirchenprovinz recht verwildert gewesen zu sein scheint.

So weit der Brief des Vigilius. Er zeigt, daß in der Zeit seit
Hydatius der katholischen Kirche Gallaeciens im Arianismus neben
dem alten inneren Gegner des Priszillianismus nun auch ein äußerer erwachsen war, der sich durchaus bemerkbar zu machen wußte
— ein indirekter Hinweis darauf, daß die Wirksamkeit des Missionars Ajax unter den Suewen ihre Früchte getragen hat. Zugleich
wird aber auch deutlich, daß die Stellung der katholischen Kirche
im suewischen Reich um 538 im ganzen recht günstig gewesen sein
muß. Das zeigt sich an der Rückkehr arianisch wiedergetaufter
Katholiken zum alten Glauben, das zeigt sich an kirchlicher Wieder-
aufbautätigkeit und das zeigt sich an der Möglichkeit des offiziellen
kirchlichen Verkehrs mit Rom⁵⁰. Auch das Interesse an einer Ordnung und Normierung der gottesdienstlichen Form weist darauf
hin, daß Profuturus daran denken konnte und offenbar auch die
Möglichkeit für gegeben ansah, die kirchlichen Verhältnisse in
einem größeren Rahmen und auf weitere Sicht zu klären und zu
ordnen. Eine wesentliche Einschränkung scheint allerdings bestanden zu haben: die Eröffnungsrede des Lukrez von Braga zum ersten
bracarenser Konzil von 561 deutet an, daß die Zusammenkunft
von Konzilien während dieser Zeit wohl nicht möglich gewesen
ist⁵¹.

⁴⁹ Cc. 5 f. Vgl. dazu Joaquim G. Bragança, A Liturgia de Braga (HispSacr 17,
1964, S. 259—281), S. 259—262. — Das bei C. W. Barlow, Mart. Brac. Opera
omnia, S. 293 »from a different manuscript tradition« abgedruckte c. 7 ist
pseudisidorisch.
⁵⁰ P. David, La liturgie, S. 118 meint, die suewische Herrschaft hätte möglicherweise die Kontaktaufnahme mit Rom begünstigt, »afin de renforcer le
particularisme« (im Verhältnis zum westgotischen Spanien nämlich) »de
leurs sujets catholiques et de s'affirmer à l'encontre des souverains goths du
reste de la Péninsule.« Aber das greift doch wohl etwas zu weit aus. Dabei
müßte vorausgesetzt werden, die suewische Herrschaft habe damit rechnen
können, daß eine Kontaktaufnahme mit Rom zur Ausbildung liturgischer
Sonderheiten des katholischen Gottesdienstes gegenüber der gallisch-spanischen Form führen könnte, d. h. aber sie habe die liturgischen Differenzie-
rungen innerhalb des abendländischen Katholizismus übersehen können.
Das aber ist kaum anzunehmen.
⁵¹ Conc. Brac. I., prol. (ed. Barlow, S. 105): »Diu est . . . quod . . . desideraba-
mus sacerdotalem inter nos fieri debere conventum . . . Nunc igitur quoniam
optatum nobis huius congregationis diem gloriosissimus atque piissimus

3. Die katholische Epoche des Suewenreiches (etwa 555 — 585)

a) Der Übertritt des Königs Chararich und die Wirksamkeit des Martin von Dumio

Nur etwa anderthalb Jahrzehnte nach dem Datum dieses Papst-
briefes erfolgte in der Mitte des sechsten Jahrhunderts der Übergang des suewischen Königshauses zum Katholizismus, auf den der
Kult des heiligen Martin von Tours einen bestimmenden Einfluß
ausgeübt haben muß. Nach dem in seinen wesentlichen Punkten
nicht unwahrscheinlichen Bericht des Gregor von Tours[52] nimmt
der suewische König Chararich in der Erwartung der Heilung
seines schwerkranken Sohnes durch die Macht des berühmten
gallischen Heiligen den katholischen Glauben an. Eine seltsame
Koinzidenz des Geschehens brachte es mit sich, daß die Früchte
dieses königlichen Glaubenswechsels für das suewische Volk von
einem Manne eingebracht wurden[53], der nicht nur den Namen des
Heiligen von Tours trug, sondern zudem auch noch wie dieser aus
Pannonien stammte[54]. Zu eben der Zeit, da Chararich katholisch
wurde, traf dieser ebenso befähigte wie energische Pannonier
Martin, aus dem Orient kommend und dort gebildet[55], in der
Gallaecia ein. Dort gründete er in der Nähe von Braga das Kloster
Dumio[56], von dem seine Wirksamkeit ihren Ausgang nahm und

---

filius noster (sc. Ariamirus rex) adspirante sibi Domino regali praecepto concessit . . .« Vgl. o. S. 98 ff.

[52] Greg. Tur., Virt. s. Mart. I 11; vgl. dazu auch das Weihegedicht des Martin
von Braga für die Martinskirche in Dumio, Zeile 15—18: »Tua signa Suevus
/ admirans didicit fidei quo tramite pergat, / devotusque tuis meritis haec
atria claro / culmine sustollens . . .« (vgl. Greg. Tur., Hist. V 37). —
Marcelino Menéndez Pelayo, Historia de los Heterodoxos Españoles I
(Biblioteca de Autores Cristianos 150, Madrid 1956), S. 259 f. bestreitet den
historischen Wert des Berichtes Gregors gegenüber den Angaben Isidors
(Hist. Suev. 90 f.). Casimiro Torres Rodríguez, Reintegración de los suevos
en la Iglesia Católica. S. Martín de Braga (Boletín de la Universidad
Compostelana 66, 1958, 11—30), S. 14 f. hält ihn für eine legendäre
Ausgestaltung der Kunde von dem Übertritt Rechiars zum katholischen
Christentum, vermengt mit den Ereignissen der Zeit Theodemirs, wie sie
Isidor berichtet. Es läßt sich jedoch zeigen, daß Isidor als Quelle für Details
zur Katholisierung der Suewen ausfallen muß (s. u. S. 247 ff.).
[53] Vgl. Venant. Fort., Carm. V 2,21—58.
[54] Greg. Tur., Hist. V 37; Venant Fort., Carm. V 2,21; Mart. Brac., Epitaph.
(Hübner 379 c, Vives 275, Barlow, S. 283).
[55] Greg. Tur., Hist. V 37; Isid., Vir. ill. 35.

das er zunächst als Abt, mit der Weihe eines Presbyters, leitete[57], bis dann Dumio zum Bistum erhoben und er mit dessen Verwaltung betraut wurde. Als Bischof von Dumio wohnt er dem ersten Konzil zu Braga 561 bei, und nur als solcher ist er Isidor von Sevilla bekannt[58]. Später wurde er Metropolit von Braga — als solcher leitete er das zweite bracarenser Konzil des Jahres 572 — und damit zugleich, auf jeden Fall faktisch, Primas der Kirche des Suewenreiches.

Gregor von Tours erwähnt seinen Tod im Zusammenhang des fünften Jahres Childeberts II., das in der Zeit vom 29. November bis zum 8. Dezember 579 begonnen haben muß[59], und beziffert dabei seine Amtszeit auf »etwa dreißig Jahre«[60], so daß ihr Beginn gegen 550 läge. Diese Angaben werden mit geringen Korrekturen bestätigt durch die Daten der »Actus beati Martini Dumiensis«, einer zwar sehr späten, aber im Blick auf ihre Quelle hier aller Wahrscheinlichkeit nach doch nicht wertlosen Kompilation[61]. Nach

---

[56] Vgl. Conc. Tolet. X (PL 84, Sp. 449 D); dort erscheint Martin ausdrücklich als Gründer von Dumio.

[57] Der Mönch Paschasius von Dumio zum Eingang der Widmung seiner von Martin angeregten Übersetzung der Vitae patrum: »Domino venerabili patri Martino presbytero et abbati.«

[58] Isid., Vir. ill. 35; Hist. Suev. 91 (vgl. u. S. 250, Anm. 20).

[59] So nach der Urkunde Greg. Tur., Hist. IX 20 und CIL XII 1045; nach Gregor allerdings erst Weihnachten 579 (Hist. V 1).

[60] Greg. Tur., Hist. V 37.

[61] Es handelt sich um ein bereits im 18. Jahrhundert publiziertes Stück aus einem mittelalterlichen Breviar aus Braga, auf das C. W. Barlow in seiner Ausgabe der Werke Martins aufmerksam gemacht hat (S. 3). Er hat es im Anhang (S. 303 f.) nach der Ausgabe von Jeronymo Contador de Argote, Memorias para a historia ecclesiastica do arcebispado de Braga (Lissabon 1732—47), III, S. 442—450 abgedruckt. Nach Barlow, der sich (S. 302 f.) auf José Augusto Ferreira, Estudos histórico-litúrgicos, Coimbra 1924 beruft, müßten diese Actus vor 1340 entstanden sein. Eine Beurteilung kann hier nur aufgrund einer Analyse ihres Inhalts erfolgen, die das beginnende zwölfte Jahrhundert als terminus a quo für die vorliegende Gestalt der Actus erweist. Formal stellen sie eine Kompilation verschiedener Quellen dar. Sie beginnen (lectio I) mit einer historischen Einleitung, die nach einem einführenden Satz die Arianisierung der Suewen durch Ajax und ihre Katholisierung unter König Theodemir mit Hilfe Martins mit wenigen Abweichungen wörtlich nach Isid., Hist. Suev. 90 f. berichtet. Dabei ist die Zeitangabe aus Hist. Suev. 90, »aera DII«, auf christliche Zeitrechnung (464) umgestellt, ein deutliches Zeichen für die sehr späte Entstehung der Kompilation. Dann folgt (lectio I fin. und lectio II) eine ausdrücklich als solche bezeichnete Anführung aus Isid., Vir. ill. 35 über Martins Schriften. Der Kompilator hat sie allerdings, offenbar aus eigener Kenntnis, erweitert um

ihr wäre Martins Tod auf den 21. März 579, seine Bischofsweihe auf den 5. April 556 gefallen, und seine Amtszeit hätte dement-

»De correctione rusticorum«, die fälschlich für ein Werk Martins gehaltene Übersetzung der »Vitae Patrum« des Paschasius von Dumio und die Capitula Martini, deren Widmungsvorrede an Nitigis von Lugo in Lectio III wörtlich wiedergegeben ist. Lectio IV bringt historische Notizen über Konzilien. Zunächst wird das erste Konzil von Braga unter dem Metropoliten Lukrez von Braga zur Zeit des Königs Ariamir mit der falschen Zeitangabe 531 (das ist aber wohl nur ein Schreibfehler: »era DLXIXa« statt richtig: »era DLXLIXa«) genannt und dabei erwähnt, daß Martin als Bischof von Dumio daran teilnahm. Es folgen zutreffende Angaben über das zweite bracarenser Konzil von 572 und dann der Hinweis, daß unter der dritten Synode zu Braga die Capitula Martini zu finden seien. Da die in der Überlieferung der zweiten bracarenser Synode angeschlossenen Capitula in der Vulgata-Rezension der Hispana als drittes bracarenser Konzil bezeichnet sind, ist ersichtlich, daß der Kompilator für die zweifellos auf den Konzilsakten basierenden Angaben der Lectio IV speziell von der Hispana abhängig ist. Es folgen nun einige summarische, etwas verworrene Angaben: »Quando autem Theodemirus, qui et Mirus dicitur, fecit concilium episcoporum apud Lucum fieri regnabat Bracarae Ariamirus. Defuncto vero Ariamiro cepit Mirus Bracaram et Martinus Bracarensis cum undecim episcopis concilium celebravit.« Die Vorstellung von einem Konzil zu Lugo unter Theodemir beruht auf einem Falsifikat des beginnenden zwölften Jahrhunderts (s. u. S. 128, Anm. 85), das in einem Teil seiner Überlieferung auch Theodemir mit Mir identifiziert hat (diese Identifikation noch bei F. Dahn, Könige VI, S. 557 durchschlagend: Mir als Theodemir II.). Der letzte Teil der angeführten Bemerkung bezieht sich wieder auf das schon genannte zweite Konzil zu Braga, dessen Akten dann (lectio V—VIII) im Wortlaut folgen. Lectio IX schließlich bringt wörtlich den Schluß von Isid., Vir. ill. 35: »Floruit itaque beatus Martinus episcopus regnante Theodomiro rege Suevorum, temporibus illis quibus Iustinianus in republica et Athanagildus in Hispania imperium tenuere.« Und daran schließen nun unmittelbar die knappen Notizen an, die das besondere Interesse dieser Actus ausmachen: »Ordinatus est autem Martinus episcopus Nonas Aprilis sub era DLXLIIIIa. Dedicatio autem basilicae Dumiensis in era DLXLVIa. Vixit vero in episcopatu annos viginti tres. Obiit autem duodecimo Kalendas Aprilis sub era DCXVIIa, regnante Domino nostro Iesu Christo, cui est honor . . .« Sieht man von dem Ende der Lectio IV ab, so zeigt sich, daß der Kompilator durchweg sehr gute Quellen benutzt hat, Isidor und die Hispana. Darüber hinaus ist festzustellen, daß er diesen Quellen mit großer Treue gefolgt ist und sie zumeist ganz oder nahezu wörtlich wiedergibt. Es ist nun durchaus nicht unwahrscheinlich, daß diese Charakteristika seiner Arbeit auch für seine letzten Angaben zutreffen und man als Quelle dafür eine ihm noch zugängliche Bischofsliste oder ähnliche Aufzeichnungen annehmen darf, zumal Form und Stil dieser Angaben zu einer solchen Vermutung recht gut stimmen würden. Da sie zudem auch noch in Einklang mit den unpräziseren Angaben des Gregor von Tours stehen, dürfen sie sicherlich einiges Vertrauen verdienen.

sprechend dreiundzwanzig Jahre betragen. Martins Ankunft in der Gallaecia und die damit zeitlich zusammenfallende Bekehrung des Königs Chararich wären dann also einige Jahre vor 556 anzusetzen, allerdings wiederum auch nicht allzulange vor diesem Termin, da die Martinsbasilika zu Dumio, in der man wohl die nach Gregor von Tours von Chararich anläßlich seiner Konversion erbaute Martinskirche[62] erblicken kann[63], erst 558 geweiht wird[64].

Martins entscheidende Einflußnahme auf die Annahme des katholischen Bekenntnisses durch das suewische Volk in seiner Breite kann nicht bestritten werden; Venantius Fortunatus bringt sie eindeutig dadurch zum Ausdruck, daß er ihn als den Apostel der suewischen Gallaecia preist[65]. Es ist sicher nicht abwegig zu vermuten, daß die schnelle und ungewöhnliche Erhebung des Klosters Dumio zum Bistum[66] mit dieser Tätigkeit zusammenhängt und der König dabei wesentlich beteiligt war. Der tatsächliche bischöfliche Jurisdiktionsbereich des neuen Bistums war allerdings sehr begrenzt, er umfaßte nur die »familia servorum«[67]; ihr Vorhandensein wiederum zeigt aber, daß Dumio mit einigem Grundvermögen dotiert gewesen sein muß, auch das wohl aus königlicher Hand.

Unabweisbar ist der Eindruck der Parallelität, in der Martins Wirken für die Verbreitung des katholischen Bekenntnisses unter den Suewen zu der Wirksamkeit des arianischen Missionars Ajax neun Jahrzehnte zuvor steht. Hier wie dort formt sich Glaube und Bekenntnis des suewischen Volkes als das Ergebnis bewußter und gezielter Bemühungen einer Persönlichkeit, die an eben diesem Volke ihr Arbeitsfeld gefunden hat. Es ist nicht nur eine lediglich äußerliche Gemeinsamkeit, die beider im Blick auf ihre dogmatisch-kirchlichen Positionen so gegensätzliches Wirken umschließt. Im Gesamtzusammenhang der Christianisierung des suewischen Volkes finden sie sich einander zugeordnet in jener inneren Entsprechung, in der jeder geschichtliche Prozeß kraft seiner Eigengesetzlichkeit die ihn treibenden Gestalten mit der der Geschichte stets

---

[62] Greg. Tur., Virt. s. Mart. I 11; vgl. IV 7.

[63] Vgl. Martins Weihinschrift »In Basilica«, Zeile 17 f. (s. o. S. 120, Anm. 52).

[64] Actus b. Mart. Dum., lect. IX.

[65] Venant. Fort., Carm. V 2,17—22: »Martino servata novo, Gallicia, plaude; / sortis apostolicae vir tuus iste fuit. / Qui virtute Petrum praebet tibi, dogmate Paulum, / hinc Iacobi tribuens, inde Iohannis opem. / Pannoniae, ut perhibent, veniens e parte Quiritis / est magis effectus Gallisueba salus.«

[66] Vgl. dagegen Conc. Tolet. XII (v. J. 681), c. 4.

[67] Divisio Theodemiri IV: »Ad Dumio familia servorum.«

eigenen Dialektik von Kontinuität und Diskontinuität ganz unabhängig von ihren eigenen bewußten Motiven aufeinander bezieht.

b) Die suewischen Landeskonzilien und der Ausbau der Landeskirche

Im Jahre 558/59 endete die Herrschaft Chararichs, denn in diesem Jahr muß Ariamir zur Regierung gelangt sein[68]. Unter seiner Herrschaft und auf seine Anordnung[69] konnte in Braga eine Synode der gallaecischen Bischöfe — das heißt der Bischöfe des Suewenreiches[70] — unter dem Vorsitz des Metropoliten Lukrez von Braga zusammentreten, deren Protokoll am 1. Mai 561 von ihm und sieben weiteren Bischöfe unterzeichnet wurde[71]. Zur Verhandlung standen zwei Problemkreise, die nacheinander zur Sprache kamen,

[68] Zu den suewischen Königen seit Chararich s. u. S. 247 ff. Es wird hier die Annahme zugrunde gelegt, daß mit den überlieferten Namen Chararich, Ariamir und Theodemir alle suewischen Könige für die Zeit von den fünfziger Jahren des sechsten Jahrhunderts bis 570 genannt sind.

[69] Con. Brac. I, prol (S. 105 ed. Barlow): ». . . ex praecepto praefati gloriosissimi Ariamiri regis . . .«

[70] Die Unterzeichnerliste des zweiten Bracarenser Konzils zeigt deutlich, daß Gallaecia im Sinne des suewischen Reichsgebietes unter Einschluß der dazu gehörenden ehemals lusitanischen Gebiete verstanden wurde; dementsprechend können die suewischen Könige auch als Könige von Gallaecien bezeichnet werden, vgl. z. B. Greg. Tur., Virt. s. Mart. I 11; Joh. Bicl., Chron. ad a 570.

[71] Ortsnamen fehlen. Zwei Bischöfe dürfen jedoch mit gleichnamigen Unterzeichnern von 572 identifiziert werden. Der nach dem Metropoliten an zweiter Stelle, das heißt als Dienstältester — das Konzil setzt ausdrücklich das Dienstalter der Bischöfe als Maßstab ihrer Rang- und Reihenfolge fest: c. 6 — unterzeichnende Bischof Andreas erscheint 572 als dienstältester Bischof der Kirchenprovinz Lugo (zu dieser s. u. S. 129 f.) und Inhaber des Bistums Iria (El Padrón, Provinz Coruña; das Bistum ist später auf Santiago de Compostela übergegangen); und der 561 an sechster Stelle aufgeführte Lucetius mag identisch sein mit dem 572 bei den Unterzeichnern aus der Kirchenprovinz Braga an dritter Stelle genannten Lucetius von Conimbriga (Condeixa a Velha, vgl. u. S. 107, Anm. 7). Daß dagegen der Bischof Maliosus von 561 mit Mailoc von Britonium aus der Unterzeichnerliste von 572 zu identifizieren sei (P. B. Gams, Kirchengeschichte II 1, S. 457; P. David, L'organisation, S. 60), muß bestritten werden; die Textüberlieferung bietet dafür nicht den geringsten Anhaltspunkt, und daß Mailoc 572 als dienstjüngster Bischof wenigstens der nördlichen Kirchenprovinz unterschreibt, wie Maliosus schon 561 an letzter Stelle stand, spricht auch nicht für die Wahrscheinlichkeit einer Identifizierung; allerdings möchte P. David, a. a. O., S. 69, Anm. 1 diese Stellung nur auf die Besonderheit des Bistums Britonium (s. u. S. 130, Anm. 89) zurückführen.

die Auseinandersetzung mit dem Priszillianismus und die Ordnung innerer Angelegenheiten der Kirche. Ausgangspunkt der Verhandlungen waren jeweils vorliegende theologische Definitionen und Rechtsquellen, und es zeigt sich dabei, daß der Metropolit von Braga über ein brauchbares Archiv verfügt haben muß.

Zum Thema des Priszillianismus erwähnt Lukrez den Brief Leos des Großen an Turribius von Astorga, der dabei seltsamerweise als päpstlicher Notar bezeichnet wird, unter der Voraussetzung, daß alle von diesem Dokument Kenntnis hätten. Dann ordnet er die Verlesung des Symbols und der dazugehörigen »Capitula«, das heißt der dem Symbol angeschlossenen achtzehn antipriszillianischen Anathematismen der gesamtspanischen Synode von 447, an. Im Anschluß daran beschließt das Konzil nun seinerseits siebzehn neue Anathematismen gegen den Priszillianismus, die nicht so sehr auf das verlesene Synodaldokument als vielmehr auf den Brief Leos zurückgreifen. Es folgt der zweite Teil der konziliaren Verhandlungen, beginnend mit der Verlesung einer Sammlung von »Kanones sowohl der allgemeinen als auch der örtlichen Synoden«[72]. Auf ausdrückliches Verlangen aus dem Kreis der Synodalen wird dann auch noch der Brief des Vigilius an Profuturus von Braga verlesen. Dieser Brief wird im Protokoll viermal erwähnt, aber stets wird dabei vermieden, Vigilius mit Namen zu nennen[73]. In einem so sauber ausgearbeiteten Dokument, wie es das erste Bracarense ist, muß ein solches Schweigen als beredt gelten, und es sieht ganz so aus, als ob damit entsprechend der sonstigen westlichen Opposition auch die Kirche »dieser abgelegensten Provinz«[74] Stellung

---

[72] Conc. Brac. I (S. 109 ed. Barlow): »Relecti ex codice coram concilio tam generalium synodorum canones quam localium.«

[73] Conc. Brac. I (S. 110 ed. Barlow): »instructio sedis apostolicae ... quae ad interrogationem ... Profuturi ab ipsa beatissimi Petri cathedra directa est.« — (ebd.): »auctoritas sedis apostolicae ad quondam Profuturum directa episcopum.« — c. 4 (S. 111 ed. Barlow): (der Meßordo, der dem Brief des Vigilius beigefügt war) »... quem Profuturus ... ab ipsa apostolicae sedis auctoritate suscepit ...« — c. 5 (ebd.) fast wörtlich ebenso. Vgl. dazu noch die ähnliche Umschreibung und Umgehung des Namens des Vigilius bei Martin von Braga, De trina mersione (= Ep. ad Bonifatium) 2. Dagegen vgl. Conc. Brac. I, prol.: »... beatissimus papa urbis Romae Leo ... scripta sua direxit.«

[74] Vgl. Conc. Brac. I (S. 110 ed. Barlow): »... in huius ... extremitate provinciae ...«; (S 106): »... in extremitate mundi et in ultimis huius provinciae regionibus ...« Die Beziehung dieses Ausdrucks nur auf den nordwestlichsten Zipfel der Gallaecia bei J. A. Ferreira, Fastos, S. 68 ist grammatisch möglich, aber sachlich sicher nicht richtig.

nehmen wollte zum Ausgang des Dreikapitelstreites und dem Fiasko, das Vigilius dabei erlitten hatte[75]. Im Anschluß an diese Verlesungen verabschiedet das Konzil dann zweiundzwanzig Kanones, die sich ausschließlich mit innerkirchlichen Fragen befassen.

Keine Spur haben in den Verhandlungen und Beschlüssen der suewische Arianismus oder von ihm ausgehende Wirkungen und der Glaubenswechsel der Suewen hinterlassen, abgesehen von der Einberufung oder Anordnung des Konzils durch den König[76]. Das erste Konzil von Braga ist nicht, wie das dritte toletanische des Jahres 589 für die Westgoten, öffentliches Forum dieses Glaubenswechsels gewesen und konnte deshalb auch auf antiarianische Formulierungen verzichten. Das besagt allerdings nichts für die Beantwortung der Frage, ob die Katholisierung des Volkes zu diesem Zeitpunkt als abgeschlossen und restlos vollendet gelten konnte oder nicht — eine Frage, die, wie sich noch zeigen wird, verneint werden muß[77]. Soweit der Arianismus in eigenen Gemeinden organisiert war, brauchte die katholische Kirche von ihm nicht ausdrücklich in der Form theologischer Distanzierung Notiz zu nehmen, da die Fronten ohnehin klar abgesteckt waren. Soweit aber der Übertritt vollzogen war, hat der germanische Arianismus als theologische Position in der katholischen Kirche keine durchschlagenden Nachwirkungen zur Folge gehabt. Denn mit seiner nur auf theologisch-begrifflicher Distinktion beruhenden Besonderheit kam ihm unter den gegebenen Verhältnissen nicht entfernt die Lebenskraft zu, die der Priszillianismus, im wesentlichen sicher aufgrund seiner sektiererischen Struktur und Mentalität, zu beweisen ver-

[75] Zur Stellung Spaniens zu Rom seit dieser Zeit vgl. Johannes Haller, Das Papsttum I, Basel ²1951, S. 291 f. Es muß dazu allerdings ergänzend bemerkt werden, daß für das westgotische Spanien die römischen Beziehungen, wie schon festgestellt (s. o. S. 81), früher eingeschlafen sind. Charakteristisch für die spanische Stellung zum Dreikapitelstreit selbst dürfte Isidor sein, der sich die Haltung der afrikanischen Chalkedonenser zu eigen macht, s. José Madoz, El Florilegio Patrístico del II Concilio de Sevilla (Miscellanea Isidoriana, Rom 1936, S. 177—220), S. 197—199.

[76] Allerdings wäre es möglich, wenigstens den germanischen Namen der Unterzeichnerliste, Hilderich, als Folgeerscheinung eines breiten suewischen Übertritts zum katholischen Bekenntnis zu werten. Zwar könnten durchaus auch schon vorher Germanen Angehörige des katholischen Episkopats gewesen sein (vgl. für den westgotischen Bereich Masona von Mérida, s. u. S. 174); aber es ist zu beachten, daß nach der Reihenfolge der Liste die Ordination Hilderichs erst nach der Martins, also erst nach 556 erfolgt ist.

[77] S. u. S. 177, Anm. 144.

mocht hatte[78]. Die Auseinandersetzung mit dem Arianismus hat in
der suewischen Kirche nicht einmal verhindern können, daß die anscheinend altspanische, antiarianisch deutbare Weise der Taufe
durch einfache Immersion verdrängt wurde durch die dreifache
Immersion nach römischem Brauch[79], die doch auch von den
Arianern geübt wurde. Im Gegensatz dazu hat sich später in der
westgotischen Kirche die einfache Immersion behaupten können
und ist von Gregor d. Gr. ausdrücklich gebilligt worden[80]. — Daß
die Bekehrung der Suewen jedoch außerhalb des engeren theologischen Bereiches auch ihre Spuren in der katholischen Kirche ihres
Reichsgebietes hinterlassen hat, wird später noch festzustellen sein.

Nach dem ersten Konzil von Braga und — wenn der Synchronismus in Isidors Kapitel über Martin von Dumio richtig ist[81] — vor
dem Tode Justinians, also zwischen dem 2. Mai 561 und dem
13. November 565 muß der Herrschaftswechsel von Ariamir zu
Theodemir erfolgt sein. Dessen Herrschaft, über die nichts Näheres
auszumachen ist und die von Isidor unberechtigt mit dem Glanz der
Zuwendung der Suewen zum rechtgläubigen Bekenntnis ausgestattet wurde[82], endete im Jahre 570. Seine Nachfolge trat — nicht
vor dem 2. Juni dieses Jahres — Mir an, der im zweiten Jahr seiner
Regierung ein Konzil der Bischöfe seines Reiches einberief, das
auf den 1. Juni 572 datierte zweite Konzil zu Braga[83]. Wesentliches
für die kirchliche Entwicklung im suewischen Bereich brachte aber
auch die Zeit zwischen diesen beiden Konzilien. Zwar sind die bestimmenden Vorgänge nicht mehr unmittelbar zu fassen, doch

---

[78] Das Urteil von P. de Labriolle in Fliche/Martin IV, S. 374 verzerrt sicher
die Perspektive gründlich, wenn er meint feststellen zu müssen: »Le vrai
danger pour l'Église d'Espagne, ce ne fut pas tant le priscillianisme, dont
les destinées restèrent, en somme, obscures et mediocres, que l'arianisme.«

[79] Conc. Brac. I, c. 5, vgl. Vigilius, Ep. ad Profut. (Jaffé 907), c. 2; Mart. Brac.,
De trina mersione (= Ep. ad Bonifatium). Vgl. übrigens schon Leo d. Gr. an
Balconius von Braga (Regest Span. Epitome, S. 224 ed. Martínez Díez:
»Ternam mersionem fieri in baptisma«).

[80] Greg. Magn., Reg. Ep. I 41; Conc. Tolet. IV, c. 6; vgl. M. Férotin, Sp. 32,
Anm. 3 seiner Ausgabe des Liber Ordinum.

[81] Vir. ill. 35; s. u. S. 250, Anm. 20.

[82] S. u. S. 247 ff.

[83] Der Wechsel von Theodemir zu Mir: Joh. Bicl., Chron. ad a. 570. Die Akten
des zweiten Konzils zu Braga sind datiert auf den 1. Juni des Jahres 610
spanischer Ära (= 572 n. Chr.) und des zweiten Jahres Mirs, so daß Mirs
Regierung nach dem 1. Juni 570 begonnen haben muß. Das Konzil tagte
»per ordinationem domini gloriosissimi filii nostri regis«: Conc. Brac. II,
prol. (S. 116 ed. Barlow).

lassen sie sich aus einem Vergleich der beiden Synodalprotokolle erheben. Einmal ist Martin von Dumio während dieser Zeitspanne Metropolit von Braga geworden, eine kirchliche Maßnahme, die, zumal er auch noch allem Anschein nach das Bistum Dumio weiter versehen hat, nicht strengen kanonischen Regeln entsprach[84] und die sicherlich nicht ohne Mitwirkung des Königs erfolgt ist. Der jungen suewischen Reichskirche konnte sie aber kaum zum Schaden gereichen, da sie einen Mann an ihre Spitze stellte, der an Befähigung und Würdigkeit für diese Aufgabe durchaus einem Caesarius von Arles zur Seite gestellt werden darf. Weiterhin zeichnet sich in dieser Zeit möglicherweise ein kirchlicher Ausbau in einer Vermehrung der Bistümer ab. Ganz sichere Schlüsse lassen sich allerdings hier nicht erreichen, nur einige Tatsachen sind festzustellen, die zu denken geben können. 561 unterzeichneten in Braga acht Bischöfe. Demgegenüber sind auf dem Konzil von 572 um die Hälfte mehr Bischofssitze vertreten, insgesamt zwölf, denen als dreizehnter noch Dumio zuzurechnen ist. Diese dreizehn Bistümer sind nun nach Ausweis der sogenannten »Divisio Theodemiri«[85]

---

[84] Vgl. Conc. Serd., c. 1 a der Zählung der Hispana = I ed. Turner; Stat. eccl. ant., c. 11 = Conc. Carth. IV, c. 27 der Hispana (hier wird allerdings die Transposition unter bestimmten Voraussetzungen im Blick auf die »utilitas ecclesiae« gestattet); Mart. Brac., Capit., c. 6 (!). — Auf dem Konzil von 572 ist Dumio nicht vertreten, wahrscheinlich doch, weil es noch von Martin mit versehen wurde.

[85] Nach einer ziemlich breiten handschriftlichen Überlieferung soll der König Theodemir auf den 1. Januar 569 ein Konzil nach Lugo berufen haben, das die Aufteilung der suewischen Landeskirche in zwei Metropolitanbezirke und die Einrichtung neuer Bistümer durchgeführt habe. Aber diese Angaben sind eine Fälschung aus dem beginnenden zwölften Jahrhundert, wie schon H. Flórez (EspSagr IV, ²1756, S. 130—176) nachgewiesen hat. Doch hat P. David, L'organisation, gezeigt, daß der Fälscher als echten Grundstock ein Verzeichnis der suewischen Diözesen aus der Zeit nach 572 benutzt hat, und er hat dieses Verzeichnis unter Kenntlichmachung der späteren, kirchenpolitisch motivierten Interpolationen herausgegeben (a. a. O., S. 30 bis 44). Seiner Meinung nach handelt es sich dabei um ein Parochiale der suewischen Kirche, durch dessen Existenz damit zugleich wenigstens für einige Diözesen der fortgeschrittene Ausbau eines Parochialsystems bewiesen würde. G. Martínez Díez, Patrimonio, S. 65—69 hat jedoch einige nicht von der Hand zu weisende Einwände gegen dieses Verständnis der von David herausgearbeiteten Liste des sechsten Jahrhunderts erhoben; es handele sich bei ihr vielmehr um »una descripción del territorio jurisdiccional de las distintas sedes, basada en la enumeración de distritos urbanos, ,pagi' o cantones rurales, y territorios gentilicios que pertenecían a cada sede episcopal« (S. 66). Im Anschluß an Martínez Díez ist daher hier die

tatsächlich alle, die in den letzten Jahren des Suewenreiches auf
seinem Boden bestanden. Man kann nun zwar nicht sicher behaupten, daß die acht 561 vertretenen Bischofssitze alle damals bestehenden waren, aber es wäre wohl möglich, daß einige der 572
hinzukommenden erst zwischen 561 und 572 neu eingerichtet worden sind[86], eine Möglichkeit, an die um so eher zu denken ist, als
in den Stürmen der voraufgehenden Zeit die bischöfliche Organisation Verluste erlitten hat, wie sich am Erlöschen des Bistums
Aquae Flaviae (Chaves) zeigt, das nach Hydatius nicht mehr in
Erscheinung tritt.

Vor allem aber hat in der Zeit zwischen den beiden bracarenser
Konzilien und vielleicht schon unter der Leitung Martins eine kirchliche Reorganisation stattgefunden, bei der es zu einer territorialen
Neugliederung der Kirche des suewischen Reiches gekommen ist.
Während 561 der Episkopat des suewischen Reichsgebietes noch
als »die Bischöfe der gallaecischen Provinz« unter dem Bischof von
Braga als Metropoliten dieser Provinz erscheint[87], setzt das Konzil
von 572 statt dessen zwei getrennte, »Synodi« genannte Kirchenprovinzen voraus, eine südliche mit dem Metropolitansitz Braga
und eine nördliche mit dem Bischof von Lugo als Metropoliten[88].

---

historisch allerdings unzutreffende ältere Bezeichnung »Divisio Theodemiri«
verwendet worden.

[86] P. David, L'organisation, S. 69 meint, daß alle fünf Bistümer, die 572 neu
erscheinen, auch neu eingerichtet worden seien, und zwar Egitania (Idanha
a Velha) als Filiation von Conimbriga (Condeixa a Velha), Lamego von
Veseo (Viseu), Magneto bzw. Porto (s. u. S. 130, Anm. 89) und Tude (Tuy)
von Braga und Auria (Orense) von Astorga. Doch das ist eine höchst unsichere Kombination, zumal die größte Teil der 561 in Braga vertretenen
Bistümer nicht zu identifizieren ist und deshalb offen bleibt, welche Sitze
bis 572 hinzukommen.

[87] Conc. Brac. I, prol. (S. 105 ed. Barlow).

[88] Wenn P. David, L'organisation, S. 65 f. bezweifelt, daß es sich bei dieser
Neuordnung wirklich um »la création d'une seconde métropole au sens
canonique du mot« gehandelt habe, dann hat er sich durch den unzuläng-
lichen Text des zweiten Bracarense in der ehrwürdigen Ausgabe von José
Kardinal Sáenz de Aguirre (Collectio maxima conciliorum omnium Hispaniae et novi orbis cum notis et dissertationibus, Rom 1693, ²1753 ff.) irreleiten lassen. Zwar heißt es in der Unterzeichnerliste von 572 in einer Textfamilie der Vulgata-Rezension der Hispana nur: »Nitigis Lucensis ecclesiae
episcopus«, aber der ursprüngliche Text, wie ihn schon F. A. González
(PL 84, Sp. 573) bietet, lautet: »Nitigis Lucensis metropolitanae ecclesiae
episcopus«. Nur deshalb auch konnte der Erfinder des Konzils zu Lugo auf
die Behauptung kommen: ». . . episcopi . . . elegerunt in sinodo ut sedes
Lucensis esset metropolitana sicut et Bracara . . .« (P. David, S. 31).

Ihre Grenze gegeneinander liegt etwa in der Höhe des späteren spanisch-portugiesischen Grenzverlaufs[89]. Diese Aufteilung ist ein bemerkenswertes Zeugnis dafür, daß die katholische Kirche des suewischen Herrschaftsbereiches in dieser Zeit begonnen hat, sich ganz bewußt als suewische Reichs- oder Landeskirche zu verstehen. Bislang hatte man sich noch entsprechend der aus römischer Zeit ererbten Territorialgliederung als Kirche der gallaecischen Provinz bezeichnet — wobei der Begriff Gallaecia sich allerdings schon mit dem des suewischen Reichsgebietes deckte[90] —, und den im fünften Jahrhundert entstandenen neuen politischen und damit auch territorialen Gegebenheiten war nur insoweit Rechnung getragen worden, als die zum suewischen Machtbereich gehörigen lusitanischen Bistümer unter dem Druck der Tatsachen in einer Art provisorischer

[89] In der »Divisio Theodemiri« ist die Zugehörigkeit zu den Metropolitanbezirken nicht vermerkt, aber in der Anordnung berücksichtigt: zuerst Braga und die übrigen sechs Bistümer der Südprovinz, dann Lugo mit den fünf weiteren Sitzen der Nordprovinz. Nach der Unterzeichnerliste des zweiten bracarenser Konzils gehören zur südlichen Synode, die an erster Stelle aufgeführt wird, weil ihrem Metropoliten der Vorrang in der suewischen Landeskirche zukommen mußte: Bracara (Braga), Veseo (Viseu), Conimbriga (Condeixa a Velha), Egitania (Idanha a Velha), Lamego und Magneto (in der »Divisio Theodemiri« dem Bistum Portucale zugeordnet; heute Meinedo, ein Dorf nordöstlich von Porto; vor 589 muß das Bistum dann nach Ausweis der Unterzeichnerliste des dritten Konzils zu Toledo schon auf »Portucale in castro novo«, Porto am nördlichen Ufer des Douro gegenüber dem römischen Portucale am Südufer, übergegangen sein, und das ist der Zustand, den auch die »Div. Theod.« bereits voraussetzt; s. dazu P. David, L'organisation, S. 68). Hinzuzurechnen ist für die Südprovinz noch Dumio. Das alles sind Bistümer eines Gebietes, das in den Bereich der portugiesischen Provinzen Minho, Douro Litoral, Alto Douro, Beira Alta, Beira Litoral und Beira Baixa fällt (zur südlichen Abgrenzung s. o. S. 107, Anm. 7). Aus der nördlichen Synode unterzeichnen die Bischöfe von Luco (Lugo), Iria (El Padrón), Auria (Orense), Tude (Tuy), Asturica (Astorga) und Britonia (der Name ist erhalten in der Kirche Santa Maria de Britoña südlich von Mondoñedo; die Eigenart des Bistums hat P. David, L'organisation, S. 57—63 herausgearbeitet [nicht als erster; vgl. Pérez de Urbel, Monjes I, S. 191 f.]: es muß sich um die kirchliche Organisation keltischer Flüchtlinge aus Britannien gehandelt haben, die die Form ihrer iroschottischen Kirchenverfassung beibehalten und ein Bistum ohne strenge territoriale Begrenzung gebildet haben, dessen Mittelpunkt nach der »Div. Theod.« ein Kloster St. Maxim gewesen zu sein scheint: »Ad sedem Britonorum ecclesias que sunt intro Britones una cum monasterio Maximi et que in Asturiis sunt«, P. David, S. 44. Später wird das Bistum territorial festgelegt und hat seinen Sitz in Mondoñedo). Alle diese Diözesen liegen im Bereich der spanischen Provinzen Coruña, Lugo, Pontevedra, León und Orense.

[90] S. o. S. 124, Anm. 70.

Maßnahme dem gallaecischen Metropoliten unterstellt wurden oder sich unterstellten. Jetzt aber wird völlig von der überkommenen territorialen Struktur abgesehen und das suewische Reich als der nunmehr allein maßgebende territoriale Rahmen betrachtet, innerhalb dessen dann eine kirchlich-geographische Neuordnung erfolgt. Die alte römische Grenze zwischen Lusitanien und der Gallaecia — sie verlief entlang des Douro, das heißt südlicher als die Grenze der neuen Kirchenprovinzen — spielt dabei keine Rolle mehr. Daß man demgegenüber für die Nordprovinz wohl auf die Grenzen der alten römischen Gerichtsbezirke von Lugo und Astorga zurückgegriffen hat, ist unter diesem Gesichtspunkt von untergeordneter Bedeutung. Den Untergang des suewischen Reiches hat diese Gliederung dann in geradezu logischer Konsequenz der Ereignisse nicht oder nicht lange überlebt, und an ihre Stelle ist wieder die altüberkommene, von den Westgoten für ihr Reichsgebiet beibehaltene Einteilung getreten. Schon auf dem dritten Konzil von Toledo 589 gilt Lugo allem Anschein nach, auf dem vierten von 633 ganz bestimmt nicht mehr als Metropolitansitz[91], und zwischen 649 und 666 ist auch die metropolitane Zuständigkeit durch Rekkeswinth wieder völlig auf die Verhältnisse der ehemals römischen Provinzialgliederung eingestellt worden, nachdem Orontius von Mérida Anspruch auf die lusitanischen Bistümer des ehemals suewischen Gebietes erhoben hatte[92].

Die kirchliche Neugliederung war abgeschlossen, als Mir im Sommer 572 das zweite Konzil von Braga einberief. Martin von Braga eröffnete dieses Konzil, und ihm schloß sich mit einer Ansprache Nitigis von Lugo in seiner Eigenschaft als Metropolit der neuen Nordprovinz an. Die Verhandlungen wurden eingeleitet mit einer Verlesung der Beschlüsse des ersten bracarenser Konzils. Darauf ergreift wieder Martin das Wort. Er weist auf die Bedeutung und Geltung der Kanones hin, die von den ökumenischen Konzilien und den älteren Partikularsynoden aufgestellt worden sind. Die öku-

---

[91] Auf dem dritten toletanischen Konzil unterzeichnet »Pantardus, Bischof der katholischen Kirche von Braga und Metropolit der gallaecischen Provinz« zugleich auch »für meinen Bruder Nitigis, Bischof von Lugo«. Hier erscheint wieder der Begriff der gallaecischen Provinz, und Nitigis von Lugo wird im Gegensatz zu Braga 572 nur als Bischof tituliert. 633 unterzeichnet Julian von Braga das vierte toletanische Konzil bei den Metropoliten, während Vasconius von Lugo unter den einfachen Bischöfen erscheint.

[92] Nach c. 8 des Provinzialkonzils zu Mérida 666. Der terminus a quo ergibt sich aus dem Regierungsantritt Rekkeswinths, der vom 20. Januar 649 bis 1. September 672 herrschte.

menischen Konzilien werden dabei aufgezählt, und es findet auch
hier wie sonst in Spanien die konstantinopolitaner Synode von 553
keine Erwähnung[93]. Nach dieser Einteilung wird die dem versammelten Konzil selbst gestellte kirchliche Aufgabe umrissen. Dank
des Beistandes Christi stehe in seinem Bereich im Blick auf die Einheit und Richtigkeit des Glaubens nichts in Zweifel. So könne man
nun besonders darauf ausgehen, sich einer kritischen Selbstbesinnung zu unterziehen und festzustellende Mängel in den eigenen
Reihen, die ein Hinausfallen aus der apostolischen Ordnung bedeu-
teten, unter Rückgriff auf die heilige Schrift und die Regeln der
kanonistischen Tradition durch gemeinsamen Beschluß abzustellen[94]. Dazu wird 1. Petr. 5,2—4 verlesen, die Paränese an die Ältesten, ihr Amt im rechten Geist wahrzunehmen. Dann verabschiedet
die Synode zehn, ebenso wie die des ersten Konzils nur mit innerkirchlichen Angelegenheiten befaßte Kanones, in denen sich, ganz
entsprechend dieser Einführung, ein ernster, gerade auch die
bischöfliche Amtsausübung einbeziehender Reformwille ausspricht,
der seine Prägung sicherlich Martin von Braga verdankt. Der Ton
liegt auf der Abwehr und dem Ausschluß von Tendenzen zu er-
werbs- und gewinnsüchtiger Nutzung des geistlichen, vor allem des
bischöflichen Amtes und seiner sakramentalen Funktionen durch
seine Inhaber.

Während auf dem ersten Konzil zu Braga der suewische Glaubenswechsel keinen erkennbaren Niederschlag gefunden zu haben
scheint, werden auf dem zweiten wenigstens mittelbar Folgen
dieses Ereignisses sichtbar. Fraglich ist allerdings, ob die Worte
Martins, es stehe »in dieser Provinz im Blick auf die Einheit und
Richtigkeit des Glaubens nichts im Zweifel«, so verstanden werden
können oder gar müssen, als sei zur Zeit des Konzils der suewische
Arianismus schon völlig überwunden gewesen und restlos untergegangen[95]. Sinn der Feststellung Martin ist es, zu begründen, daß
die Synode frei ist, sich in ihrer Beschlußfassung ganz der geistlichen Selbstprüfung und Reform aufgrund der überlieferten Sat-

[93] Vgl. zu Vigilius (o. S. 125 f.).
[94] Conc. Brac. II, prol. (S. 117 ed. Barlow): »Et quia opitulante Christi gratia
de unitate et rectitudine fidei in hac provincia nihil est dubium, illud modo
nobis specialius est agendum, ut si quid fortasse extra apostolicam disciplinam per ignorantiam aut per neglegentiam reprehensibile invenitur in
nobis, recurrentes ad testimonia sanctarum scripturarum vel antiquorum
canonum instituta, adhibito communi consensu, omnia quae displicuerint
rationabili iudicio corrigamus.«
[95] So z. B. F. Görres, ZwissTh 36,2 = N.F. 1 (1893), S. 573 u. ö.

zungen zu widmen. Dabei hat er, wie aus den voraufgehenden Ausführungen deutlich hervorgeht, den Gegensatz zu der Situation des ersten Konzils im Auge, das infolge einer Belastung mit anderen akuten Aufgaben dazu nicht hinreichend in der Lage gewesen sei. Diese andere Belastung aber, die in den Augen der Konzilsväter von 561 zu dieser Zeit tatsächlich die Einheitlichkeit und dogmatische Richtigkeit des kirchlichen Glaubens infrage stellte und bedrohte und daher die ganze Aufmerksamkeit des Konzils in Anspruch nahm, war das Andauern einer starken priszillianischen Unterströmung in der katholischen Kirche selbst. Deshalb bezeichnet Martin auch rückblickend die antipriszillianischen Sätze von 561 als Maßnahmen im Dienste der »Eintracht im rechten Glauben«[96]. Auf diesem Hintergrund gesehen kann die Bemerkung über die 572 bestehende rechtgläubige Einheit aber nicht auf die konfessionellen Verhältnisse im suewischen Reichsgebiet überhaupt, sondern nur auf die Zustände in der katholischen Landeskirche selbst bezogen werden. Sie besagt demnach, daß die 561 noch gefährliche priszillianische Unterströmung in ihr inzwischen merkbar zurückgedrängt war und wohl als versiegt betrachtet wurde. Über die Existenz oder Nichtexistenz von Restgemeinden des suewischen Arianismus gibt dagegen das zweite bracarenser Konzil ebensowenig Auskunft wie das erste. Die Rechtgläubigkeit und Einheitlichkeit der Landeskirche, außerhalb deren sie standen, berührten solche arianischen Restgruppen nicht.

Einen deutlichen Hinweis dafür, daß inzwischen jedenfalls der größte Teil der Suewen oder wenigstens ihrer Oberschicht zur katholischen Kirche übergetreten ist, bietet das Konzil jedoch in dem gegenüber 561 auf das Doppelte angewachsenen Anteil der germanischen Namen in der Unterzeichnerliste. 561 trug einer von acht versammelten Bischöfen einen germanischen Namen, jetzt aber sind es mindestens drei bei einer Gesamtzahl von zwölf Unterzeichnern[97]. Dieser relativ hohe Anteil der germanischen Minorität an

[96] Conc. Brac. II, prol. (S. 117 ed. Barlow): ». . . multa quae ad concordiam rectae fidei fuerant roborata . . .«

[97] Aus der Südprovinz Adorich von Egitania, aus der Nordprovinz Wittimer von Orense und Anila von Tude. Die germanische Ableitung eines vierten Namens, desjenigen des Bischofs Remisol von Veseo in der Südprovinz, wird von Ernst Förstmann, Altdeutsches namenbuch, 1. Bd., Personennamen, Bonn ²1900, Sp. 1277 in Zweifel gezogen. Der Name des Bischofs Mailoc von Britonia ist keltisch (s. Alfred Holder, Alt-celtischer Sprachschatz II, Leipzig 1904, Sp. 390), und das entspricht der Eigenart dieses Bistums (s. o. S. 130, Anm. 89).

der Besetzung der bischöflichen Stellen wird allerdings nicht auf
einen besonderen Konvertiteneifer der Suewen, sondern vielmehr
darauf zurückzuführen sein, daß das Bischofsamt vornehmlich den
Angehörigen der herrschenden Schichten offenstand und damit nach
Fortfall der konfessionellen Schranke in hohem Maße auch dem
suewischen Adel, der wahrscheinlich früher auch den arianischen
Episkopat gestellt haben wird. Übrigens ist auch möglich, daß übertretende arianische Bischöfe in den katholischen Episkopat übernommen worden sind, wenn sich das auch nicht — wie für das
Westgotenreich durch die Unterzeichnerliste des dritten toletanischen Konzils — direkt feststellen läßt[98].

Das Konzil bezeichnet aber nicht allein die im Äußeren bleiben-
den Folgen des suewischen Übertritts zum katholischen Glauben.
Es läßt vielmehr an einem Punkte auch tiefergreifende, auf Um-
gestaltung drängende Wirkungen erkennen, die das Einströmen
dieses germanischen Volkes in den Raum der katholischen Kirche
zeitigte und die von dieser als eine die wesensgerechte Durchführung ihres Auftrages bedrohende Herausforderung aufgenommen
worden sind. In ihrem sechsten Kanon nehmen die versammelten
Bischöfe entschieden Stellung gegen die Manifestation eines Eigen-
kirchenrechtes[99], das ihnen in der voll ausgebildeten Form eines
speziell um der wirtschaftlichen Nutzung willen behaupteten und
geübten Rechtes begegnet und offenbar schon auf dem Wege ist,

[98] Ein Anzeichen für ein solches Verfahren gibt es möglicherweise: Der Bischof
Remisol von Viseu unterschreibt 572 in Braga an zweiter Stelle direkt nach
Martin und vor Lucetius von Conimbriga, muß also dem letzten im Dienstalter voranstehen; doch hat Lucetius, der seinerseits später als Martin, also
nach 556 ordiniert worden sein muß, im Gegensatz zu Remisol schon die
Beschlüsse des ersten Bracarense mitunterzeichnet. Es könnte demnach sein,
daß Remisol, sei er nun Germane oder nicht, ein ehemals arianischer Bischof
ist, der als solcher schon vor Lucetius ordiniert wurde, aber erst zwischen
561 und 572 übergetreten ist oder 561 noch hinter dem altgläubig katholischen Bischof seines Ortes zurückstehen mußte. Doch ist natürlich einzu-
gestehen, daß es sich hier nur um die äußerst unsichere Erwägung einer
bloßen Möglichkeit handeln kann. Es ist ebenso gut möglich, daß Remisol
561 aus anderen Gründen nicht am Konzil beteiligt war (wie es etwa J. A.
Ferreira, Fastos, S. 71, und C. W. Barlow, S. 80 seiner Ausgabe der Werke
Martins annehmen).

[99] An der Annahme der germanischen Herkunft und des germanischen Charakters dieser Institution (in dem für germanischen Einfluß infrage kommenden Bereich) wird hier unter Berufung auf Hans Erich Feine, Kirchliche
Rechtsgeschichte, Köln/Graz ⁴1964, S. 137 f., 147 ff. festgehalten.

sich in größerem Umfange im suewischen Reichsgebiet einzubürgern[100].

Illustriert wird dieser Vorgang durch eine Inschrift aus San Pedro de Rocas (Gemeinde Esgos) in der Provinz Orense vom Jahre 573, in der eine Kirche als Erbteil von fünf bestimmten Personen bezeichnet wird[101]. Nicht theologische Anstöße als Nachwirkungen ihres aufgegebenen homoeischen Bekenntnisses bringen die Suewen als das Erbe ihrer vorkatholischen Zeit in die suewische Reichskirche ein, sondern ihre Vorstellungen vom Rechtscharakter der Kultstätte.

4. Rückblick

Der Versuch, aus der spärlichen Dokumentation wenigstens einige Grundlinien der kirchengeschichtlichen Entwicklung im Bereich der Herrschaft des suewischen Volkes erkennbar werden zu lassen, kann hier abgebrochen werden. Dreizehn Jahre nach dem zweiten Konzil zu Braga erliegt das Suewenreich als selbständige politische Größe dem Zugriff Leowigilds, und seine Kirchengeschichte mündet damit in diejenige des westgotischen Reiches ein. In deren Zusammenhang wird noch einmal die Frage nach der

[100] Conc. Brac. II, c. 6: »Placuit ut si quis basilicam non pro devotione fidei sed pro quaestu cupiditatis aedificat, ut quidquid ibidem oblatione populi colligitur medium cum clericis dividat, eo quod basilicam in terra sua ipse condiderit, quod in aliquibus locis usque modo dicitur fieri. Hoc ergo de cetero observari debet, ut nullus episcoporum tam abominabili voto consentiat, ut basilicam quae non pro sanctorum patrocinio, sed magis sub tributaria conditione est condita, audeat consecrare.« Dagegen kann ein Zusammenhang der zweiten Hälfte des fünften Kanons mit der Bestreitung eigenkirchenrechtlicher Tendenzen (Ulrich Stutz, Geschichte des kirchlichen Benefizialwesens, Aalen ²1961, S. 96—102) bezweifelt werden: »Hoc tantum unusquisque episcoporum meminerit, ut non prius dedicet ecclesiam aut basilicam, nisi antea dotem basilicae et obsequium ipsius per donationem chartulae confirmatum accipiat. Nam non levis est ista temeritas, si sine luminariis vel sine sustentatione eorum qui ibidem servituri sunt, tamquam domus privata, ita consecratur ecclesia.« Die Hingabe des Gebäudes wird hier nicht gefordert, sondern ist offenbar als Selbstverständlichkeit vorausgesetzt, und die von Stutz gezogene Verbindung zwischen Eigenkirchenrecht und Dos ecclesiae (»Dos ecclesiae, Widum, war eben gewissermaßen die Firma, unter welcher der Germanismus und das Eigenkirchenwesen seinen Einzug hielt«, a. a. O., S. 102) ist keineswegs zwingend.

[101] Lesung und Deutung der Inschrift von Fidel Fita, Boletín de la Real Academia de la Historia 41 (1902), S. 502 ff.; danach bei Ramón Bidagor, La »Iglesia Propria« en España (Analecta Gregoriana IV), Rom 1933, S. 75.

religiösen Geschichte des suewischen Volkes gestellt werden
müssen[102], aber davon abgesehen kann der behandelte Zeitabschnitt
gefaßt werden als der Rahmen eines einheitlichen, mit einer gewissen Zäsur abschließenden geschichtlichen Prozesses.

Dieser Prozeß ist auf der einen Seite charakterisiert durch das
völlige Hineinwachsen des heidnischen barbarischen Invasorenvol-
kes der Suewen in den romanisierten und christianisierten Raum
Nordwestspaniens, durch eine allmähliche Verschmelzung der beiden anfangs einander gegenüberstehenden Elemente, die in der
religiös-kirchlichen Einigung in ihre letzte Phase eintritt. Der Um-
weg der religiösen Entwicklung des suewischen Volkes mag diesen
Prozeß vielleicht verlangsamt haben. Trotz einer anfänglichen,
gewissen Verbreitung des katholischen Bekenntnisses in ihren
Reihen werden die Suewen erst über die Zwischenstufe des ostgermanischen Arianismus, der das eigentliche Werk ihrer umfassenden und planmäßigen Christianisierung durchgeführt zu haben
scheint, zu einem jedenfalls vorwiegend katholischen Volk.

Zugleich aber wandelt sich die katholische Kirche des romano-
gallaecischen Raumes von einer römischen Institution über die
Zwischenstufe einer faktischen Akzeptierung der durch die suewische Reichsbildung geschaffenen territorialen Verhältnisse zu
einer sich selbst in den Rahmen dieses Reiches bewußt einpassen-
den suewischen Landeskirche, deren Konzilien durch den König
einberufen werden und die, wie es angesichts der Laufbahn des
Martin von Braga schien, landesherrlichen Einfluß auf die Besetzung und Einrichtung von Bistümern erfuhr. Der eben zum
Abschluß der Darstellung genannte sechste Kanon des zweiten und
letzten Konzils der suewischen Landeskirche bedeutet demgegenüber schon das Einsetzen einer neuen Phase der Entwicklung, in
der es die vollzogene und erfahrene Wandlung in ihren Konsequenzen zu bewältigen gilt. Die Kirche des suewischen Reiches tritt —
wie seinerzeit die westgotische katholische Kirche Galliens und wie
diese unter dem prägenden Einfluß des Bischofs aus dem Kloster,
der an ihrer Spitze steht — in diese neue Phase ein mit der Bekundung des Willens, das, was ihr als ihrem Wesen und ihrem geistlichen Auftrag gemäß erscheint, im Wandel ihrer Welt durchzu-
halten.

---

[102] S. u. S. 177 f.

IV. DIE ZEIT DER UMGESTALTUNG DES WESTGOTISCHEN REICHES DURCH LEOWIGILD UND REKKARED (568—589)

1. Die Entwicklung bis 579

Die Durchsetzung Athanagilds hat zunächst eine gewisse Stärkung der Königsmacht bedeutet. Agila war im März 555 in Mérida durch seine eigenen Anhänger ermordet worden, die damit ihren Übergang auf die Seite Athanagilds vollzogen, ein Schritt, von dem Isidor zu berichten weiß, daß er unter dem Eindruck der äußeren Bedrohung des Westgotenreiches erfolgt sei[1]. Athanagild, der als erster der Westgotenkönige in Toledo Hof hielt und 567 als erster der westgotischen Nachfolger Theoderichs des Großen eines natürlichen Todes starb[2], vermochte sogar den Kampf gegen die von ihm selbst zu seiner Unterstützung ins Land geholten Byzantiner zu eröffnen und dabei wenigstens Teilerfolge zu erzielen[3]. So konnte er das zunächst byzantinisch besetzte Sevilla wieder unter gotische Herrschaft bringen, während er allerdings Córdoba vergebens berannte[4]. Nach Norden, mit den merowingischen Reichen, kam es zur Anknüpfung familiärer Beziehungen, wobei allerdings nach Gregor von Tours die Initiative von fränkischer Seite ausgegangen ist[5]. Sigibert I. von Austrasien vermählte sich mit Atha-

---

[1] Isid., Hist. Goth. 46; vgl. dazu o. S. 102, Anm. 101.

[2] Isid., Hist. Goth. 47; zur Hofhaltung in Toledo vgl. auch Venant. Fort., Carm. VI 5,13 über die Herkunft der Töchter Athanagilds: »Toletus geminas misit tibi, Gallia, turres.«

[3] Greg. Tur., Hist. IV 8; vgl. Isid., Hist. Goth. 47: ». . . quos postea submovere a finibus regni molitus non potuit.«

[4] Chron. Caesaraug. ad a. 568.

[5] F. Dahn, Könige V, S. 125 hält die fränkische Initiative für eine Zutat Gregors. Nach seiner Ansicht ging sie, jedenfalls bei der Vermählung Brunhildes mit Sigibert, von Athanagild aus, der angesichts des Übergangs der suewischen Könige zum katholischen Bekenntnis, »wodurch sie mit den orthodoxen Griechen und Merowingen, ohnehin ihren natürlichen Alliirten, auch in religiöse Gemeinschaft traten und in eine Verbindung, deren leicht gegen die Gothen zu kehrende Spitze nicht zu verkennen war,« fränkischen Anschluß gesucht habe. Es ist deutlich, wie hier die Vorstellung von der beherrschenden Rolle des katholisch-arianischen Gegensatzes für die Ge-

nagilds Tochter Brunhilde, sein Bruder Chilperich I. von Soissons
mit ihrer älteren Schwester Galswintha. Beide Töchter Athanagilds
traten dabei vom arianischen zum katholischen Bekenntnis über[6].

Sogleich nach dem Tode Athanagilds trat jedoch die konstitutionelle Schwäche der westgotischen Monarchie wieder zutage. Über
fünf Monate blieb das Königsamt verwaist[7], wohl doch, weil die
mächtigen Adelsfamilien sich nicht einigen konnten. Schließlich
wurde in Narbonne, vielleicht nur von der gotischen Aristokratie
Septimaniens, Liuwa zum König erhoben. Er vermochte sich dann
aber außerhalb Septimaniens nicht durchzusetzen und ernannte
deshalb schon nach einem Jahr seinen Bruder Leowigild zum Mitregenten und überließ ihm die Herrschaft in Spanien, die im Begriffe war, völlig auseinanderzufallen (568)[8]. Leowigild heiratete in
zweiter Ehe, sicherlich zur Stärkung seiner Position und Hausmacht,
Athanagilds Witwe Goswintha[9], und seit dem Tode seines Bruders
Liuwa Ende 571/Anfang 572 war er Alleinherrscher[10]. Er ist eine
der kraftvollsten westgotischen Herrschergestalten. Mit rücksichtsloser Energie, zugleich aber auch großer politischer Umsicht und
staatsmännischer Befähigung hat er die von ihm mit den Herrschaftssymbolen des königlichen Gewandes und des Thrones ausgestattete Königsmacht durchgesetzt und das Reich nach innen und
außen gefestigt[11].

Die ersten elf Jahre seiner Regierung bis zum Aufstand Hermenegilds waren erfüllt von der Unterdrückung des unbotmäßigen

schichte des Westgotenreiches im sechsten Jahrhundert als oberstes Deutungsprinzip in den Vordergrund geschoben wird. Man kann Gregors Angabe über Sigiberts Motive (». . . Sigyberthus rex cum videret, quod fratres
eius indignas sibimet uxores acciperent et per vilitatem suam etiam ancillas in matrimonio sociarent . . .«) für einen naiven Kommentar halten,
seine Behauptung fränkischer Initiative aber in diesem Fall als falsch anzusehen, besteht kein Grund.
[6] Greg. Tur., Hist. IV 27 f.
[7] Laterc. Reg. Visig. 24; vgl. Isid., Hist. Goth. 47.
[8] Laterc. Reg. Visig. 25 f.; Joh. Bicl., Chron. ad a. 568,3; 569,4; Isid., Hist.
Goth. 48.
[9] Joh. Bicl., Chron. ad a. 569,4; Greg. Tur., Hist. IV 38.
[10] Joh. Bicl., Chron. ad a. 573,2.
[11] Isid., Hist. Goth. 51, kürzere Rezension. Leowigild ist zudem auch der erste
westgotische König, der Münzen unter eigenem Namen prägte anstelle von
Nachprägungen byzantinischer Münzen (vgl. G. C. Miles, Coinage, S. IX;
43—48; 175 ff.). Zum Geschichtsverlauf der Herrschaft Leowigilds in den
Einzelheiten und zu ihrer Bewertung im ganzen s. K. F. Stroheker, Leowigild, durch den alle früheren Arbeiten grundsätzlich überholt sind.

Adels und militärischen Operationen im Süden und Nordwesten, in den Grenzgebieten des Reiches gegen die Byzantiner — 572 wurde ihnen Córdoba genommen — und Suewen. In dieser Zeit scheint die Lage der katholischen Kirche und das Verhältnis des Königtums zu ihr sich gegenüber den voraufgehenden Jahrzehnten nicht geändert zu haben. Von Liuwa heißt es, daß er den Bischof Fronimius von Agde in hohem Ansehen gehalten habe[12], und Leowigild selbst soll den Asketen Nanctus und seine Bruderschaft in der Nähe von Mérida mit Grundvermögen ausgestattet haben[13]. Die Ankunft des Abtes Donatus mit siebzig Mönchen und einer Bibliothek aus Afrika und die Gründung des nicht mehr lokalisierbaren Klosters Servitanum durch ihn im westgotischen Spanien[14] könnte wohl auch in die ersten Jahre Leowigilds fallen; allerdings ist die Möglichkeit, daß diese Vorgänge sich schon unter Athanagild abgespielt haben, nicht auszuschließen. Auf jeden Fall galt Donatus 571 als angesehener Repräsentant des Katholizismus[15]. Zum Jahre 573 weiß Johannes von Biclaro das gleiche von Masona von Mérida zu bemerken[15a], so daß Masona auch bereits unter der Herrschaft Leowigilds auf den Metropolitansitz Lusitaniens erhoben worden sein könnte. Die Möglichkeit einer solchen Erhebung besagt allerdings noch nicht viel, wie sich zeigen wird[16], doch die Förderung des Asketen Nanctus ist immerhin ein Zeichen für eine wohlwollende Einstellung des Königs, und die Ansiedlung des Donatus spräche, wenn sie in der Zeit Leowigilds anzusetzen wäre, für ein ungestörtes kirchenpolitisches Klima.

[12] Greg. Tur., Hist. IX 24. Ob die Angabe Gregors, Liuwa habe Fronimius von Agde als Bischof eingesetzt, die Befugnisse charakterisiert, die das arianische westgotische Königtum im Raum der katholischen Kirche ausüben konnte, ist schwer zu sagen. Es könnte auch eine naive Übertragung der fränkischen Verhältnisse auf die Gegebenheiten des noch arianischen Gotenreiches sein, die Gregor hier in die Feder geflossen ist.
[13] Vit. Patr. Emerit., opusc. III 8—10
[14] Ildef. Tolet., Vir. ill. 4. Das Kloster Servitanum ist entweder nicht allzuweit von Valencia zu suchen, wo sein Abt Eutropius nach 589 Bischof wird (Isid., Vir. ill. 45), oder im Umkreis von Arcavica, dessen Bischof Petrus gegenüber sich Eutropius in seinem Schreiben »De districtione monachorum« zu verantworten scheint. Daß Donatus sein Kloster aus dem byzantinischen Afrika in das westgotische, nicht das byzantinische Spanien verlegt hat, ergibt sich daraus, daß Eutropius nach Joh. Bicl., Chron. ad a. 590,1 am toletanischen Konzil von 589 beteiligt war.
[15] Joh. Bicl., Chron. ad a. 571,4.
[15a] Joh. Bicl., Chron. ad a. 573,8.
[16] S. u. S. 172.

Demgegenüber berichtet allerdings Isidor von dem Chronisten dieser Zeit, Johannes von Biclaro, dieser habe unter Leowigild zehn Jahre in der Verbannung in Barcelona verbracht, weil er nicht habe zum Arianismus übertreten wollen[17]. Vom Ende der Herrschaft Leowigilds (Frühjahr 586) zurückgerechnet ergäbe sich daraus als Termin für den Beginn seines Zwangsaufenthaltes in Barcelona das Jahr 576. Das fügt sich aber nicht zu der Darstellung des Chronisten selbst, der — wie auch Gregor von Tours[18] — antikatholische Maßnahmen Leowigilds erst aus dem Jahr 580 zu vermerken weiß[19]. Vermutlich hat Isidor fälschlich den Zeitpunkt der Rückkehr des Johannes von einem längeren Aufenthalt in Konstantinopel nach Spanien, für die sich aus inneren Gründen der Chronik das Jahr 576 ergibt[20], mit dem Beginn seiner Verbannung in eins gesetzt[21].

2. Der Aufstand des Hermenegild

a) Vorgeschichte

Zur Sicherung des Königtums hatte Leowigild bereits 573 seine beiden Söhne aus erster Ehe, Hermenegild und Rekkared, an der Regentschaft beteiligt[22]. Um die Beziehungen zu den Franken zu festigen, nahm er die unter Athanagild angeknüpften Verbindungen zum Merowingerhause erneut auf und vermählte 579 seinen ältesten Sohn Hermenegild mit der merowingischen Prinzessin Ingunde. Sie war eine Tochter des 575 ermordeten Sigibert I. und Brunhildes, der zweiten Tochter Athanagilds, die für ihren unmündigen Sohn Childebert II. die Herrschaft führte. Möglicherweise hatte man in Toledo erwartet, daß Ingunde bei ihrer Heirat ebenso zum arianischen Bekenntnis übertreten werde wie seinerzeit Athanagilds Töchter Brunhilde und Galswintha den katholischen Glauben angenommen hatten. Das geschah jedoch nicht. Wie vormals Chlothilde, Amalarichs Gattin, blieb auch Ingunde dem katholi-

---

[17] Isid., Vir. ill. 44
[18] Greg. Tur., Hist. V 38 (zum fünften Jahr Childebert II., beginnend in der Zeit vom 29. November bis 8. Dezember 579).
[19] Joh. Bicl., Chron. ad a. 580,2
[20] S. Th. Mommsen in seiner Ausgabe, S. 207 f.
[21] So auch K. F. Stroheker, Leowigild, S. 172, Anm. 5; vgl. P. B. Gams, Kirchengeschichte II 2, S. 60; F. Görres, ThStKr 68 (1895), S. 120, Anm. 1.
[22] Joh. Bicl., Chron. ad a. 573,5; vgl. Greg. Tur., Hist. IV 38; s. dazu K. F. Stroheker, Leowigild, S. 142; zum numismatischen Aspekt s. G. C. Miles, Coinage, S. 46.

schen Bekenntnis treu, und Gregor von Tours schreibt dem Bischof
Fronimius von Agde, über dessen Person er einige Informationen
gehabt zu haben scheint, einen bestimmenden Einfluß auf ihre Haltung zu[23].

Ernsthafte Schwierigkeiten erwuchsen nun allerdings nicht aus
diesem Beharren Ingundes bei ihrem angestammten Bekenntnis an
sich. Sie ergaben sich vielmehr infolge des Verhaltens der Königin
— sie war zugleich auch Ingundes Großmutter mütterlicherseits —
Goswintha, die nachhaltig auf den Übertritt der Tochter Brunhildes
zum Arianismus drängte. Ihre Beweggründe dafür sind unbekannt,
aber es mögen sich bei ihr persönliche Überzeugung mit Gründen
des Prestiges verbunden haben und mit einer Verbitterung über
den erst ein Dutzend Jahre zurückliegenden, unter fränkischem
Einfluß und vielleicht auch Druck vollzogenen Bekenntniswechsel[24]
ihrer eigenen Töchter, deren ältere überdies ihr merowingischer
Gemahl Chilperich I. sehr bald hatte ermorden lassen[25]. Gregors
Angaben über brutale Mißhandlungen und gewaltsame Wiedertaufe Ingundes[26] sind gewiß nicht über jeden Verdacht der Übertreibung erhaben, aber daran, daß Ingunde von seiten Goswinthas
erheblich bedrängt wurde und damit gefährliche Spannungen im
Königshause auftraten, ist kaum zu zweifeln. Leowigild war offenbar nicht so sehr an einem Glaubenswechsel der Gemahlin seines
Sohnes gelegen als vielmehr daran, die politische Zielsetzung und
Wirksamkeit dieser Verbindung nicht zu gefährden oder gar zunichte werden zu lassen. Er fand einen an sich geschickten Weg,
die Situation zu bereinigen oder wenigstens doch zu entschärfen.
Hermenegild bekam über die bestehende, im einzelnen wohl wenig
konkretisierte Mitregentschaft hinaus Regierungsfunktionen für
ein bestimmtes Gebiet übertragen und eine entsprechende Residenz
zugewiesen[27] — die späteren Ereignisse zeigen, daß es sich um den
Süden des Reiches, die Baetica mit Sevilla gehandelt haben muß.
Vielleicht glaubte Leowigild, damit zugleich auch in stärkerem
Maße seine Herrschaft im Süden festigen und sichern zu können[28];
dies sollte sich jedoch schnell als Täuschung erweisen.

[23] Greg. Tur., Hist. IX 24
[24] Greg. Tur., Hist. IV 27 zu Brunhilde: »per praedicationem sacerdotum atque
ipsius regis commonitionem conversa...«
[25] Greg. Tur., Hist. IV 28
[26] Greg. Tur., Hist. V 38
[27] Joh. Bicl., Chron. ad a. 579,2; vgl. Greg. Tur., Hist. V 38
[28] In der ersten Fassung seines »Leowigild« (Welt als Geschichte 5, 1939,
S. 456, Anm. 7) hatte K. F. Stroheker noch angenommen, durch die Inschrift

Sehr bald[29] trat Hermenegild selbst zum katholischen Bekennt-

Hübner 115, Vives 303 sei im westgotisch-byzantinischen Grenzgebiet, im Raum Granada - Guadix, für 577 ein Gegenkönig Witterich bezeugt. Der Kommentar von J. Vives, Inscripciones, hat dann gezeigt, daß das nicht möglich ist. Hier der Text der in Granada gefundenen Inschrift nach Vives:

[in nomi]ne Di n̄si Īn̄u Xp̄i consecrata est

[e]clesia s̄ci Stefani primi martyris y

n locum Natiuola a s̄co Paulo, Accitano pontf̄c,

d.   an.   δn̄i n̄si gl. VVittirici reḡs.

er. δCXV item consecrata est eclesia

s̄ci Iohann. [Bab]tiste.

item consecrata est eclesia s̄ci Vincentii

martyris Valentin(i) a s̄co Lilliolo, Accitano pontf̄c.,

[d. X₅] kal. Febr. an. VIII gl. dn̄i Reccaredi reḡs, er. δCXXXII.

hec s̄ca tria tabernacula in gloriam Trinitatis indiuise

cohoperantib(us) s̄cis aedificata sunt ab inl. Gudiliu[...]

cum operarios uernolos et sumptu proprio.

Vives hat vorgeschlagen, wie seine Interpunktion zum Ausdruck bringt, die Angabe »era DCXV« (= 577 n. Chr.) nicht zum Dedikationsdatum der Stefanskirche zu nehmen, sondern auf die Konsekration der Johanneskirche zu beziehen. Als Alternativvorschlag gibt er jedoch die Annahme von Fidel Fita, Boletín de la Real Academia de la Historia 21 (1892), S. 11, nach der in der Inschrift gemeint sei »era DCXLV«, d. h. 645 span. Ära (= 607 n. Chr.), womit man tatsächlich in die Regierungszeit Witterichs (603—610) käme. Dies ist wohl die wahrscheinlichste Lösung. Da der Stifter der drei zusammengehörenden Kirchen ein vornehmer Gote gewesen zu sein scheint und in der Inschrift betont auf die Trinität Bezug genommen ist, kann man für die Errichtung der Kirche wohl am ehesten an eine Zeit nach 589 denken. Die in der Zeit vom 14. bis 31. Januar, nach der ansprechenden Ergänzung von Vives am 17. Januar des Jahres 632 span. Ära (= 594 n. Chr.) geweihte Vinzenzkirche wäre dann die älteste von ihnen, die 607 geweihte Stefanskirche die jüngste. Die Johanneskirche (Vives stellt die Frage: Sería el baptisterio?) läge zwischen beiden oder wäre zugleich mit der Vinzenzkirche geweiht worden. Wenn sich bei dem ersten Dedikationsdatum anstelle der Tagesbezeichnung und des Regierungsjahres nur unausgefüllte Spatien finden, könnte das darin begründet sein, daß die Inschrift schon zu einem Zeitpunkt vorbereitet wurde, als der genaue Dedikationstermin noch nicht festgelegt war und die Wende vom 4. zum 5. Jahr Witterichs (Juni/Juli 607) nahe bevorstand. F. Fita, a. a. O., S. 14 meint allerdings, die Angaben seien nachträglich getilgt worden, »porque parecían legitimar el tiempo de la usurpación de Viterico en vida de Liuva II« (Liuva II. wurde 602 von Witterich gestürzt). — Acci ist Guadix el Viejo in der Provinz Granada; die Identität des Ortes Nativola ist unbekannt. Liliolus von Guadix unterzeichnete in Toledo 589.

[29] Alle Ereignisse von der Vermählung Hermenegilds mit Ingunde bis zum Aufstand fallen nach Joh. Bicl. in das Jahr 579. Der Zeitraum von nur einem

nis über, nach Gregor von Tours[30] von seiner Gemahlin Ingunde, die damals übrigens höchstens dreizehn Jahre alt sein konnte, nach Gregor dem Großen[31] durch den Metropoliten der Baetica, Leander von Sevilla[32] überzeugt. Vermutlich hat beides seine Berechtigung. Die spanischen Autoren allerdings, Johannes von Biclaro und Leanders Bruder Isidor, schweigen — wahrscheinlich bewußt — ganz über diese Konversion[33]. Gregor von Tours berichtet ferner noch, Hermenegild habe bei seinem Übertritt den Namen Johannes angenommen[34]. Daß er nach eindeutiger Bezeugung — durch von ihm erhaltene Münzen[35], die schwerlich vor seiner Erhebung geprägt sein können, und durch eine 580/81 gesetzte Inschrift aus Alcalá de Guadaira südöstlich von Sevilla[36] — davon

Jahr aber erscheint dafür etwas knapp. Es ist auch nicht ausgeschlossen, daß hier ein kleiner Fehler des Chronisten vorliegt. Sein chronologisches Gerüst ist nämlich mit Unklarheiten und Schwierigkeiten behaftet (s. Th. Mommsen, S. 208—210 seiner Ausgabe). Es wäre immerhin denkbar, daß die Vermählung Hermenegilds schon 578 stattgefunden hätte.

[30] Greg. Tur., Hist. V 38: »... coepit Ingundis praedicare viro suo, ut, relicta heresis fallacia, catholicae legis veritatem agnuscerit. Quod ille diu refutans, tandem commotus ad eius praedicationem, conversus est ad legem catholicam«.

[31] Greg. Magn., Dial. III 31. Keine selbständige Quelle ist Paulus Diac., Hist. Langob. III 21; er ist von Greg. Magn. und Greg. Tur. abhängig.

[32] Dafür, daß Leander 579 schon Bischof von Sevilla war (anders F. Görres, ZwissTh 29, 1886, S. 38), spricht die Unterzeichnerliste des dritten Konzils von Toledo 589, vorausgesetzt, man darf den dort als letzten der fünf Metropoliten unterzeichnenden Pantardus von Braga als unmittelbaren Nachfolger des Martin von Braga ansehen (so auch J. A. Ferreira, Fastos, S. 86). Da Martin nach den Actus b. Mart. Dum., lect. IX am 21. März 579 ben ist, dürfte Pantardus wohl noch im gleichen Jahr sein Amt angetreten haben. Leander aber unterzeichnet die Liste von Toledo schon an dritter Stelle, muß also vor Pantardus und auch noch vor dem an vierter Stelle aufgeführten Migetius von Narbonne ordiniert sein. Daß Leander Onkel Hermenegilds mütterlicherseits gewesen sei (so z. B. mit den Älteren F. Dahn, Könige V, S. 137, aber auch noch G. C. Miles, Coinage, S. 21 f.), will eine Interpolation des Lukas von Tuy zu Isid., Hist. Goth. 49 (ed. T. Mommsen, S. 287, App. z. Z. 3) glauben machen; sie behauptet, Leowigilds erste Frau sei eine Tochter Severians (und damit Schwester Leanders, s. Isid., Vir. ill. 41) namens Theodosia gewesen; dagegen s. F. Görres ByZ 16 (1907), S. 532 f.

[33] S. u. S. 152 ff.

[34] Greg. Tur., Hist. V 38

[35] Miles, Coinage, S. 199 f., Nr. 46 f.

[36] Hübner 76, Vives 364. Die Inschrift gibt das Datum: »anno feliciter secundo regni domni nostri Erminigildi regis quem persequitur genetor sus dom̄ Liuvigildus rex in cibitate ispāductiaione.« Jean Mallon, Paléographie romaine (Scripturae III), Madrid 1952, S. 144—152 hat wahrscheinlich ge-

keinen Gebrauch gemacht hat, sondern weiterhin den Namen
Hermenegild führte, spricht nicht gegen die Zuverlässigkeit der
von Gregor notierten Nachricht; denn dieses Verfahren entspricht
einer späteren, schon im siebten Jahrhundert bezeugten spanischen
Übung bei der Annahme christlicher Taufnamen[37].

Die Frage, ob die Konversion Hermenegilds schon an und für
sich einen Akt politischer Kampfansage gegen Leowigild und damit einen Akt der Erhebung bedeutete[38], läßt sich nicht ohne weiteres und isoliert beantworten. Ihre Beantwortung hängt vielmehr
ab von der Antwort auf die zweite Frage nach dem Anteil des
arianisch-katholischen Gegensatzes an der bisherigen politischen
Entwicklung des Westgotenreiches und nach seinem Einfluß auf
die Gestaltung der 579 bestehenden politischen Situation und
Kräfteverteilung. Dabei wäre es verfehlt, für die Beurteilung der
Situation davon auszugehen, daß das westgotische Reich von katholischen Mächten, Byzanz im Süden, den Suewen im Nordwesten
und den Franken im Norden und Nordosten eingekreist gewesen
sei. Frontrichtungen bestanden hier gegenüber den Suewen, mit
denen Leowigild, wahrscheinlich infolge suewischer Expansions-
bestrebungen[39], zusammengestoßen war und die ihn 576 um einen
Waffenstillstand hatten ersuchen müssen[40], und gegenüber den
Byzantinern, die ebenfalls in die Defensive gedrängt waren. Dagegen scheint das westgotische Verhältnis zu den Franken nach
einem Kriegszug Childeberts I. von Paris und Chlotachars I. von
Soissons in die Tarraconensis im Jahre 541 (?)[41] nicht mehr mit

macht, daß der Schluß auf einer Fehllesung der Vorlage für den Steinmetzen
beruht; gemeint ist: »Ispali inditione ⟨.........⟩.« Das Datum kann sich
nur auf die Ereignisse seit 579 beziehen. Die Inschrift ist daher mit J. Vives
auf 580, besser noch 580/81, nicht mit Hübner, ausgehend von Hermenegilds
und Rekkareds Beteiligung an der Regentschaft 573, auf 574 zu datieren.
Der entstellte Schluß hätte demnach lauten müssen: »inditione decima
quarta.« Die Angabe der Indiktion statt des Jahres spanischer Ära ist ein
Hinweis auf byzantinischen Einfluß (vgl. Mallon, a. a. O., S. 151).

[37] Dazu s. J. Vives, Inscripciones, S. 32 (Kommentar zur Inschrift Hübner 2,
Vives 86).

[38] So F. Dahn, Könige V, S. 137 f.; F. Görres, ZhistTh 43 (1873), S. 19 f.;
K. F. Stroheker, Leowigild, S. 152 f. Ein solches Verständnis ergibt sich für
diese Historiker folgerichtig aus ihrer Auffassung von der dem arianisch-
katholischen Gegensatz in der voraufgehenden politischen Entwicklung des
westgotischen Reiches einzuräumenden Stellung.

[39] Joh. Bicl., Chron. ad a. 572,3; vgl. K. F. Stroheker, Leowigild, S. 457

[40] Joh. Bicl., Chron. ad a. 576,3

[41] Chron. Caesaraug. ad a. 541; Greg. Tur., Hist. III 29; Isid., Hist. Goth. 41.
Nicht einmal Gregor von Tours vermochte diesem Unternehmen den Aspekt

ernsthaften Verwicklungen belastet gewesen zu sein. Das Zusammenfallen der tatsächlich bestehenden äußeren Fronten mit Bekenntnisunterschieden darf und kann nun aber nur als akzidentiell angesehen werden. Es läßt sich nämlich an keiner Stelle nachweisen oder wahrscheinlich machen, daß dieses Zusammenfallen bis zum Aufstand Hermenegilds in irgend einer Weise entscheidend oder gar seinen Bestand gefährdend auf die Gestaltung der Verhältnisse zwischen arianischen Goten und katholischen Romanen innerhalb des westgotischen Reiches zurückgewirkt habe. Für eine solche Rückwirkung fehlten überhaupt wesentliche Voraussetzungen; denn der dem strukturellen Aufbau des westgotischen Staates sich einpassende Bekenntnisgegensatz von Fides Gothica und Fides Romana hat als solcher nicht oder wenigstens doch nicht in einem wesentlichen und feststellbaren Umfang frontenbildend oder auch nur frontenmarkierend auf die inneren Auseinandersetzungen dieses Staates gewirkt. Es ist daher auch nicht berechtigt, dem Glaubenswechsel Hermenegilds an sich und im Blick auf bestehende außen- und innenpolitische Konstellationen die Bedeutung einer Kampfansage gegenüber seinem Vater beizumessen. Wenn er vielmehr im Fortgang der Ereignisse scheinbar diese Bedeutung bekommen hat, so müssen dabei zusätzliche Motive mit ins Spiel getreten sein.

b) Der Aufstand und seine konfessionelle Zuspitzung

Für die Erkenntnis dieser Motive geben die Quellen leider nur äußerst dürftige Anhaltspunkte. Isidor berichtet in knappen Worten allein das bare Faktum der Erhebung Hermenegilds und ihrer Niederschlagung[42]. Gregor der Große übergeht den politisch-militärischen Abfall Hermenegilds von der Herrschaft seines Vaters. Nach seiner Darstellung hat Leowigild seinen Sohn zunächst zu bewegen versucht, seinen Schritt rückgängig zu machen. Als das an dessen Standhaftigkeit gescheitert sei, habe »der erzürnte Vater ihn seiner Herrschaft enthoben und seines gesamten Vermögens beraubt«[43]. Das Ganze ist unverkennbar hagiographisch stilisiert,

eines Glaubenskrieges abzugewinnen (allerdings waren die Franken auch die Unterlegenen).

[42] Isid., Hist. Goth. 49: »Hermenegildum deinde filium imperiis suis tyrannizantem obsessum exuperavit« (sc. Leovigildus).

[43] Greg. Magn., Dial. III 31: »Quem (sc. Hermenegildum regem) pater Arrianus, ut ad eandem heresem rediret, et praemiis suadere et minis terrere conatus est. Cumque ille constantissime responderet, numquam se veram fidem posse

und wenn Gregor Hermenegild als König bezeichnet und von seiner Herrschaft redet, so vermeidet er doch zugleich alle Andeutungen über den verfassungsrechtlichen Charakter dieser Herrschaft und über die politischen Umstände ihrer Inanspruchnahme durch den Konvertiten[44], die ihm infolge seiner Begegnung mit Leander in Konstantinopel sicher bekannt waren. Denn solche Spezifikationen und Hinweise liegen Genus und Absicht seiner Darstellung fern. Es bleiben Gregor von Tours und Johannes von Biclaro. Nach dem Bericht des fränkischen Geschichtsschreibers hat Leowigild auf die Kunde von der Konversion seines Sohnes hin begonnen, »eine Veranlassung zu suchen, wie er ihn verderbe. Als dieser das aber merkte, schlug er sich auf die Seite des Kaisers und nahm freundschaftliche Beziehungen zu dessen Praefekten auf, der damals Spanien bekriegte«[45]. Nach dieser Darstellung gibt also Hermenegild seiner Konversion durch eine Allianz mit den Byzantinern die entscheidende politische Wendung und Zuspitzung, weil

relinquere, quam semel agnovisset, iratus pater eum privavit regno rebusque omnibus expoliavit.«

[44] Vornehmlich auf die Darstellung Gregors des Großen hat sich R. Rochel in seinem Aufsatz »¿Fué San Hermenegildo rebelde?« (Razón y Fe 7, 1903, 192 bis 203; 349—360; 467—481) berufen für die Auffassung, Hermenegild habe in seinem Bereich schon zum Zeitpunkt seiner Konversion in vollem Umfang und unwiderruflich legitimes königliches Herrschaftsrecht innegehabt und habe deshalb, von seinem Vater darin bedroht, gezwungenermaßen einen »gerechten Krieg« gegen diesen führen müssen. Rochels emsiger Versuch, diese Auffassung gegen seine Quellen zu verteidigen, trägt wenig dazu bei, sie wahrscheinlich zu machen, und seine Argumentation hat es nicht immer vermieden, die Grenzen des Grotesken zu streifen (z. B. S. 199 f.: Leander ist an Hermenegilds Vorgehen beteiligt; wäre dieses keine »gerechte Sache« gewesen, so müßte sich Leander in diesem Punkte entweder getäuscht oder aber sich wider besseres Wissen darauf eingelassen haben; jedoch »ambas suposiciones ... son sumamente injuriosas á la sabiduría y á la santidad de San Leandro. Luego si el metropolitano de Sevilla tomó parte activa en la guerra ésta era justa ...« Es ist allerdings ein verzweifeltes Unterfangen, mit abstrakten Syllogismen solcher Art ohne die Frage nach der historischen Wahrscheinlichkeit der Prämissen geschichtliche Vorgänge erhellen zu wollen). Daß es Rochel nur darum geht, ein Wunschbild von den Ereignissen zu behaupten, hat er in seinen einleitenden Bemerkungen (S. 192 ff.) deutlich gesagt, wobei er überdies spanischen Katholiken das Recht zu bestreiten versucht, sich um eine sachliche und nüchterne Erfassung des Geschehens zu bemühen.

[45] Greg. Tur., Hist. V 38: »Quod cum Leuvichildus audisset« (nämlich die Konversion Hermenegilds) »coepit causas querere, qualiter eum perderet. Ille vero haec intellegens, ad partem se imperatoris iungit, legans cum praefectum eius amicitias, qui tunc Hispaniam impugnabat.«

er sich aufgrund seiner Annahme des katholischen Glaubens ernstlich von Leowigild bedroht sieht. Das entspricht genau dem Tenor der Inschrift von Alcalá de Guadaira, die Hermenegild als von seinem Vater verfolgt bezeichnet, und es kann kein Zweifel bestehen, daß diese Inschrift der im Herrschaftsbereich Hermenegilds offiziellen Sprachregelung entspricht. Es ist daher möglich, daß der Bericht Gregors über den Aufstand Hermenegilds, in dessen Zusammenhang die eben angeführten Sätze gehören, auf Kreise zurückgeht, die mit Hermenegild sympathisierten, wobei ein spürbares Interesse besonders an Ingunde auf fränkische Umgebung deuten könnte[46]. Ganz zuverlässig ist diese Quelle Gregors allerdings nicht: ihre Angabe, daß zur Zeit der Konversion Hermenegilds die Byzantiner das westgotische Spanien bekriegt hätten, wird durch den Hinweis des den Verhältnissen unmittelbar konfrontierten Johannes von Biclaro auf den zu dieser Zeit herrschenden Frieden widerlegt[47], und ihr Bericht über die militärische Auseinandersetzung mit Leowigild scheint auch nicht in allem dem wahrscheinlichen Verlauf zu entsprechen.

Die Darstellung des Johannes von Biclaro unterscheidet sich schon deshalb zwangsläufig von der des Franken, weil er, wie schon erwähnt, den Bekenntniswechsel Hermenegilds verschweigt. Er notiert zum Jahre 579: »Während nun Leowigild in Ruhe und Frieden herrschte, erschütterte innerer Streit die Ruhe, die den Feinden gegenüber bestand. Denn in eben diesem Jahre usurpierte sein Sohn Hermenegild infolge von Intrigen der Königin Goswintha die Herrschaftsgewalt, zog sich nach vollzogener Erhebung auf Sevilla zurück und veranlaßte andere Städte und feste Plätze, sich an seiner Seite gegen den Vater zu erheben«[48]. Von besonderem

---

[46] Einen anderen Bericht über den Zusammenbruch des Aufstandes gibt Gregor, Hist. VI 43; dieser Bericht dürfte ihm über einen zweiten, wahrscheinlich suewischen Informationskanal zugeflossen sein. Nach H. Messmer, Hispania-Idee, S. 126 f. hat Gregor das Nebeneinander der beiden Berichte im Interesse der antigotischen Einstellung seines politisch-ideologischen Engagements auf fränkisch-merowingischer Seite benutzt, um sowohl Leowigild — im Zusammenhang des ersten Berichtes — als auch, jetzt anläßlich des zweiten Berichtes (vgl. u. S. 152, Anm. 66), Hermenegild, den er bezeichnenderweise nicht als Märtyrer feiert, moralisch belasten zu können.

[47] Joh. Bicl., Chron. ad a. 579,3; vgl. 578,4

[48] Joh. Bicl., Chron. ad a. 579,3: »Leovigildo ergo quieta pace regnante adversariorum securitatem domestica rixa conturbat. nam eodem anno filius eius Hermenegildus factione Gosuinthae reginae tyrannidem assumens in Hispali ciuitate rebellione facta recluditur et alias ciuitates atque castella secum contra patrem rebellare facit.«

Interesse unter diesen Angaben ist die, Hermenegild habe sich infolge von Umtrieben seiner Stiefmutter, »factione Gosvinthae«, erhoben. Nun ist im Gesamtzusammenhang des Geschehens nichts unwahrscheinlicher als dies, daß die Königin unmittelbar eine Erhebung des katholisch gewordenen Hermenegild angestrebt haben soll. Es bleibt daher nur eine Möglichkeit des sinnvollen Verständnisses dieser Notiz des Biclarensers, nämlich die Annahme, daß sich Goswintha nach der Entfernung des Prinzenpaares aus Toledo mit ihrer Niederlage und Ausschaltung keineswegs zufrieden gegeben hat, sondern darauf hinarbeitete, Hermenegild zu isolieren und seine Stellung zu untergraben. Dabei scheint sie erfolgreich genug gewesen zu sein, um es diesem geraten erscheinen zu lassen, auf dem Wege einer Flucht nach vorn den Versuch zu wagen, einer weiteren Entwicklung der Dinge in ihrem Sinne zuvorzukommen.

In dieser Situation konnte Hermenegild natürlich seinen Schritt als eine durch die Folgen seines Glaubenswechsels hervorgerufene Notwendigkeit deuten, und das Stichwort »persequi« der andalusischen Inschrift zeigt, daß er es auch getan hat. Damit war der Weg gewiesen, den Bekenntnisgegensatz zu einem Element der Auseinandersetzung zu machen[49], notwendig gewiesen sogar wenigstens aus der Sicht Hermenegilds. Wenn es auch nicht ausgeschlossen ist, daß Hermenegild Unterstützung aus Kreisen der von Leowigild rücksichtslos seiner königlichen Macht unterworfenen gotischen Aristokratie fand, so muß doch seine wesentliche Hoffnung auf Rückhalt sich dem katholischen Bereich zugewandt haben. Und wohl nur durch einen Rückgriff darauf erklärt sich die beachtliche Stärke der Position, die er nach seinem Abfall von Leowigild sogleich gewinnen konnte, nur so wird vor allem auch der Aufwand verständlich, der umfassende Einsatz der geistigen, diplomatischen und militärischen Kräfte, dessen Leowigild bedarf, um die durch die Erhebung seines Sohnes hervorgerufene Krise zu meistern.

Hermenegild konnte sich nach vollzogener Erhebung in einem Gebiet Anerkennung verschaffen, das im Norden bis zum Guadiana,

---

[49] Zu einer gleich einsetzenden konfessionellen Akzentuierung seines Aufstandes durch Hermenegild selbst vgl. auch die Untersuchung von Manuel C. Díaz y Díaz, La leyenda regi a deo vita de una moneda de Ermenegildo (AnSacrTar 31, 1958, S. 261—269) über Hermenegilds Münzlegende »a deo vita« (in der grammatischen Auffassung modifizierend José Vives, Sobre la leyenda »a deo vita« de Hermenegildo. AnSacrTar 32, 1959, S. 31—34); vgl. ferner J. N. Hillgarth, Conversión, S. 35—46.

bis nach Mérida reichte[50]. Äußere Verbündete suchte er in den
Byzantinern[51] und Suewen[52] zu gewinnen. Die sicher vorhandene
Absicht einer Einbeziehung der Franken in diese Allianz konnte
Leowigild durchkreuzen, indem er freundschaftliche Beziehungen
zu Chilperich I. aufnahm mit dem Plan, dessen und Fredegundes
Tochter Rigunthe mit seinem Sohn Rekkared zu vermählen. Angesichts der innerfränkischen Rivalitäten waren dadurch den anderen merowingischen Herrschern, Childebert II. bzw. Brunhilde
und Gunthramn die Hände gebunden[53]. Ob die baskischen
Stämme, gegen die Leowigild 581 einen Feldzug unternahm[54], mit
in die hermenegildische Allianz hineingezogen waren, ist nicht auszumachen. Bei all diesen Mächten sind sehr reale Interessen an
einer Schwächung des westgotischen Reiches vorauszusetzen, die
sie auch unabhängig von der konfessionellen Frage veranlassen
konnten, eine Erhebung gegen Leowigild zu unterstützen. Byzanz
mußte daran gelegen sein, seine Position zu erhalten und möglicherweise wieder auf den alten Stand zu bringen; es scheint sich
von Hermenegild das 572 an die Goten verlorene Córdoba wieder
abtreten gelassen zu haben[55]. Die Suewen befanden sich seit Leowi-

[50] Der Anschluß Méridas an Hermenegild geht daraus hervor, daß Leowigild
die Stadt während seines ersten Feldzuges gegen seinen aufsässigen Sohn
im Jahre 582 erobert (Greg. Tur., Hist. VI 18; vgl. die Siegesmünzen Leowigilds, Miles, S. 194—197, Nr. 38—41, vgl. S. 119).

[51] Greg. Tur., Hist. V 38; VI 18; VI 43; Greg. Magn., Moralia in Job, Praef.
(Reg. Ep. V 53 a ed. Ewald/Hartmann)

[52] Greg. Tur., Hist. VI 43

[53] S. dazu K. F. Stroheker, Leowigild, S. 154. Nach Greg. Tur., Hist. VI 18 hat
Leowigild die Verhandlungen mit Chilperich I. auf jeden Fall vor 582 begonnen (der Vermählungsplan scheiterte nachher 584 im letzten Augenblick
unter dramatischen Umständen, die allerdings nicht in unmittelbarer Beziehung zur westgotischen Geschichte stehen: Greg. Tur., Hist. VI 45; VII 9).
Zu den Allianzbemühungen s. Greg. Tur., Hist. V 41: eine Gesandtschaft des
Suewenkönigs Mir an Gunthramn 580. Daß die Gesandten bei der Durchreise durch das Gebiet Chilperichs von diesem für ein Jahr festgehalten und
dann zurückgeschickt wurden, deutet schon die Verbindung Chilperichs mit
Leowigild an. In den Zusammenhang der suewisch-fränkischen Allianzbemühungen dieser Zeit gehört wohl auch die Mission des austrasischen
Hausmaiers Florentian am Hofe Mirs (Greg. Tur., Virt. s. Mart. IV 7). Vielleicht hat auch die Entsendung des Bischofs Elafius von Châlons-sur-Marne
nach Spanien im Auftrage Brunhildes (Greg. Tur., Hist. V 40) damit zu tun.

[54] Joh. Bicl., Chron. ad a. 581,3. Bei dieser Gelegenheit wird Vitoria ge-
gründet.

[55] Nach Joh. Bicl., Chron. ad a. 584,3 flieht Hermenegild nach dem Fall von
Sevilla auf byzantinisches Gebiet (»ad rempublicam«), und zwar offensichtlich nach Córdoba, wo er bald darauf in Gefangenschaft gerät.

gilds siegreichem gallaecischen Feldzug von 576 in einer äußerst
bedrohten Lage den Goten gegenüber; Leowigild hatte sich nicht
einmal auf einen länger befristeten Friedensvertrag mit ihnen ein-
lassen wollen[56]. Und daß das alte fränkische Interesse an Septimanien schließlich noch keineswegs erlahmt war, sollte sich 585
zeigen, als Gunthramn nach der Ermordung Chilperichs I. meinte,
freie Hand zu haben[57]. Daß Hermenegild versucht hat, gegenüber
diesen Mächten den konfessionellen Aspekt der Verwicklungen
innerhalb des westgotischen Reiches als den Rechtstitel für seine
Stellung in den Vordergrund zu rücken, darf man vermuten. Für
den Fall der Verhandlungen mit Byzanz wird das besonders deutlich an der Entsendung gerade Leanders, des Bischofs seiner Hauptstadt, an den konstantinopolitanischen Hof und an der Art, in der
Gregor der Große später dessen Mission als ihm »um des Glaubens
der Westgoten willen übertragen«[58] charakterisieren konnte.
Zu den mancherlei Fragen, die sich bei dem Versuch einer genaueren Verfolgung der Ereignisse stellen, ohne befriedigend ge-
klärt werden zu können, gehört auch diejenige, in welchem Umfang der katholische Episkopat sich der Sache Hermenegilds mit
einer über bloße Sympathie hinausgehenden tatkräftigen Unterstützung zur Verfügung stellte. Auf jeden Fall sicher ist, daß
Hermenegild den Metropoliten Leander für sich gewonnen hat.
Denn entschiedener als durch die Übernahme des Auftrags, Hermenegilds Sache in Konstantinopel zu vertreten, konnte Leander
seine Parteinahme kaum beweisen. Nicht deutlich wird dagegen,
ob die Einstellung des baetischen Metropoliten von Anfang an so
bestimmt war und er vielleicht entscheidend an Hermenegilds Ent-
schlüssen beteiligt gewesen ist und mit dessen Erhebung gar
kirchenpolitische Hoffnungen auf eine ausschließliche Durchsetzung
des katholischen Bekenntnisses im Reich verbunden hat oder ob er
sich erst im Verlauf der Entwicklung dahin gedrängt sah, etwa
unter dem Eindruck der antikatholischen Maßnahmen Leowigilds
oder gar erst der Verschärfung der Situation bei der Belagerung
Sevillas 583/84, die bei ihm möglicherweise Befürchtungen über

---

[56] Joh. Bicl., Chron. ad a. 576,3
[57] Greg. Tur., Hist. VIII 28.30; Joh. Bicl., Chron ad a. 585,4. Daß 585 der
günstigste Zeitpunkt für solcherart Versuche vorüber war, bekam der Franke
empfindlich zu spüren.
[58] Greg. Magn., Moralia in Job, Praef. (Reg. Ep. V 53 a ed. Ewald/Hartmann).
». . . te illuc (sc. Constantinopolim) iniuncta pro causis fidei Wisigothorum
legatio perduxisset.«

eine Katastrophe des Katholizismus in Spanien erregen konnte[59].
Die genaue Zeit seiner byzantinischen Mission ist nämlich nicht zu
bestimmen; sie läßt sich auch nicht auf die Regierungszeit Tiberius' I. (578—582) festlegen[60], ebenso wie ihr Verhältnis zu der
von Isidor erwähnten Verbannung seines Bruders ungeklärt bleiben
muß[61].

Läßt so schon die Information über Leanders Haltung im einzelnen sehr zu wünschen übrig, so fehlen direkte Nachrichten über
das Verhalten anderer Bischöfe völlig. Zu vermuten ist lediglich,
daß ein Bischof von hohem Ansehen[62] und gleichem Rang wie
Leander, Masona von Mérida, der Metropolit von Lusitanien, sich
nicht in gleicher Weise und in gleichem Umfang wie sein hispalen-
sischer Amtsbruder in das Unternehmen Hermenegilds hineinn-
ziehen ließ, obwohl sich auch seine Residenz auf dessen Seite
stellte. Die »Vitae Patrum Emeritensium«, denen wir ausführliche
Nachrichten über Masona verdanken, berichten zwar nicht unmittelbar von den politischen Verwicklungen, aber sie zeigen, daß
Leowigilds Maßnahmen in Mérida, die nach der Wiederbesetzung
der Stadt 582 eingesetzt haben müssen, sich zunächst nur auf den

---

[59] Nach der Darstellung von F. Görres, ZwissTh 29 (1886), S. 36—50 hat
Leander noch als Mönch an der Konversion Hermenegilds mitgewirkt, ist
sofort nach diesem Ereignis und vor der Erhebung Hermenegilds verbannt
worden und hat als Verbannter zugleich die Mission am Kaiserhof übernommen; nach 582 ist er dann schon zurückgekehrt und 584 zum Bischof
von Sevilla erhoben worden. Diese Chronologie ist mit großen Unwahr-
scheinlichkeiten belastet; vgl. o. S. 142, Anm. 32 zur Ordination Leanders
vor 579.

[60] Das setzt F. Görres, a. a. O. (voraufgehende Anm.), S. 39 voraus. Der Name
des Tiberius erscheint zwar im Zusammenhang mit Hermenegilds Aufstand
und seiner Anlehnung an Byzanz bei Greg. Tur., Hist. VI 18; aber dabei
geht es nur um Hermenegilds Verbindung mit den örtlichen kaiserlichen
Befehlshabern in der ersten Phase seiner Erhebung.

[61] Isid., Vir. ill. 41: »... in exilii sui peregrinatione ...« Entweder ist Leander
noch vor dem Zusammenbruch der Erhebung 584 nach Spanien zurückgekehrt und dann von Leowigild außer Landes verwiesen worden, oder er
hielt sich 584 noch in Konstantinopel auf und konnte dann während der
Regierung Leowigilds nicht zurückkehren, weil er zu sehr kompromittiert
war, und dieser notgedrungene, nur halb freiwillige Aufenthalt im Osten
wird von Isidor als Exil umschrieben. Daß Joh. Bicl., Chron. ad a. 585,7
Leander für 585 als »in Ansehen stehend« notiert, braucht nicht auszuschließen, daß er sich um diese Zeit noch außer Landes befand; denn nach Isidors
Angaben hat er von seinem Exil aus an den spanischen Auseinandersetzungen teilgenommen, indem er zwei Bücher gegen die Arianer schrieb.

[62] Vgl. Joh. Bicl., Chron. ad a. 573,8

Versuch der Durchsetzung seiner allgemeinen religionspolitischen
Grundsätze beschränkt haben und keinerlei besondere Schritte
gegen Masona enthielten, wie man es wohl erwarten müßte, wenn
der Bischof wesentlich an der Erhebung oder an ihrem Umsich-
greifen nach Lusitanien hinein beteiligt gewesen wäre[63].

Verfehlt wäre es dagegen sehr wahrscheinlich, wollte man aus
der kühlen und abweisenden Distanz, die gerade die kirchliche
Überlieferung des westgotischen Spanien und nur diese Hermenegild entgegenbringt, Rückschlüsse ziehen auf die Einstellung, die
zur Zeit seiner Erhebung und ihr gegenüber im katholischen Episkopat Spaniens verbreitet war. Gewiß sind die beiden spanischen
Autoren, die den Aufstand erwähnen, Johannes von Biclaro und
Isidor von Sevilla, unmittelbare Zeitgenossen der Ereignisse. Von
Isidor ist allerdings nicht genau zu bestimmen, wie alt er zum Zeitpunkt der Auseinandersetzungen war — er mag damals noch sehr
jung gewesen sein[64] —, doch als Bruder Leanders konnte er jedenfalls ausgezeichnet informiert sein. Johannes, der spätere Abt des
nicht mehr lokalisierbaren Klosters Biclaro und Bischof von Gerona,
hatte persönlich unter Leowigilds religionspolitischen Maßnahmen
zu leiden; sie führten ihn, wohl aus seiner lusitanischen Heimatstadt Scallabis (Santarem am Tejo), in die Verbannung nach Barcelona[65]. Dennoch erwähnen beide Chronisten Hermenegilds Konversion mit keinem Wort und bezeichnen sein politisches Handeln
nur als Rebellion und Usurpation[66]. Der so sich bekundenden Ein-

---

[63] Vit. Patr. Emerit., opusc. V 4 ff. (cap. X ff. der Einteilung von J. B. Pérez);
vgl. dazu F. Görres, ZwissTh 28 (1885), S. 330.

[64] Isidor ist Leander im Amt des baetischen Metropoliten gefolgt (Ildef.
Tolet., Vir. ill. 9). Leander ist nach der Übersendung des Palliums an ihn
durch Gregor d. Gr. im August 599 (Greg. Magn., Reg. Ep. IX 227) und vor
dem Tod Rekkareds im Dezember 601 gestorben (Isid., Vir. ill. 41); wenn
die Angabe seines Todestages auf den 13. März nach spanischer Tradition
(die mozarabischen Kalendarien B, E, F, G und I bei M. Férotin, Liber
ordinum, S. 458 f.; 496) richtig ist, am 13. März 600 oder 601 (vgl. F. Görres,
ZwissTh 29, 1886, S. 46 f.). Die von der »Antologia Hispana« (Cod. Paris.
lat. 8093) mitgeteilte Grabinschrift der Geschwister Leander, Isidor und
Florentina (Hübner 362, Vives 272) datiert den Tod Leanders auf den
14. März 602; das ist jedoch entweder eine sekundäre irrtümliche Ergänzung
oder ein Fehler der handschriftlichen Überlieferung (s. den Kommentar von
J. Vives, Inscripciones, S. 81). Wenn man annehmen darf, daß bei Isidors
Ordination das kanonische Alter beachtet wurde, muß er spätestens 570/71
geboren sein.

[65] Isid., Vir. ill. 44

[66] Joh. Bicl., Chron. ad a. 579,3 (s. o. S. 147, Anm. 48). — Isid., Hist. Goth. 49:
»Hermenegildum deinde filium imperiis suis tyrannizantem obsessum exu-

stellung steht zur Seite das sonstige Schweigen über Hermenegild
etwa auf dem dritten toletanischen Konzil und in der aus dessen
Anlaß gehaltenen Predigt Leanders trotz anderer historischer Reminiszenzen hier wie dort[67]. So geschlossen aber dieses Bild auch
ist, es kann nicht ohne weiteres als Widerspiegelung der Meinung
angesehen werden, die in der katholischen Kirche Spaniens und bei
ihren maßgebenden Repräsentanten während des Ablaufs der Ereignisse selbst verbreitet oder gar herrschend gewesen ist. Es
handelt sich ausnahmslos um Aussagen, die zwar von Zeitgenossen
formuliert worden sind, aber nicht unmittelbar angesichts des Geschehens selbst, sondern erst nachträglich aus der Perspektive der
Zeit nach dem großen Umschwung unter Rekkared. Es ist nun aber
möglich, daß zur Zeit dieser Wende, des offiziellen Übergangs der
Westgoten und vor allem des Königtums zum katholischen Bekenntnis, der spanische katholische Episkopat in seinen tonangebenden und politisch einflußreichen Vertretern bewußt auf eine

peravit« (sc. Leovigildus). Daß Gregor von Tours die Erhebung Hermenegilds gegen seinen Vater als solche ausdrücklich moralisch mißbilligt habe,
ist eine ebenso irrige wie verbreitete Vorstellung. Seine Hist. VI 43 ausgesprochene Mißbilligung bezieht sich lediglich auf einen angeblichen Plan
Hermenegilds, seinen Vater, als es zur bewaffneten Auseinandersetzung
kam, durch einen taktischen Schachzug zu überrumpeln, um ihn dann zu
töten; vgl. J. N. Hillgarth, Conversión, S. 30.

[67] Fraglich erscheint, ob man — wie allerdings üblich — eine Stelle der Vit.
Patr. Emerit. als augenfälliges Zeichen der Weigerung eines spanischen
Autors werten darf, die Deutung des gewaltsamen Todes Hermenegilds als
eines Martyriums zu übernehmen. Der emeritenser Hagiograph zitiert in
opusc. V 9,4 (cap. XVI) aus Greg. Magn., Dial. III 31 mit einer auffälligen
Abwandlung der Vorlage (vgl. dazu J. N. Garvin, S. 485 ff. in seiner Ausgabe):

Greg. Magn.	Vit. Patr. Emerit.
»Reccharedus rex non	(Reccaredus) ». . . qui non
patrem perfidum sed	patrem perfidum sed
fratrem martyrem	Christum dominum
sequens ab arrianae	sequens ab Arrianae
hereseos pravitate	hereseos pravitate
conversus est.«	conversus est.«

Zu dieser Entstellung der erbaulichen Wendung Gregors, die damit ihre
rhetorische Brillanz verliert, konnte der Hagiograph sich auch aus formalen
Gründen genötigt sehen. Denn da er in seiner Darstellung ganz auf emeritenser Ereignisse beschränkt blieb und den gesamtpolitischen Rahmen der
Vorgänge aus der Zeit Leowigilds völlig außer acht gelassen hat, fehlte ihm
mit der Schilderung des Schicksals Hermenegilds im Zusammenhang seines
Werkes eine notwendige Voraussetzung zum Verständnis des Vergleiches
Gregors.

streng legitimistische Auffassung und Darstellung der Ereignisse seit 579 eingeschwenkt ist, um die Stellung Rekkareds gegenüber der anfangs recht heftigen gotisch-arianischen Reaktion nicht durch seine Parallelisierung mit dem Aufrührer Hermenegild zu belasten und durch dessen Verherrlichung dem Gegner Vorschub zu leisten[68].

Von hier aus gesehen gewinnt der Bericht Gregors des Großen an Bedeutung und verdient einige Aufmerksamkeit. Die Auffassung vom Märtyrertod des Aufrührers, wie sie darin begegnet, kann nämlich kaum von Gregor erst gebildet worden sein. Sie gründet sich sachlich auf einzelne Angaben — Hermenegilds Weigerung, im Gefängnis die arianische Kommunion zu empfangen, Wunderzeichen an der Stätte seines Todes —, die, auch wenn sie nicht gerade originell erscheinen, doch dem Papst wohl aus seinen mündlichen Quellen, Berichten aus Spanien[69], zugekommen sein werden. Mit ihrer Überlieferung und Weitergabe war zweifellos von Anfang an die Deutung des Todes Hermenegilds als eines Martyriums für den rechten Glauben verbunden. Man steht bei Gregor also kaum vor einer außerspanischen Weiterentwicklung, sondern vor einer Tradition, die aus Spanien zu stammen scheint. Sie muß dort wohl eine gewisse Verbreitung erfahren haben, und es wäre durchaus denkbar, daß sich in ihr eine Einstellung niedergeschlagen hat, die unter den spanisch-westgotischen Katholiken während der letzten Zeit der Herrschaft Leowigilds mindestens nicht ungewöhnlich war[70], wenn auch die Möglichkeit ihres alsbaldigen völligen Schwindens aus der genuin spanischen Überlieferung[71] zeigt,

---

[68] Dazu s. u. S. 204 f.

[69] Greg. Magn., Dial. III 31: »Sicut multorum qui ab Hispaniarum partibus veniunt, relatione cognovimus . . .« Vermutlich werden Gregor seine Informationen über das byzantinische Spanien vermittelt worden sein, mit dem er stärkeren Verkehr unterhalten hat.

[70] Vielleicht schlägt sie bei Joh. Bicl. darin noch durch, daß er ausdrücklich den Namen dessen notiert, der 585 Hermenegild das Leben nahm, um dann zum Jahre 587 in betonter Weise zu vermerken, daß er ein schändliches Ende fand (s. u. S. 156).

[71] Es besteht kein Anlaß, mit J. N. Hillgarth, Conversión, S. 11 anzunehmen, daß Valerius von Bierzo (2. Hälfte des siebten Jahrhunderts), der in einer Aufzählung königlicher Märtyrer auch »regem Gothorum Hermenegildum« nennt (De vana saeculi saptientia 8), nicht von Greg. Magn., Dial. III 31 abhängig sei. Auch wird es kaum nötig sein, mit Hillgarth (a. a. O., S. 29, Anm. 17, nach dem Vorgang von M. C. Díaz y Díaz) die Interpolation der Handschrift der Academia de la Historia in Madrid Nr. A 189 (Cod. H bei Mommsen) aus dem dreizehnten Jahrhundert zu Isid., Hist. Goth. 49 als

daß sie noch weit davon entfernt war, wirklich einzuwurzeln und tatsächliche Popularität zu gewinnen. Eine gewisse Verbreitung dieser Tradition als politisch-ideologischer Propagandaparole aber würde nicht so sehr eine im katholischen Episkopat lebendige Einstellung gegenüber der Erhebung von 579 an sich charakterisieren als vielmehr eine in seinen Reihen vertretene Haltung angesichts der von Leowigild daraufhin durch seine religionspolitischen Maßnahmen geschaffenen Kampfsituation, die Hermenegilds Erhebung ex eventu als bekenntnismäßig gerechtfertigt erscheinen lassen konnte. Die für den Fall Masonas von Mérida vermutete Neutralität könnte demgegenüber für ein früheres Stadium der bischöflich-kirchlichen Stellungnahme kennzeichnend sein.

c) Die Niederwerfung des Aufstandes und Hermenegilds Ende

Leowigilds militärische Maßnahmen gegen Hermenegild begannen erst 582[72] — oder 581, wenn der Baskenfeldzug dieses Jahres in ihren Zusammenhang gehören sollte — und zogen sich bis 584 hin. In ihrem Verlauf zeigte sich, daß alle von Hermenegild auf äußere Verbündete gesetzten Hoffnungen trügerisch waren. Die Franken hatte Leowigild neutralisieren können. Die Byzantiner, die wohl nur auf ihre eigenen regionalen Kräfte angewiesen waren und keine zentrale Hilfe aus Konstantinopel erwarten konnten[73], griffen nicht nur nicht ein, sie erwiesen sich später auch noch darüber hinaus als höchst zweifelhafte Bundesgenossen. Allein der Suewenkönig Mir zog im zweiten Kriegsjahr mit einem Heerhaufen nach Süden, um dem bedrängten Hermenegild Entsatz zu bringen, wurde aber sogleich von Leowigild in eine strategisch ausweglose Lage gebracht und zum Vasalleneid gezwungen, den sein Sohn Eurich, als Mir bald darauf starb, erneuerte[74]. Ohne äußere

»fuente valiosa e independiente« anzusprechen. Diese Interpolation beruht auf Joh. Bicl. und — wahrscheinlich — Greg. Magn.; nur die Einzelheit, daß Hermenegilds Gattin — für den Interpolator ist es Goswintha! — seine Standhaftigkeit im katholischen Bekenntnis gefördert habe, findet keine direkte Stütze in diesen Quellen; sie wird wohl eigene Zutat des Interpolators sein, falls er nicht etwa Gregor von Tours oder die Langobardengeschichte des Paulus Diaconus gekannt hat.

[72] Joh. Bicl., Chron. ad a. 582,3.
[73] Vgl. dazu K. F. Stroheker, Leowigild, S. 183.
[74] Greg. Tur., Hist. VI 43; Joh. Bicl., Chron. ad a. 583. Johannes drückt sich unklar aus, und seine Notiz kann dahingehend mißverstanden werden, daß Mir zur Unterstützung Leowigilds aufgebrochen sei. Das ist aber sicher nicht richtig.

Verbündete aber war die Position Hermenegilds nicht so stark, daß
er sich auf die Dauer hätte behaupten können.

Nachdem Leowigild im ersten Kriegsjahr Mérida genommen
hatte[75], begann er 583 mit der Belagerung von Sevilla, das er im
folgenden Jahre nehmen konnte[76]. Hermenegild, dessen selbständige Herrschaft damit beendet war, flüchtete sich in das offenbar
byzantinisch besetzte Córdoba[77]. Leowigild scheint es jedoch gelungen zu sein, den kaiserlichen Praefekten durch Zahlung einer
Geldsumme — Gregor von Tours spricht von 30.000 Solidi — dazu zu bewegen, Hermenegild fallen zu lassen und Córdoba aufzugeben[78]. Er konnte sich daher sehr bald in der Stadt seines Sohnes
bemächtigen[79]. Nach Gregor von Tours hatte sich Hermenegild
noch in den Schutz kirchlichen Asyls geflüchtet und war erst durch
Rekkared im Auftrage Leowigilds unter falschen Vorspiegelungen
aus der Kirche herausgelockt worden[80]. Der Zeichen der königlichen Würde entkleidet, wurde er zunächst nach Valencia in die
Verbannung geschickt[81]. Im folgenden Jahre befindet er sich dann
in Tarragona, wo er von einem gewissen Sisbert getötet wird[82].
Gregor von Tours und Gregor der Große schreiben die Verantwortung dafür Leowigild zu — ob mit Recht, ist schwer zu entscheiden; auf jeden Fall hat er die Tat Sisberts hingenommen,
während ihn Rekkared möglicherweise zu Beginn seiner Regierung hat hinrichten lassen[83]. Nach Gregor dem Großen soll der

---

[75] S. o. S. 149, Anm. 50.

[76] Joh. Bicl., Chron. ad a. 583; 584,1.3; vgl. die sich darauf beziehenden
Münzen Leowigilds aus Italica (Miles, S. 192, Nr. 34, vgl. S. 111) und
Sevilla (Miles, S. 191 f., Nr. 31—33, vgl. S. 110). Der Kampf um die
Festung Osset (Greg. Tur., Hist. VI 43) dürfte eher vor als nach der Be-
lagerung von Sevilla erfolgt sein.

[77] Joh. Bicl., Chron. ad a. 584,3; vgl. o. S. 149, Anm. 55.

[78] Diese Auffassung legt sich bei einer Verbindung von Joh. Bicl., Chron. ad
a. 584,3 mit Greg. Tur., Hist. V 38 nahe; s. F. Görres, ZhistTh 43 (1873),
S. 48; K. F. Stroheker, Leowigild, S. 184.

[79] Joh. Bicl., Chron. ad a. 584,3. Ob es noch einen Kampf um Córdoba gegeben hat, ist nicht sicher festzustellen; jedenfalls hat Leowigild Münzen
prägen lassen mit der Legende »Cordoba bis optinuit« (Miles, S. 190, Nr. 30,
vgl. S. 106; zur ersten Einnahme im Jahre 572 s. Joh. Bicl., Chron. ad
a. 572,2).

[80] Greg. Tur., Hist. V 38.

[81] Joh. Bicl., Chron. ad a. 584,3; Greg. Tur., Hist V 38.

[82] Joh. Bicl., Chron. ad a. 585,3.

[83] Joh. Bicl., Chron. ad a. 587,4: »Sisbertus interfector Hermenegildi morte
turpissima perimitur.« Vgl. dazu jedoch F. Görres, ZwissTh 42, 1899, S. 275 f.

Anlaß für die Hinrichtung oder Ermordung Hermenegilds dessen Weigerung gewesen sein, zum arianischen Bekenntnis zurückzukehren durch Teilnahme an der arianischen Kommunion[84]. Es ist nicht undenkbar, daß dies den Tatsachen entspricht. Ingunde dagegen mit ihrem Sohn war in byzantinischen Händen geblieben; sie sollte zum Hof des Kaisers Mauricius gebracht werden, starb aber auf der Reise nach Konstantinopel[85].

3. Die Religionspolitik Leowigilds seit 580

a) Der religionspolitische Umschwung und das arianische Reichskonzil von 580

Die tiefgreifende Erschütterung, die der Aufstand Hermenegilds mit der Rolle, die er dem konfessionellen Gegensatz zugespielt hatte, für den westgotischen Staat bedeutete, hat nicht allein die erfolgreichen diplomatischen und militärischen Schritte Leowigilds nach sich gezogen. Der König hatte die staatsmännische Befähigung, sich nicht mit der symptomatischen Bekämpfung der Krise zu begnügen. In einem so engen und auffälligen chronologischen Zusammenhang mit der Erhebung des Prinzen, daß sich allein von daher der Schluß auf sachliche Zusammengehörigkeit geradezu aufdrängt, steht ein grundlegender Umschwung der westgotischen Religionspolitik auf seiten Leowigilds[86]. »In diesem Jahr,« so ver-

---

[84] Greg. Magn., Dial. III 31.

[85] Greg. Tur., Hist. VIII 28. Näheres dazu bei K. F. Stroheker, Leowigild, S. 185.

[86] Gegenüber der allgemein verbreiteten Auffassung hat M. Torres, Las invasiones, S. 104 diese sachliche Beziehung der im folgenden zu behandelnden religionspolitischen Maßnahmen Leowigilds zum Aufstand Hermenegilds entschieden bestritten; im Blick auf das arianische Konzil von 580 (s. u.) sagt er: »Afirmar, como suele hacerse, que este concilio o conciliábulo es manifestación de la persecución sistemática de los católicos después de la conversión de Hermenegildo es dejarse llevar de la fantasía.« Aber es ist Torres selbst, der sich hat irreleiten lassen, wenn er wenige Zeilen weiter behauptet: »Los textos de Gregorio de Tours y San Isidoro registran persecuciones de tipo general, que no creemos deben ponerse en relación con la actitud de Hermenegildo, ya que, en realidad, se refieren a hechos diversos del reinado de Leovigildo anteriores y posteriores al año 579.« Denn abgesehen von der einen Notiz Isidors über den Beginn der Verbannung des Johannes von Biclaro (s. o. S. 140) weisen die Quellen mit wünschenswerter Deutlichkeit für die religionspolitischen Kampfmaßnahmen Leowigilds ausschließlich auf die Zeit nach 579.

merkt Gregor von Tours[87] zum fünften Jahr Childeberts II., das in der Zeit vom 29. November bis 8. Dezember 579 begonnen hat, »widerfuhr den Christen (= Katholiken) in Spanien eine große Verfolgung. Viele wurden in die Verbannung geschickt, des Vermögens beraubt, durch Hunger entkräftet, ins Gefängnis geworfen, gegeißelt und unter verschiedenen Qualen zu Tode gebracht.« Dem müssen die Angaben Isidors[88] zur Seite gestellt werden: Leowigild »löste, vom Fanatismus arianischen Unglaubens besessen, eine Verfolgung gegen die Katholiken aus und verwies sehr viele Bischöfe in die Verbannung. Einkünfte und Rechte der Kirchen hob er auf. Viele verleitete er durch Einschüchterung zur arianischen Seuche, die meisten täuschte er ohne Verfolgungsmaßnahmen durch Verführung mit Gold und Vermögenswerten. Er hat sich auch vermessen, neben den sonstigen Befleckungen durch seine Häresie Katholiken sogar wiederzutaufen, und zwar nicht nur aus dem Volk, sondern selbst aus dem geistlichen Stand wie Vinzenz von Saragossa, der vom Bischof zum Abtrünnigen wurde und so gewissermaßen aus dem Himmel in die Hölle gestürzt ist.« Diese beiden zusammenfassenden Berichte zeigen, daß Leowigild eine entschiedene und grundsätzliche Abwendung von der bisherigen religionspolitischen Haltung der westgotischen Herrschaft vollzogen hat durch den bewußten Versuch einer umfassenden Arianisierung der katholischen Elemente des Reiches. Der Gesamtcharakter seiner Maßnahmen wird bei Isidor deutlicher erkennbar als bei Gregor, der ganz mit gängigen Vorstellungen

---

[87] Greg. Tur., Hist. V 38: »Magna eo anno in Hispaniis christianis persecutio fuit, multique exiliis dati, facultatibus privati, fame decocti, carcere mancipati, verberibus adfecti ac diversis suppliciis trucidati sunt.« Die Verantwortung dafür fiele in erster Linie der Königin Goswintha zu. Doch diese letzte Behauptung verdient kein Vertrauen. Sie rührt daher, daß Gregor den Konflikt zwischen Goswintha und Ingunde den 580 beginnenden antikatholischen Maßnahmen zuordnet, was jedoch chronologisch nicht zutrifft, wie ein Vergleich mit Johannes von Biclaro zeigt.

[88] Isid., Hist. Goth. 50: »Denique Arrianae perfidiae furore repletus in catholicos persecutione commota plurimos episcoporum exilio relegavit. ecclesiarum reditus et privilegia tulit, multos quoque terroribus in Arrianam pestilentiam inpulit, plerosque sine persecutione inlectos auro rebusque decepit. ausus quoque inter cetera haeresis suae contagia etiam rebaptizare catholicos et non solum ex plebe, sed etiam ex sacerdotalis ordinis dignitate, sicut Vincentium Caesaraugustanum de episcopo apostatam factum et tamquam a coelo in infernum proiectum.« Isidor gibt keine Anhaltspunkte für die chronologische Untergliederung der Regierungszeiten der einzelnen Könige.

dramatisiert und schematisiert. Doch hat die Notiz Gregors trotz ihrer Stilisierung auch ihren Wert, und der liegt darin, daß sie den zeitlichen Einsatzpunkt für diesen Umschwung festgehalten hat. Johannes von Biclaro, der Chronist, der dem Geschehen am unmittelbarsten verbunden ist, da er persönlich von den Maßnahmen Leowigilds betroffen wurde[89], der aber dennoch in seiner Berichterstattung der Zurückhaltendste von allen ist, hat in der einzigen Notiz, in der er der Religionspoltik Leowigilds Erwägung tut, nähere Angaben gerade über ihren Anfang gemacht. Dabei zeigt sich, daß des Königs Vorgehen weit davon entfernt war, der unkontrollierte Ausbruch eines blinden konfessionellen Zelotentums zu sein, wie es Isidors Notiz auf den ersten Blick vermuten lassen könnte.

Im Jahre 580, so vermeldet der Biclarenser, berief Leowigild eine arianische Reichssynode nach Toledo[90]. Der wesentliche und vielleicht sogar der einzige Verhandlungsgegenstand dieser Synode war, wie es später die zum katholischen Bekenntnis übergetretenen arianischen Bischöfe auf dem dritten toletanischen Konzil ausgedrückt haben, »die Überführung der Römer zur arianischen Häresie«[91]. Über den wesentlichsten Beschluß in dieser Frage unterrichtet wieder die Notiz des Johannes, der allem Anschein nach wörtlich aus dem publizierten Dekret der arianischen Synode zitiert[92]: »Die von der römischen Religion zu unserem katholischen

---

[89] S. o. S. 140.
[90] Joh. Bicl., Chron. ad a. 580,2.
[91] Conc. Tolet. III, anath. 16 (PL 84, Sp. 347 C): ». . . libellum detestabilem duodecimo anno Leovigildi regis a nobis editum, in quo continetur Romanorum ad haeresim Arrianam transductio . . .« Das zwölfte Jahr Leowigilds hat begonnen nach dem 1. August 579 (nach CIL XII 4312) und möglicherweise vor dem 14. November desselben Jahres (Joh. Bicl., Chron. ad a. 569,4 zeigt den Regierungsantritt Leowigilds für das dritte Jahr Justins II. an; nun rechnet Johannes zwar die Regierungsjahre des Herrschers nicht nach ihren Epochentagen, sondern gleicht sie den Kalenderjahren an, wobei offenbar das dritte Jahr Justins II. mit 569 n. Chr. identifiziert wird: s. Th. Mommsen, S. 208 f. seiner Ausgabe. Wenn aber die Datierung des Regierungsantritts Leowigilds in das dritte Jahr Justins nicht ein von Johannes berechneter Synchronismus ist, sondern aus seiner Quelle stammt, was durchaus denkbar ist, könnte damit doch das tatsächliche, vom 14. November 567 bis 13. November 568 reichende dritte Regierungsjahr des Kaisers gemeint sein).
[92] Joh. Bicl., Chron. ad a. 580,2 (vgl. dazu F. Görres, ThStKr 68, 1895, S. 130 f.): »De Romana religione ad nostram catholicam fidem venientes non debere baptizari, sed tantummodo per manus impositionem et communionis praeceptione ablui et gloriam patri per filium in spiritu sancto dare.«

Glauben Übergehenden[93] sollen nicht (erneut) getauft werden; sie sollen vielmehr nur durch die Handauflegung und Verpflichtung zur Kommunion gereinigt werden[94] und das Gloria dem Vater durch den Sohn im heiligen Geist darbringen.«

Die Vorstellung von der Ungültigkeit der von Häretikern vollzogenen Taufe hat das germanisch-arianische Christentum als ein in der griechischen Kirche des vierten Jahrhunderts weit verbreitetes Traditionselement[95] aufgenommen, und sie ist zu einem festen Bestandteil seines Kirchentums geworden. Durch die germanischen Wanderungsbewegungen wurde dieses Taufverständnis der arianischen Germanen in die Umwelt des abendländischen Katholizismus hineingetragen, in der eine entgegengesetzte Auffassung den Sieg errungen hatte und im Vollzuge ihrer Durchsetzung theologisch durchdacht und mit der Unterscheidung von Gültigkeit und Wirksamkeit begründet worden war. In dieser Umwelt mußte es mit der daraus sich ergebenden Praxis der Neutaufe Übertretender zur Abschließung der arianischen Kirche der germanischen Eroberer gegenüber den katholischen Romanen in den von ihnen gewonnenen Gebieten beitragen. Vor allem mußte es dann als ein wesentlicher isolierender Faktor neben dem Sonderbekenntnis wirken, sobald der »germanische« Arianismus sich grundsätzlich in die Lage versetzt fand, über die zunächst zwangsläufig durch den Gebrauch der gotischen Kirchensprache vorgegebene nationale Begrenzung hinauszutreten und unmittelbar auf die Romanen einwirken zu können, sobald er sich also im Zuge einer allgemeinen und fortschreitenden Romanisierung neben oder gar anstelle des Gotischen auch des Lateinischen bedienen konnte und mußte[96].

[93] »ad nostram catholicam fidem« ist einhellig überliefert und wird unnötigerweise von Th. Mommsen durch die Konjektur »a nostra catholica fide« ersetzt.

[94] »ablui« (gegenüber dem auch von Th. Mommsen aufgenommenen »pollui«) ist nur durch eine Randnotiz des J. B. Pérez zu einer seiner Handschriften erhalten; vgl. auch J. N. Hillgarth, Conversión, S. 45, Anm. 61.

[95] Vgl. Cyrill. Hieros., Procatech. 7; Athan., Or. c. Arianos II 42; Greg. Nyss., Or. catech. magn. 39 (an den beiden letzten Stellen Wirksamkeit und offenbar auch die Gültigkeit der Taufe abhängig von der damit verbundenen trinitarischen Doktrin!); Rezeption außerhalb der nizänischen Orthodoxie: Const. Apost. VI 15; Can. Apost. 46 f.; vgl. auch die sog. Dissertatio Maximini, § 77.

[96] Angesichts der Möglichkeit einer eindeutigen historischen Ableitung der arianischen Wiedertaufe ist die Auffassung, wie sie bei K. D. Schmidt, Bekehrung, S. 297 f. begegnet, die Wiedertaufe sei ein vom germanischen Arianismus zur Erschwerung des Übertritts in seine Reihen »aufgerichteter

Das ist zweifellos die für die Zeit Leowigilds vorauszusetzende
Situation; denn eine weit fortgeschrittene Romanisierung der Westgoten ist die notwendige innere Voraussetzung für die von Leowigild eingeschlagene Linie der Einheitspolitik und überhaupt schon
für die Möglichkeit des Entstehens einer solchen politischen Konzeption[97].

Mit dem Verzicht auf ihr überliefertes Taufverständnis und mit
der Angleichung an die abendländische katholische Tradition hat
die arianische Kirche des Westgotenreiches ein psychologisch wahrscheinlich ungemein wirksames Hindernis für den Übertritt von

---

Zaun«, indiskutabel. Sie gehört in den Zusammenhang der ebenso unhaltbaren Vorstellung von einem »grundsätzlichen Verzicht auf jede Werbung« seitens des gotischen Arianismus aus »völkischem Erhaltungswillen«
heraus (dazu s. o. S. 92, Anm. 66).

[97] Daß die Westgoten spätestens seit ihrer Ansiedlung in Gallien einem fortschreitenden Romanisierungsprozeß ausgesetzt waren, versteht sich von
selbst; vgl. dazu Walther von Wartburg, Die Entstehung der romanischen
Völker, Tübingen ²1951, S. 89—91 und Karte 3 (aufgrund der Untersuchungen von Ernst Gamillscheg, Romania Germanica I, 1934). Der Westgotenkönig Theoderich war durch den nachmaligen Kaiser Avitus mit Virgil und
dem römischen Recht vertraut gemacht worden (Sid., Carm. VII 495—498).
Eurich hatte Romanen mit einflußreichen Stellungen betraut; sein Gesetzbuch ist römisch-rechtlich geprägt und lateinisch abgefaßt. Für das Eindringen des Lateinischen in den arianisch-kirchlichen Raum der Goten um
die Wende vom 5. zum 6. Jahrhundert gibt es Hinweise aus dem ostgotischen Bereich Italiens nicht nur in Gestalt von Fragmenten zweispra-
chiger, gotisch-lateinischer Bibelhandschriften (Zusammenstellung bei Wolf-
gang Krause, Handbuch des Gotischen, München ²1963, S. 18 f.), sondern
vor allem auch darin, daß der Versuch unternommen worden ist, den lateinischen Bibeltext nach dem gotischen zu korrigieren (Text der altlateinischen
Brixener Evangelienhandschrift f und der gotisch-lateinischen Bilingue
Wolfenbüttel 4148: s. W. Streitberg in seiner Ausgabe der gotischen Bibel,
S. XLII—XLIV). Daß auch im westgotischen Raum das eigene Erbe früh-
zeitig in ähnlicher Weise mit dem der romanischen Umwelt zusammentraf,
darf man gewiß annehmen. Es gibt Hinweise dafür, daß im 5. Jahrhundert
im westgotischen Bereich der gotische Evangelientext nach dem altlateinischen revidiert worden ist (s. G. W. S. Friedrichsen, The Gothic Version of
the Gospels, Oxford 1926, S. 160 f.). — Für gotische Arianer wie Ugnas
und Murila, die zur Zeit Leowigilds in Barcelona und Palencia als arianische
Bischöfe möglicherweise allein das Feld behaupten konnten und die nach
ihrer Konversion als katholische Bischöfe dieser Städte fortwirkten, muß
das Auftreten in romanischer Sprach- und Denkweise eine Selbstverständlichkeit gewesen sein, ohne die ihre Wirksamkeit nicht zu erklären wäre.
Der arianische Bischof Froisclus von Tortosa gibt seinen Namen (Frawigisil:
s. Ernst Förstmann, Altdeutsches namenbuch, 1. Bd., Bonn ²1900, Sp. 518
u. 648) in romanisierter Form.

Katholiken aus dem Wege geräumt und so einen wesentlichen
Schritt getan, ihre eigene Ausgangsposition für ein Übergreifen in
den Raum der katholisch-romanischen Bevölkerung zu verbreitern.
Auf jeden Fall ist der Beschluß des arianischen Reichskonzils zu
Toledo von katholischen Zeitgenossen so aufgefaßt und als bedrohlich empfunden worden. Ein so aufmerksamer und kompetenter
Beobachter wie Johannes von Biclaro sieht in ihm die Voraussetzung für die Erfolge der Arianisierungsmaßnahmen Leowigilds[98]. Man wird berechtigt sein, seine Stellungnahme als paradigmatisch für die katholische Bekenntnisfront zu betrachten. Die
Verantwortung für diesen religionspolitisch gezielten und wir-
kungsvollen Synodalbeschluß legt Johannes dem König bei, und
sicher ist es in der Tat dessen Initiative und Verlangen gewesen,
denen das Konzil gefolgt ist. Der arianische Episkopat hat sich bereitfinden müssen, die von den Homousianern vollzogene Taufe als
gültig anzuerkennen — wenn bislang die Gültigkeit der Taufe in
einem Abhängigkeitsverhältnis speziell zur trinitarischen Lehre gesehen wurde, bedeutete das allerdings sehr viel[99] — und damit
eine traditionsbedingte Eigenart des arianischen Kirchentums aufzugeben.

Von einer Selbstaufgabe des Arianismus oder einer Verwischung
der wesentlichen bestehenden Unterschiede des Bekenntnisses ist
man damit jedoch noch sehr weit entfernt. Die bekenntnismäßige
Stellung wird — und es besteht kein Anlaß zu der Annahme, der

[98] Chron. ad a. 580,2: »Per hanc ergo seductionem plurimi nostrorum cupidi-
date potius quam impulsione in Arrianum dogma declinant.« Johannes geht
sogar so weit, den Beschluß, dessen Neuerung doch lediglich eine der katholischen Tauflehre entsprechende Praxis bringt, als die Ergänzung der alten
Irrlehre durch einen neuen Irrtum zu bezeichnen (a. a. O.: »Leovigildus
rex . . . synodum . . . congregat et antiquam haeresem novello errore emen-
dat . . .«)! Auf die Form des Gloria kann er damit ja schwerlich abzielen, da
diese als arianische Tradition nichts Neues darstellte. Anders ist es auf dem
dritten toletanischen Konzil, wo bei der Verwerfung des Synodalbeschlusses
von 580 die anstößige doxologische Formel in den Vordergrund rückt (Conc.
Tolet. III, anath. 16); aber auch hier wirkt offenbar der Schock nach, den
der Beschluß über die Taufpraxis für die katholische Kirche bedeutet zu
haben scheint, wenn die übergetretenen Arianer das Synodaldekret von 580
ausdrücklich neben der Synode von Rimini (anath. 17) verwerfen müssen.

[99] Man muß sich zudem noch vor Augen halten, daß die katholische Kirche
Spaniens die Taufe nicht durch dreifache, sondern nur durch einfache Immersion vollzog (vgl. o. S. 127); für die Tradition, der der germanische
Arianismus verbunden war, bedeutete das einen zusätzlichen schweren Anstoß (vgl. Can. Apost. 50).

König habe es anders gewollt — vielmehr eindeutig und klar festgehalten und markiert, wenn von den Übertretenden der Gebrauch der doxologischen Formel in der von Johannes von Biclaro angeführten Gestalt verlangt wird. Gewiß stellt die damit vom Arianismus bewahrte ältere Form der Doxologie[100] an sich keine vom Standpunkt der nizänischen Orthodoxie nicht vertretbare Aussage dar. Aber sie war nun einmal im nizänischen Bereich durch die in dessen Sinn eindeutigere kopulative Form verdrängt und damit zu einem Unterscheidungsmerkmal für die Stellung in der Trinitätslehre geworden[101]. Als solches mußte sie vor der Einführung des nizänokonstantinopolitanischen Credos in die Liturgie — in Spanien durch das Konversionskonzil von 589[102] — allein das wesentliche Kriterium sein, an dem sich arianischer und katholischer Gottesdienst voneinander schieden. Daher kam ihr Gebrauch tatsächlich einem Bekenntnis gleich, und als solches mußte sie allgemein aufgefaßt werden[103].

Trotzdem ist natürlich die Frage berechtigt, ob die Neuerung des Konzils im Episkopat nicht auch Widerstand oder doch Bedenken und innere Vorbehalte fand. Für ihre Beantwortung allerdings gibt es keine eindeutigen Anhaltspunkte. Immerhin aber ist zu beachten, daß noch 589 in Toledo die zum katholischen Bekenntnis übergetretenen Arianer den für verworfen erklären, »der die

---

[100] Vgl. Orig., De orat. 33,1.6.
[101] Vgl. Theodoret, Hist. eccl. II 24; Greg. Tur., Hist. VI 40; Josef Andreas Jungmann, Die Stellung Christi im liturgischen Gebet (Liturgiewissensch. Quellen u. Forschungen 19/20), Münster ²1962, S. 151 ff.
[102] Conc. Tolet. III, c. 2.
[103] Vgl. Conc. Tolet. III, anath. 14. — K. F. Stroheker, Leowigild, S. 175 meint, die Synode sei auch im Blick auf die Trinitätslehre dem Katholizismus entgegengekommen; nach H. v. Schubert, Staat, S. 100 gehören sowohl die arianische Rezeption einheimischer katholischer Kulttraditionen Spaniens (s. u. S. 182 ff.) als auch die später bei Leowigild feststellbare Aufweichung der arianischen Position (s. u. S. 184 ff.) zu den Gegenständen des Konzils von 580. Weder für die eine noch für die andere Vermutung gibt es Anhaltspunkte. Konzessionen in der Trinitätslehre müssen angesichts des Bestehens auf der arianischen doxologischen Formel für äußerst unwahrscheinlich gelten. Die Doxologie war, jedenfalls im praktischen kirchlichen Leben, nun einmal das Schibboleth für die trinitarische Lehrmeinung, und noch 584 beinhaltete die arianische Formel — im Bewußtsein einfacher Katholiken wird sie wohl für die Häresie selbst gegolten haben — nach Greg. Tur., Hist. VI 40 für einen westgotischen Arianer das Bekenntnis zu einer homoeischen Theologie, die nicht im Sinne der Greg. Tur., Hist. VI 18 wiedergegebenen Aussagen Leowigilds (s. u. S. 184) abgeschwächt ist.

gotteslästerliche Praxis der Wiedertaufe jetzt oder in Zukunft für
gut hält und sie jetzt oder in Zukunft betreibt«[104]. Dieser Anathematismus könnte davon ausgehen, daß die Wiedertaufe und das
ihr zugrundeliegende Taufverständnis der arianisch-ostkirchlichen
Tradition auch noch 589 lebendig war; er könnte allerdings aber
ebensogut auch dadurch bedingt sein, daß sie dem katholischen
kirchlichen Bewußtsein so fest als markanter Irrtum des Arianismus
eingewurzelt war, daß ihre ausdrückliche Verwerfung trotz der
vom Arianismus selbst bereits vollzogenen Abkehr immer noch von
einer glaubwürdigen Absage an das arianische Bekenntnis gefordert wurde. Auch Isidors Angabe, Leowigild habe Katholiken
wiedertaufen lassen, läßt sich so aus der Nachwirkung einer üblichen Identifikation von Übertritt zum Aranismus mit dem Empfang der Wiedertaufe erklären[105]. Die Voraussetzung dieser Identifikation in einem Rekonziliationsformular der westgotischen Liturgie[106] mag dagegen eine noch in die Zeit vor der Entscheidung von
580 zurückführende liturgische Tradition darstellen. Je gründlicher
übrigens für das katholische Bewußtsein Übertritt zum Arianismus
und Wiedertaufe in eins gesetzt wurden, desto wirksamer mußte
der Schritt der arianischen Kirche, auf die Wiedertaufe zu verzichten, sein.

[104] Conc. Tolet. III, ananth. 15: »Quicumque rebaptizandi sacrilegum opus
bonum esse credit aut crediderit, agit aut egerit, anathema sit.«
[105] Isidors Bericht (Hist. Goth. 50, s. o. S. 158, Anm. 88) stellt die Verführung vieler zur Annahme des arianischen Bekenntnisses und die Wiedertaufe von Katholiken als verschiedene »Verfehlungen« Leowigilds nebeneinander und bezeichnet die letzte als besonders schwerwiegend. Der
Grund dafür ist, daß Isidor hier verschiedene Quellen verwertet und miteinander verbindet, zuerst die Chronik des Johannes von Biclaro, ver-
mehrt um zusätzliche Angaben aus weiteren Informationen oder eigenem
Wissen, und dann eine Quelle, in der die Apostasie des Bischofs Vinzenz
von Saragossa berichtet und zugleich auch das Stichwort der Wiedertaufe
gegeben wurde, vermutlich entweder die verlorengegangene Chronik des
Bischofs Maximus von Saragossa (vgl. Isid., Vir. ill. 46; vgl. auch Hugo
Hertzberg, Die Historien und die Chroniken des Isidorus von Sevilla, Phil.
Diss., Göttingen 1874, S. 65 ff.) oder die ebenfalls nicht erhaltene Streit-
schrift des Severus von Málaga gegen Vinzenz (vgl. Isid., Vir. ill. 43).
F. Görres, ZwissTh 42 (1899), S. 286 meint, Vinzenz sei noch vor dem
Konzil von 580 übergetreten und daher wiedergetauft worden; dafür, daß
in der Tat der Übertritt des Bischofs zum Arianismus nicht allzu lange
nach 579 anzusetzen sein wird, s. u. S. 180, Anm. 153.
[106] Liber ordinum, ed. Férotin Sp. 103 f.

b) Die Durchführung der arianischen Religionspolitik

Das arianische Reichskonzil hatte sich bereitgefunden oder bereitfinden müssen, eine geeignete Grundlage und Ausgangsposition für die auf breitere Wirkung abgezielte Arianisierungspolitik des Königs zu schaffen. Ihre Durchführung erfolgte offenbar in erster Linie durch Vergünstigungen und Zuwendungen an übertretende Katholiken, wie aus der Andeutung des Johannes von Biclaro, es sei als Motiv für den Übertritt zum Arianismus vor allem Begehrlichkeit in Betracht gekommen[107], und auch aus den Angaben Isidors zu ersehen ist. Aber darüber hinaus wurden wohl auch Einschüchterungsversuche unternommen, die angesichts des Rufes, den Leowigild seine rücksichtslose Durchsetzung der Königsmacht gegenüber der gotischen Aristokratie eingebracht hatte[108], und der tatsächlichen Machtposition, die er sich hatte verschaffen können, gewiß auf manchen ihre Wirkung nicht verfehlen mochten. Aktionen blutiger Unterdrückung dagegen sind sicherlich weder vorgesehen noch allgemein durchgeführt worden. Kein Einzelbericht, keine martyriologische Tradition, nicht die geringste Andeutung bei den spanischen Berichterstattern konkretisiert oder bestätigt die gegenteiligen allgemeinen Behauptungen des Gregor von Tours. Anzunehmen ist, daß die königliche Religionspolitik im wesentlichen auf die Angehörigen und Vertreter der herrschenden Schicht gerichtet war, die allein als politische Faktoren ins Gewicht fielen. Wurden sie für die arianische Kirche gewonnen, so konnte der als politische Aufgabe weniger dringliche Übergang wenigstens eines großen Teiles der abhängigen oder einflußlosen Bevölkerungsschichten als eine auf die Dauer von selbst eintretende Folge erhofft werden.

Das von den zeitgenössischen Geschichtsschreibern in großen Zügen übermittelte Bild wird an einem Punkt näher ausgemalt und anschaulich gemacht durch die hagiographische Darstellung der Geschicke des Metropoliten Masona von Mérida, die in den Vitae

---

[107] S. o. S. 162, Anm. 98. Man wird diese Notiz kaum allein auf Rechnung der rechtgläubigen Borniertheit, die für den Übertritt zur Häresie nur amoralische Motive sehen kann, setzen dürfen. Sie paßt durchaus zum Gesamtbild der religionspolitischen Situation unter Leowigild.

[108] Isid., Hist. Goth. 51: »Extitit autem et quibusdam suorum perniciosus: nam quoscumque nobilissimos ac potentissimos vidit, aut capite truncavit aut proscriptos in exilium egit ...« Vor allem aber Greg. Tur., Hist. IV 38: »... interficiens omnes illos qui reges interemere consueverant, non relinquens ex eis mingentem ad parietem.«

Patrum Emeritensium überliefert ist[109]. Masona hatte sein Amt bereits vor 573 angetreten[110]. Seine Auseinandersetzung mit Leowigild begann im Jahre 582, nachdem der König die zunächst Hermenegild zugefallene lusitanische Hauptstadt wieder in seine Hand gebracht hatte[111]. Von diesen politisch-militärischen Ereignissen schweigt übrigens die Darstellung der Vitae, ebenso wie sie die Maßnahmen Leowigilds gegen Masona nicht in einen politischen, auch nicht religionspolitischen Gesamtzusammenhang einordnet. Für sie ist genusgemäß die Auseinandersetzung zwischen dem katholischen Bischof und dem arianischen Herrscher ein Zusammenstoß der Repräsentanten göttlicher und teuflicher Macht, und so kann von den geschichtsimmanenten Bezügen, in denen diese Auseinandersetzung steht, abgesehen werden. Der Kampf ergibt sich nach dieser Betrachtungsweise einfach daraus, daß Leowigild, »der schreckliche und grausame Westgotenkönig«, von dem begnadeten Wirken Masonas erfährt und sich allein darum sogleich, »mit teuflischem Rat gerüstet«, gegen ihn wendet[112]. An dem historischen Quellenwert der darauf gegebenen Darstellung des Geschehens der Auseinandersetzung im einzelnen braucht deshalb nicht gezweifelt zu werden.

Masona wird zunächst aufgefordert, zum arianischen Bekenntnis überzutreten, wobei er zugleich auch seine Gemeinde diesem Bekenntnis zuführen soll. Die Überredungsversuche werden dann in drastischer Weise unterstützt, zuerst durch das Angebot materieller Belohnung und dann durch Einschüchterungen. Weitergreifende Maßnahmen gegen den Bischof persönlich werden jedoch, als er sich auf diese Weise in seiner Glaubenstreue nicht erschüttern läßt,

[109] Vit. Patr. Emerit., opusc. V (= cap. IX—XXI); die Auseinandersetzung mit Leowigild: V 4—8 (= cap. X—XV).

[110] S. o. S. 139.

[111] Das ergibt sich daraus, daß Masona noch vor dem Tode Leowigilds (April/Mai 586) nach dreijähriger Verbannung in sein Bistum zurückkehren kann (Vit. Patr. Emerit., opusc. V 4,1; V 8), so daß also die Verbannung spätestens Anfang 583 erfolgt sein muß. Für die ihr voraufgehenden Auseinandersetzungen kommt man damit auf das Jahr 582, das zugleich auch wegen der früheren Zugehörigkeit Méridas zum Bereich Hermenegilds der früheste Termin ist.

[112] Vit. Patr. Emerit., opusc. V 4,2 f. Zu der stilgerechten Charakterisierung Leowigilds durch die Vitae s. J. N. Garvin, S. 444 f. seiner Ausgabe. Die literarische Form gibt die Erklärung für die Art der Schilderung Leowigilds, nicht »der fanatische Haß, den der Anonymus über den häretischen König und seine Leute ausschüttet« (H. v. Schubert, Staat, S. 95).

zunächst nicht ergriffen. Vielmehr wird der Kampf in den Bereich der Öffentlichkeit verlagert, indem Leowigild für Mérida einen arianischen Bischof ernennt, einen Goten namens Sunna[113], der selbstverständlich wie Leowigild selbst auch nur in den schwärzesten Farben dargestellt wird[114]. Dabei setzt die Darstellung der Vitae voraus, daß in Mérida eine arianische Gruppe existierte, und gibt an, daß Sunna zu deren Bischof bestellt worden sei[115]. Demnach — und das wird sich im weiteren Verlauf der Ereignisse bestätigen — ist der Arianer nicht zum Gegenbischof im engeren Sinn mit einem Masonas Absetzung implizierenden, sich als rechtlich gebenden Anspruch auf dessen Amt und Gemeinde eingesetzt worden[116]. Dieser Schritt bedeutet gewiß ein Zurückstecken der Front, da er die Aufgabe der Hoffnung anzeigt, den Übertritt des Metropoliten von Lusitanien selbst mit allen davon zu erwartenden unmittelbaren weiteren Gewinnen für den Arianismus herbeizuführen. Ebenso aber ist er zweifellos auch ein aggressiver Akt, der eine neue taktische Phase der religionspolitischen Auseinandersetzung auf dem emeritenser Schauplatz einleitet. Durch die Ernennung Sunnas erhält die arianische Gruppe Méridas eine Führung und organisatorische Zusammenfassung, die ihr die notwendige Geschlossenheit und Schlagkraft verleihen soll, nun auch innerhalb der katholischen Bevölkerung Verwirrung zu stiften, wie es der Verfasser der Vitae ausdrückt, und das will besagen, auf Expansion hinzuarbeiten und so von unten her wenigstens einen Teil des Terrains zu gewinnen, das von oben her nicht im ganzen zu erobern war.

Sunna nahm in Mérida sogleich »einige Basiliken, die auf königlichem Befehl mit allen ihren Privilegien in unerhörter An-

---

[113] Zur Namensform (Sunna/Siuma) s. J. N. Garvin, S. 451 f. seiner Ausgabe der Vit. Patr. Emerit.

[114] J. N. Garvin (S. 452 seiner Ausgabe der Vitae Patr. Emerit.) hat gezeigt, daß die opusc. V 5,3 gegebene negative Charakterisierung Sunnas in enger Anlehnung an die Vita Desiderii des Königs Sisebut geboten wird. Die Abhängigkeit von einer literarischen Vorlage spricht deutlich für die gattungsgeschichtliche und gegen die psychologische Erklärung der Art, in der die arianischen Gegner Masonas — und nicht nur diese (s. u. zu Nepopis) — in den Vit. Patr. Emerit. gezeichnet werden.

[115] Opusc. V 5,2: ». . . in eadem civitate episcopum Arrianae partis instituit.«

[116] Dieser Tatbestand wird von H. v. Schubert, Staat, S. 96 herausgestellt, der den Bericht der Vitae als Hinweis auf das von ihm — sicherlich zu Recht — angenommene königliche Besetzungsrecht der Bistümer in der westgotisch-arianischen Kirche auswertet.

maßung der Verfügungsgewalt ihres rechtmäßigen Bischofs entzogen waren«, in Besitz[117]. Diese Konfiskation katholischen kirchlichen Eigentums, mit der die äußeren Voraussetzungen für die Organisation der arianischen Gemeinde geschaffen werden, zeigt an,
daß bis zu diesem Zeitpunkt nicht nur keine bischöfliche, sondern
überhaupt keine arianische Gemeinde mit kultischem Zentrum und
Gottesdienst in Mérida bestanden hat[118]. Nachdem nun aber der
Arianismus so in der Stadt feste Form gefunden hatte, entfachte
Sunna sogleich eine kräftige Agitation — vermutlich ohne großen
Erfolg — und faßte bald auch einen darüber hinausgehenden Plan,
die Verbreitung seines Bekenntnisses wirksamer zu fördern. Von
beherrschender religiöser Bedeutung und großer Popularität muß
in dieser Zeit in Mérida der auch sonst verbreitete Kult der heiligen
Eulalia gewesen sein[119], einer emeritenser Märtyrerin der diokletia-
nischen Verfolgung[120]. Sie galt als machtvolle Schutzpatronin der

[117] Opusc. V 5,4: »Hic iamdictus perfidiae auctor dum in urbem Emeritensem
adveniens quasdam basilicas cum omnibus earum privilegiis praecipiente
rege sublatas ausu temerario de potestate proprii pontificis sibimet aggre-
diens usurparet . . .«
[118] E. A. Thompson, Conversion, S. 17 hält es allerdings für möglich, daß eine
arianische Gemeinde früher doch bestanden habe, aber im Zuge des An-
schlusses der Stadt an Hermenegild die arianischen Geistlichen vertrieben
und die arianischen Kirchen der katholischen Gemeinde übertragen worden
seien. Denn es sei »hardly credible that there was no Arian community
in so important a center at so late a date as 582«. Aber nicht unbedingt;
denn man darf sich die Zahl und Dichte der arianischen Bistümer doch
sicher nicht als sehr groß vorstellen. Zwar könnte man für Thompson
geltend machen, daß Mérida um die Mitte des Jahrhunderts unter Agila
eine Zeit lang Residenz des westgotischen Königs gewesen zu sein scheint
und als solche doch wohl auch einen arianischen Bischof in seinen Mauern
gesehen haben mochte. Doch ist vorstellbar, daß ein solches Bistum als
im wesentlichen an den Hof gebunden nach Toledo verlegt worden ist, als
Athanagild dieses zur Residenz und zur endgültigen Hauptstadt erhob —
für die westgotisch-arianischen Bistümer braucht ja kaum mit der gleichen
festen lokalen Bindung gerechnet zu werden, wie sie den katholischen eigen
ist. Unter den in Lusitanien ansässigen gotischen Familien scheint demgegenüber das katholische Bekenntnis einige Verbreitung gehabt zu haben:
Masona, Johannes von Biclaro und die katholischen Teilnehmer am Erhebungsversuch des Segga (s. u. S. 199).
[119] S. dazu J. N. Garvin, S. 276—278 seiner Ausgabe der Vit. Patr. Emerit.
und die dort genannte Literatur. Einen allerdings methodisch wohl unzu-
reichenden Versuch, religionsgeschichtliche Beziehungen des Eulalia-Kultes
aufzudecken, bietet Georg Fliedner, Das Weiterleben der Ataecina, ThStKr
104 (1932), S. 111—120.
[120] Prud., Peristeph. III.

Stadt[121], und selbstverständlich war ihr auch eine eigene Basilika geweiht, die vor den Toren gelegen haben muß[122]. Diese Basilika war noch von des Masona Vorgänger Fidelis neu ausgebaut und erweitert worden[123], Masona selbst hatte an ihr vor seiner Erhebung zum Bischof priesterlichen Dienst versehen[124], und ihre Bedeutung für das tatsächliche religiöse und kirchliche Leben der Bevölkerung scheint die der eigentlichen Bischofskirche[125] weit übertroffen zu haben[126]. Sie trachtete Sunna nun in Besitz zu bekommen. Damit war zweifellos die Absicht verbunden, dem arianischen Bekenntnis unter dem Zeichen der heiligen Eulalia zum Sieg und Durchbruch unter den Romanen zu verhelfen, eine Absicht, die aber nicht im Sinne bloß taktischer Erwägungen vordergründig mißdeutet werden darf, wie noch in anderem Zusammenhang zu erörtern sein wird[127].

Nach dem Bericht der Vitae hat Sunna zunächst auf eigene Faust, aber erfolglos versucht, die Eulalia-Basilika zu besetzen, und dann an den König das Ansinnen gestellt, sie zugunsten der arianischen Gemeinde zu konfiszieren. Doch zu einer solchen direkten Aktion konnte sich Leowigild nicht bereitfinden, obwohl ihm selbst die dem Plan Sunnas zugrundeliegende Haltung nicht fernlag. Es wurde vielmehr angeordnet, so weiß der Erzähler zu berichten, daß eine Disputation zwischen Sunna und Masona stattfinden solle in Gegenwart königlicher Richter. Der in diesem Kampfgespräch obsie-

[121] Vgl. Hyd., Chron. 182 (zum Jahre 456): »Theudericus Emeritam depraedari moliens beatae Eulaliae martyris terretur ostentis.« Theoderich hatte damals infolge des Sturzes des Kaisers Avitus eiligst seine spanische Expedition abbrechen und nach Gallien zurückkehren müssen (vgl. Hyd., Chron. 186).

[122] Vit. Patr. Emerit., opusc. V 8,17: bei der Rückkehr aus der Verbannung kommt Masona zunächst zur Eulaliabasilika und betritt erst dann die Stadt; vgl. auch V 5,10—12. V 11,2 f.: die österliche Prozession von der Bischofskirche zur Eulaliabasilika muß ein Stadttor passieren.

[123] Vit. Patr. Emerit., opusc. IV 6,8.

[124] Vit. Patr. Emerit., opusc. V 3,2.

[125] Zu dieser s. J. N. Garvin, S. 407—409 seiner Ausgabe der Vit. Patr. Emerit. und die dort genannte Literatur.

[126] J. N. Garvin, S. 276 seiner Ausgabe der Vit. Patr. Emerit. (aufgrund von opusc. IV 4,8; 10,1; 2,9; V 5,19; 13,8; 8,17; 11,2): »It was to the church dedicated to St. Eulalia that Bishops Paul and Fidelis betook themselves to die. Thither Paul and Masona went to pray for help and advice. Masona made it his first stop on his return from exile. Processions were regularly held to it on Easter after Mass in the Cathedral.«

[127] S. u. S. 182 ff.

genden Seite sollte dann die Basilika der Heiligen zugesprochen
werden. Als diese Disputation nun unter ungünstigen Bedingungen
— fast alle Richter seien Arianer gewesen — erfolgt sei, habe Masona dank Beistand des heiligen Geistes sich und sein Bekenntnis
als überlegen erwiesen und sogar einen Teil der Anhänger seines
Gegners zu überzeugen vermocht. Es besteht kein Grund zum
Zweifel daran, daß diese Überlieferung in ihren wesentlichen Angaben zutrifft. Leowigild war offenbar nicht gewillt, in der 582 noch
immer äußerst kritischen Gesamtsituation durch Einsatz von offener
Gewalt an einem so neuralgischen Punkt, wie es die Frage des
Besitzes der Eulalia-Basilika sein mußte, den Bogen seiner religionspolitischen Maßnahmen in Mérida zu überspannen. Statt
dessen versuchte er, dem Arianismus Gelegenheit zu geben, sich
durch einen moralischen Sieg vor einem öffentlichen Forum als
Verfechter der göttlichen Wahrheit zu erweisen und darauf —
gewissermaßen durch ein Gottesurteil — einen Rechtsanspruch an
der Heiligen zu gründen. Daß dabei das Risiko eines gewaltigen
und unter Umständen bedrohlichen Prestigeverlustes für den Arianismus mindestens in Mérida eingegangen wird, zeigt, daß bei
Leowigild nicht allein taktische Überlegungen eine Rolle spielen.
Es muß bei ihm vielmehr auch die Überzeugung lebendig gewesen
sein, das arianische Bekenntnis werde sich kraft seines Wahrheits-
gehaltes und des um dessentwillen erwarteten göttlichen Beistandes
durchsetzen.

Als einen Versuch, den Folgen der unerwarteten Niederlage und
des schwerwiegenden Prestigeverlustes der arianischen Seite zu
begegnen, wird man das Weitere ansehen können. Nach den Angaben der Vitae hat zunächst Sunna weitere Klagen bei Hofe gegen
Masona vorgebracht. Welchen Inhalt diese Klagen hatten, wird
nicht gesagt. Auf jeden Fall aber entschloß sich Leowigild, sei es
nun aufgrund solcher Klagen, sei es aus davon unabhängiger eigener Initiative, bald dazu, nun doch energischer vorzugehen, Masona
aus Mérida zu entfernen und damit den katholischen Widerstand
in der Stadt seines Hauptes zu berauben. Masona wird nach Toledo
zitiert und von dort schließlich zur Verbannung in ein nicht näher
genanntes Kloster geschickt. Vorher aber hatte Leowigild beim
Verhör des Metropoliten zunächst noch einmal seinerseits den von
Sunna so erfolglos unternommenen Versuch aufgegriffen, der arianischen Kirche einen wesentlichen Anteil am Eulalia-Kult zu verschaffen. Er forderte Masona auf, ihm das der katholischen Gemeinde Méridas gehörende Gewand der Märtyrerin auszuliefern,

nach dem Bericht des emeritenser Hagiographen in der Absicht, die Reliquie in der arianischen Kirche zu Toledo zu deponieren. Natürlich verweigerte Masona die Auslieferung, und auch eine auf königlichen Befehl vorgenommene Durchsuchung der Eulalia-Basilika und der Episkopalkirche von Mérida brachte das Gewand nicht zum Vorschein — Masona soll es nämlich um seinen Leib gewickelt bei sich getragen haben.

Masonas Verbannung fand in Mérida dann noch ein innerkirchliches Nachspiel. Denn obwohl er nach wie vor als der rechtmäßige Bischof betrachtet werden mußte, wird doch »für ihn ein falscher Bischof namens Nepopis gewählt und tritt in Mérida an die Stelle des Gottesmannes«[128]. Wenn diesem auch der emeritenser Anonymus keine überzeugenden Qualifikationen zuspricht — für ihn ist Nepopis »ein Mann unheiliger Art, ein Diener des Teufels, ein Engel Satans und ein Vorbote des Antichrist«[129] — so bezeichnet er ihn doch auf jeden Fall nicht als Häretiker, und es kann kein Zweifel daran bestehen, daß Nepopis katholischer Bischof war[130]. Seine Erhebung mußte auch abgesehen davon, daß der Stuhl von Mérida noch nicht im kanonischen Sinne erledigt war, als unkanonisch gelten, weil er bereits ein anderes Bistum innehatte. Der Bericht der Vitae gibt keinen Anlaß zu der Annahme, daß diese überaus fragwürdige Neubesetzung von Mérida eine Aktion Leowigilds gewesen oder auf dessen Initiative erfolgt sei[131], und es ist kaum

---

[128] Vit. Patr. Emerit., opusc. V 6,29: »Posthaec subrogatur ei pseudosacerdos Nepopis quidam nomine atque in locum viri Dei in Emeretensem urbem substituitur.«

[129] A. a. O.: ». . . homo namque profanus servus sane diaboli angelus satanae praenuntius antichristi . . .« Alles das muß Nepopis natürlich sein als Gegner des Heiligen, in dessen Bistum er sich eindrängt und das er später gar noch zu berauben versucht haben soll (opusc. V 8,8—11). Er kann gar nichts anderes sein als das genaue Gegenbild Masonas: »Quantum vir Dei crescebat virtutibus copiosis econtra ille foedebatur actis nefandis.« Aus diesem Grunde auch und nicht, weil »es sich hier auch um eine Aktion von seiten des Königs . . . handelt« (H. v. Schubert, Staat, S. 96), ist er nur ein »pseudosacerdos«. Die in J. N. Garvins Ausgabe kenntlich gemachten Anleihen bei der Vita Desiderii des Königs Sisebut, zu denen auch das Wort pseudosacerdos gehört, machen den topischen Charakter der Schilderung besonders deutlich.

[130] Die von J. B. Pérez herrührende Kapitelüberschrift hat ihn unbegründet und ungerechtfertigt als Arianer bezeichnet, und dieser Irrtum hat weitere Verbreitung erfahren; s. J. N. Garvin, S. 473 seiner Ausgabe.

[131] Die Selbstverständlichkeit, mit der etwa H. v. Schubert, Staat, S. 96 das voraussetzt, als gäbe es keine Alternative, und als Anlaß zu der Vermutung

wahrscheinlich, daß der unbekannte Autor sich einen solchen, nach
seinen Maßstäben den Eindringling in höchstem Grade kompromit-
tierenden Tatbestand hätte entgehen lassen, wäre davon in der
Überlieferung die Rede gewesen. Eher dürfte es sich um das Unternehmen eines ehrgeizigen und rücksichtslosen Prälaten gehandelt
haben, der in Mérida über eine gewisse Gruppe von Anhängern
verfügte[132] und meinte, mit deren Hilfe die von Leowigild geschaf-
fene Situation dazu ausnutzen zu können, sich das reiche und angesehene Bistum und damit zugleich den Metropolitansitz von
Lusitanien anzueignen. Wenn durch solche Usurpation innere Spannungen in der katholischen Kirche entstanden, konnte das der arianischen Religionspolitik nur recht sein. Im übrigen bestätigt der
Vorfall, wenn auch an einem etwas fatalen Beispiel, was auch eine
Analyse der Unterzeichnerliste des dritten toletanischen Konzils
sehr wahrscheinlich macht[133], daß nämlich auch nach dem Einsetzen

nimmt, Nepopis sei »ein der Leuvigildschen Unionspolitik freundlich ge-
sinnter Katholik« gewesen (S. 96, Anm. 2), ist keinesfalls berechtigt.
[132] Vit. Patr. Emerit., opusc. V 8,11.
[133] Die Unterzeichnerliste des dritten Toletanums von 589 führt neben den
übergetretenen, vorher arianischen Bischöfen 53 anwesende katholische
Bischöfe auf. Daß die Liste die Reihenfolge der Unterzeichnung nach dem
Dienstalter mit einiger Zuverlässigkeit eingehalten haben muß, zeigt ein
Vergleich mit den Unterzeichnerlisten der anderen Konzilien der Zeit
Rekkareds (s. die Zusammenstellung im Anhang, S. 259 ff). Nun führt die
toletanische Liste von 589 den Metropoliten Pantardus von Braga und den
Bischof Johannes von Dumio auf. Es erscheint die Annahme gerechtfertigt,
daß beide unmittelbare Nachfolger des am 20. März 579 verstorbenen Martin von Braga und Dumio sind; für Johannes wird diese Annahme be-
kräftigt durch seine Stellung in der Reihenfolge der — einschließlich der
übergetretenen Arianer — 57 einfachen Bischöfe der Unterzeichnerliste: er
nimmt unter ihnen die 17. Stelle ein, woraus hervorgeht, daß seine Ordination in einigem Abstand vor dem Datum des Konzils anzusetzen ist. Die
Namen des Pantardus und des Johannes bilden somit chronologische Fix-
punkte in der Liste (vgl. o. S. 143, Anm. 32 zur Bestimmung des Ordina-
tionstermis des Leander von Sevilla). Mit ihrer Hilfe läßt sich feststellen:
von den 53 oder, da man den vom zweiten bracarenser Konzil 572 her bekannten, in Toledo durch Pantardus von Braga vertretenen Nitigis von
Lugo mitzählen kann, 54 altgläubig katholischen Bischöfen der toletaner
Liste sind 34 (fast 63 %) erst seit 579 ordiniert worden, unter ihnen 26
(von 43, d. h. 60,5 %) im westgotischen Stammland (ohne das 585 annek-
tierte suewische Gebiet). Daß nicht anzunehmen ist, sie alle seien nur in
dem einen Jahr bis zum feststellbaren Einsetzen des arianischen Kurses
Leowigilds und in den ersten drei Jahren der Regierung Rekkareds zu
ihrer Würde gelangt, zeigt eben das Unternehmen des Nepopis in Mérida,
bei dem es sogar um einen Metropolitansitz geht.

der arianischen Religionspolitik Leowigilds eine Neubesetzung
vakant gewordener katholischer Bistümer durchaus möglich war
und auch geübt wurde.

Neben dem zusammenhängenden und detaillierten Bericht über
die Entwicklung in Mérida sind noch einige wenige andere Nachrichten über einzelne Ereignisse, die das Verhältnis Leowigilds zur
katholischen Kirche oder zum katholischen Bekenntnis widerspiegeln, überliefert. Da ist zunächst der stets im Zusammenhang der
religionspolitischen Maßnahmen mit aufgeführte Fall des im fränkischen Bourges beheimateten Bischofs Fronimius von Agde zu
nennen[134]. 579 hatte Fronimius auf Hermenegilds Braut Ingunde
im katholischen Sinne eingewirkt und damit möglicherweise entscheidend zu ihrer späteren Haltung beigetragen. Noch im gleichen
oder mindestens im folgenden Jahr[135] mußte er sich aus seinem Bistum auf fränkisches Gebiet flüchten, weil er sich auf dem Boden der
Herrschaft Leowigilds nicht mehr sicher fühlte. Es sei ihm nämlich
zugetragen worden, daß Leowigild einen Abgesandten mit Mord-
auftrag gegen ihn in Bewegung gesetzt habe. Man wird diesen Fall
aber kaum als typisch für Leowigilds Maßnahmen zur Durchführung einer arianischen Religionspolitik ansehen dürfen. Eher scheint
die Feindschaft des Königs, von der Fronimius sich bedroht sah —
mag nun die Einzelheit des entsandten Mörders den Tatsachen entsprechen oder nicht — davon bestimmt gewesen zu sein, daß der
agathenser Bischof als wesentlich mitverantwortlich für die zum
Aufstand Hermenegilds führende Entwicklung galt. Seine indirekte
Vertreibung aus dem westgotischen Gebiet gehört dann aber nicht
in den Zusammenhang der eigentlichen Religionspolitik, sie ist nur
eine Reaktion auf die religionspolitische Zuspitzung, die der Aufstand des Königssohnes erhalten hatte.

Von den zahlreichen Bischöfen, die nach Isidors Angaben das
Los der Verbannung getroffen haben soll, kennen wir nur Leander,
für dessen Fall besondere Umstände vorlagen, und Masona, dessen
Verbannung, wie festgestellt, erst nach einem längeren Vorspiel
und nicht als unmittelbare und zwangsläufige Folge seines Fest-
haltens am katholischen Bekenntnis verfügt wurde. Als nicht

---

[134] Greg. Tur., Hist. IX 24.
[135] Fronimius erhält im 13. Jahr Childeberts II. (beginnend zwischen 29. November und 8. Dezember 587) und zugleich im neunten Jahr nach dem
Verlust des agathenser Bistums dasjenige von Vence. Somit kommt man
für seine Flucht aus Agde auf 579/80. Als Bischof ohne Sitz unterzeichnet er
beim Konzil von Mâcon 585.

bischöflicher Verbannter kommt noch der Mönch Johannes von Biclaro hinzu[136]. Dieser spärliche Quellenbefund muß aber stets in
Beziehung zu der Tatsache gesehen werden, daß Einzelnachrichten
über die Bistümer des westgotischen Reiches und ihre Inhaber in
diesen Jahren sonst so gut wie überhaupt nicht vorliegen. Es besteht
demnach keine Möglichkeit, die Angabe Isidors zu überprüfen, aber
auch kein Grund, sie völlig in Zweifel zu ziehen; es mögen sehr
wohl in einer Reihe von Bistümern Maßnahmen ähnlicher Art statt-
gehabt haben, wie es diejenigen waren, von denen Masona betroffen wurde. Masona und Johannes sind beide Katholiken gotischer
Nationalität[137]. Aber diesem Umstand ist wohl kaum besondere
Bedeutung für die Beurteilung der Religionspolitik Leowigilds in
einer Zeit, da er die Verfassungskonzeption des Zweivölkerstaates
aufgibt, beizumessen[138]. Es ist eher ein Zufall der Überlieferung,

[136] E. A. Thompson, Conversion, S. 20, Anm. 81 hält die Angaben Isidors für
eine Verallgemeinerung aufgrund der Fälle des Masona und des Johannes
sowie der Beschlagnahme katholischer Basiliken in Mérida. Aber es scheint
doch methodisch eher geboten, von Isidor her die zufällig überlieferten
Einzeltatsachen als paradigmatisch für die Gesamtsituation aufzufassen,
statt umgekehrt den Bestand der zufälligen Überlieferung zum Maßstab
für die Beurteilung der Angaben Isidors zu erheben. Was weiß man etwa
— um nur im Bereich der Kirchenprovinz Isidors zu bleiben — über die
Modalitäten der Einsetzung des arianischen Bischofs von Elvira zur Zeit
Leowigilds, die nur aus der Unterzeichnerliste des dritten toletanischen
Konzils erschlossen werden kann (s. u. S. 254, Anm. 28) und die Thompson
entgangen ist? Vgl. J. N. Hillgarth, Conversión, S. 31. Außerdem ist ganz
unwahrscheinlich, daß Isidors Angabe: »ecclesiarum reditus et privilegia
tulit« (sc. Leovigildus), eine Verallgemeinerung aufgrund des Berichtes der
Vit. Patr. Emerit. über die Okkupation katholischer Kirchen durch Sunna
ist, geht es doch hier und dort um einen jeweils ganz verschiedenen Sach-
verhalt. Eine Kenntnis der emeritensischen Vitae durch Isidor ist übrigens
gar nicht festzustellen.
[137] Masona: Vit. Patr. Emerit., opusc. V 2,1. — Johannes: Isid., Vir. ill. 44.
[138] E. A. Thompson, Conversion, S. 30 f. schließt dagegen aus diesem Quellenbefund, die religionspolitischen Zwangsmaßnahmen Leowigilds hätten
tatsächlich nur gotischen Katholiken gegolten, und nimmt an, »that in 580
Leovigild was trying to reach a compromise not between Arian Visigoths
and Catholic Romans but between Arian Visigoths and Catholic Visigoths,
and that the conversion of such men as Vincentius« (dazu s. u. S. 180),
»was incidental« (S. 31). Hier kommt einerseits die Bestreitung des Quel-
lenwertes der Angaben Isidors zum Tragen (dazu s. o. Anm. 136) und
zum andern die von K. D. Schmidt übernommene, aber nicht haltbare Auffassung, der westgotische Arianismus habe aus Gründen der Erhaltung
nationaler Eigenständigkeit bewußt vermieden, auf die Romanen über-
zugreifen (s. o. S. 92, Anm. 66). Die Angaben Isidors werden jedoch von

der unser Wissen gerade auf diese Fälle beschränkt hat.

Es bleiben schließlich noch zwei Berichte des Gregor von Tours zu erwähnen. Der erste[139] gilt der Standhaftigkeit eines Klerikers »in unserer Zeit«, als in Spanien der Arianismus verbreitet war. Dieser Kleriker sei vor den König gebracht und von diesem unter dem Versprechen einer Belohnung aufgefordert worden, sich zum arianischen Glauben zu bekennen. Als er das energisch verweigert habe, sei er ausgepeitscht worden, aber auch dabei standhaft geblieben. Er sei dann entlassen worden und nach Gallien gegangen. »Damit man der Erzählung Glauben schenkt«, meint Gregor noch hinzufügen zu müssen, daß er selbst die Bekanntschaft desjenigen gemacht habe, der wiederum dieses Ereignis nach den eigenen Angaben des betroffenen Klerikers weitererzählt habe. Daß dieser Kleriker sich nach Gallien gewendet hat, ist vielleicht ein Hinweis darauf, daß es sich um einen fränkischen Untertanen gehandelt hat, der in Spanien wirkte und im Zuge der arianischen Religionspolitik außer Landes getrieben wurde[140]. Allerdings könnte es gegenüber dieser Erzählung auch bedenklich stimmen, daß Gregor trotz Berufung auf einen angeblich zuverlässig informierten Zeugen so gut wie nichts Konkretes über die näheren Umstände des Geschehens mitzuteilen weiß, weder den Namen des Klerikers noch den des arianischen Königs, der natürlich nur Leowigild sein kann.

einem anderen Zeitgenossen gestützt: Greg. Tur. setzt ebenso bei seiner schematischen und übertreibenden Darstellung Hist. V 38 wie bei der Befragung des Gesandten Ansowald im Jahre 582 (Hist. VI 18, vgl. u. S. 182) voraus, daß die antikatholischen Maßnahmen in Spanien allgemeiner Art sind und nicht nur den doch sehr begrenzten Kreis der katholischen Westgoten betreffen — dieser Kreis ist sicher kleiner, als Thompson annimmt; denn »the other Visigoths« (außer Masona und Johannes von Biclaro) »who were known to have been Catholic bishops at that time« (S. 30) sind höchst problematisch: Nach S. 25, Anm. 104 sind es die der toletanischen Unterzeichnerliste von 589 entnommenen Bischöfe Neufila von Tuy, Hermerich von Laniobrensis ecclesia und Sunnila von Viseu. Von ihnen gehören aber zwei sicher und einer wahrscheinlich (s. u. S. 253, Anm. 26) dem bis 585 suewischen Gebiet an, und zudem ist noch Sunnila ein unter Rekkared übergetretener Arianer; für die Verhältnisse im alten westgotischen Reich können sie also überhaupt nichts besagen. Im übrigen entspricht das von Thompson vermutete religionspolitische Verhalten Leowigilds auch nicht den sonst feststellbaren Tendenzen seiner Regierung (s. u. S. 189 ff.).

[139] Greg. Tur., Glor Mart. 81.
[140] Vorschlag von E. A. Thompson, Conversion, S. 18.

An anderer Stelle[141] teilt Gregor einen wunderhaften Vorfall mit, der sich »zu der Zeit, da der König Leowigild gegen seinen Sohn zu Felde zog«, in einem zwischen Sagunto und Cartagena gelegenen Martinskloster ereignet haben soll. Auf die Nachricht hin, daß ein Heer Leowigilds im Anzuge sei, haben die Mönche die Flucht ergriffen und sich auf einer Insel in Sicherheit gebracht. Allein der betagte Abt sei im Kloster zurückgeblieben. Auf ihn seien daher die Goten gestoßen, als sie begonnen haben, das Kloster zu plündern, und einer von ihnen habe sein Schwert gezückt, den Greis zu töten. Doch dabei sei er hintenüber gestürzt und gestorben, während die anderen vor Entsetzen die Flucht ergriffen haben. Leowigild habe auf die Kunde von diesem Ereignis dem Kloster das geraubte Gut zurückerstatten lassen. Die Situationsschilderung dieser Erzählung erweckt den Eindruck, als sei zuverlässige historische Kunde verarbeitet worden. Der Ort des Martinsklosters wird näher, wenn auch nicht genau (die Entfernung Sagunto - Cartagena beträgt immerhin noch fast 250 km Luftlinie) angegeben; bei dem gegen Hermenegild ziehenden gotischen Aufgebot kann an ein im Nordwesten, in der Tarraconensis oder in Septimanien aufgestelltes Heer gedacht werden, das auf der römischen Küstenstraße südwärts zieht, um dann südlich Valencia nach Westen, in Richtung auf den Schauplatz der militärischen Auseinandersetzung mit Hermenegild, abzubiegen. Leowigild hätte demnach in den Jahren 582—584 einem katholischen Kloster für Übergriffe seines Heeres Ersatz geleistet — ob aus einem besonderen Anlaß, wie Gregors Erzählung will, die dabei allerdings ein Wandermotiv verwertet[142], ist nicht zu entscheiden — und damit eine große Behutsamkeit seines Verhaltens gegenüber der katholischen Kirche demonstriert. Oder sollte die Notiz über die Rückerstattung des Klostergutes nur ein genusgemäßer Abschluß des Berichts von einem geschehenen Mirakel zur Verwirrung der Kirchenfeinde und damit nur literarischer Topos sein? Eine sichere Unterscheidung von Primärem und Sekundärem hält hier schwer.

Ein Rückblick auf die bisherige Verfolgung des Geschehens zeigt auf jeden Fall, daß alle einigermaßen faßbaren Beispiele für die arianische Religionspolitik Leowigilds und sein davon bestimmtes Verhalten gegenüber der katholischen Kirche in die Jahre seiner Auseinandersetzung mit Hermenegild fallen. Direkte Nachrichten,

---

[141] Greg. Tur., Glor. conf. 12.
[142] Vgl. Sulp. Sev., Vit. Mart. 15; Greg. Tur., Hist. II 37; VI 6; Greg. Magn., Dial. III 37.

die ein Licht auf die weitere Entwicklung in der Zeit von 584/85
bis zum Tode des Königs (April/Mai 586) werfen könnten, sind
nicht überliefert, aber es gibt eine Möglichkeit des mittelbaren Zu-
gangs zu den Verhältnissen jener Jahre[143]. Bei einer genaueren Betrachtung der Unterzeichnerliste des dritten toletanischen Konzils
ergeben sich nämlich Hinweise auf eine besondere arianische Aktivität im ehemals suewischen Gebiet, die einige Zeit nach 579 angesetzt werden muß und andererseits auch wieder nicht zu dicht
an das Datum des Konzils (Mai 589) herangerückt werden darf. Sie
schlägt sich darin nieder, daß offensichtlich für drei Städte dieser
Gebiete — Lugo, Tuy und Porto — in kurzen zeitlichen Abständen
arianische Bischöfe ordiniert worden sind[144]. Man wird kaum fehl-

[143] Darauf hat F. Görres, ZhistTh 43 (1873), S. 584—588; ZwissTh 36,2 =
N.F. 1 (1893), S. 570—576 aufmerksam gemacht. Seine Argumentation muß
jedoch im einzelnen ganz erheblich modifiziert werden, und seine Folgerungen sind nicht alle annehmbar.

[144] Becchila von Lugo, Garding von Tuy und Argiovit von Porto hatten auf
dem Konzil zuvor die Verwerfung des arianischen und Anerkenntnis des
katholischen Bekenntnisses unterzeichnet. In der allgemeinen Unterzeichnerliste erscheinen sie unter den (einschließlich der ehemaligen Arianer,
aber ohne die Metropoliten) 41 Bischöfen, deren Ordination seit 579 erfolgt sein muß (s. o. S. 172, Anm. 133), an 25., 27. und 29. Stelle. Angesichts der Tatsache, daß man mit einer weitgehenden Katholisierung der
Suewen seit dem Übertritt des Königshauses in den fünfziger Jahren wohl
rechnen muß und das suewische Gebiet nur gut ein Dutzend katholischer
Bistümer aufwies, kann eine solche Massierung arianischer Ordinationen
nicht als Zufall gelten. F. Görres sieht sie auf dem Hintergrund eines angeblich 572 schon feststellbaren völligen Verschwindens des suewischen
Arianismus; daß aber die für diese Voraussetzung angezogenen Worte des
Martin von Braga auf dem zweiten bracarenser Konzil wohl nicht in diesem
Sinne zu verstehen sind, ist an anderer Stelle schon gezeigt worden (s. o.
S. 132 f.). Man kann wohl mit der Existenz arianischer Restgemeinden und
-gruppen im suewischen Gebiet rechnen. Darauf weist auch die Existenz
eines arianischen Bischofs Sunnila von Viseu hin, der 589 in Toledo das
arianische Bekenntnis verwirft und unter den 41 seit 579 ordinierten
Bischöfen an dreizehnter Stelle unterzeichnet, dessen Erhebung also vor
derjenigen der drei eben genannten arianischen Bischöfe erfolgt sein muß
und kaum so weit an sie herangerückt werden kann, um selbst auch noch
in den Zusammenhang der Entwicklung von 585/86 eingestellt werden zu
können. 572 war in Braga ein katholischer Bischof Remisol von Viseu zugegen, von dem nicht ausgeschlossen ist, daß er selbst erst zwischen 561
und 572 das homousianische Bekenntnis angenommen hat (s. o. S. 134,
Anm. 98). Auf jeden Fall aber müssen sich damals im Bereich des Bistums auch starke arianische Kräfte weiter behauptet haben, wenn Sunnila
noch vor der westgotischen Annexion das Amt eines arianischen Bischofs
antreten konnte. Weil Görres nicht mit der Existenz solcher arianischen

gehen, wenn man in dieser plötzlich aufbrechenden arianischen
Aktivität eine Folge der westgotischen Annektion des Suewenreiches im Jahre 585 sieht und damit eben auch ein Zeugnis für die
Wirksamkeit der arianischen Religionspolitik Leowigilds in der
letzten Zeit seiner Regierung, im Jahre 585/86. In dieser Zeit oder
etwas früher, sicher aber wohl erst nach der Niederwerfung Hermenegilds, muß auch der vermutlich arianische Bischof Petrus von
Elvira[145] sein Amt angetreten haben. Auf der anderen Seite aber
ist auch noch — und das kann nicht allzu lange vor Leowigilds
Tode geschehen sein— die Verbannung des Masona von Mérida
rückgängig gemacht worden[146]. Die Vitae Patrum Emeritensium
erklären diesen Schritt mit einer ebenso naiven wie grotesken Wundergeschichte: die heilige Eulalia sei nachts dem König erschienen
und habe ihn durchgeprügelt, um die Freilassung des Bischofs zu
erzwingen. Möglicherweise ist die Bildung dieser Überlieferung
ein Zeichen dafür, daß auch den Zeitgenossen die Aufhebung seiner
Verbannung unerwartet und überraschend erschien. Die Annahme,
daß hier bereits Rekkareds Einfluß spürbar wird[147], der Vorgang

Restgruppen rechnet, muß ihm das Auftreten der arianischen Bischöfe in
Toledo (einschließlich des Sunnila von Viseu) als Anzeichen für einen besonders durchschlagenden Erfolg der Arianisierungspolitik Leowigilds
unter den Suewen erscheinen, und er meint, »die bekannte religiöse
Proteusnatur des Suewenvolkes, sein hart an Frivolität streifender Indifferentismus« seien dafür von ausschlaggebender Bedeutung gewesen (Zwiss-
Th 36,2 = N.F. 1, 1893, S. 576). Aber dieser Indifferentismus ist eine
moderne Erfindung, die auf einer Fehleinschätzung der Zeugnisse beruht. Die religiöse Entwicklung des suewischen Volkes hebt sich nicht, wie
wie K. D. Schmidt, Bekehrung, S. 379, auf Görres fußend, meint, »mit
diesem erschreckend häufigen und erschreckend schnellen Wechsel von
einer Konfession zur anderen völlig ab von der Religionsgeschichte der anderen germanischen Stämme«. Seine Christianisierung ist vielmehr in keiner anderen Weise und in keinem anderen Rhythmus erfolgt, als es bei
anderen vom Arianismus missionierten germanischen Völkern, bei Burgundern, Westgoten und Langobarden auch der Fall war. Zur Fortdauer
des suewischen Katholizismus s. u. S. 216.
[145] Dazu s. u. S. 254, Anm. 28.
[146] Vit. Patr. Emerit., opusc. V 8,1—7. Leowigild hatte Mérida 582 genommen. Die folgende Entwicklung bis zur Verbannung Masonas muß einige
Zeit in Anspruch genommen haben, so daß der Beginn seiner Verbannung
auf Ende 582 oder eher noch Anfang 583 anzusetzen sein wird. Sie dauerte
dann »drei Jahre oder noch mehr« (opusc. V 7,1), und damit kommt man
nahe an das Datum des Todes Leowigilds (zwischen 12. April und 7. Mai
586) heran (ebenso K. F. Stroheker, Leowigild, S. 189, Anm. 2).
[147] K. F. Stroheker, Leowigild, S. 189: »Man wird für diese Vorgänge« —
Stroheker nimmt auch die Erhebung Leanders zum Bischof von Sevilla für

also schon aus dem Zusammenhang der persönlichen Religionspolitik Leowigilds herausfällt, ist recht ansprechend.

In seiner anläßlich des offiziellen westgotischen Übertritts zum katholischen Bekenntnis auf dem dritten toletanischen Konzil gehaltenen Predigt kann Leander von Sevilla nicht verhehlen, daß es in der voraufgegangenen Zeit einige gegeben hat, die der katholischen Kirche den Rücken gekehrt haben[148], und die zeitgenössischen Geschichtsschreiber bescheinigen den Maßnahmen Leowigilds einen jedenfalls beachtlichen Erfolg. »Viele« sind es nach Isidor, die der König dem Arianisums zuführen konnte, »sehr viele« nach Johannes von Biclaro[149]. Gregor von Tours rechnet im Jahre 582 damit, daß nur noch wenige Katholiken in Spanien sich gehalten haben, und zeigt sich auch um deren Glauben noch besorgt[150]; allerdings weiß er an anderer Stelle auch zu berichten, daß im gleichen Jahre noch zwei Romanen, Florentius und Exuperius, als Gesandte, und das heißt ja wohl auch Vertrauensleute Leowigilds aus Spanien durch Tours kamen, die sich ihm gegenüber als katholisch bekannten und von denen Florentius sich als glühender Martinsverehrer erwies; doch ist es nicht unbedingt sicher, daß Gregor sie tatsächlich konfessionell richtig eingeschätzt hat, und sie mögen sehr wohl der Staatskirche Leowigilds angehört haben[151].

diese Zeit an; s. dazu jedoch o. S. 143, Anm. 32 — »nicht mehr Leowigild, der in der letzten Zeit seines Lebens schwer krank war, sondern bereits Rekkared I. verantwortlich machen dürfen.« Stroheker vermutet in Leowigilds Krankheit auch einen historischen Kern der Wundergeschichte von dem drastischen Eingreifen der heiligen Eulalia (a. a. O., Anm. 2); doch dürfte das eine dem Genus der Erzählung nicht angemessene Rationalisierung sein. Zur Krankheit Leowigilds: Vit. Patr. Emerit., opusc. V, 9,2; Greg. Tur., Hist. VIII 46; Greg. Magn., Dial. III 31.

[148] PL 84, Sp. 362 A.
[149] Isid., Hist. Goth. 50; Joh. Bicl., Chron. ad a. 580,2.
[150] Greg. Tur., Hist. VI 18.
[151] Virt. s. Mart. III 8. Es ist nicht ohne weiteres selbstverständlich, daß es sich wirklich um Katholiken im Sinne Gregors handelt. Auch der Arianer Oppila (s. u. S. 186 f.) wäre 584 Gregor gegenüber als Katholik durchgegangen, wäre es nicht zufällig zu seiner Teilnahme an der Meßfeier in Tours gekommen, bei der er sich durch Verweigerung der kirchlichen Gemeinschaft verriet. Und Romanen, die es vielleicht für nützlich befunden hatten, dem religionspolitischen Kurs Leowigilds zu folgen, werden eher noch zurückhaltender gewesen sein als er und kaum die Gelegenheit gesucht haben, sich von dem fränkischen Bischof der Apostasie bezichtigen zu lassen. Die Beteiligung am Kult eines katholischen Heiligen war in diesen Jahren durchaus auch auf dem Boden der westgotisch-arianischen Staatskirche möglich (s. u. S. 182 ff.).

Isidor beklagt besonders, daß dem Arianismus auch Einbrüche in
die Reihen der Geistlichkeit gelungen seien, und er nennt voll Verachtung den Namen des Bischofs Vinzenz von Saragossa, der Arianer geworden sei. Der Übertritt muß ein beträchtliches Aufsehen
hervorgerufen haben; denn der Bischof Severus im byzantinisch
besetzten Málaga fühlte sich sogar gedrungen, eigens eine Kampf-
schrift gegen Vinzenz zu verfassen[152]. Aber gerade dieses Aufsehen
deutet darauf hin, daß es ein außergewöhnlicher und vereinzelter
Fall gewesen sein muß, während der katholische Episkopat im
allgemeinen intakt blieb. Die Unterzeichnerliste des dritten toletanischen Konzils läßt sogar vermuten, daß es möglich war, der
katholischen Gemeinde von Saragossa einen neuen Bischof namens
Simplicius zu geben[153]. Überhaupt ist es wohl kaum zu direkten
staatlichen Eingriffen in die katholische Hierarchie in der Form
königlicher Besetzung von Bistümern oder aber, wie zur Zeit
Eurichs, durch das Verbot der Neubesetzung vakanter Stellen gekommen. Das zeigt sich ebenso am Beispiel Méridas wie in der
toletanischen Liste[154]. Dagegen scheint sich in einigen Städten der
Arianismus so weit haben ausbreiten und durchsetzen zu können,
daß in ihren Mauern kein katholischer Bischof mehr residierte, wie
allem Anschein nach in Barcelona[155] und in Palencia[156] — für Pa-

---

[152] Isid., Vir. ill. 43.
[153] In Toledo unterzeichnet als dritter nach dem 579 ordinierten Johannes von
Dumio (s. o. S. 172, Anm. 133) Simplicius von Saragossa, der demnach
nicht allzu lange nach Johannes ordiniert wurde. Es scheint daher, als sei
der Übertritt des Vinzenz schon zu Beginn des neuen religionspolitischen
Kurses, etwa 580, erfolgt und als habe er sich danach nicht mehr in seinem
Bistum behaupten können, weit entfernt von einer Überführung seiner
Gemeinde in die arianische Kirche.
[154] S. o. S. 172 f.
[155] Ugnas von Barcelona erscheint 589 als ehemaliger Arianer. Er unterzeichnet das Konzil als erster der Bischöfe, hat also seine Würde bereits
einige Zeit vor 579 erhalten (s. o. S. 172, Anm. 133). Ein katholischer Bischof,
wie er in den vierziger Jahren noch zu belegen ist (Synoden von Barcelona
um 540 und Lérida 546), steht nicht neben ihm. Spätestens seit 589 führt
Ugnas die katholische Gemeinde, und 599 unterzeichnet er als katholischer
Bischof von Barcelona das dortige Provinzialkonzil (vgl. dagegen Tortosa,
wo 599 noch wie 589 der altgläubig katholische und der ehemals arianische
Bischof nebeneinander stehen). Barcelona ist übrigens der Verbannungsort des Johannes von Biclaro, wo er »viele Nachstellungen und Verfolgun-
gen seitens der Arianer« zu leiden hatte (Isid., Vir. ill. 44).
[156] 589 unterzeichnet direkt nach Ugnas von Barcelona der ebenso vormals
arianische Murila »Valentinae ecclesiae episcopus«. Nun erscheinen aber
einerseits in der Liste noch zwei weitere Bischöfe von Valencia, der ehe-

lencia muß dabei wohl in Rechnung gestellt werden, daß es im Bereich, mindestens in der Randzone des westgotischen Hauptsiedlungsgebietes auf der kastilischen Meseta lag. Allerdings bleibt hier der Rückschluß aus dem Befund der toletanischen Unterzeichnerliste mit einer gewissen Unsicherheit belastet, denn es wäre auch denkbar, daß die entsprechenden katholischen Bischöfe in der Zeit zwischen 587 und dem Datum des Konzils verstorben sind und dann die übergetretenen Arianer ihre Stelle eingenommen haben.

Im ganzen ergibt sich ein Bild der kirchlichen Lage im Westgotenreich, dem in ihrem Tenor die Aussagen der beiden spanischen Geschichtsschreiber besser entsprechen als die Worte des Gregor von Tours, der auch hier übertreibt. Sicher war es dem Arianismus gelungen, einigen, an einzelnen Stellen vielleicht sogar einen recht erheblichen Terraingewinn zu erzielen. Aber auch die Grenzen seines Erfolges sind nicht zu übersehen. Die katholische Kirche war wohl in die Verteidigung gedrängt, aber sie war noch weit davon entfernt, erschüttert zu sein, und das arianische Vordringen wird sich im wesentlichen auf Laienkreise beschränkt haben. Neben einem begrenzten unmittelbaren Bodengewinn auf Kosten des Katholizismus hat wohl vor allem die kirchliche Organisation bestehender arianischer Gruppen, wie sie für Mérida zu erkennen und für die drei genannten Städte des Nordwestens mit guten Gründen zu vermuten ist, eine wichtige Rolle gespielt, weil so dem arianischen Kirchentum Stütz- und Ausgangspunkte für eine wei-

malige Arianer Willigisil und der altgläubige Katholik Celsinus, und andererseits erwähnt Ildefons von Toledo (Vir. ill. 11) als Vorgänger des Conantius von Palencia einen Bischof namens Murila. Conantius hatte nach Ildefons sein Amt gegen Ende der Regierung Witterichs (603—610) angetreten, und 610 erscheint er unter den Unterzeichnern eines toletanischen Provinzialkonzils. Sein Vorgänger Murila könnte durchaus mit dem Murila des dritten Toletanum identisch sein. Dessen Zuordnung zu Valencia wäre dann wahrscheinlich als sehr früher Fehler der Überlieferung zu verstehen, der vielleicht schon auf den Redaktor der Hispana selbst zurückgeht (hier bleibt die kritische Ausgabe der Hispana abzuwarten, die Gonzalo Martínez Díez in Madrid vorbereitet). Ist die vorgeschlagene Identifikation (so schon J. B. Pérez: C. G. Goldáraz, El Códice Lucense II, S. 482, App. zu Zeile 14) richtig, dann wäre Murila 589 der einzige Vertreter für Palencia und hätte weiterhin bis zu seinem Tode als katholischer Bischof die Gemeinde geleitet. Auch Palencia war früher der Sitz eines katholischen Bischofs. Zwar wird die Gemeinde zur Zeit des Briefes von Montanus von Toledo an Klerus und Volk von Palencia (um 531) durch ein Presbyterkollegium geleitet (PL 84, Sp. 338 B), doch nur vorübergehend, »donec et consuetus vobis a Domino praeparatur antistes« (ebd., Sp. 339 B).

tere Ausdehnung geschaffen werden sollten. Im Zusammenhang
mit Auseinandersetzungen und Zusammenstößen, die von solchen
Zentren ausgehende arianische Expansionsbemühungen nach sich
zogen, mag es zuweilen, wie in Mérida, zur Verbannung katholischer Bischöfe gekommen sein.

c) Die Rückwirkung der Religionspolitik Leowigilds auf den westgotischen Arianismus

Zum Versuch einer Bestandsaufnahme der religionspolitischen
und konfessionellen Entwicklung im westgotischen Bereich in den
Jahren nach 580 gehört auch die Frage nach den möglichen Rück-
wirkungen, die die durch den Anstoß Leowigilds ausgelöste Bewegung auf den westgotischen Arianismus selbst ausgeübt haben
könnte. In diesen Zusammenhang muß wohl das eingereiht werden, was die Vitae Patrum Emeritensium über die Bemühungen
des arianischen Bischofs Sunna und des Königs selbst um den Kult
der heiligen Eulalia berichten. Wie überhaupt in seiner Schilderung
veranschaulicht auch hier der Hagiograph Masonas das allgemeine
staatliche Vorgehen und seine Tendenzen am konkreten Beispiel.
Denn daß der Griff nach der Eulaliabasilika und nach dem Gewand
der Heiligen keine besonders motivierte Ausnahmeerscheinung war,
zeigt ein Bericht des Gregor von Tours. Gregor hatte im Jahre 582
zwei fränkische Gesandte Chilperichs I. an Leowigild, die von ihrer
Mission aus Spanien zurückkehrten, nach der kirchlichen Lage im
Westgotenreich befragt. Einer der Gesandten, Ansowald, berichtete
ihm darauf, Leowigild verfolge neuerdings eine besonders raffi-
nierte Methode, den Glauben der Katholiken zu erschüttern, indem
er voller Arglist an Märtyrergräbern und in katholischen Kirchen zu
beten vorgäbe[157]. Zweifellos hat der Franke recht mit der Auffassung, daß der offizielle staatskirchliche Arianismus Leowigilds mit
dem Bestreben, einheimische Traditionselemente des Kultes, speziell der Märtyrer- und Heiligenverehrung anzuerkennen, aufzugreifen und an sich zu ziehen, ein sehr wirksames Mittel in den
Dienst seiner allgemeinen Durchsetzung unter der Bevölkerung
stellte. Mit der Übernahme bodenständiger Traditionen gerade
dieser Art und mit der Respektierung oder Inanspruchnahme ihrer
lokalen und dinglichen Haftpunkte vermochte das arianische Kir-

---

[157] Greg. Tur., Hist. VI 18: »Sed rex novo nunc ingenio eam (sc. fidem catholicam) nititur exturbare, dum dolose et ad sepulchra martirum et in ecclesiis
religionis nostrae orare confingit.«

chentum an einer für das von der Kultfrömmigkeit geprägte religiös-kirchliche Bewußtsein der Zeit entscheidenden Stelle den Charakter des Fremden, des anders Gearteten abzulegen und vertraute Züge anzunehmen, die vielen einen leichteren Zugang eröffnen konnten.

Das in dem Bericht Ansowalds oder in seiner Stilisierung durch Gregor sich aussprechende Urteil dagegen, es habe sich auf Seiten der Arianer um einen Kunstgriff und arglistige Verstellung gehandelt, kann von einer historischen Betrachtung nicht übernommen werden, ohne daß es dabei zu einer beträchtlichen Akzentverschiebung käme. Denn dieses Urteil ergibt sich zwangsläufig aus dem Axiom, daß der Arianismus als Häresie eine dem Bereich des Satanischen zugehörige Größe sein müsse, und es ist demgemäß eine theologische Wertung, aber keine Aussage über die tatsächlich wirksamen Motive. Leowigilds Verhalten und etwa das ihm entsprechende, aber offensichtlich unabhängig davon aus eigener Initiative erwachsende Bemühen eines so überzeugten, agressiven und gesinnungstreuen Arianers wie Sunna[158] um die Eulaliabasilika in Mérida als im Sinne bloßer Taktik allein auf die Erzielung psychologischer Wirkungen gerichtet zu deuten, hieße mit den Maßstäben anderer Epochen messen. Man muß vielmehr damit rechnen, daß bestimmte kultische Traditionen des spanischen Katholizismus und deren Zentren durchaus ihre Anziehungs- und Ausstrahlungskraft auch auf die kleine arianische Minorität, mindestens auf einzelne Kreise in der arianischen Kirche geübt haben[159]. Schon das früher erwähnte Verhalten des Königs Theudigisil gegenüber einer südspanischen Quellwundertradition[160] weist deutlich auf einen solchen Einfluß hin. Allerdings hatte sich Theudigisil dagegen noch bewußt zur Wehr gesetzt, während sich jetzt in den Aneignungsversuchen, wie sie von Sunna und Leowigild unternommen wurden, eine gewandelte Einstellung ausspricht. Im Vollzuge der eigenen Expansion öffnet man sich jetzt ganz bewußt der von Traditionen solcher Art ausgehenden Strahlungskraft, und man versteht sie als positive religiöse Potenzen, deren man sich selbst zu bemächtigen trachten muß, möglicherweise in der Auffassung, vermöge der eigenen ge-

---

[158] S. u. S. 201 f.
[159] Man denke an den Übertritt des suewischen Königshauses zum katholischen Bekenntnis unter dem Eindruck des Martinskultes. Eine moderne Analogie ist die Ausstrahlung, die z. B. Lourdes auch über die Grenzen des römischen Katholizismus hinaus geübt hat.
[160] S. o. S. 99 f.

glaubten Orthodoxie darauf einen echten Anspruch erheben zu können. Die wesentliche Bedeutung, die von der Nutzbarmachung solcher kultischer Traditionen der »Römer« für das arianische Bekenntnis erwartet wurde, mußte sich dann als Folgerung aus ihrem geglaubten realen Machtcharakter ergeben, der auch das eigentliche Interesse an ihrer Aneignung begründete.

Es ist aber nicht allein dieses über sich Hinaustreten auf dem Gebiet der praktischen Kultfrömmigkeit und ihres Vorstellungskreises, was der Gesandte Ansowald dem Bischof von Tours über den Arianismus des Westgotenkönigs und seine Entwicklung zu berichten weiß. Leowigild soll im Zusammenhang mit dieser kultischen Expansion auch erklärt haben, er sähe jetzt ein, daß Christus als Sohn dem Vater wesensgleich (»aequalis«) sei; nur von der Göttlichkeit des heiligen Geistes könne er sich nicht überzeugen, da von ihr nichts in der Schrift stünde[161]. Das mutet auf den ersten Blick an wie der etwas unbeholfen ausgefallene Versuch einer durch die politischen Zielsetzungen des Königs motivierten und inspirierten Vermittlungsformel. Es gibt jedoch Gründe, sehr daran zu zweifeln, daß dieser — von der katholischen Seite aus gesehen — dogmengeschichtliche Anachronismus tatsächlich als offizielle und verpflichtende Bekenntnisgrundlage der arianisch-königlichen Partei formuliert und in der Rolle eines »Henotikons« für die westgotische Reichskirche dem spanischen Katholizismus als Möglichkeit einer gemeinsamen Basis angeboten worden ist[162]. Das dritte Konzil von

[161] Greg. Tur., Hist. VI 18: »Manifeste cognovi esse Christum filium Dei aequalem Patri, sed Spiritum Sanctum Deum penitus esse non credo, eo quod in nullis legatur codicibus Deus esse.« Zu »aequalis« als Ausdruck der orthodoxen (»homousianischen«) Auffassung s. Thesaurus s. v.; von einer »homoiusianischen Vermittlungsformel« zu reden (Heinz-Eberhard Giesecke, Die Ostgermanen und der Arianismus, Leipzig/Berlin 1939, S. 115, vgl. S. 109), ist schlechterdings unsinnig.

[162] K. F. Stroheker, Leowigild, S. 179 f.: »Dabei steht fest, daß es sich für den König nicht darum gehandelt hat, einem orthodoxen Arianismus die Herrschaft im Westgotenreich zu verschaffen, sondern eine vermittelnde Lösung zwischen Arianismus und Katholizismus . . . zu finden.« Die Tatsache dogmatischer Zugeständnisse zeige, daß »nicht religiöse, sondern politische Gedankengänge im Vordergrund standen«. Es habe sich so eine »Auseinandersetzung staatlichen Denkens mit kirchlichem« vollzogen. »Das Ziel Leowigilds war die Verwirklichung der Glaubenseinheit durch die Staatsführung über dogmatische Gegensätze hinweg.« Doch die unbedingte Voraussetzung dafür müßte sein, daß die dogmatischen Zugeständnisse an die katholische Seite tatsächlich in der verbindlichen Form eines Bekenntnisdokuments zur Grundlage der angestrebten einheitlichen Reichskirche gemacht und auch vom offiziellen Arianismus, von

Toledo kennt kein weiteres Dokument der arianischen Religionspolitik Leowigilds außer dem Synodalschreiben des Konzils von

dessen Position Leowigild ja schließlich ausging, aufgenommen und anerkannt wurden. So weit erkennbar geschah aber gerade das nicht (zu den angeblichen dogmatischen Konzessionen des Konzils von 580 s. o. S. 162 f.). Es blieb bei einer allenfalls demonstrativen Äußerung des Königs. Infolge seiner Auffassung von einem Auseinanderfallen des politischen und religiösen Denkens bei Leowigild unter Voranstellung des ersten ist Stroheker zu der Frage genötigt, warum denn wohl der König nicht die katholische Lösung als den Weg des geringeren Widerstandes eingeschlagen habe. Seine Antwort darauf (S. 181 f.) lautet, daß das angestrebte politische Ziel, in der einheitlichen Reichskirche dem Reich einen Schutz vor innerer Auflösung und dem Königtum einen Rückhalt zu schaffen, die beherrschende Stellung des Königs in dieser Reichskirche erforderlich mache. »Von hier aus gesehen war der Weg über die arianische Westgotenkirche zwar schwerer, aber vielversprechender als das Bündnis mit der katholischen Kirche ... Der tiefe Einfluß, den Leowigild auf die arianische Westgotenkirche ausübte, wäre gegenüber der katholischen Kirche Spaniens, die ein Jahrhundert selbständiger Entwicklung im Westgotenreich hinter sich hatte und die sich stets als Glied der universalen ‚ecclesia catholica‘ fühlte, unmöglich gewesen.« Das mögen Erwägungen sein, die sich einem Historiker im Nachhinein vielleicht noch nahelegen können. Daß sie aber zu Anfang der achtziger Jahre des sechsten Jahrhunderts als Zukunftsperspektive in den Gesichtskreis der Überlegungen Leowigilds treten konnten, ist ausgeschlossen. Es bestand für ihn kein Anlaß zu der Annahme, die katholische Kirche vermöge ihm grundsätzlich nicht auch das zu leisten, was er von der arianischen erwarten mochte. Die Verhältnisse in den Merowingerreichen und bei den Suewen sprachen sicherlich nicht dagegen. Außerdem hat auch die arianische Kirche nie aufgehört, sich als Glied der universalen ecclesia catholica zu fühlen — sie hätte es ja auch nicht aufhören können, ohne sich selbst aufzugeben —, wie etwa die Ausdrucksweise des Konzils von 580 zeigt (die Katholiken als die »Römer« sind die Repräsentanten des Partikulären). Auf der anderen Seite hat das stets vorhandene Bewußtsein der katholischen Kirche, Glied der universalen ecclesia catholica zu sein, ihr nie den Weg zur Landeskirche versperrt, den Weg, zu dem seit Alarich II. das Tor weit geöffnet war und auf den gerade das Jahrhundert selbständiger Entwicklung im Westgotenreich wies, eben weil es auch noch in einem anderen Sinne, als Stroheker meint, in der Tat ein Jahrhundert selbständiger Entwicklung im Westgotenreich war (z. B. Herausbildung eigener liturgischer und konziliarer Tradition). Daß Leowigild in der kritischen Situation der Jahre 579/80 den arianischen Weg der kirchlichen Einheitspolitik eingeschlagen hat, einen Weg, der in dieser Situation nicht nur der auf die Dauer schwerere war, sondern vor allem auch eine beträchtliche Verschärfung der augenblicklichen Lage mit sich bringen mußte, darf wohl als deutliches Zeichen für die von Stroheker bestrittene Einheitlichkeit seines religiösen und politischen Denkens gewertet werden, aus der heraus ihm gar keine Alternative offenstand.

580, und die nächstliegende und wahrscheinlichste Erklärung dafür ist, daß es eben außer diesem Synodalschreiben kein weiteres solches Dokument gegeben hat, vor allem keine in offizielle Geltung gesetzte Vermittlungsformel mit einem für die katholische Auffassung so anstößigen Inhalt, wie es die Äußerung Leowigilds trotz des Terminus »aequalis« doch sein mußte; denn daß eine solche in der Situation des Mai 589 bei der erforderlichen umfassenden Anathematisierung des westgotischen Arianismus hätte übergangen werden können und dürfen, ist so gut wie undenkbar[163].

Leowigild hat sich also offensichtlich darauf beschränkt, persönlich der Meinung Ausdruck zu geben, es könne durchaus anstelle des Begriffes »similis« der arianischen Bekenntnisgrundlage, das heißt der Formel von Rimini, auch der Terminus »aequalis« verwandt werden; denn darauf läuft seine von Ansowald referierte Aussage ja hinaus. Er wird von einer solchen Äußerung wohl auch, wie es der Franke voraussetzt, eine werbende Wirkung in katholischen Kreisen erwartet haben, die Vorstellung, man könne sich der arianischen Kirchengemeinschaft anschließen, ohne sich im Glauben etwas zu vergeben. Darüber hinaus jedoch ist er kaum vorgestoßen, denn selbst in der näheren arianischen Umgebung des Königs schien keineswegs allgemein die Bereitschaft bestanden zu haben, einer Verwischung der Bekenntnisgrenzen auf dem Wege der von Leowigild für möglich gehaltenen Interpretation der eigenen Bekenntnisgrundlage mit katholischer Terminologie das Wort zu reden, wie eine Begebenheit des Jahres 584 zeigt. Damals reiste ein Gote namens Oppila als Gesandter im Auftrage Leowigilds an den Hof Chilperichs I., eine Persönlichkeit also, die Leowigild nahegestanden und sein Vertrauen genossen haben muß. Bei der Durchreise und einem Aufenthalt in Tours ergab es sich, daß Oppila in einen theologischen Disput mit Gregor verwickelt wurde[164].

[163] K. F. Stroheker, Leowigild, S. 175 f. meint, da auf dem dritten toletanischen Konzil ausdrücklich auch auf die Lehre des Makedonius eingegangen werde, könne Leowigilds theologische Äußerung, wie sie Ansowald wiedergibt, nicht nur Ausdruck seiner persönlichen Anschauung gewesen sein. Doch gehören Anschauungen »makedonianischer« Art ohnehin zum »arianischen« Bekenntnis, und nur im Zusammenhang mit dessen Bestreitung gehen die Anathematismen des dritten Toletanums darauf ein. Die spezielle Erwähnung des Makedonius dagegen im Tomus Rekkareds erfolgt lediglich im Zusammenhang der Anerkennung des ersten Constantinopolitanums und zu dessen Charakterisierung, ebenso wie im Zusammenhang mit den Konzilien von Ephesus und Chalcedon Nestorius und Eutyches genannt werden.

[164] Greg. Tur., Hist. VI 40.

Der Gote hatte sich entsprechend arianischem Selbstverständnis als katholisch bezeichnet und war daher von Gregor zur Teilnahme an der Ostermesse eingeladen worden, verweigerte dabei aber den Friedenskuß und den Empfang der Kommunion. Als Grund dafür nannte er Gregor gegenüber die abweichende Form des Gloria. Er hatte zwar angegeben, er glaube, daß Vater, Sohn und heiliger Geist einer Macht — »virtus« — seien[165], aber die an seinen Hinweis auf die Doxologie sich anschließende Auseinandersetzung — sie besteht allerdings zum größten Teil aus beredten Ausführungen Gregors — zeigt, daß ihm an einem entschiedenen Festhalten an der Subordination des Sohnes unter den Vater gelegen war[166]. Von einer tatsächlichen Rezeption des »aequalis« im katholischen Sinne und damit von einer Art »makedonianischer« Abschwächung der überkommenen Position des westgotischen Arianismus ist man also hier, zwei Jahre nach der von dem fränkischen Gesandten mitgeteilten Äußerung Leowigilds, immer noch sehr weit entfernt[167]. Die Hal-

[165] a. a. O.: »Credo Patrem et Filium et Spiritum Sanctum unius esse virtutis.«

[166] Vgl. die charakteristische Betonung der Subordination im Glaubensbekenntnis des Wulfila (bei Friedrich Kauffmann, Aus der Schule des Wulfila. Texte und Untersuchungen zur altgermanischen Religionsgeschichte: Texte 1. Straßburg 1899, S. 76; PL, Suppl. I, Sp. 707).

[167] K. F. Stroheker, Leowigild, S. 176 sieht eine »Tendenz der neuen arianischen Reichskirche, den Gegensatz zur katholischen Trinitätslehre möglichst zu verwischen«, sich auch darin aussprechen, daß Oppila, nach seinem Bekenntnis gefragt, eine Ausweichformel gebraucht habe, während noch 580 der gotische Gesandte Agila einen entschiedenen arianischen Standpunkt vertreten habe (Greg. Tur., Hist. V 43). Zweifellos ist nach den Berichten Gregors Oppila in seinen kontroverstheologischen Äußerungen bei weitem zurückhaltender als Agila, der provozierend Gregor gegenüber auftritt. Doch dürfte sich dieser Unterschied hinreichend aus der Verschiedenheit des geistigen Formats und Temperaments der beiden Gesandten erklären lassen. Es darf zudem nicht übersehen werden, daß Agila nach Gregors Bericht eine Position einnimmt, die nicht die des westgotischen Arianismus ist. Neben die Betonung des Subordinationsgedankens tritt nämlich bei ihm noch eine weitere christologische Vorstellung: »Ex adsumptum hominem coepit Dei filius vocitari; nam erat quando non erat.« Hier wird die homoeische Konzeption, wie sie sich in der Bekenntnisgrundlage des westgotischen Arianismus, in den Formeln von Nice und Rimini oder auch im Bekenntnis Wulfilas niederschlägt, gestört und durchbrochen von einer ökonomischen Trinitätsauffassung, die darauf hinweist, daß bei Agila wohl der Einfluß bonosianischer Kreise wirksam ist, die im fünften Jahrhundert offenbar im Raum des burgundischen und westgotischen Arianismus hatten Fuß fassen können (s. dazu F. Loofs, RE III, S. 314—317, bes. S. 316). Interessant ist die positive Verwendung des Arius-

tung Oppilas läßt vielmehr erkennen, daß auch 584 noch die bekenntnismäßige Frontstellung des westgotischen staatskirchlichen
Arianismus nicht durch die auf Vermittlungsvorstellungen weisende
theologische Äußerung des Königs, sondern durch die für jeder-
mann unübersehbare Aufrechterhaltung der hergebrachten Doxologie im vollen Sinne ihrer Bekenntnisbedeutung eindeutig gekennzeichnet war.

Leowigilds neue, die Grundlagen der überlieferten Lehre
wenigstens terminologisch infrage stellende Anschauung kann
unter diesen Umständen kaum allein oder auch nur in erster Linie
als Wiedergabe einer neuen, nur aus politischer Zielsetzung motivierten und aus Gründen politischer Zweckmäßigkeit der arianischen Staatskirche aufgedrängten Vermittlungstheologie verstanden
werden. Aber gerade so wirft sie ein helles Schlaglicht auf bestehende Entwicklungstendenzen innerhalb des westgotischen
Arianismus. Offenbar hat der religionspolitische Anstoß und die
durch ihn gestellte Aufgabe eines weitgesteckten Expansions-
programms an einzelnen Stellen im arianischen Bereich, jedenfalls
in der Umgebung des Königs, eine Bewegung ausgelöst, die tiefer
gegriffen hat, als die Rezeptions- und Akkomodationsversuche auf
dem Boden des Kultes erahnen lassen. Längst zu einem starren Gefüge konfessioneller Grenzmarkierungen institutionalisiertes theo-
logisches Erbe[168], für das übrigens das biblizistische Argument als
uralter Bestandteil antinizänischer Polemik bezeichnend ist[169], tritt
wieder in lebendige Konfrontation mit der gegnerischen Auffassung und wird in ihrem Vollzug neu durchdacht und überprüft. Die
von Leowigild oder seinen theologischen Beratern dabei gewonnene neue Anschauung ist gewiß von einer wenig überzeugenden
Halbheit, aber gerade darin zeigt sich, daß die einmal ausgelöste
innerarianische Bewegung auch Möglichkeiten der Auflösung, einer

---

Zitates; doch wird es sich dabei wohl nur um ein antithetisches Auf-
greifen des nizänischen Anathematismus handeln.

[168] Bezeichnend dafür ist die Frage, die Caesarius von Arles, sei es in den
letzten Jahren der westgotischen, sei es während der ostgotischen Herrschaft in Arles, im Blick auf Streitgespräche von Arianern und Katholiken
gestellt hat: »Cum enim apud illos« (nämlich den Arianern) »definitissi-
mum sit, ut, etiam si convicti fuerint, non consentiant, et nos deo propitio deliberatum habeamus, ut, si forte per aliquam calliditatem videantur
aliquid verosimile dicere, numquam ad ea, quae illi credere videntur,
nostrum animum declinemus, quae ratio est, ut per contentionem inter
nos odium nasci videatur?« (De myst s. Trin. 1).

[169] Vgl. auch Vit. Patr. Emerit., opusc. V 5,9.

Aufweichung der eigenen überkommenen Position in sich barg, die natürlich dann leicht geweckt werden konnten, wenn sie politischen Bestrebungen entgegenzukommen schienen. Es bleibt zwar zunächst bei einer Entwicklungstendenz, die nicht die westgotisch-arianische Kirche insgesamt erfaßt oder gar bestimmt und die Leowigild ihr offiziell aufzunötigen anscheinend nicht versucht hat; aber man muß sie, will man ihrer Bedeutung gerecht werden, im Zusammenhang des weiteren geschichtlichen Verlaufs sehen als eine wesentliche innere Voraussetzung und notwendige Vorbereitung der nachmaligen Entscheidung Rekkareds. Es hat so gerade auch Leowigild in der Bewegung des von ihm ausgelösten arianischen Aufbruchs dazu beigetragen, den Weg für diese Wende freizumachen, nicht in der Art einer Legendentopik von der endlichen, reumütigen Bekehrung des Verfolgers, die sich, allerdings nur zaghaft, seiner Person bemächtigt hat[170], sondern in der Weise eines Bemühens um die bekenntnismäßigen Voraussetzungen seiner Religionspolitik.

d) Die Religionspolitik Leowigilds im gesamtpolitischen Zusammenhang

Die gegenüber der bisherigen Geschichte des Westgotenreiches völlig neue religionspolitische Ausrichtung Leowigilds ist kein isoliertes Faktum seiner Regierung. Sie ordnet sich in einen größeren Zusammenhang ein; denn sie stellt nur einen, wenn auch den quellenmäßig am deutlichsten faßbaren und daher hervorstechend-

---

[170] Die spanischen Quellen wissen nichts von einer schließlichen Bekehrung Leowigilds zum katholischen Glauben. Gregor d. Gr. (Dial. III 31) dagegen schreibt, der König habe in Reue über die Tötung Hermenegilds zwar eingesehen, daß der katholische Glaube der wahre sei, habe jedoch — und hier schließt diese Darstellung einen Kompromiß mit der historischen Wirklichkeit — aus Furcht vor seinem Volke den Übertritt nicht gewagt; immerhin aber habe er auf dem Sterbebett seinen Sohn und Nachfolger Rekkared der geistlichen Obhut Leanders anempfohlen. Gregor von Tours gibt ein Gerücht wieder (Hist. VIII 46), nach dem Leowigild auf dem Sterbebett für den Irrtum der Häresie Buße getan habe und zum katholischen Bekenntnis übergetreten sei. F. Dahn, Könige V, S. 156 f. nimmt an, Leander habe das Gerücht von Leowigilds Bekehrung ausgestreut, um die Konversion Rekkareds bei den Anhängern Leowigilds akzeptabler zu machen. Aber das Erscheinen des Gerüchtes nur außerhalb des Schauplatzes, für den es in erster Linie bestimmt gewesen wäre, während die Spanier, auch Leanders Bruder Isidor, davon schweigen, spricht nicht für die Wahrscheinlichkeit dieser Annahme.

sten Teilaspekt einer umfassenden und grundlegenden politischen
Neuorientierung und staatlichen Neuordnung dar[171]. Symptomatisch dafür ist ein Gesetz, in dem er das aus dem römischen Recht
übernommene Verbot von Mischehen zwischen Goten (Barbaren)
und Romanen[172] aufhob und das Eingehen solcher Verbindungen
freigab[173]. Dieses Gesetz gehört in den Zusammenhang einer von
Leowigild durchgeführten Neuredaktion des Gesetzbuches Eurichs.
Nach Isidor sollte durch eine solche Überarbeitung der Codex
Euricianus verbessert und zeitgemäß durchgestaltet werden[174]. Die
wesentliche Zweckbestimmung des Codex revisus Leowigilds
scheint aber darüber weit hinausgeführt zu haben. Wie der Lex
Romana Visigothorum Alarichs II. muß man auch ihm wahrscheinlich in erster Linie eine verfassungsmäßige Bedeutung zuschreiben;
denn es hat den Anschein, daß der neue Codex in seiner Geltung
nicht mehr am Personalitätsprinzip orientiert sein sollte, sondern
als territoriales Recht unter Aufhebung der Lex Romana Visigothorum in Kraft gesetzt wurde[175]. Damit aber war eine strukturelle

---

[171] Die staatsmännische Leistung Leowigilds in ihrer vollen Bedeutung und
Tragweite als entscheidende Wende in der Geschichte des westgotischen
Staatswesens hat K. F. Stroheker, Leowigild aufgedeckt. »Leowigild . . .
setzte sich nicht die Erhaltung der einer vergangenen Zeit angehörenden
Staatsordnung, sondern die Stärkung des Westgotenreiches durch eine
völlige Umwandlung des Staates zum Ziel,« formuliert er (a. a. O., S. 137 f.)
die von ihm gewonnene und überzeugend durchgeführte Auffassung.
Kennzeichnend für die damit überwundene ältere Sicht sind dagegen die
Worte F. Dahns (Könige V, S. 150 f.): »Leowigild's Regierung bezeichnet
den letzten Versuch, das gothische Reich, nach seinem hergebrachten Charakter durch kräftigste Anspannung aller gegebenen Mittel gegen die
gleichfalls hergebrachten Gefahren zu befestigen . . . Leowigild hat als
Grundlage des Staates noch streng die alte gothische Nationalität aufrecht
erhalten, wie sie sich durch Sprache, Sitte, Glaube den Romanen entgegen-
stellte.«
[172] Ein Gesetz Valentinians I.: Cod. Theod. III 14,1 = Lex Rom. Visig. III 14,1.
[173] Lex Visig. III 1,1 (antiqua).
[174] Isid., Hist. Goth. 51: »In legibus quoque ea quae ab Eurico incondite constituta videbantur correxit, plurimas leges praetermissas adiciens, plerasque
superfluas auferens.« Als ganzes erhalten ist der Codex Leowigilds nicht.
Er wird repräsentiert durch die in der Lex Visig. mit dem Vermerk
»antiqua« gekennzeichneten Gesetze.
[175] Diese Auffassung vom Geltungscharakter des Codex revisus Leowigilds ist
von Rafael de Ureña y Smenjaud, La legislación gótico-hispana, Madrid
1905, S. 323—341 vertreten und mit großer Umsicht begründet worden.
Sie hat sich aber — wenigstens vor García Gallo (s. o. S. 15, Anm. 35) —
im allgemeinen nicht durchsetzen können gegenüber der von Karl Zeumer,
Geschichte der westgotischen Gesetzgebung: Neues Archiv 23 (1898), S. 419

Umwandlung vollzogen und das Grundprinzip der bisherigen
westgotischen Staatsverfassung, die aus den Voraussetzungen der
Entstehungsgeschichte des Reiches sich erklärende nationale
Scheidung zwischen Goten und Romanen, aufgegeben oder auf
eine soziale reduziert. Der Begriff »Gens Gothorum« muß für die
Folgezeit verstanden werden als Bezeichnung einer sozialen
Gruppe von einiger Geschlossenheit nach außen, jedoch mit so-
zialer Substruktur im Inneren, die sich historisch aus der politisch
ins Gewicht fallenden, die gotische Herrschaft repräsentierenden
Oberschicht des westgotischen Volkes herleitete. Ihre augenfälligs-
te Prärogative war, daß ihr bzw. wiederum ihrer Oberschicht, den
»Seniores«, das Königtum vorbehalten blieb[176].

Die religionspolitische Neuausrichtung, die von Leowigild vorgenommen wird, ist fraglos als wesentliche und sachgemäße Kom-
ponente dieser gesamtpolitischen Neuorientierung und Gestaltung
des Reiches zu verstehen. Doch kann wohl ihr Ort in diesem Gesamtzusammenhang mit einiger Berechtigung noch näher bestimmt
werden. Mit der Erhebung Hermenegilds war das westgotische
Reich in seinem durch Alarich II. geschaffenen staatlichen Aufbau in
eine grundsätzliche Krise geraten. Auf diese tiefgreifende Krise
wird man geradezu gestoßen, wenn man die Geschichte Leowigilds
nach dem sachlichen Grund und Anlaß der strukturellen Umwandlung des Staates, wie er sie vorgenommen hat, durchforscht. Begründet war die Staatskrise in ihrer fundamentalen Bedeutung
durch das Eindringen des Bekenntnisgegensatzes in das Königshaus, sichtbar wurde sie an der politischen Aktivierung dieses
Gegensatzes durch Hermenegild, in der religionspolitischen Akzentuierung seiner Erhebung. Das ist die Aufbruchstelle, an der
Leowigild als Staatsmann herausgefordert war und an der seine
Neuordnung darum wohl auch eingesetzt haben wird. Ist diese
Auffassung aber richtig, dann hat man speziell in dem Einsatz der
neuen Religionspolitik des Königs, in seinem arianischen Aufbruch
von 580 den Ausgangspunkt für die gesamte Neuordnung des

bis 516; 24 (1899), S. 39—122.571—630; 26 (1901), S. 91—149 vertretenen, daß erst die Lex Visigothorum Rekkeswinths (649—672) territoriale
Geltung beansprucht habe. K. F. Stroheker, Leowigild, hat jedoch die
These des spanischen Rechtshistorikers energisch aufgegriffen und ihr von
neuem ein erhebliches Gewicht verliehen, indem er sie überzeugend in
den allgemeingeschichtlichen Zusammenhang eingeordnet hat.
[176] Vgl. Ramón d'Abadal i de Vinyals, A propos du legs visigothique en
Espagne (Caratteri del secolo VII in occidente = SettStudCentIt 5, 1958,
S. 541—585), S. 554—559.

Reiches zu sehen, ihren dem Anlaß und auslösenden Moment sachlich korrespondierenden Auftakt[177].

4. Die Errichtung der katholischen Staatskirche durch Rekkared

a) Die Zeit der Vorbereitung bis zum Reichskonzil 589

In der Zeit zwischen dem 12. April und 7. Mai 586 starb Leowigild[178]. Er hinterließ ein in den äußeren Grenzen gefestigtes Reich

[177] K. F. Stroheker, Leowigild, S. 166 ff. stellt dagegen die Religionspolitik Leowigilds als den Versuch dar, die innere Neuordnung des Reiches aus Anlaß der Erhebung Hermenegilds durch Herstellung der Glaubenseinheit zu vollenden. Die Religionspolitik des Königs wird damit zu einem sekundären und akzidentiellen Annex seiner Staatspolitik. Sie ist jedoch mehr als das, nämlich ein elementarer und konstitutiver Bestandteil der von Leowigild intendierten Neuordnung selbst. Auch hier wirkt sich in Strohekers Darstellung das Auseinanderreißen von staatlichem und kirchlichem, politischem und religiösem Denken bei Leowigild aus. Die Umwandlung der Staatsverfassung datiert Stroheker (S. 158) auf die Jahre 578 bis 580, in denen Leowigild nach Durchsetzung der Königsmacht und äußerer Sicherung des Reiches nicht durch militärische Aktionen beansprucht war. Das ist jedoch ein Datierungsversuch nach vordergründigen Kriterien. Daß Stroheker sich damit begnügen muß, ist darin begründet, daß er die auch und gerade im Grundsätzlichen einschneidende Bedeutung der Erhebung Hermenegilds für die Geschichte des westgotischen Staates nicht scharf genug sieht, weil er unter dem Eindruck der herkömmlichen Auffassung steht, nach der schon seit jeher der Bekenntnisgegensatz einen beherrschenden und wesentlichen Anteil an der politischen Frontenbildung im westgotischen Reich und auch in seiner Außenpolitik gehabt haben soll. Kennzeichnend dafür ist etwa, daß ihm sogar die Fortsetzung der antibyzantinischen Außenpolitik der Westgoten auch nach dem Übergang Rekkareds zum katholischen Bekenntnis unerwartet erscheint (Westgotenreich und Byzanz, S. 219). Auf dem Hintergrund dieser Auffassung kann das spezifische politische Profil des Aufstandes Hermenegilds nicht deutlich genug hervortreten. — Zur vermeintlichen staatspolitischen Überlegenheit der Kirchenpolitik Justinians, die nach Stroheker das leitende Vorbild auch der Religionspolitik Leowigilds und ihrer staatspolitischen Einordnung war, s. die kritische Wertung von Eduard Schwartz, Zur Kirchenpolitik Justinians (Sitzungsber. d. Bayer. Akad. d. Wissensch., phil.-hist. Abt. 1940, 2, S. 32—81 = Ges. Schriften IV, 1960, S. 276—320).

[178] Nach der Inschrift Hübner 155, Vives 302 fällt der 12. April 587 in das erste Jahr Rekkareds, nach den Akten des dritten toletanischen Konzils der 8. Mai 589 in sein viertes Jahr. Danach hat Rekkareds Regierung frühestens am 13. April, spätestens am 8. Mai 586 begonnen. Nun bestehen aber nach J. Vives, Inscripciones, S. 100 Unsicherheiten in der Lesung des Datums

und ein gestärktes Königtum, doch er hinterließ zugleich auch das
Erbe einer energischen Einheitspolitik, die in einer strukturellen
Neuordnung des Staates den Grund für die Entwicklung des siebten
Jahrhunderts gelegt hatte, die aber in ihrer Durchführung tatsächlich als gescheitert angesehen werden mußte; denn sie hatte sich
gerade auf dem Gebiet der Religionspolitik, von dem sie ausgegangen war, festgefahren. So hatte sie das Problem des Bekenntnisunterschiedes, das seit 579 den Rahmen der alten Staatsverfassung
gesprengt hatte, nicht nur nicht zu lösen vermocht, sondern eher
noch ihrerseits weiter verschärft. Dieses Erbe fiel nun Leowigilds
Sohn Rekkared zu, dem jüngeren Bruder des Rebellen Hermenegild, Rekkared I. in der Gesamtreihe der westgotischen Könige.
Rekkared hat die ihm damit gestellte Aufgabe, das Werk seines
Vaters aus dieser Schwierigkeit herauszubringen und zu vollenden,
bewältigen können und damit zugleich endgültig eine neue Epoche
westgotischer Geschichte heraufgeführt.

Der Regierungswechsel erfolgte, wie Johannes von Biclaro eigens
betont[179], ohne Schwierigkeiten. Leowigild hatte schon in den ersten Jahren seiner Herrschaft seine Söhne Hermenegild und Rekkared an der Regentschaft beteiligt[180], und die Königsmacht war
586 stark genug, die damit getroffene Nachfolgeregelung ohne
Widerstand durchzuführen[181]. Über die Maßnahmen des neuen

der genannten Inschrift, und aus allgemeinen Erwägungen heraus (vgl. dazu
a. a. O., S. 98 f.) hält Vives es für möglich, daß sie den 12. April 586 meine.
Wäre das richtig, könnte man die Inschrift Hübner 115, Vives 303 (s. o.
S. 141, Anm. 28) zu Hilfe ziehen, nach der ein Tag in der Zeit vom 14. bis
31. Januar, vielleicht der 17. Januar 594 in das achte Jahr Rekkareds fiel.
Seine Regierung hätte dann frühestens an einem Tag in der Zeit vom
15. Januar bis 1. Februar, vielleicht seit dem 18. Januar, und spätestens am
12. April 586 begonnen.

[179] Joh. Bicl., Chron. ad a. 586,2: »Hoc anno Leovigildus Rex diem clausit
extremum et filius eius Reccaredus cum tranquillitate regni eius sumit
sceptra.« — Johannes, der die Regierungsjahre der byzantinischen Kaiser
und westgotischen Könige dem Kalenderjahr angleicht (s. Th. Mommsen
in seiner Ausgabe, S. 208 f.), rechnet noch das ganze von Mommsen als
586 identifizierte Jahr als 18. Jahr Leowigilds und zählt erst 587 als erstes
Jahr Rekkareds. Das ist zu beachten, da Johannes bei der chronologischen
Zuordnung der notierten Fakten offenbar die tatsächlichen Herrscherjahre
im Auge hat, wie sich bei der Notierung des dritten toletanischen Konzils
zeigt: 8. Mai 589 = 4. Jahr Rekkareds, bei Joh. Bicl. aber Chron. ad
a. 590, 1.

[180] S. o. S. 140, Anm. 22.

[181] Nach F. Görres, ZwissTh 42 (1899), S. 279 (nach Vorgang Älterer) war
Rekkared »der erste Gothenkönig, der sich salben und krönen ließ«. Je-

Königs, sich in seiner Stellung zu sichern, bringt Gregor von Tours
eine interessante Notiz bei. Danach ist Rekkared ein Bündnis mit
der Königin Goswintha, seiner Stiefmutter, eingegangen und hat
ihr eine Stellung als Königinmutter eingeräumt[182]. Die Witwe
Athanagilds und Leowigilds stellte offenbar noch genauso wie vordem bei Leowigilds Regierungsantritt und aus Gründen, die uns
nicht erkennbar sind[183], einen wesentlichen Machtfaktor dar, dessen
sich zu versichern auch Rekkared noch geraten erschien. Auch um
der fränkischen Beziehungen mochte eine Verbindung mit ihr nützlich sein können, war sie doch die Mutter Brunhildes und Großmutter Childeberts II. von Austrasien. Nach der Verständigung mit
Goswintha gelang es Rekkared dann auch, ein Bündnis mit Austrasien zustande zu bringen, während die Beziehungen zu Gunthramn
von Burgund, die sich schon in der letzten Zeit Leowigilds sehr un-
günstig entwickelt hatten[184], nach wie vor äußerst gespannt
blieben[185].

Im zehnten Monat seiner Herrschaft, also Januar/Februar 587[186],
vollzog Rekkared den entscheidendsten Schritt seiner Regierung

doch ist eine Krönung möglicherweise schon für Leowigild belegt (s. C. G.
Miles, Coinage, S. 57: Münzbilder mit Krone; K. F. Stroheker, Westgotenreich und Byzanz, S. 229), und eine Salbung läßt sich vor Wamba
(672) nicht nachweisen (was allerdings nicht ausschließt, daß sie schon
geübt wurde).

[182] Greg. Tur., Hist. IX 1: »Igitur post mortem Leuvigilde Hispanorum regis
Richaredus, filius eius, foedus iniit cum Goesintha, relicta patris sui, eam-
que ut matrem suscepit.«

[183] Man könnte aufgrund dessen, was von ihr bekannt ist, fragen, ob ihr
Rückhalt nicht möglicherweise im arianischen Episkopat zu suchen ist.

[184] Die Spannungen waren zu Tage getreten, nachdem Leowigilds Bundes-
genosse Chilperich I. von Soissons 584 ermordet worden war (Greg. Tur.,
Hist. VI 46). Zwar hielt Leowigild zunächst Brunhilde und Childebert II.
für die gefährlicheren Gegner, während er mit Gunthramn glaubte ein
Übereinkommen treffen zu können (a. a. O., VIII 28), doch erwies sich
gerade der Burgunder als der entschiedenere Gegner. 585 versuchte er vergeblich, sich Septimaniens zu bemächtigen (a. a. O., VIII 30.35; Joh. Bicl.,
Chron. ad a. 585,4).

[185] Greg. Tur., Hist. IX 1 (das Bündnis mit Austrasien und die gleichzeitigen
vergeblichen Bemühungen um ein solches mit Burgund fallen nach Gregor
schon in das 12. Jahr Childebert II., das zwischen 29. November und
8. Dezember 586 begonnen hat). Frühere Verhandlungsversuche mit
Gunthramn, von denen nicht genau festzustellen ist, ob sie vor oder
nach Leowigilds Tod erfolgten: Greg. Tur., Hist. VIII 35.38.

[186] Oder in der Zeit zwischen Mitte Oktober 586 bis Mitte Januar 587 (s. o.
S. 192, Anm. 178).

und trat offen zum katholischen Bekenntnis über[187]. Daß es im westgotischen Arianismus und speziell in der jüngstvergangenen Zeit Ansätze gab, die auf diesen Weg weisen konnten, ist schon festgestellt worden. Überhaupt kann sich von der höheren Perspektive nachträglicher historischer Betrachtung aus die Konversion des Königs leicht als geschichtliches Gebot der Stunde darstellen. Tatsächlich aber zog sie für Rekkared zunächst nicht ungefährliche Schwierigkeiten nach sich, und zwar Schwierigkeiten, wie er sie wohl von vorneherein hatte befürchten müssen. Als ausschlaggebendes Motiv für seinen Schritt wird man daher wohl auch kein anderes suchen dürfen als das seiner persönlichen Überzeugung von der Wahrheit des katholischen Bekenntnisses[188]. Ob sich diese Überzeugung des Königs auch schon vor seinem öffentlichen Übertritt in seinen Handlungen angekündigt hat, ist nicht mehr sicher festzustellen. Es kann nur auf die bereits geäußerten Vermutungen hingewiesen werden, daß die Aufhebung der Verbannung

---

[187] Joh. Bicl., Chron. ad a. 587,5; Greg. Tur., Hist. IX 15. E. A. Thompson, Conversion, S. 22 nimmt aufgrund von Fredegar IV 8 an, Rekkared habe den Übertritt heimlich vollzogen. Dagegen spricht aber, daß er alsbald im katholischen Sinne auf den arianischen Episkopat einzuwirken begann (s. u.) und seinen Übertritt den Frankenkönigen mitteilte (Greg. Tur., Hist. IX 16). Auch durch die Voraussetzung einer Wiedertaufe beim Übertritt empfiehlt sich Fredegar nicht als zuverlässig.

[188] Das Urteil von K. D. Schmidt, Bekehrung, S. 310, Rekkareds Bekenntniswechsel habe überhaupt nicht den Charakter einer religiösen Entscheidung getragen und sei ausschließlich aus Gründen politischer Zweckmäßigkeit und um politischer Vorteile willen erfolgt, ist ebenso ungerechtfertigt wie unbegründet; denn die Aufführung der angeblich davon erhofften politischen Vorteile ist noch keine Begründung, ganz abgesehen davon, daß sie keine überzeugenden politischen Motive nennt: die Kirche sollte um der Stärkung der außenpolitischen Position willen an den Thron gebunden werden — hier die verbreitete Überschätzung der außenpolitischen Tragweite des Bekenntnisgegensatzes; zu einer tatsächlichen außenpolitischen Folge des Bekenntniswechsels Rekkareds s. u. S. 202 f.; sie sollte zugleich die Erblichkeit der Krone sichern — als ob nicht Rekkared gerade noch ungeachtet des arianischen Bekenntnisses ohne Schwierigkeiten seinem Vater auf den Thron gefolgt wäre und nun diesen Erfolg durch seine Entscheidung sichtlich gefährdete. Schmidts Urteil steht im Zusammenhang einer Behandlung des westgotischen Katholizismus (a. a. O., S. 301 bis 315), die auch sonst nicht frei ist von Schwächen und Einseitigkeiten (vgl. die Rezension von Hermann Dörries: ThLZ 65, 1940, Sp. 145). Sie steht spürbar im Banne der Auffassung F. Dahns von einer im wesentlichen unheilvollen Bedeutung der katholischen Kirche in der westgotischen Geschichte und fällt gegenüber der voraufgehenden Untersuchung des westgotischen Arianismus sichtlich ab.

Masonas von Mérida gegen Ende der Regierung seines Vaters vielleicht bereits ihm zuzuschreiben sein mag[189] und daß er zu Beginn
seiner eigenen Herrschaft möglicherweise den für Hermenegilds
Tod unmittelbar verantwortlichen Sisbert hat töten lassen[190]. Wenn
Rekkareds Konversion gegen Ende seines ersten Regierungsjahres
erfolgt ist und nicht schon früher, so mag das darin begründet sein,
daß er gezwungen war, zunächst seine Stellung hinlänglich zu
sichern, ehe er einen solchen folgenschweren Schritt wagen konnte,
ohne damit alles aufs Spiel zu setzen und befürchten zu müssen,
von der zu erwartenden Opposition überrannt zu werden.

Ein persönlicher Akt konnte der Schritt des Königs in der gegebenen Situation keinesfalls bleiben. Er vollzog sich auf dem
Boden des durch Leowigilds grundsätzliche staatliche Neuordnung
gewiesenen Weges zur einheitlichen Staatsreligion und -kirche.
Darüber hinaus hat es Rekkared überhaupt als wesentliche Verpflichtung seiner Königswürde angesehen, das westgotische Volk
dem Glauben zuzuführen, den für den rechten halten zu müssen er
überzeugt war[191]. Vor allem aber entspricht der somit von Rekkared bewußt eingeschlagene Weg dem historischen Gefälle, wie
es von vorneherein vorgezeichnet war durch das zahlenmäßige
Verhältnis von Goten und Romanen und das gänzlich ungleiche
Gewicht der den beiden Gruppen zur Verfügung stehenden kulturellen Traditionen, mit denen ihre bekenntnismäßige Einstellung
sich verbunden hatte. Bezeichnend dafür ist vielleicht schon die
Existenz katholischer Goten aus offenbar angesehener Familie wie
Masona von Mérida und Johannes von Biclaro, auf jeden Fall aber
der offensichtliche Erfolg, der dem Katholisierungswerk Rekkareds
beschert war. Trotzdem darf natürlich nicht übersehen werden, daß
der westgotische Arianismus 587 im Reiche noch immer eine Macht
darstellte, zumal nach der Mobilisierung seiner Kräfte und den an
einigen Stellen unzweifelhaft erzielten Erfolgen während der Zeit
seit dem Einsetzen der planmäßigen Arianisierungspolitik Leowigilds. Das sollte sich in den politischen Ereignissen der nächsten
beiden Jahre noch deutlich genug abzeichnen.

Das Katholisierungswerk des Königs und seinen Erfolg hat Johannes von Biclaro zusammen mit der Nachricht von seiner Konversion notiert: »Im ersten Jahr seiner Herrschaft, im zehnten Mo-

[189] S. o. S. 178 f.
[190] S. o. S. 156.
[191] S. u. S. 209 f.

nat wird Rekkared mit Gottes Beistand katholisch; er bewirkt, daß
die Bischöfe der arianischen Sekte, nachdem er sie in weiser Unterredung angegangen ist, sich eher infolge von Vernunftgründen als
auf Befehlszwang zum katholischen Glauben bekehren, und führt
das gesamte Volk der Goten und Suewen zur Einheit und zum
Frieden der christlichen Kirche zurück. Durch göttliche Gnade
kommen die arianischen Gruppen zur christlichen (= katholischen)
Lehre[192].« Diese Notiz faßt summarisch die Zeit von Rekkareds
Übertritt Anfang 587 bis zum dritten toletanischen Konzil im Mai
589 zusammen. Rekkared hat diese Entwicklung offenbar dadurch
ausgelöst, daß er sogleich bei seinem eigenen Übertritt im katholischen Sinne auf den arianisch-westgotischen Episkopat einzuwirken gesucht hat. Über den äußeren Rahmen dieser Einwirkung
bemerkt der Chronist nur, daß sie »in weiser Unterredung« erfolgt
sei; aber vielleicht ist damit der Ort des Religionsgespräches bezeichnet, von dem Gregor von Tours im Zusammenhang mit Rekkareds Übertritt berichtet[193]. In diesem Bericht erscheint zwar das
auf Veranlassung des Königs veranstaltete Gespräch nur als der
Anstoß zur Konversion Rekkareds, doch dabei mag lediglich aus
Mangel an genauen und vor allem zusammenhängenden Informationen Ursache und Wirkung verwechselt sein[194]. Auf jeden Fall erklären 589 die in Toledo anwesenden ehemals arianischen gotischen Bischöfe, daß sie sich »schon vor einiger Zeit«, dem Beispiel
Rekkareds folgend, zum katholischen Glauben bekannt hätten[195],

---

[192] Joh. Bicl., Chron. ad d. 587,5: »Reccaredus primo regni sui anno mense X
catholicus deo iuvante efficitur et sacerdotes sectae Arrianae sapienti collo-
quio aggressus ratione potius quam imperio converti ad catholicam fidem
facit gentemque omnium Gothorum et Suevorum ad unitatem et pacem
revocat Christianae ecclesiae. sectae Arrianae gratia divina in dogmate
veniunt Christiano.«

[193] Greg. Tur., Hist. IX 15.

[194] Gregors Bericht behandelt zunächst das Religionsgespräch, das Rekkared
einberufen habe, um die Bekenntnisgegensätze zu überwinden. Über
Verlauf und Ergebnis des Gesprächs weiß er nichts anzugeben. In der
zweiten Hälfte des Berichtes heißt es dann, der König habe, bewegt über
die angebliche Sterilität des Arianismus auf dem Gebiet des Mirakulösen,
die katholischen Bischöfe gesondert zu sich gerufen und in einer Unterredung mit ihnen sich dem katholischen Bekenntnis zugewandt. Daß hier
zwei verschiedene Nachrichten — Rekkareds Konversion und ein Religionsgespräch — miteinander zu einem Ganzen verbunden worden sind, ist
nicht ausgeschlossen.

[195] PL 84, Sp. 346 BC: ». . . hoc . . . iam olim conversionis nostrae tempore
egerimus, quando secuti gloriosissimum dominum nostrum Reccaredum
regem ad Dei ecclesiam transivimus . . .«

und bezeugen damit deutlich genug die frühzeitige Einflußnahme des konvertierten Königs auf den arianischen Episkopat und deren Erfolg. Bei der Angabe des Johannes von Biclaro, ein solcher Erfolg sei durch Vernunftgründe, nicht durch den Druck der Befehlsgewalt erzielt worden, spricht wohl die Überzeugung von einer selbstevidenten inneren Überlegenheit der katholischen Sache mit, aber sie wird doch auch den wirklichen Vorgängen entsprechen; denn Rekkared hat es jedenfalls in den Jahren von 587 bis 589 trotz der von Leowigild eingeleiteten Byzantinisierung des westgotischen Königtums kaum wagen können, anders zu verfahren — das Risiko war so schon hoch genug[196].

Neben den frühen Erfolgen standen nämlich zunächst auch sehr heftige Manifestationen arianischen Widerstandes in der Form gewaltsamer Umsturzversuche. Deren erster brach im zweiten Jahr Rekkareds in Lusitanien los[197]. Sein Initiator war der von Leowi-

[196] E. A. Thompson, Conversion, S. 27 denkt auch an Zwangsbekehrung für diese Zeit. Der 580 als Gesandter Leowigilds in Tours auftretende Agila (s. o. S. 187, Anm. 167) sei nämlich nach Greg. Tur., Hist. V 43 »necessitate cogente« katholisch geworden; es sei auch zu erwägen, ob er nicht mit einem Agila identisch sei, der unter den Unterzeichnern der Bekenntniserklärung des dritten toletanischen Konzils erscheine (ebd., Anm. 115). Dazu ist jedoch zu bemerken, daß Gregor ausdrücklich zu erkennen gibt, in welchem Sinne »necessitas« in dem angeführten Zusammenhang zu verstehen ist, da er schreibt: ». . . in infirmitate debilitatus, ad nostram religionem, necessitate cogente, conversus est«; und der Agila des dritten toletanischen Konzils ist nur eine vermutlich sekundäre Lesart für Afrila. Ferner konstatiert Thompson (S. 27, Anm. 115) diese angebliche Zwangsbekehrung »though Jo. Biclar . . . says that the conversion of the Arian bishops was carried through ‚ratione potius quam imperio‘, which is not true of the bishops Athalocus, Uldida and Sunna«. Das ist allerdings eine mehr als befremdliche Auffassung. Die drei genannten Bischöfe sind sämtlich an Erhebungsversuchen beteiligt gewesen (s. u.). Über Rekkareds Verhalten Athaloch gegenüber liegt zudem gar kein Bericht vor. Die beiden anderen aber mußten als Verschwörer in die Verbannung, wobei Sunna noch Begnadigung bei Übertritt zum Katholizismus angeboten wurde. Auf jeden Fall hat man es hier mit königlicher Strafjustiz aufgrund schwerwiegender politischer Vergehen zu tun und nicht mit Bekehrungsversuchen, die des Johannes Angabe in Frage stellen könnten.

[197] Joh. Bicl., Chron. ad a. 588,1 (zum zweiten Jahr Rekkareds, vgl. o. S. 193, Anm. 179); Vit. Patr. Emerit., opusc. V 10 f. (= cap. XVII f.). Nach opusc. V 11,2 fällt in die Zeit dieser Konspiration ein Osterfest, an dem auch ihre Niederschlagung erfolgte. 587 fiel Ostern auf den 30. März, 588 auf den 18. April. Wenn der Ansatz des frühesten Termins für Rekkareds Regierungsantritt auf den 13. April 586 berechtigt ist (s. o. S. 192, Anm. 178), könnte überhaupt nur der Ostertermin 588 in Rekkareds zweites Jahr

gild ernannte arianische Bischof Sunna von Mérida[198], der für seine Absichten eine Anzahl geeigneter Männer aus den Reihen der gotischen Aristokratie gewinnen konnte. Johannes von Biclaro nennt den Namen eines der Beteiligten, Segga, und zwei weitere werden von den Vitae Patrum Emeritensium namhaft gemacht, Vagrila und Witterich, und zwar eben jener Witterich, der sich fünfzehn Jahre später gegen Rekkareds Sohn Liuwa II. erheben und sich durch dessen Sturz 603 die Herrscherwürde aneignen sollte[199]. Eine bemerkenswerte Einzelheit im Bericht des emeritenser Hagiographen ist, daß Sunna die von ihm gewonnenen Optimaten und ihren Anhang zunächst von der katholischen Kirche abspenstig gemacht habe[200]. Demnach wäre also mindestens ein Teil der am Aufstand Beteiligten katholisch gewesen. Dafür könnte auch die Angabe sprechen, daß einige unter ihnen von Rekkared mit dem Amt eines Comes civitatis betraut worden seien; Gregor der Große vermerkt nämlich, daß Rekkared die Bekleidung öffentlicher Ämter an das katholische Bekenntnis gebunden habe[201]. Trotz dieses Bekenntnisses sind sie dann — wohl ohne dabei selbst zum

fallen unter der Voraussetzung, daß seine Regierung tatsächlich später als am 13. April, nämlich nach dem 18. April 586 begonnen hätte. Müßte man jedoch den 12. April als spätesten Termin für den Regierungsantritt des Königs annehmen, könnte nur der Ostertermin 587 in sein zweites Jahr fallen, vorausgesetzt, seine Regierung habe tatsächlich früher als am 12. April, nämlich vor dem 31. März 586 begonnen.

[198] S. o. S. 167 ff.
[199] Vagrila: opusc. V 11,17—21. Witterich: V 10,5 u. ö. — Witterichs Erhebung (schon 602 ausbrechend): Isid., Hist. Goth. 57 f.
[200] Opusc. V 10,1 f.: »Sunna . . . quosdam Gothorum, nobiles genere opibusque quoquam ditissimos, e quibus etiam nonulli in quibusdam civitatibus comites a rege fuerant constituti, consilio diabolico persuavit eosque de catholicorum agmine ac gremio catholicae ecclesiae cum multitudine populi separavit . . .« Ob »multitudo populi« allgemein (»Menge Volks«) oder, wie J. N. Garvin in seiner Ausgabe, S. 233 will, im Sinne speziellen christlichen Sprachgebrauchs (»multitude of the faithful«) aufgefaßt wird, ist im Grunde unerheblich. Auf jeden Fall handelt es sich um den Gewinn des zur Durchführung des Aufstandes notwendigen Anhangs, und dieser wird sich aus der Zahl der von den Konspirierenden Abhängigen rekrutiert haben, die in ihrer Einstellung einfach derjenigen ihrer Herren und Patrone gefolgt sein werden.
[201] Greg. Magn., Dial. III 31: ». . . ut nullum suo regno militare permitteret, qui regno Dei hostis existere per haereticam perfidiam non timeret.« Zwar könnte man fragen, ob Rekkared dieses Prinzip bei der Verleihung von Ämtern schon so früh befolgt hat, aber angesichts der 589 auf dem toletanischen Konzil zutage tretenden staatskirchlichen Ausrichtung wäre das nicht ausgeschlossen.

Arianismus überzutreten[202] — auf die Linie des von Sunna inaugu-
rierten Erhebungsversuchs eingeschwenkt. Wie immer dieses Verhalten zu erklären sein mag[203], es kann nicht in Frage stellen, daß

[202] Als »Scheidung von der Schar der Katholiken und der Herde der katholischen Kirche« könnte sich für den Verfasser der Vit. Patr. Emerit. auch
allein die Tatsache darstellen, daß die Betreffenden sich an einem Anschlag auf Masona beteiligten. Für formelle Apostasie wäre seine Ausdrucksweise eher recht zurückhaltend. Wenn Masona nach der Niederschlagung des Aufstandes dem an die Kirche verknechteten Vagrila die
Freiheit wiedergibt mit der Auflage, er solle den katholischen Glauben
ganz und unversehrt erhalten (Vit. Patr. Emerit., opusc. V 11,20 f.), ohne
daß zuvor von einer formellen Rückkehr des Vagrila zu diesem Bekenntnis
die Rede war, scheint auch hier keine Annahme des Arianismus vorausgesetzt zu sein. Auf der anderen Seite bezeichnen die Vitae allerdings
einmal die Verschwörer kurz als »comites Arriani« (V 11,8). Klarheit läßt
sich so leider nicht gewinnen, und vor allem darf man weder hier noch
dort den Wortlaut der Erzählung pressen. Interessant ist jedoch, daß die
Notiz des Johannes von Biclaro nur die eigentlichen Exponenten der Erhebung, nicht aber ihren Anhang als arianisch kennzeichnet: »Quidam ex
Arrianis, id est Siuma (v. l.: Sunna) episcopus et Segga, cum quibusdam
tyrannidem assumere cupientes deteguntur« (Chron. ad a. 588,1).

[203] Eindeutig ist nur, daß hier andere Motive als die der konfessionellen Bindung den Vorrang haben. E. A. Thompson, Conversion, S. 29 f. denkt an
das Interesse der Aufrechterhaltung einer gotischen Suprematie gegenüber
den Romanen angesichts der als diese bedrohend empfundenen Politik
Rekkareds: »It might not be unreasonable to suppose that some Visigoths
saw the events of 589 not only as a struggle between Arianism and Catholicism, but also, and perhaps chiefly, as a struggle between Roman and
Visigoth. The victory of Catholicism was in some sense a defeat for the
Visigothic element in the population of Spain, or at any rate it may have
been thought to be such by a considerable number, though not by all of
the Visigoths« (a. a. O., S. 30; diese Erwägungen Thompsons beziehen
sich nicht auf die lusitanische Erhebung allein). Aber sollte eine solche
Auffassung ausgerechnet bei jenen Westgoten das Gesetz des Handelns
bestimmen, die selbst bereits auf dem Boden des als »fides Romana«
etikettierten Bekenntnisses standen? Die Erklärung für die Vorgänge in
Lusitanien wird wohl doch in anderer Richtung gesucht werden müssen.
Die Darstellung der Vit. Patr. Emerit. ist einseitig auf die emeritenser
Angelegenheiten beschränkt und berichtet von der Verschwörung nur, so
weit es in ihrem Verlauf um Feindschaft und Anschläge gegen Masona
geht, ohne daß der gesamtgeschichtliche Zusammenhang ins Blickfeld
kommt. So werden auch nur diejenigen Teilnehmer an der Verschwörung
namhaft gemacht, die in eine unmittelbare Beziehung zu Masona treten,
während der Arianer Segga nicht erwähnt wird. Gerade er aber muß nach
der Notiz des Biclarensers eine wesentliche Rolle bei dem Erhebungsversuch gespielt haben, und ihn trifft nachher die härteste Strafe: er wird
in die Gallaecia verbannt, nachdem ihm zuvor die Hände abgeschlagen
wurden — E. A. Thompson, a. a. O., S. 26, Anm. 108 weist darauf hin,

in der lusitanischen Verschwörung arianischer Widerstand gegen Rekkareds Katholisierungspolitik eine tonangebende Rolle gespielt hat und das auslösende Moment darstellt. Das wird durch die zentrale Stellung, die Sunna dabei eingenommen hat, und durch des Johannes von Biclaro ausdrücklichen Hinweis auf das arianische Bekenntnis der Rädelsführer sichergestellt.

Bei diesem Unternehmen war auch geplant, Sunnas unbeugsamen Gegner Masona zu beseitigen. Seine Ermordung sollte offenbar den Auftakt der Erhebung bilden. Doch dieser Anschlag scheiterte, nach dem Bericht des Hagiographen infolge eines Wunders: der mit dem Mord beauftragte Witterich vermochte sein Schwert nicht aus der Scheide zu bringen. Auf jeden Fall vollzog Witterich einen Frontwechsel — nach den Vitae natürlich unter dem Eindruck dieses Wunders des in der Scheide festgebannten Schwertes — und gab die Verschwörung preis, so daß der Dux von Lusitanien Claudius sie alsbald im Keime ersticken konnte[204]. Interessant ist, daß Rekkared bei der Verurteilung der Verschwörer großen Wert darauf legt, Sunna für sich oder für das katholische Bekenntnis zu gewinnen. Er läßt ihm nahelegen, den katholischen Glauben anzunehmen und sich einem Bußverfahren zu unterziehen, und stellt ihm für diesen Fall sogar ein neues Bistum in Aussicht. Allerdings lehnt der Arianer ab, und der Anonymus von Mérida legt ihm die Worte in den Mund: »Was Buße ist, weiß ich nicht. Ihr mögt daher zur Kenntnis nehmen, daß ich nicht verstehe,

daß diese Bestrafung ein Indiz dafür sein könnte, daß Segga der Thronprätendent der lusitanischen Erhebung gewesen ist. Ihm, dem weltlichen Repräsentanten, und nicht Sunna, dem geistlichen Inaugurator und Ideologen der Erhebung werden sich die anderen gotischen Optimaten angeschlossen haben, und es wäre denkbar, daß ein solcher Anschluß zum Teil aufgrund persönlicher Treue- und Bindungsverhältnisse erfolgt ist. Jedenfalls könnte sich so die Teilnahme von katholischen Goten an dieser Erhebung erklären lassen als die Folge einer Vorordnung persönlicher Bindungen vor institutionelle, eine Erscheinung, die für das Milieu dieser gotischen Aristokratie gewiß nicht unwahrscheinlich wäre. So kommt man vielleicht auch zu einer Erklärung des Frontwechsels Witterichs (s. u.). Es heißt von ihm in der Szenenschilderung der Vit. Patr. Emerit.: »Witericus, iuvenis fortissimus, stans post scapulam egregii viri Claudii ducis, utpote iuvenior adhuc aetate reddens obsequium seniori imo nutritori suo« (V 10,10). Hier wird eine persönliche Bindung Witterichs an den Dux Claudius angedeutet, die ihn in eine Konfliktsituation als Voraussetzung für seinen Frontwechsel bringen konnte.

[204] Ob sich darauf Rekkareds Münzen mit der Legende »Emerita Victor« (Miles, S. 223—226, Nr. 92 f.; vgl. S. 119) beziehen?

was Buße ist, und niemals katholisch sein werde, daß ich vielmehr
entweder weiterhin so, wie ich bisher gelebt habe, leben oder aber
bereitwillig für den Glauben, in dem ich von Beginn meines Lebens
bis heute verharrt habe, sterben werde«[205]. Er wurde außer Landes
verwiesen und soll noch in Mauretanien im Sinne seines Bekenntnisses gewirkt haben. Sein Vermögen fiel Masona, das heißt aber
doch wohl der katholischen Kirche von Mérida zu, der auch die
unter Leowigild für die Arianer beschlagnahmten Kirchengebäude
restituiert wurden.

Im dritten Jahr seiner Regierung sieht sich dann Rekkared einer
Konspiration in seiner nächsten Umgebung gegenüber. Seines Vaters Witwe Goswintha arbeitet zusammen mit einem arianischen
Bischof Uldila, vermutlich doch wohl dem arianischen Bischof von
Toledo, gegen ihn, nachdem beide zunächst zum Schein das katholische Bekenntnis angenommen hatten. Doch Macht und Einfluß
der Goswintha erweisen sich jetzt als begrenzt. Die Verschwörung
wird sehr bald aufgedeckt. Uldila muß in die Verbannung gehen,
Goswintha aber, »die den Katholiken immer feindlich gesonnen
war«, wie der Chronist bemerkt, stirbt — auf welche Weise ist unbekannt[206].

Ein dritter arianischer Umsturzversuch, der sehr gefährliche
Folgen zeitigte, vollzog sich in Septimanien unter dem Einfluß des
arianischen Bischofs Athaloch, wahrscheinlich von Narbonne, und
der Führung der Comites Granista und Wildigern[207]. Die Aufrührer nahmen Kontakt mit Rekkareds unversöhnlichem merowin-
gischem Gegner Gunthramn von Burgund auf, der die willkom-
mene Gelegenheit ergriff, ein Heer unter Führung des Herzogs
Boso nach Septimanien zu senden. Rekkared stellte ihnen jedoch
den anläßlich der lusitanischen Verschwörung schon für die Sache
des Königs und des katholischen Bekenntnisses bewährten Dux von
Lusitanien Claudius, einen katholischen Romanen[208], entgegen.
Dieser konnte den Franken alsbald eine vernichtende Niederlage

---

[205] Vit. Patr. Emerit., opusc. V 11,13: »Ego quid sit poenitentia ignoro. Ob
hoc compertum vobis sit quia poenitentiam quid sit nescio et catholicus
numquam ero, sed aut ritu quo vixi vivebo aut pro religione in qua nunc
ab ineunte aetate mea permansi libenter moriar.«

[206] Joh. Bicl., Chron. ad a. 589, 1.

[207] Vit. Patr. Emerit., opusc. V 12,1—5. — Greg. Tur., Hist. IX 15 nennt
zwar Athaloch als eifrigen und unbekehrbaren Arianer, der aus Verzweif-
lung über den Niedergang des Arianismus stirbt, erwähnt aber keinerlei
politische Machenschaften, an denen er beteiligt war.

[208] Vit. Patr. Emerit., opusc. V 10,7.

beibringen. Der arianische Umsturzversuch, der nach dem Bericht des emeritenser Autors sogar mit einer blutigen Katholikenverfolgung einhergegangen sein soll[209], war damit niedergeschlagen[210]. Nach dem Aufstand Hermenegilds stellt dieser Umsturzversuch den zweiten Fall im Verlauf der westgotischen Reichsgeschichte dar, in dem der Bekenntnisgegensatz innerhalb des Reiches nachweislich zur Mobilisierung auswärtiger Kräfte geführt hat. Daß es in diesem Fall die arianische Reaktion war, die sich der Unterstützung durch die katholischen Franken versicherte, sollte bei einer Behauptung bekenntnismäßiger Aspekte in den außenpolitischen Konstellationen der voraufgehenden Zeit stets vor Augen stehen.

Rekkareds Katholisierungspolitik ist also in den Jahren 587 bis 589 noch auf einen recht beachtlichen, politisch aktiv werdenden

---

[209] Vit. Patr. Emerit., opusc. V 12,4: »Interim per idem tempus innumerabilem clericorum religiosorum et omnium catholicorum interficientes multitudinem, immensam fecerunt stragem.«

[210] Joh. Bicl., Chron. ad a. 589, 2; Greg. Tur., Hist. IX 31. Die Tatsache der arianischen Erhebung und die Unterstützung durch fränkische Kräfte wird nur von den Vit. Patr. Emerit. mitgeteilt (opusc. V 12,3): »... infinitam multitudinem Francorum in Galliis introduxerunt ...« Johannes von Biclaro und Gregor von Tours berichten lediglich von dem fränkischen Einfall in Septimanien. In der Literatur wird des öfteren (z. B. F. Görres, ZwissTh 41, 1898, S. 90; M. Torres, Las invasiones, S. 111) der Aufstand der narbonnensischen Arianer nicht mit dem fränkischen Heereszug unter Boso, auf den sich die soeben genannten Stellen beziehen, in Verbindung gebracht, sondern mit dem kriegerischen Unternehmen des Herzogs Desiderius (Joh. Bicl., Chron. ad a. 587,6; Greg. Tur., Hist. VIII 45) des Jahres 587. J. N. Garvin hat jedoch in seiner Ausgabe der Vit. Patr. Emerit., S. 511, vgl. S. 28, Anm. 7 gezeigt, daß das sicher falsch ist. Der Einfall des Desiderius in Septimanien geht nach Joh. Bicl. dem lusitanischen Erhebungsversuch voraus, während dieser wiederum nach den Vit. Patr. Emerit. vor dem Aufstand in Septimanien anzusetzen ist. Der Sieg über Boso und sein Heer ist das Verdienst des Dux von Lusitanien Claudius und gilt als Zeichen göttlichen Beistandes — Joh. Bicl. vergleicht Claudius mit Gideon. Das allein erklärt das Interesse, das die sonst ganz auf Mérida beschränkten Vitae an der septimanischen Affäre nehmen. Die Tatsache, daß Rekkared gerade Claudius in dieser Situation eingesetzt hat, ist allein schon ein Hinweis darauf, daß eben der Feldzug Bosos mit dem Aufstand der Arianer im Zusammenhang stand und daher Rekkared Angehörigen der gotischen Aristokratie und ehemaligen Arianern nicht unbedingt vertrauen mochte. — Der fränkische Kriegszug und damit auch die Erhebung des Athaloch ist zu datieren auf den Winter 588/89 oder das Frühjahr 589: Gregor von Tours berichtet ihn unter dem 14. Jahr Childeberts II., das in der Zeit vom 29. November bis 8. Dezember 588 begann, und Johannes von Biclaro unter dem dritten Jahr Rekkareds, das in der Zeit von 12. April bis 7. Mai 589 endete.

Widerstand seitens des westgotischen Arianismus gestoßen, der
allerdings die grundlegende Schwäche hatte, dezentralisiert und
mangelhaft organisiert zu sein. Als seine geistigen Träger und An-
reger erscheinen arianische Bischöfe, die aber offensichtlich in den
Reihen der westgotischen Aristokratie mit ihrem beständigen Gegensatz zur königlichen Macht ziemlich leicht und schnell bereit-
willige Unterstützung zu finden vermochten. Vermutlich haben
diese Bischöfe, von den durch Leowigild geschaffenen Verhältnissen ausgehend, den Übertritt des Königs zum Anlaß genommen,
die Legitimität seiner Herrschaft zu bestreiten, und damit die von
ihnen veranlaßten Umsturzversuche aus den Kreisen des Adels gerechtfertigt. Der Präzedenzfall für die Errichtung einer katholischen
Königsherrschaft war der Versuch Hermenegilds, und so mochte
der Widerstand gegen Rekkared sich den Anschein geben können,
in der berechtigten Nachfolge Leowigilds zu handeln. Das ist vielleicht die Situation, in der sich die katholisch-kirchliche Königs-
partei entschloß, Hermenegilds Andenken als Märtyrer zu opfern
und von ihm als einem bloßen Aufrührer Abstand zu nehmen, um
im Interesse der Stellung Rekkareds den grundsätzlichen Unterschied zwischen dessen Schritt und dem Unterfangen seines unglücklichen Bruders zu betonen[211]. Hermenegild jetzt als Märtyrer
zu feiern hieß, seine Erhebung zu billigen und damit die Legitimität des Königtums aus seiner konfessionellen Position zu begründen. Das scheint zwar kein Jahrzehnt zuvor Leander von Sevilla

[211] Vgl. o. S. 153 f. Ähnlich die Auffassung von J. N. Hillgarth, Conversión,
S. 25: ». . . Juan de Biclaro e Isidoro fueron también y ante todo esta-
distas, influidos, inevitablemente, por su preocupación por la recién
lograda unidad nacional, su temor de la rebelión y su deseo de evitar cual-
quier apariencia de asociación de la Iglesia con una rebelión contra la
autoridad real (ahora católica), mucho más cuando se hallaba envuelta en
una alianza con los bizantinos. Lo mejor era olvidar cuanto antes posible
el carácter católico de la pasada rebelión.« Wie Hillgarth die Zurückhaltung gegenüber Hermenegild hier in einer allgemeinen Idee staatlicher
Einheit und Loyalität begründet (vgl. H. Messmer, Hispania-Idee, S. 132),
so denkt er für Joh. Bicl. doch auch an Motive spezieller politischer Zweckmäßigkeit einer Rücksichtnahme auf Rekkared, der während des Kampfes
mit Hermenegild auf Seiten seines Vaters gestanden habe und für dessen
reibungslose Regierungsübernahme die Beseitigung Hermenegilds eine
wesentliche Erleichterung gewesen sei (a. a. O., S. 25 f,); aber gerade da
Hermenegild nicht mehr lebte, hätte man wohl aus diesem Grunde nicht
über ihn zu schweigen brauchen; gefährlich war doch, wie die Ereignisse
zeigen, daß Rekkared jetzt als eigentlicher Nachfolger Hermenegilds erscheinen konnte.

selbst noch versucht zu haben; jetzt aber, bei anderer Frontenverteilung, konnte es nur noch im Sinne des arianischen Widerstandes geschehen.

So unangenehm und gefährlich sich der arianische Widerstand nun auch bemerkbar machte, so wird man in ihm allerdings doch nicht mehr als Gefechte von Rückzugspositionen aus sehen dürfen. Den drei arianischen Bischöfen, die im Zusammenhang der Umsturzversuche genannt werden, stehen neun andere gegenüber — vier von ihnen sind allerdings aus dem ehemals suewischen Gebiet, und einer scheint Romane zu sein —, die nach den Akten des dritten Toletanum schon vor 589 das katholische Bekenntnis angenommen haben, und für die Zeit nach 589 ist aufgrund der überkommenen Nachrichten kein arianischer Erhebungsversuch mehr festzustellen[212].

b) Das Reichskonzil zu Toledo 589

Nach der glücklichen Niederwerfung des offenen arianischen Widerstandes war der kritische Moment der Wende überstanden. Rekkared konnte nun, etwas über zwei Jahre nach seinem eigenen Glaubenswechsel, die Zeit für gekommen halten, dem Werk seiner Religions- und Bekehrungspolitik seine feierliche Krönung und offizielle Vollendung zu geben. Auf Anfang Mai 589 berief er eine Reichssynode, das erste Gesamtkonzil des westgotischen Reiches seit Agde, nach Toledo ein[213], nach den einleitenden Worten der Akten, damit die Bischöfe »sowohl über seine Bekehrung als auch über die Erneuerung des Volkes der Goten im Herrn frohlockten und der göttlichen Herablassung für eine solche Gabe Dank abstatteten.« Wie Konstantin in Nizäa und Markian in Chalkedon, so vermerkt Johannes von Biclaro, habe auch in Toledo der Herrscher selbst der Synode beigewohnt. Rekkared wird damit auf jeden Fall in die Reihe der Herrscher gerückt, mit deren Namen sich in hervorragender Weise der Schutz und die Förderung des rechten Glaubens verbindet. Eine Absicht, darüber hinaus mit dieser rein formal sehr naheliegenden Parallelisierung Elemente der ostkirchlichen Kaiserideologie — Johannes hat immerhin siebzehn

---

[212] Für die Verschwörung des Dux (der Carthaginiensis?) und Angehörigen des königlichen Hofes Argimund im Jahre 589 oder 590 (Joh. Bicl., Chron. ad a. 590,3) sind bekenntnismäßige Motive nicht zu erheben.

[213] Joh. Bicl., Chron. ad a. 590,1; die Akten in der Hispana: PL 84, Sp. 341 bis 364.

Jahre in Konstantinopel gelebt[214] — an Rekkared heranzutragen, ist jedoch nicht erkennbar; eher scheint die Schilderung von der Beteiligung des Königs an dem von ihm einberufenen Konzil hinter der von ihm dabei tatsächlich beanspruchten und eingenommenen Stellung zurückzubleiben. Wichtig scheint dem Chronisten dagegen an diesem Vergleich vor allem zu sein, daß er ihm die Möglichkeit bietet, die toletanische Synode auf eine Linie mit Nizäa und Chalkedon zu stellen. Zwischen Toledo und Nizäa sieht er zudem sich noch den Bogen einer sachlichen Beziehung spannen: in Nizäa hat der Arianismus sein gebührendes Verdammungsurteil empfangen, in Toledo empfängt er den endgültigen Todesstoß. In der Tat verlautet auch nach diesem Konzil nichts mehr vom westgotischen Arianismus[215]. Daß er allerdings 589 schlagartig untergegangen sei, ist deshalb nicht anzunehmen; in einen beschleunigten Auflösungsprozeß wird er aber auf jeden Fall mit dieser Zeit eingetreten sein.

Das Konzil trat zum erstenmal am 4. oder 5. Mai 589 zusammen, um eine kurze Ansprache des Königs entgegenzunehmen. Darin wird als Zweck der Synode die Erneuerung der kirchlichen Disziplin angegeben — diese Zielsetzung betrifft aber nur den zweiten Teil der synodalen Verhandlungen —, zu der sich Rekkared von Gott angehalten sieht, nachdem in der voraufgehenden Zeit infolge der Bedrohung durch die Häresie die Abhaltung von Konzilien nicht möglich gewesen sei. Zuvor aber wünscht der König eine gebührende Vorbereitung durch »Fasten, Wachen und Gebet«, worauf das Konzil die Veranstaltung eines dreitägigen Fastens beschließt. Erst nach Ablauf dieser Frist tritt es dann am 8. Mai[216] zu den eigentlichen Verhandlungen zusammen.

Die Einschränkungen, wie sie für Alarich II. infolge des Bekenntnisgegensatzes gegenüber der Landessynode bestanden hatten, waren jetzt gefallen. Das kann nicht augenfälliger zum Ausdruck kommen als darin, daß Rekkared nicht nur unmittelbar das Konzil im Bewußtsein direkter göttlicher Beauftragung einberufen

---

[214] Isidor, Vir. ill. 44.

[215] Daß der am Aufstand von Mérida beteiligte Witterich als König (603—610), wie öfter angenommen, eine arianische Reaktion betrieben hat (so zuerst Lukas von Tuy: s. Isid., Hist. Goth., ed. Mommsen, S. 291, App. z. Z. 5), ist wenig wahrscheinlich: s. F. Görres, ZwissTh 41 (1898), S. 102—105.

[216] Danach ist also der Fastenbeschluß entweder am 4. Mai gefaßt worden und der 5.—7. Mai waren die Fastentage (so P. B. Gams, Kirchengeschichte II 2, S. 6), oder der Tag des Fastenbeschlusses fällt mit dem ersten Fastentag zusammen und wäre dann der 5. Mai.

hat[217], sondern auch selbst seinen Vorsitz führt, eine Tatsache, die in den Akten deutlich genug noch zu erkennen ist, wenn sie auch — ebenso wie Johannes von Biclaro — nur von seiner Anwesenheit sprechen. Nach dem Bericht des Johannes waren dabei seine Berater Leander von Sevilla und der Abt Eutropius aus dem Kloster Servitanum[218], denen der Chronist, seiner Darstellungstendenz entsprechend, die Oberleitung der Verhandlungen zuspricht[219].

Zugegen waren fünf der sechs Metropoliten des westgotischen Reichsgebietes, nämlich Masona von Mérida für Lusitanien, Euphemius von Toledo für die Carpetanische Provinz, das heißt die nicht byzantinische Carthaginiensis[220], Leander von Sevilla für die Baetica, Migetius von Narbonne für Gallien (Septimanien) und Pantardus von Braga für die Gallaecia oder besser für das ehemals suewische Gebiet — es fehlte also, und zwar möglicherweise mit Absicht[221] der Metropolit von Tarragona; zugegen waren ferner 57 Bischöfe, unter ihnen neun ehemalige Arianer, und die Vertreter von fünf weiteren Bischöfen, eine Reihe zahlenmäßig nicht mehr zu erfassender ehemals arianischer Presbyter und Diakone sowie gotischer Großer. Soweit ergibt sich die Zusammensetzung der Synode aus den Akten. Daß neben den Bischöfen und ihren Vertretern auch noch andere Kleriker außer den ehemals arianischen anwesend waren, darf man sicher annehmen. Von der Rolle des in den Akten nicht erwähnten Abtes Eutropius war schon die Rede; außer ihm mögen auch noch andere Äbte zugegen gewesen sein. Die 67 anwesenden Bischöfe bzw. von Bischöfen entsandten Ver-

[217] Bezeichnend im Bestätigungsedikt (PL 84, Sp. 356 D—357 A): »Universorum sub regni nostri potestate consistentium amatores nos suos divina faciens veritas nostris principaliter sensibus inspiravit, ut causa instaurandae fidei ac disciplinae ecclesiasticae episcopos omnes Hispaniae nostro praesentandos culmini iuberemus.«

[218] Zu Servitanum vgl. o. S. 139, Anm. 14. Ursicino Domínguez del Val, Eutropio de Valencia y sus fuentes de información (Revista española de teología 14, 1954, S. 369—392), S. 372 f. vermutet, daß die Notiz des Joh. Bicl., Chron. ad a. 584,5: »Eutropius abbas monasterii Servitani discipulus sancti Donati clarus habetur,« speziell eine Bewährung des Eutropius in der Kampfsituatation unter Leowigild meine, ohne dafür allerdings wirkliche Anhaltspunkte bieten zu können.

[219] »Summa tamen synodalis negotii penes sanctum Leandrum Hispalensis ecclesiae episcopum et beatissimum Eutropium monasterii Servitani abbatem fuit.«

[220] Vgl. dazu Juan F. Rivera Recio, Encumbramiento de la sede toledana durante la dominación visigótica (HispSacr 8, 1955, S. 3—34), S. 13—15.

[221] S. u. S. 223 f.

treter repräsentierten insgesamt wahrscheinlich 61 Bistümer aus allen Teilen des westgotischen Reiches[222]. Wenn auch nicht alle, so werden es doch bei weitem die meisten der in diesem Bereich zum Zeitpunkt des Konzils bestehenden Bistümer sein[223].

[222] Diese Zahl ergibt sich daraus, daß einmal vermutlich sieben Bistümer eine Doppelbesetzung durch den altgläubig katholischen und den ehemals arianischen Bischof hatten (Valencia, Viseu, Tuy, Lugo, Porto, Tortosa und Elvira) und zum anderen Pantardus von Braga zugleich für Nitigis von Lugo mit unterzeichnet. Zusammenstellung der Unterzeichner und ihrer Bistümer: Anhang C (u. S. 252—257). — Es sei allerdings darauf hingewiesen, daß neben der Zahl von 62 Bischöfen, wie sie in der Hispana begegnet, außerhalb der Hispana-Überlieferung auch die Zahl 72 genannt wird: Joh. Bicl., Chron. ad a. 590,1 und anscheinend auch Sammlung der Handschrift von Saint-Maur (nach F. Massen, Geschichte, S. 616). Diese Zahl erscheint jedoch, zumal wenn man den Ausfall des byzantinisch besetzten Gebiets in Rechnung stellt, als zu hoch.

[223] Da eine Übersicht über die bestehenden westgotischen Bistümer um 589 nur anhand der toletanischen Liste selbst gewonnen werden kann, ist deren Überprüfung auf Vollständigkeit, wie es für die Liste von Agde mit einiger Wahrscheinlichkeit geschehen kann, nicht möglich. Daß Tarragona, das gewiß als bestehend vorausgesetzt werden darf, nicht vertreten war, ist schon vermerkt worden. Lücken ergeben sich auch bei einem Vergleich mit dem zweiten bracarenser Konzil von 572: es fehlen in Toledo das Keltenbistum Britonia aus der Nordprovinz und die Bistümer Conimbriga und Egitania des bracarenser Sprengels, die beide auch nach 589 noch bestehen; dagegen erscheint neu das Bistum Eminium, das in der Divisio Theodemiri (ed. David, S. 36) dem Jurisdiktionsbereich von Conimbriga zugeordnet ist (und auf das im Mittelalter das Bistum Conimbriga mit seinem Namen endgültig übergeht); vielleicht handelt es sich hier um eine zeitweilige Verlagerung wie früher im Falle Portucale—Magneto (s. o. S. 130, Anm. 89). Ganz neu erscheint ferner das vermutlich auch dem ehemals suewischen Gebiet zuzurechnende Bistum »Laniobrensis ecclesia« (s. u. S. 253, Anm. 26). Aus der Carthaginiensis fehlt auf jeden Fall Complutum (Alacalá de Henares), das für 579 noch bezeugt ist (Joh. Bicl., Chron. ad a. 579,4). Aus der Regierungszeit Rekkareds, aber später als 589 werden noch zwei weitere Bistümer genannt, die in der Liste von 589 nicht erscheinen: Oxoma in der Carthaginiensis (Osma, Prov. Soria) und Elvora in Lusitanien (Evora, portugies. Prov. Alemtejo Alto). Beide sind in der Unterzeichnerliste der zuweilen fälschlich als Provinzialkonzil bezeichneten toletanischen Synode vom 17. Mai 597 angeführt; ihre dort vertretenen Bischöfe, Johannes von Osma (an achter Stelle der Liste) und Josimus von Evora (an 15. und letzter Stelle) sind nach dem 4. November 590, dem Datum des ersten Konzils von Sevilla, ordiniert worden; denn an siebter Stelle der Liste steht Eleutherius von Córdoba, der zu diesem Termin noch nicht im Amt war. Ob die Bistümer 589 bestanden oder brach lagen, ist daher nicht auszumachen. Osma liegt im Bereich des westgotischen Hauptsiedlungsgebietes, und es wäre denkbar, daß das Bistum 589 noch arianisch besetzt war. Das Bistum Evora ist zwar durch das Konzil von

Die Verhandlungen gliedern sich entsprechend einer doppelten Aufgabenstellung für das Konzil in zwei Abschnitte, nämlich einmal die feierliche und offizielle Manifestation und Dokumentation des westgotischen Übergangs zum katholischen Bekenntnis und zum anderen die Aufstellung von Kanones, die nicht allein, wie in Agde, der inneren kirchlichen Gestaltung und Disziplin galten. Beide Verhandlungsabschnitte werden vom König eigens eingeleitet. Der erste Teil, die Dokumentation des westgotischen Bekenntniswechsels, vollzieht sich auch seinerseits wieder in zwei Schritten, zuerst durch Darlegung und Bekenntnis des katholischen Glaubens durch den König und dann durch die öffentliche Erklärung und Bekräftigung ihres Übertrittes durch eine Reihe gotischer Bischöfe, Kleriker und Adliger. Einleitend weist Rekkared zurück auf seinen persönlichen Übertritt zur katholischen Kirche, den er sehr bald nach dem Tode seines Vaters vollzogen habe. Sein Bewußtsein von der allgemeinen Bedeutung und Tragweite dieser Entscheidung spricht sich darin aus, daß er es für den besonderen Zweck des von ihm berufenen Konzils erklärt, Gott für dieses Geschehen zu danken. Dann legt er der Synode einen Tomus fidei, eine ausgearbeitete Bekenntniserklärung vor. Dieser Tomus soll verlesen und von den Synodalen gebilligt werden. Neben der Darlegung des katholischen Bekenntnisses bringt er eine Wertung der durch des Königs Glaubenswechsel gegebenen geschichtlichen Situation, die von der Auffassung einer unausweichlich entscheidenden Relevanz des Schrittes Rekkareds für die religiös-kirchliche Existenz des westgotischen Volkes ausgeht.

Rekkared bekundet die Überzeugung, daß die ihm von Gott zu Nutzen der Bevölkerung seines Reiches übertragene Würde des Königtums in besonderem Maße die Verpflichtung in sich schließe, »darauf bedacht zu sein, dort, wo es um das Verhältnis zu Gott geht, unsere Hoffnung zu mehren und für die uns von Gott anvertrauten Völker Sorge zu tragen«[224]. Dies aber erfordere, von Gott so zu glauben, wie er es selbst durch die heilige Schrift gebiete, nämlich sich zur Einheit der Substanz in der Dreiheit der göttlichen

Elvira schon für den Anfang des vierten Jahrhunderts belegt, doch ist nicht auszuschließen, daß es eine Zeit lang unterbrochen war. Ähnliches gilt für das zuletzt aus der Geschichte Priszillians bekannte Bistum Avila (Sulp. Sev., Chron. II 47,4), das erst 610 in der Unterzeichnerliste des Decretum Gundemari wieder auftaucht.

[224] PL 84, Sp. 342 C: ». . . providi esse debemus in his quae ad Deum sunt vel nostram spem augere vel gentibus a Deo nobis creditis consulere.«

Personen zu bekennen. Das so geforderte rechte Bekenntnis wird in einigen Sätzen, hinter denen man sicher die Hand der theologischen Berater des Königs sehen darf, in traditioneller Weise theologisch näher ausgeführt und präzisiert. Zu dieser Präzisierung gehört auch die Anschauung vom Ausgang des heiligen Geistes vom Vater und Sohn. Doch deutet nichts darauf hin, daß sie in diesem Zusammenhang besonders betont wäre. Sie hat hier allein die Bedeutung eines traditionellen Elementes der begrifflichen Umschreibung des gegenseitigen Verhältnisses der trinitarischen Personen, das in Spanien ja schon im sogenannten ersten toletanischen Symbol, das heißt im Symbol der antipriszillianischen Synode von 447 offiziellen kirchlichen Ausdruck gefunden hatte. Auf dem Hintergrund des historischen Glaubensgegensatzes im Westgotenreich, so gibt der königliche Tomus weiter zu verstehen, manifestiere Rekkareds Entscheidung für den rechten Glauben die ihm von Gott übertragene geschichtliche Sendung, die religiöse Einheit herzustellen und die ohne eigenes Verschulden in den Irrtum verstrickten Völker der Goten und Suewen der Gemeinschaft der universalen Kirche zuzuführen — daß der Katholizismus bei den Suewen bereits eine längere Geschichte hatte, wird übergangen. Diese edlen Völker dem Herrn gewonnen zu haben, stelle Rekkareds unvergängliches Verdienst dar. Er bringe sie nun Gott als heiliges Versöhnungsopfer dar durch die Hand der Bischöfe, die dazu aufgerufen seien, die neu der Kirche Christi Zugeführten durch die notwendige Unterweisung in der rechten Lehre fest und dauerhaft in ihr zu verwurzeln und so dem verdienstvollen Werk des Königs Bestand zu verleihen.

Im zweiten Teil des Tomus folgt dann die eigentliche persönliche Bekenntniserklärung Rekkareds, die zugleich als Feststellung des rechten Glaubens für die Christen seines Reiches gedacht ist. Nach einer erbaulichen Überleitung vom Voraufgehenden werden zunächst Arius, seine Lehren und seine Anhänger und alle gegen das nizänische Konzil gerichteten Synoden verworfen. Danach werden positiv die Glaubensentscheidungen aufgezählt, zu denen Rekkared sich bekennt, nämlich die der vier ersten ökumenischen Synoden und aller mit diesen übereinstimmenden rechtgläubigen Konzilien. Dann werden die Synodalen aufgefordert, diese Glaubenserklärung des Königs in die Reihe der verbindlichen kirchlichen Dokumente aufzunehmen[225]. Ferner sollen sie auch von den goti-

---

[225] PL 84, Sp. 344 D: ». . . canonicis applicare monumentis . . .«

schen Bischöfen, Klerikern und Großen das Bekenntnis zum katholischen Glauben entgegennehmen und, mit deren Unterschriften versehen, urkundlich festhalten für künftige Zeiten, Gott und den Menschen zum Zeugnis. Denn da nun die von Rekkared regierten Völker nach der Abkehr vom Irrtum durch ihre Aufnahme in die katholische Kirche die Gabe des heiligen Geistes empfangen haben, werden diejenigen, die mit dem von Rekkared vorgelegten Bekenntnis nicht übereinstimmen wollen, sich die ewige Verdammnis zuziehen. Mit der vom König herbeigeführten öffentlichen westgotischen Hinwendung zum katholischen Bekenntnis vollzieht sich also nach der Auffassung Rekkareds für das westgotische Volk eine heilsgeschichtliche Wendung: die Epoche der schuldlosen Verstrikkung in die Häresie ist jetzt abgeschlossen, da von nun an die Entscheidung für die wahre Lehre von jedem Angehörigen des Volkes unausweichlich gefordert ist. In dieser Auffassung liegt die innere Begründung für die Errichtung eines katholischen Staatskirchentums im westgotischen Reich, wie es von Rekkared angestrebt wird.

Nach der wörtlichen Anführung des Nicaenum, des Nicaenoconstantinopolitanum — sehr wahrscheinlich ohne den Zusatz des »filioque«[226] — sowie des chalkedonensischen Symbols einschließ-

---

[226] Die verbreitete Meinung, das »filioque« sei zuerst 589 auf der Synode zu Toledo im Bekenntnis Rekkareds in das Nicaenoconstanopolitanum eingeführt worden (z. B. Z. García Villada, Historia II 2, S. 159; A. Harnack, Dogmengeschichte II, [5]1931, S. 310; F. Loofs, Leitfaden zum Studium der Dogmengeschichte. [5]1951/53, S. 293 f.; M. A. Schmidt, RGG[3] II, Sp. 1280), ist sehr wahrscheinlich nicht zu halten. Nach den mir zum Vergleich zur Verfügung stehenden Hispana-Handschriften (vgl. jetzt auch G. L. Dossetti, Il Simbolo di Nicea e di Constantinopoli, Rom 1967, S. 176, Anm. 2) ist der Zusatz als »et filio« zwar in beiden Textrezensionen verbreitet, aber nur neben der zusatzlosen Form, in wenigstens zwei Handschriften (Madrid, Bibl. Nac. 1872, fol. 133 r und Toledo XV 17, fol. 134 v) sogar noch als nachträgliche Korrektur. Das aber läßt ihn als sekundäre Verbesserung erscheinen. Sicherheit wird natürlich erst die von Martínez Díez in Aussicht gestellte kritische Ausgabe der Hispana bringen können. Noch zum Zeitpunkt der Redaktion der ältesten Gestalt der Hispana (zwischen 633 und 636) war der Zusatz »et filio« offenbar noch nicht in das Symbol eingedrungen; denn nach den von mir verglichenen Handschriften und der Wiedergabe des Wortlautes der Wiener Handschriften bei H. C. Turner, Monumenta II, S. 468 bringt die Hispana unter ihren Concilia graeca das Symbol ohne diesen Zusatz, und nur als vereinzelte Korrektur ist er in den Text eingedrungen. Wenn die Ausgabe von F. A. González dagegen den Eindruck erweckt, der Text biete den Zusatz ohne Varianten, so ist das eine grobe Irreführung. Der von González gebotene Wortlaut mit »et filio« beruht auf

lich der die Notwendigkeit seiner Formulierung begründenden Einleitung[227] kommt der Tomus mit den Unterschriften des Königs und der Königin Baddo zum Abschluß. Durch Akklamation wird er vom Konzil aufgenommen. Diese preist nach einem doxologischen Eingang den König als Hersteller der kirchlichen Einheit und des religiösen Friedens. Rekkared wird dabei bezeichnet als wahrhaft katholisch, als orthodox, als Freund Gottes, und es wird festgestellt, ihm komme apostolisches Verdienst zu, da er einen apostolischen Dienst erfüllt habe[228]. Apostolisches Verdienst ist hier eine Umschreibung des himmlischen Lohnes, den der König sich erworben hat, und der apostolische Dienst, den er erfüllt hat, ist das einmalige, mit dem Konzil zum Abschluß kommende Werk der Hinführung des gotischen Volkes in die katholische Kirche. Die Anwendung des Begriffes »apostolisch« auf den König bleibt so ganz auf dessen konkretes Handeln bezogen und erfolgt nicht in der Weise byzantinischer Vorstellungen von einer apostelgleichen Stellung des Kaisers in und gegenüber der Kirche. Bei allem Pathos der Erhebung Rekkareds klingt hier vielleicht doch auch ein leiser augustinischer Unterton an.

Das Konzil schreitet nun zum zweiten, im Tomus des Königs bereits geforderten Akt der öffentlichen Kundmachung des westgotischen Übergangs zum katholischen Glauben mit der Entgegennahme des Bekenntnisses der ehemals arianischen Bischöfe, Kleriker und weltlichen Großen. In feierlicher Form dazu aufgefordert, legen sie mit dem Hinweis, daß sie ihren Übergang zur katholischen Kirche tatsächlich schon früher, im Anschluß an

dem Codex Vigilanus (Escorial D I 2); sechs der sieben anderen von ihm benutzten und für diese Stelle in Betracht kommenden Handschriften konnte ich kontrollieren, und keine von ihnen bringt den Zusatz im Text, ebensowenig die gallische Form der Hispana in ihrer ursprünglichen Gestalt. Eindeutig nachweisbar ist das »et filio« im Nicaenoconstantinopolitanum zum erstenmal auf dem achten toletanischen Konzil vom Jahre 653 (c. 1).

[227] Act. Conc. Chalc. V 34 in der von der Hispana aufgenommen Version (ed. Schwartz, ACO II 2,2, S. 84,29—86,13).

[228] PL 84, Sp. 345 C: »Ipse mereatur veraciter apostolicum meritum qui apostolicum implevit officium.« Eugen Ewig, Zum christlichen Königsgedanken im Frühmittelalter (In: Das Königstum. Seine geistigen und rechtlichen Grundlagen. Vorträge und Forschungen 3. Lindau/Konstanz 1956, S. 7 bis 73), S. 26 f. sieht darin eine Anspielung auf das byzantinische ἰσαπόστολος. Aber dann könnte es sich allenfalls um eine bewußt sich distanzierende Anspielung handeln; denn der Begriff des Apostolischen erscheint hier ja gerade nicht als statische Herrscherprädikation.

den Übertritt des Königs, vollzogen hätten, eine ausführliche Bekenntniserklärung vor. In deren ersten Teil bekundet sich die Rechtgläubigkeit der Übergetretenen in zweiundzwanzig Anathematismen, die die von ihnen anerkannte Lehrgestalt des rechten Glaubens näher umreißen und in einigen, in der vorgegebenen Situation wesentlich erscheinenden Punkten präzisieren sollen. In der Form der Anathematisierung ihrer Negation bringen sie auch positive Aussagen.

Der erste dieser Anathematismen verwirft jeden, »der Glauben und Kirchengemeinschaft, die sich von Arius herleiten und von uns bislang eingehalten wurden, weiterhin zu halten wünscht und sie nicht aus ganzer Kraft des Herzen verdammt«[229], und im Anschluß daran wird dann die rechte Trinitätslehre in einer Reihe von Sätzen inhaltlich genauer bestimmt[230]. Ferner wird jedem das Anathem angedroht, der meint, »es gäbe katholischen Glauben und katholische Kirchengemeinschaft anderswo außerhalb der universalen Kirche, der Kirche nämlich, die die Entscheidungen des nizänischen, konstantinopolitanischen, ersten ephesinischen und chalkedonensischen Konzils fest- und in Ehren hält[231]«. Als Hintergrund dieser Erklärung wird deutlich das alte Selbstverständnis der arianischen Kirche spürbar, die wahre katholische Kirche zu sein. Dann erfolgt die Distanzierung von einzelnen Gegebenheiten des arianischen Kirchentums: drei Anathematismen setzen sich offenbar mit der arianischen Form der Doxologie und mit dem ihr durch die Entwicklung beigelegten theologischen Gehalt auseinander[232], einer verurteilt die Praxis der Wiedertaufe[233], und zwei weitere richten sich gegen die besonderen konziliaren Autori-

---

[229] Conc. Tolet. III, anath. 1: »Omnis ergo qui fidem et communionem ab Ario venientem, et hucusque a nobis retentam adhuc tenere desiderat, et de tota cordis intentione non damnat, anathema sit.« Daß die westgotischen »Arianer« in der voraufgehenden Zeit Arius tatsächlich positiv für sich in Anspruch genommen haben, kann daraus natürlich nicht geschlossen werden. Die Verketzerung ihrer früheren Position als von Arius stammend ist nur eine Form der Abstandnahme nach vollzogenem Stellungswechsel. Vgl. anath. 18.

[230] Conc. Tolet. III, anath. 2—20.

[231] Conc. Tolet. III, anath. 11: » Quicumque alibi fidem et communionem catholicam praeter Ecclesiam universalem esse credit, illam dicimus Ecclesiam quae Nicaeni, et Constantinopolitani, et primi Ephesini et Chalcedonensis concilii decreta tenet pariter et honorat, anathema sit.«

[232] Conc. Tolet. III, anath. 12—14.

[233] Conc. Tolet. III, anath. 15.

täten des westgotischen Arianismus, nämlich gegen das Synodalschreiben der arianischen Reichssynode von 580[234] — daß darin
entsprechend katholischer Übung die Ketzertaufe aufgegeben war,
wird natürlich nicht erwähnt, vielmehr heftet sich die Verwerfung
an die Gestalt der doxologischen Formel — und gegen das Konzil
von Rimini[235], das die eigentliche konziliare Gegenposition des
westgotischen Arianismus zu Nizäa gebildet haben muß. Die vier
letzten Anathematismen schließlich enthalten die Bestimmung der
positiven Bekenntnisgrundlage; sie fordern die Anerkennung des
Tomus fidei Rekkareds, der vier ökumenischen Synoden und aller
damit in Einklang stehenden Konzilien[236].

Die Anerkennung des Tomus Rekkareds ist dabei besonders her-
ausgestrichen, nicht nur durch seine Nennung an erster Stelle,
sondern auch dadurch, daß hier und nur hier statt des einfachen
»anathema sit« am Schluß eine feierlichere Wendung gebraucht
wird: wer diesem Tomus seine Zustimmung verweigert, der »sei
anathema maranatha bei der Wiederkunft unseres Herrn Jesu
Christi«[237]. So kommt auch hier zum Ausdruck, daß die Entscheidung des Königs als das bestimmende Moment der westgotischen
Hinwendung zum katholischen Bekenntnis gilt, daß sie es ist, die
für das gesamte Volk die Situation der Entscheidung heraufführt.
Es folgt schließlich als zweiter Teil der Bekenntniserklärung nach
einer längeren Über- und Einleitung der Text der gleichen drei
symbolischen Dokumente, die auch im Tomus Rekkareds angeführt
worden sind.

Die Erklärung wird, wohl erst auf dem Konzil selbst in einem
demonstrativen Akt, unterzeichnet von acht gotischen und suewischen Bischöfen, von einer Anzahl Presbytern und Diakonen —
über sie bringen die Konzilsakten nur eine summarische Notiz[238] —
und von den auf dem Konzil vertretenen gotischen Großen, von
denen die Akten einen mit dem Titel »vir illuster procer«, der

---

[234] Conc. Tolet. III, anath. 16 (vgl. o. S. 159 f.).

[235] Conc. Tolet. III, anath. 17; zur grundlegenden Bedeutung des Konzils
von Rimini für den germanischen Arianismus vgl. Aug., Coll. c. Maxim.
(PL 42, Sp. 710 f.) und Vict. Vit., Hist. persec. III 5.

[236] Conc. Tolet. III, anath. 18 (Tomus Rekkareds); 19 (Nizäa); 20 (Konstantinopel); 21 (Ephesus und Chalkedon); 22 (alle orthodoxen Synoden).

[237] Conc. Tolet. III, anath. 18: ». . . cui haec fides non placet aut placuerit, sit
anathema Maranatha in adventu Domini nostri Jesu Christi.«

[238] PL 84, Sp. 350 A: »Similiter et reliqui presbyteri et diacones ex haerese
Ariana conversi subscripserunt.«

vermutlich des Schreibens unkundig war[239], und vier weitere, als »viri illustres« titulierte namhaft machen und dann bemerken, es hätten auch die übrigen gotischen Herren unterzeichnet[240]. Von Interesse sind die Unterschriften der Bischöfe. Es sind Ugnas von Barcelona, Willigisil von Valencia, Sunnila von Viseu, Garding von Tuy, Becchila von Lugo, Argiovit von Porto und Froisclus (Frawigisil) von Tortosa[241]. Nicht vertreten ist dagegen derjenige der beiden Bischöfe von Elvira, vermutlich Petrus, der ehemals arianisch gewesen sein muß[242]. Der Grund dafür wird möglicherweise darin zu suchen sein, daß er nicht gotischer Abkunft war, das Konzil aber eben auf eine besondere Dokumentation der gotischen Konversion abzielte. Ugnas und Murila sind als arianische Bischöfe wahrscheinlich bereits vor 579, vor dem Umschwung der westgotischen Religionspolitik unter Leowigild, ordiniert worden[243]. Zur Zeit des Konzils waren sie in ihren jeweiligen Städten die alleinigen Vertreter des bischöflichen Amtes, standen also nicht wie die übrigen Konvertiten neben einem altgläubig katholischen Bischof[244].

Nicht weniger als vier der acht übergetretenen Bischöfe, nämlich Sunnila, Garding, Becchila und Argiovit kamen aus dem ehemals suewischen Gebiet. Dieser Anteil ist gegenüber dem des westgotischen Stammlandes unverhältnismäßig hoch[245]. Drei dieser

---

[239] Das Protokoll vermerkt nur sein »signum«, während es bei den anderen stets heißt »subscripsi«.

[240] »Similiter et omnes seniores Gothorum subscripserunt« (PL 84, Sp. 350 A). Mit »omnes« sind natürlich alle auf dem Konzil anwesenden Seniores gemeint. Die Bedenken gegen die Wahrhaftigkeit des omnes bei F. Dahn, Könige VI, S. 426 beruhen auf einer falschen Textform (»omnes seniores totius gentis Gothorum«), und F. Görres, ZwissTh 42 (1899), S. 289 hat sie, obwohl er sie im richtigen Text kannte, kritiklos übernommen.

[241] In der Unterzeichnerliste des Gesamtkonzils (s. die Übersicht S. 252 ff.) erscheinen diese an 6., 32., 7., 34., 48., 46., 50. und 43. Stelle. Die Reihenfolge bei der Unterzeichnung der Bekenntniserklärung scheint demnach nicht die durch das Dienstalter vorgegebene zu sein.

[242] S. u. S. 254, Anm. 28.

[243] Vgl. dazu o. S. 172, Anm. 133.

[244] Dazu s. o. S. 180, Anm. 155 f.

[245] Das vordem suewische Reichsgebiet stellt rund 44,4 % der bischöflichen Konvertiten (den ehemals arianischen Bischof von Elvira eingerechnet; bei Beschränkung auf die Unterzeichner der Bekenntniserklärung 50 %), aber nur rund 19,7 % der vermutlich 61 in Toledo vertretenen Bistümer. Das Verhältnis der Konvertiten zur Zahl der Bistümer überhaupt ist für das alte suewische Gebiet 1 : 3, für das westgotische Stammland dagegen nur 1 : 9,8 (bei Beschränkung auf die Unterzeichner der Bekenntniserklärung

vier suewischen Vertreter, und zwar die drei letztgenannten, sind
wahrscheinlich im Zuge der Übertragung der arianischen Religionspolitik Leowigilds auf das suewische Territorium nach dessen Annektion 585 zu ihrem bischöflichen Amt gekommen[246]. Das scheint
die Meinung zu stützen, die Suewen seien in einem besonderen
und extremen Maße herrschaftlichen religionspolitischen Direk-
tiven und Kursänderungen gegenüber willfährig gewesen[247]. Demgegenüber darf jedoch nicht übersehen werden, daß sich der Anteil der Träger germanischer Namen an der Zahl der altgläubig
katholischen Repräsentanten des suewischen Gebietes im Vergleich
zur germanischen Beteiligung am zweiten bracarenser Konzil nicht
verschoben hat[248]. Der suewische Katholizismus hat also offenbar
kontinuierlich weiterbestanden und ist nicht der arianischen
Staatskirche Leowigilds zugefallen. Daher ist die ungleiche geographische Verteilung der bischöflichen Übertritte zu Beginn der
Regierung Rekkareds eher als deutliches Zeichen dafür zu werten,
daß die Auflösung des germanischen Arianismus im ehemals
suewischen Reichsgebiet zu dieser Zeit wohl schon wesentlich wei-

1 : 12,15). Für eine Bestimmung des Verhältnisses zu den Kopfzahlen
der suewischen oder westgotischen Arianer fehlen natürlich alle Grundlagen. Aber daß zur Zeit des Konzils die Zahl der westgotischen Arianer
erheblich, wahrscheinlich um ein Mehrfaches größer gewesen ist als die der
suewischen, darf sicherlich angenommen werden. Einmal sind wohl die
Westgoten an sich zahlreicher gewesen als die Suewen — Wilhelm Reinhart z. B. schätzt die Volkszahlen jeweils für die Zeit der Niederlassung
in Spanien auf 80—100 000 Goten und 15—20 000 Suewen: Sobre el
asentamiento de los visigodos en la Península (ArchEspArq 18, 1945, S. 124
bis 139), S. 127 f. und: El reino hispánico de los suevos y sus monedas
(ebd., 15, 1942, S. 308—328), S. 311. Sodann ist damit zu rechnen, daß in
der zweiten Hälfte der achtziger Jahre des sechsten Jahrhunderts unter
den Suewen wohl nur noch eine Minorität dem arianischen Bekenntnis
anhing (dazu, daß der suewische Arianismus noch nicht ganz erloschen sein
konnte, s. o. S. 177, Anm. 144.
[246] Dazu s. o. S. 177 f.
[247] Vgl. dazu o. S. 177, Anm. 144.
[248] Die Unterzeichnerliste von Braga 572 wies drei germanische von insgesamt
zwölf Namen auf (s. o. S. 133, Anm. 97), und in Toledo 589 führen
ebenfalls drei der vermutlich zwölf altgläubig katholischen Repräsentanten
des ehemals suewischen Gebietes einen germanischen Namen: die Bischöfe
Neufila von Tuy und Hermerich von »Laniobrensis ecclesia« und der
Archipresbyter Hildemir von Orense. E. A. Thompson, Conversion, S. 25,
Anm. 104 gibt zu bedenken, daß dieser eventuell auch zu den namentlich nicht angeführten Konvertiten aus dem Klerus gehört haben könne;
doch angesichts seiner Stellung als Archipresbyter eines altgläubig katholischen Bischofs ist das wenig wahrscheinlich.

ter fortgeschritten war, als im westgotischen Stammland, wo der arianische Episkopat dem Anstoß Rekkareds zunächst nicht nur zurückhaltender gefolgt ist, sondern darüber hinaus auch noch aus seinen Reihen aktiven politischen Widerstand freigesetzt hat. Das Aufblühen des suewischen Arianismus unter Leowigild dürfte wohl nur mehr eine letzte Scheinblüte gewesen sein, gekennzeichnet nicht durch Hinwendung einer suewischen Majorität zum arianischen Bekenntnis, sondern durch den königlichen Versuch, ihm durch die Erhebung arianischer Rest- und Splittergruppen zu Bistümern neue Festigkeit und Stoßkraft zu verleihen. Rekkared wird daher im Nordwesten seines Reiches im wesentlichen die letzten Früchte einer Entwicklung haben ernten können, die derjenigen im eigentlich westgotischen Gebiet um einige Jahrzehnte voraus war und deren Keime der Suewenkönig Chararich und Martin von Braga gelegt hatten.

Nach der Unterzeichnerliste der westgotischen Bekenntniserklärung gehen die überlieferten Akten sogleich zum zweiten, dem legislativen Teil und Bestimmungszweck des Konzils über[249]. In seiner einleitenden Ansprache legt Rekkared dar, die königliche Fürsorge müsse sich so weit erstrecken, daß sie auch die Belange der Wahrheit mit umfasse; das ergäbe sich zwangsläufig aus den der königlichen Macht zufallenden Verpflichtungen. Er beschränke sich daher nicht allein auf die Maßnahmen, durch die die seiner Herrschaft unterstellten Völker in Frieden geleitet würden, sondern wende sich mit Christi Hilfe auch den himmlischen Dingen zu in der Bemühung um das, was dem Glauben der regierten Völker diene. Denn wenn dem Königtum aufgetragen sei, im irdischen Bereich für Ordnung und Frieden zu sorgen, dann sei es erst recht dazu gefordert, im religiösen Bereich achtsam zu sein und den vom Irrtum Verblendeten die Wahrheit vor Augen zu stellen. Daher habe er um der Stärkung des neu gewonnenen Glaubens der Goten willen verordnet[250], daß in allen Gemeinden seines Reiches nach östlichem Brauch im Gottesdienst vor der Kommunion gemeinsam das Credo rezitiert werden solle. Dies sollten die Bischöfe an die Spitze der Kanones stellen, die zur Steuerung der Ungebundenheit in Übereinstimmung mit dem König zu beschließen sie von Rek-

---

[249] Zur Unwahrscheinlichkeit der Notiz der Fredegarschen Chronik (IV 8) über eine Verbrennung der arianischen Schriften durch Rekkared (anläßlich des toletanischen Konzils?) s. F. Görres, ZwissTh 42 (1899), S. 281 f.

[250] PL 84, Sp. 350 CD: ».. nostra Deo supplex ... decrevit auctoritas ...«; Sp. 351 B: ».. . nostra Deo docente decrevit serenitas.«

kared aufgefordert werden. Daß der König bei den nun anschlie-
ßenden legislativen Verhandlungen entsprechend den von ihm in
Anspruch genommenen Kompetenzen nicht nur zugegen, sondern
darüber hinaus auch aktiv beteiligt war, lassen die Akten wenigstens durchschimmern[251].

Es werden insgesamt dreiundzwanzig Kanones verabschiedet,
die zum Teil deutlich die neugewonnene staatskirchliche Position
der katholischen Kirche des Westgotenreiches widerspiegeln und
schon auf die beherrschende Stellung hindeuten, die sie während
der mit dem dritten Toletanum anhebenden Epoche westgotischer
Geschichte einnehmen sollte. Vorweg wird nachdrücklich die Be-
achtung der Konzilskanones und Dekretalen der römischen Bischöfe
eingeschärft, die sicher auch schon in Sammlungen verfügbar
waren[252]. Dabei wird eine Verwilderung der kirchlichen Disziplin
beklagt, die in der voraufgehenden Zeit »infolge der Bedrängnis
durch Häresie und Heidentum« eingetreten sei. Während die Bedrängnis durch die Häresie zweifellos durch den Druck der Religionspolitik Leowigilds gegeben war, macht die Erwährung des
Heidentums deutlich, daß im ausgehenden sechsten Jahrhundert
noch mit einem erheblichen Einfluß heidnischer Traditionen im
Volk zu rechnen ist, die in einigen Einzelbestimmungen der Konzilsväter selbst[253] anschaulich werden und die Martin von Braga
den Anstoß zu seiner Schrift »De correctione rusticorum« gegeben
haben. Namentlich unter der Landbevölkerung müssen heidnische
Sitte und Relikte bodenständiger Religion noch durchaus lebens-
kräftig gewesen sein[254], und bei den Goten werden die Verhältnisse nicht anders gewesen sein als unter den Einheimischen[255].

[251] Conc. Tolet. III, cc. 8.10.14.17.18.21. Die Behauptung von Z. García Villada, Historia II 1, S. 72, die legislative Beschlußfassung des Konzils sei
»sin asistencia del Rey« erfolgt, ist unbegründet und geht offenbar von
den Gepflogenheiten aus, wie sie in der konziliaren Geschäftsordnung seit
dem zwölften Konzil von Toledo (681) üblich waren.

[252] Conc. Tolet. III, c. 1. — Zur Frage der Rechtsquellen- und Sammlungen
in Spanien s. das Kapitel von G. Martínez Díez, Cánones conciliares y
decretales pontificias en España durante los seis primeros siglos in seiner
Ausgabe der Span. Epitome, S. 77 ff.

[253] Conc. Tolet. III, cc. 16.23; vgl. Conc. Narbon. (589), cc. 14 f.

[254] Conc. Tolet. III, c. 16; Mart. Brac., Corr. rust. 1; vgl. Cap. Mart., cc. 68
bis 75. — Vgl. Stephan McKenna, Paganism and pagan survivals in Spain
up to the fall of the Visigothic kingdom (Catholic University of America,
studies in mediaeval history, new series 1), Washington 1938.

[255] Vgl. die Äußerung des gotischen Gesandten Agila im Jahre 580: »Sic enim
vulgato sermone dicimus, non esse noxium, si inter gentilium aras et Dei

Die eigenen Bestimmungen des Konzils setzen entsprechend
dem Verlangen des Königs mit dem Beschluß ein, für die Kirche
des westgotischen Reiches nach östlichem Vorbild das Nicaenoconstantinopolitanum in die Messe einzuführen, und zwar soll es
vor dem Herrengebet von der Gemeinde rezitiert werden[256]. Dabei ist auf die Anordnung des Königs als auf einen »consultus piissi-
mi et gloriosissimi domini Reccardi regis« Bezug genommen. Das
enthält möglicherweise eine stillschweigende Kritik an dem Anspruch auf geistliche Weisungsbefugnis, die der König, der von
»decrevisse« gesprochen hatte, für sich in Anspruch nahm. Immerhin aber ist es bemerkenswert, daß es eine im Bewußtsein geistlicher Herrscherpflicht begründete königliche Initiative war, die
zu dieser ersten Aufnahme des Credo in eine Form der abendländischen Liturgie führte[257] — für die Geschichte dieses Stückes der
Liturgie im Westen ist das geradezu typisch; was Rekkared begonnen hat, sollte Heinrich II. zum Abschluß bringen.

In zwei Kanones hat der westgotische Übertritt zum katholischen
Bekenntnis einen Niederschlag gefunden. Deren erster[258] bestimmt, daß Bischöfe, Presbyter und Diakone, die vom arianischen
Bekenntnis übertreten, nicht ihre Ehe fortsetzen sollen[259], wie sie
das nach ihrer Tradition gewohnt waren[260] — auch hier zeigt sich
wie in der Frage der Ketzertaufe die ostkirchliche Prägung des
gotischen Arianismus. Wollen sie nicht darauf verzichten, sollen

ecclesiam quis transiens utraque veneritur« (Greg. Tur., Hist. V 43); vgl.
dazu Franz Joseph Dölger, Die Ehrfurchtsbezeugung beim Durchgang
zwischen heidnischem Altar und christlicher Kirche. Arianische Gewissens-
betäubung in Spanien. Antike und Christentum 6 (1950), S. 69 f. Zum
»Arianismus« Agilas s. o. S. 187, Anm. 167.
[256] Conc. Tolet. III, c. 2.
[257] Zur liturgie- und frömmigkeitsgeschichtlichen Bedeutung der antiariani-
schen Reaktion im spanischen Raum, der Rekkareds Initiative bezüglich
des Credo ja eingeordnet werden darf, vgl. Josef Andreas Jungmann, Die
Abwehr des germanischen Arianismus und der Umbruch der religiösen
Kultur im frühen Mittelalter (Zeitschrift für kathol. Theologie 69, 1947,
S. 36—99), S. 61—65.
[258] Conc. Tolet. III, c. 5.
[259] Vgl. Conc. Elib., c. 33; Siricius an Himerius von Tarragona vom 10. Febr.
385 (»Directa ad decessorem«, Jaffé 255; Hispana Nr. 3 González, Span.
Epitome Nr. 3 Martínez Díez), c. 7; Conc. Tolet. I, c. 1; Innozenz I. an
Victricius von Rouen vom 15. Febr. 404 (»Etsi tibi frater«, Jaffé 286; Hisp.
Nr. 7, Span. Epit. Nr. 7), c. 9; ders. an Exuperius von Toulouse vom
20. Febr. 405 (»Consulenti tibi«, Jaffé 293; Hisp. Nr. 8, Span. Epit. Nr. 4),
c. 1; Conc. Agath., c. 9; Conc. Gerund., c. 6.
[260] Vgl. dazu Can. Apost. 5.

sie in den niederen Klerus, ins Lektorat zurückgestuft werden. Altgläubig katholische Kleriker, so wird noch hinzugefügt, die durch Zusammenleben mit Frauen Grund zu üblem Verdacht geben, sollen disziplinarisch verfolgt, die betreffenden Frauen zugunsten der Armen vom Bischof verkauft werden[261]. Der zweite Kanon, der sich mit den Folgen des westgotischen Bekenntniswechsels beschäftigt, ordnet an, daß ehemals arianische, jetzt aber katholisch gewordene Kirchen mit ihrem Vermögen demjenigen katholischen Bischof zugehören sollen, in dessen Diözese sie liegen[262]. Wenn diese an sich auf dem Hintergrund der kirchenrechtlichen Tradition geläufige Regelung ausdrücklich als Synodalbeschluß formuliert wurde, muß es bei der Praxis der Überführung arianischer Kirchen in den katholischen Kult eine Alternative dazu gegeben haben, die sich von diesen arianischen Kirchen her gestellt hat. Möglicherweise war bei einzelnen dieser Kirchen durch ihre frühere arianische Bistumszugehörigkeit eine Orientierung vorgegeben, die über die Grenzen des katholischen Diözesanbereiches, in dem sie lagen, hinausführte, entweder weil die Organisation der arianischen Kirche nicht so streng territorial war wie die der katholischen — die arianische Kirche war ja zuerst die Kirche eines wandernden Volksstammes — oder weil das Netz der arianischen Bistümer nicht so dicht war wie das der katholischen.

[261] Dabei muß es allerdings um einen anderen Tatbestand als im ersten Teil des Kanons gehen, nämlich nicht um die Fortsetzung der Ehe, sondern um ein Zusammenleben mit Mägden (vgl. Conc. Arelat. II, c. 4; Conc. Agath., c. 11; dazu die allgemeinen Bestimmungen gegen ein Zusammenleben mit fremden Frauen: Conc. Elib., c. 27; Conc. Nic., c. 3; Conc. Arelat. II, c. 3; Conc. Agath., c. 10; Conc. Gerund., c. 7; Conc. Ilerd., c. 15; Conc. Tolet. II, c. 3); das zeigt schon die unterschiedliche Terminologie — mulieres hier gegenüber uxores dort — und vor allem die Bestimmung des Verkaufs, der ja die Unfreiheit der Betreffenden voraussetzt (vgl. allerdings die Möglichkeit der Versklavung wegen fortgesetzter Unzucht Lex Visig. III 4,17 antiqua, die aber hier kaum in Betracht kommt). Vgl. die Ausführungsbestimmungen, die das baetische Provinzialkonzil von Sevilla 590 zu diesem Kanon gibt (Conc. Hispal. I, c. 3), und Conc. Tolet. IV (v. J. 633), c. 43.

[262] Conc. Tolet. III, c. 9. Die Formulierung (». . . ad eos episcopos . . . pertineant, ad quos parochiae ipsae . . . pertinere videntur«) zeigt, daß hier nicht die Überführung in die Verfügungsgewalt des katholischen Bischofs an sich in Frage steht, sondern das spezielle Problem der territorialen bischöflichen Zuständigkeit im Einzelfall; so ist der Kanon auch in der Kurzfassung des Bestätigungsediktes Rekkareds (PL 84, Sp. 357 C) und der Span. Epitome (S. 177 ed. Martínez Díez) verstanden worden.

Außer Frage stand offenbar das Verfahren der Übernahme der arianischen Kleriker in die katholische Geistlichkeit, da es in den Kanones nicht zur Sprache kommt. Sehr wahrscheinlich wird eine Neuweihe nach vollzogenem Übertritt vorgenommen worden sein. Das tarraconensische Provinzialkonzil in Saragossa vom Jahre 592 setzt jedenfalls diese Praxis voraus[263]. Für die in Toledo anwesenden Konvertiten spielte dieses Problem ohnehin keine Rolle mehr, da sie bereits als katholische Bischöfe und Kleriker an dem Konzil teilnahmen. Daß die Arianer, vor allem die Bischöfe, die Möglichkeit hatten, nach dem Übertritt ihre kirchliche Würde weiter zu behalten[264], dürfte ein taktisches Moment der Bekehrungspolitik Rekkareds ihnen gegenüber nach seiner eigenen Konversion gewesen sein. Es hat sicherlich das Seine dazu beigetragen, den erfolgreichen Einbruch in die Reihen des arianischen Episkopates zu erleichtern. Auf katholischer Seite wurde dabei sogar eine zeitweise Doppelbesetzung von Bistümern in Kauf genommen, wie auf dem toletanischen Konzil erkennbar ist und wie darüber hinaus auch noch durch das Synodalschreiben des baetischen Provinzialkonzils zu Sevilla am 4. November 590 für Elvira[265] und durch die Unterzeichnerliste des tarraconensischen Provinzialkonzils zu Barcelona vom 1. November 599 für Tortosa belegt wird. Das ist ein eindrucksvolles Zeichen für das Maß des hier geübten Entgegenkommens[266]. Die treibende Kraft dafür dürfte wohl im Willen des

[263] S. u. S. 223, Anm. 270.
[264] Die Einräumung dieser Möglichkeit widerspricht übrigens einem früheren spanischen Synodalbeschluß: »Ex omni haerese fidelis si venerit, minime est ad clerum promovendus; vel si qui sunt in praeteritum ordinati, sine dubio deponantur« (Conc. Elib., c. 51).
[265] Dazu s. u. S. 254, Anm. 28.
[266] Vgl. dagegen Conc. Nic., c. 8, wo bestimmt wird, daß bei der Einreihung ehemals novatianischer Bischöfe in die katholische Geistlichkeit auf jeden Fall so zu verfahren sei, »ἵνα μή ἐν τῇ πόλει δύο ἐπίσκοποι ὦσιν«. »La dificultad que creaba esta dualidad,« so meint Z. García Villada (Historia II 1, S. 72), »se solucionó respetando los honores de todos y conservando por bien de paz su título a los arrianos hasta que vacasen nuevas iglesias.« Das wäre ein Verfahren nach der Interpretation des achten nizänischen Kanons in der gallisch-spanischen Version: »Ille autem, qui ex Nouacianis uenit episcopus, sit tantum nomine, non auctoritate episcopus, nisi forte queratur ei locus vacans, in quo sit episcopus« (Turner, Monumenta I, S. 206). Daß diese Bischöfe aber als vollberechtigte Mitglieder der Konzilien erscheinen und deren Beschlüsse eben als Bischöfe ihrer alten Sitze unterzeichnen, zeigt doch wohl, daß sie nicht bloß eine Ehrentitulatur beanspruchten. Mit Amtshandlungen solcher Bischöfe rechnet das tarraconensische Pro-

Königs zu suchen sein[267], der hier im Interesse einer erfolgverspre-
chenden Durchführung seiner Religionspolitik die von ihm in Anspruch genommene Kirchenhoheit und das Recht der Ernennung
von Bischöfen[268] in einer souveränen Weise übt, die ganz seinem

vinzialkonzil zu Saragossa vom 1. November 592 (Conc. Caesaraug. II,
c. 3; vgl. u. S. 223, Anm. 270); doch ist natürlich möglich, daß hier speziell
an Barcelona gedacht war, das wegen des Fehlens eines altgläubigen
katholischen Bischofs keine Doppelbesetzung hatte. Auch das Prinzip, diese
Bischöfe in freiwerdende Bistümer zu bringen, scheint nicht oder wenigstens nicht durchgängig befolgt worden zu sein: auf dem Konzil zu Sevilla
vom 4. November 590 erscheinen immer noch zwei Bischöfe von Elvira,
obwohl in der baetischen Provinz inzwischen ein Bistum, nämlich Italica
freigeworden war. Ebenso erscheint auf dem Konzil zu Barcelona vom
1. November 599 Froisclus immer noch als zweiter Bischof von Tortosa,
obwohl in der Tarraconensis seit 589 mehrere Vakanzen eingetreten sein
müssen: Lérida und Saragossa (diese beiden wahrscheinlich sogar zweimal, je zwischen 589 und 592 und zwischen 592 und 599), Gerona und
Ampurias (beide zwischen 589 und 592) sowie Egara (zwischen 592 und
599); allerdings hatte es in dieser Provinz während der Amtszeit des
Metropoliten Artemius wohl Schwierigkeiten mit den Konvertiten überhaupt gegeben (s. u. S. 223, Anm. 270). Daß die Stellung der »Zweit-
bischöfe« wenigstens zum Teil als problematisch empfunden wurde, scheint
die hispalenser Unterzeichnerliste von 590 anzudeuten: einer der beiden
Bischöfe von Elvira, und zwar Petrus, erscheint in ihr nicht an dem ihm nach
der Reihenfolge der toletanischen Liste zustehenden Stelle zwischen Basilius von Niebla und Velatus von Martos, sondern ganz am Ende, noch
hinter dem erst nach 589 ordinierten Sinticius von Italica (s. die Aufstellung Anhang D, S. 259 ff.). Diese auffällige Zurücksetzung läßt vermuten,
daß Petrus der ehemalige arianische Zweitbischof von Elvira war, dem
man so eine Stellung außerhalb der Reihe der übrigen Bischöfe zuwies.
Auch Froisclus von Tortosa erscheint in der barcinonenser Liste von 599
nicht an dem ihm nach der Reihenfolge der toletanischen Liste zukommenden Ort unmittelbar nach Julian von Tortosa, sondern erst an dritter Stelle
nach diesem und hinter dem erst nach 589 ordinierten Galanus von Ampurias (s. Anhang D), jedoch nicht an so exponiert zurückgesetzter Stelle
wie Petrus von Elvira in Sevilla, so daß hier auch mit einer bloßen In-
korrektheit der Liste oder ihrer Überlieferung gerechnet werden könnte.

[267] Vgl. die Doppelbesetzung des Bistums Tours durch die Bischöfe Theodor
und Proculus auf Befehl der Witwe Chlodwigs Chrodechilde (Greg. Tur.,
Hist. III 17; X 31, Nr. 10). Auch der umgekehrte Fall, die Besetzung
zweier Bistümer durch Martin von Braga, noch dazu verbunden mit
dem Übergang von einem unbedeutenden zu einem bedeutenden (s. o.
S. 128) zwischen 561 und 572 mag wohl durch die Autorität des suewischen
Königs veranlaßt und gedeckt worden sein.

[268] Das von Rekkared beanspruchte Recht der Ernennung von Bischöfen ist
ausdrücklich erst durch die zweite Synode zu Barcelona vom 1. November 599 belegt (Conc. Barc. II, c. 3), die aber bereits die Ernennung von
Bischöfen »per sacra regalia« als bestehende Übung voraussetzt.

Auftreten auf dem toletanischen Konzil entspricht. Dabei ist es allerdings in der Tarraconensis möglicherweise auch zu einem gewissen Widerstand kirchlicherseits gekommen. Jedenfalls müssen in dieser Provinz unter dem Metropoliten Artemius[269] Spannungen im Verhältnis zu den Übergetretenen bestanden haben, die dazu führten, daß die ehemals arianischen Bischöfe Ugnas von Barcelona und Froisclus von Tortosa mindestens zeitweise gegenüber dem altgläubig katholischen Episkopat der Provinz isoliert waren[270]. Auf diesem Hintergrund könnte auch wenigstens die

[269] Die Amtszeit des Artemius von Tarragona hat vor dem 1. November 592 (zweites Konzil zu Saragossa) begonnen und zwischen dem 4. November 592 (Schreiben an die barcinonenser Numerarii, s. folgende Anm.) und dem 1. November 599 (zweites Konzil zu Barcelona unter Asiaticus von Tarragona) geendet.

[270] Für die Kirchenprovinz Tarragona sind für die letzten Jahre des sechsten Jahrhunderts nach dem dritten Toletanum folgende Daten belegt:
1. das (zweite) Konzil zu Saragossa vom 1. November 592;
2. ein Schreiben des Artemius von Tarragona und der Bischöfe des barcinonenser Steuerbezirks an die neuernannten Numerarii dieses Bezirks vom 4. November 592;
3. das (zweite) Konzil zu Barcelona am 1. November 599
(alle drei Aktenstücke nur in der erweiterten Hispana des Codex »Aemilianensis« Escorial D I 2). Das Konzil von Saragossa befaßt sich ausschließlich mit Fragen des arianischen Übertritts: übertretende Presbyter und Diakone sollen nur unter der Bedingung ihrer Bewährung in Glauben und Lebenswandel die neue Weihe zur Weiterführung ihres Amtes erhalten (Conc. Caesaraug. II, c. 1; vgl. Conc. Aurelian. I, c. 10, der allerdings nicht in die spanische Überlieferung gelangt ist); Reliquien aus arianischem Besitz sollen der Feuerprobe unterworfen werden (im Hintergrund steht wohl eher 1. Kor. 3,12 f. als der Ordalgedanke des germanischen Rechts), und wer sie versteckt hält, verfällt der Exkommunikation (c. 2); Konsekrationen katholischer Kirchen, die ehemals arianische Bischöfe vor ihrer eigenen Neuweihe vorgenommen haben, sind ungültig und müssen wiederholt werden (c. 3) — das kann sich nur gegen die beiden aus Toledo bekannten, vormals arianischen Bischöfe aus der Tarraconensis, Ugnas von Barcelona und Froisclus von Tortosa, richten. Diese Beschlüsse lassen demnach gewisse Spannungen, Zusammenstöße und Mißhelligkeiten zwischen dem altgläubigen Episkopat und den gotischen Konvertiten vermuten. Dem entspricht es, daß in der Unterzeichnerliste Ugnas von Barcelona und Froisclus von Tortosa fehlen. Das fällt um so mehr ins Auge, als sonst offensichtlich alle Bischöfe der Provinz zugegen waren. Die Sitze der dreizehn nach Artemius von Tarragona unterzeichnenden Bischöfe sind zwar nicht angegeben, lassen sich aber für elf aus dem dritten Toletanum und zweiten Barcinonense entnehmen: Egara, Tarazona, Tortosa (durch den altgläubig katholischen Bischof Julian), Urgel, Auca, Calahorra, Pamplona, Gerona, Ampurias, Huesca und Vich; die

Frage berechtigt erscheinen, ob man das Fehlen eines Metropoliten von Tarragona auf dem toletanischen Konzil nur als Zufall betrachten darf[271]. Es wäre nicht undenkbar, daß Artemius 589 schon im Amt war, dem Konzil aber aus Reserve gegen die kirchenpolitischen Modalitäten des westgotischen Übergangs zum katholischen Bekenntnis bewußt ferngeblieben ist.

Außer den vier bereits genannten Beschlüssen über die kirchlichen Rechtsquellen, die Liturgie, den Priesterzölibat und die territoriale Zugehörigkeit der ehemals arianischen Kirchen formuliert das Konzil noch eine Reihe weiterer Kanones, die ebenfalls ganz im herkömmlichen Rahmen der Wahrung kirchlicher Interessen und der Wahrnehmung kirchlicher Aufgaben mit kirchlichen Mitteln bleiben. Das kirchliche Vermögen wird vor Veräußerung durch die Bischöfe geschützt; davon werden jedoch in Grenzen bleibende Zuwendungen an Mönche, und das heißt ja wohl an Klöster in den einzelnen Diözesen sowie die Unterstützung Fremder, der Kleriker und Bedürftiger im Rahmen des Möglichen — offenbar soll die Vermögenssubstanz nicht gemindert werden — nicht betroffen[272]. Erlaubt sein soll es dem Bischof auch, eine der Kirchen seines Sprengels zu einem Kloster zu machen[273], wodurch diese allerdings aus seiner vermögensrechtlichen Verfügungsgewalt

Bischöfe Magnus und Julian (der zweite dieses Namens in der Liste) müssen dann wohl den beiden neben Barcelona aus der Zahl der für die Tarraconensis noch fehlenden Bistümer zugeordnet werden — wie, bleibt dahingestellt: Saragossa (zwischen Simplicius, zuletzt 589, und Maximus, zuerst 599 belegt) und Lérida (zwischen Polybius, zuletzt 589, und Aemilius, zuerst 599 belegt). Ebensowenig hat Ugnas das Schreiben an die Barcinonenser Numerarii mit unterzeichnet (Froisclus wäre hier wohl aus geographischen Gründen nicht in Betracht gekommen, denn auch Julian von Tortosa unterzeichnet nicht) — allerdings wird das mit seiner Abwesenheit auf dem Konzil zusammenhängen, bei dessen Gelegenheit dieses Schreiben verfaßt ist, wie das Datum und die Tatsache, daß es in der Überlieferung mit den Akten des Konzils verbunden ist, erkennen lassen (die Anordnung bei González ist irreführend). Dagegen erscheinen sowohl Ugnas als auch Froisclus wieder auf dem zweiten Konzil zu Barcelona, das von des Artemius Nachfolger Asiaticus geleitet wird.

[271] J. B. Pérez (bei C. G. Goldáraz, El códice Lucense II, S. 483, App. zu Zeile 3) hat deshalb eine Vakanz von Tarragona zur Zeit des Konzils angenommen.

[272] Conc. Tolet. III, c. 3, die erste synodale Bestimmung dieser Art in Spanien; vgl. Conc. Agath., c. 7 (auf diesen Kanon scheint die toletanische Synode zurückzugreifen); Cap. Mart., cc. 14—16; Lex Visig. V 1,2 antiqua.

[273] Conc. Tolet. III, c. 4.

entlassen wurde[274]. Ein fernerhin nicht mehr zu duldender Miß-
stand ist es, daß Kirchen geweiht werden, wenn der Stifter sich die
Verfügungsgewalt über das Dotationsvermögen vorbehält, statt es
dem Bischof zu übertragen[275]. In die sachliche Nähe der Anordnung zur Vermögenssicherung gehört wohl auch die Bestimmung,
daß Bischöfe zwar berechtigt sind, Unfreie aus kirchlichem Besitz
frei zu lassen, jedoch nur unter der Bedingung, daß sie und ihre
Nachkommen dem Patrozinium der Kirche unterstellt bleiben[276].
Für Freigelassene Dritter, die dem Patrozinium der Kirche kom-
mendiert worden sind, wird bestimmt, der Bischof solle beim König dafür eintreten, daß deren Status nicht angetastet wird[277]. Hier
trifft die Wahrnehmung der kirchlichen Schutzverpflichtung mit
dem wirtschaftlichen Interesse der Kirche zusammen, den Kreis der
ihr zur Verfügung stehenden Abhängigen zu erhalten. Zwei Kanones zielen auf die Beseitigung vermögensrechtlicher Konfliktmög-
lichkeiten mit dem Fiskus. Kleriker aus der »Familia fisci« soll sich
niemand, so wird mit ausdrücklicher Betonung der Zustimmung
Rekkareds beschlossen, vom König übereignen lassen; vielmehr
sollen sie nach Entrichtung des Kopfgeldes bei der jeweiligen
Kirche verbleiben[278]. Falls Fiskalsklaven aus ihrem Peculium Kirchen errichten und dotieren, sollen die Bischöfe um die königliche
Bestätigung dafür einkommen[279]. Schließlich kommt es vor, daß

---

[274] Vgl. Conc. Ilerd., c. 3.
[275] Conc. Tolet. III, c. 19. Der Kanon geht eindeutig davon aus, daß sich der
   Eigentumsvorbehalt auf das Dotationsvermögen, nicht auf die Kirche selbst
   bezog. Er kann daher nicht als Beleg für die Übung eines Eigenkirchen-
   wesens im strengen Sinn herangezogen werden (anders U. Stutz, Geschichte des kirchlichen Benefizialwesens, Aalen ²1961, S. 103 f.; H. v. Schubert, Staat, S. 8, Anm. 2; Hans Erich Feine, Kirchliche Rechtsgeschichte,
   Köln/Graz, ⁴1964, S. 166); vgl. zu Conc. Brac. II, cc. 5 f.: s. o. S. 135,
   Anm. 100.
[276] Conc. Tolet. III, c. 6 erster Teil.
[277] Conc. Tolet. III, c. 6 zweiter Teil (». . . et ne cuiquam donentur a principe
   hoc episcopus postulet«; »a principe« ist wohl nicht von »donentur«, sondern
   von »postulet« abhängig, das hier kaum absolut steht). Bei dem Status-
   wechsel könnte an nachträgliche Wiederverknechtung oder Entziehung der
   Freigelassenen aus dem Patrozinium der Kirche zugunsten Dritter gedacht werden.
[278] Conc. Tolet. III, c. 8; s. dazu die Erklärung bei F. Dahn, Könige VI,
   S. 205 f.
[279] Conc. Tolet. III, c. 15; vgl. jedoch Lex Visig. V 7,16 (antiqua): solche
   Stiftungen sind an sich rechtskräftig unter der Voraussetzung, daß sie nicht
   aus dem Grundvermögen und Sklavenbesitz des Peculium bestritten worden sind.

Knechte der Kirche oder der Bischöfe und Kleriker von den Beamten des Staates oder des Königsgutes, den Judices oder Actores, zu Frondiensten herangezogen werden; nachdrücklich fordert das Konzil vom König, dies abzustellen, und gleichzeitig bedroht es die betreffenden Beamten mit dem Ausschluß aus der Gemeinschaft der Kirche, der sie mit solcher Handlungsweise Hindernisse bereiteten[280]. Offensichtlich wird hier der problematische Versuch unternommen, in der Form eines Konzilsbeschlusses mit dem Nachdruck kirchlicher Strafandrohung eine Immunität durchzusetzen, die offenbar bislang nicht bestand.

In den Bereich der allgemeinen Kirchenzucht gehört ein Beschluß — auch hier wird ausdrücklich die Zustimmung Rekkareds notiert —, alle zu exkommunizieren, die Witwen oder unverheiratete Frauen gegen ihren oder ihrer Eltern Willen zur Eingehung einer Ehe zwingen, vor allem, wenn dadurch der Vorsatz eines Keuschheitsgelübdes zunichte gemacht wird[281]. In zwei Beschlüssen wird der Versuch unternommen, das Bußinstitut davor zu bewahren, zu einer bloßen Formalität entleert zu werden, wie es schon weithin geschehen zu sein scheint[282]. Auf vielseitige Beschwerden hin wird ein Kanon formuliert, der dem offensichtlich recht verbreiteten Übelstand Abhilfe schaffen soll, daß Bischöfe dem Klerus ihrer Diözesen unangemessene Abgaben und Dienstleistungen abfordern, die sie eher als Steuereintreiber denn als Bischöfe erscheinen lassen. Es wird ihnen untersagt, mehr zu fordern, als ihnen nach überliefertem Recht zustehe — nämlich ein

---

[280] Conc. Tolet. III, c. 21; vgl. Conc. Tolet I, c. 11.

[281] Conc. Tolet. III, c. 10. F. Dahn, Könige VI, S. 427 u. 429 meint, daß es hier speziell um die Abstellung königlicher Eingriffe gehe; doch diese zugespitzte Deutung ist kaum berechtigt. Ein späteres Gesetz des Königs Chindaswinth (642—653) richtet sich gegen diejenigen, »die sich unterfangen haben, eine freie Jungfrau oder Witwe ohne königlichen Befehl gewaltsam zu verheiraten« (Lex Visig. III 3,11). Demnach war das vom dritten toletanischen Konzil bekämpfte Unwesen jedenfalls in der Mitte des siebten Jahrhunderts gerade nicht auf die Ausübung eines vom König beanspruchten Rechtes beschränkt, sondern wurde in erster Linie eigenmächtig (aus wirtschaftlichem Interesse) geübt. Es besteht kein Anlaß zu der Annahme, daß die Verhältnisse um 589 anders waren. Die Hervorhebung der königlichen Zustimmung durch das Konzil ist wohl nicht so sehr, wie Dahn meint, die diplomatische Weise, sich ein Zugeständnis geben zu lassen, sondern soll eher einen Beschluß decken, der sich ausschließlich gegen mächtige und einflußreiche Persönlichkeiten richten mußte.

[282] Conc. Tolet. III, cc. 11 f.

Drittel der Einkünfte der Kirchen[283]. Der Klerus wird aufgefordert, entsprechende Beschwerden unverzüglich vor den Metropoliten zu bringen, damit dieser einschreite[284]. Einen Blick in den bischöflichen Alltag gewährt die Bestimmung, daß an der bischöflichen Tafel statt der Beschäftigung mit müßigen Geschichten aus der Bibel vorgelesen werden solle[285]. Kirchlicher Besinnung auf den Inhalt ihrer Verkündigung schließlich entspringt ein Kanon, der die Praktizierung volkstümlicher Trauergebräuche bei der Bestattung von Religiosen untersagt, da diese der christlichen Auferstehungshoffnung nicht angemessen seien. Auch Jesus habe Lazarus nicht wegen seines Todes beweint, sondern weil er wieder zu der Mühsal dieses Lebens erweckt werden sollte — die Anhänger der altüberlieferten Trauerzeremonien scheinen wohl biblizistisch argumentiert und sich auf die Beweinung des Lazaurs durch Jesus (Joh. 11,35) berufen und damit Anlaß zu diesem exegetischen Versuch gegeben zu haben. Statt der Trauergebräuche sollten Psalmen gesungen werden, und die Bischöfe sollen darauf hinwirken, daß in dieser Weise, wie sie für die Religiosen auf jeden Fall gilt, möglichst auch bei der Bestattung aller Christen verfahren wird[286]. Daß Brauch und Sitte oft genug stärker sind als

[283] Conc. Tarrac., c. 8: ». . . quia tertia ex omnibus per antiquam traditionem ut accipiatur ab episcopis novimus statutum.« Die Dreiteilung galt demnach bereits 516 als eingewurzeltes Recht. Conc. Brac I., c. 7: Dreiteilung des kirchlichen Vermögens zwischen Bischof, Klerus, Fabrik- und Lichterfonds.

[284] Conc. Tolet. III, c. 20. Fast ebenso Conc. Brac. II, c. 2; hier wird dem Bischof neben der Heranziehung des Klerus zu unangemessenen Dienstleistungen verwehrt, ein Drittel der bei den Kirchen einkommenden Oblationen zu fordern. Aus diesen soll ihm nur ein Cathedraticum von zwei Solidi jährlich zustehen, während das von einzelnen Bischöfen offenbar beanspruchte Drittel dem Fabrik- und Lichterfonds zukommt (zwei Drittel demnach wohl dem Klerus der einzelnen Kirchen, wahrscheinlich je zur Hälfte für Presbyter und Diakone einerseits und niederen Klerus andererseits, vgl. auch Conc. Emerit. v. J. 666, c. 14). Man wird wohl mit regionalen Verschiedenheiten der Regelung zu rechnen haben: in der Gallaecia erfolgt die Beteiligung des Bischofs zu einem Drittel am Vermögen und demgemäß an dessen Erträgnissen (vgl. Conc. Brac I, c. 7), während ihm von den Oblationen nur eine Anerkennungsgebühr zusteht; dagegen ist in Tarragona 516 vorausgesetzt, daß ihm »ein Drittel von allem« zukomme (Conc. Tarrac., c. 8), und von dieser Übung als altüberkommener Regelung geht auch das vierte toletanische Konzil von 633 aus (Conc. Tolet. IV, c. 33).

[285] Conc. Tolet. III, c. 7.

[286] Conc. Tolet. III, c. 22. — Karl Helm, Altgerman. Religionsgeschichte, Bd. II 1: Die Ostgermanen (German. Bibliothek, 1. Abt., 5. Reihe, 2. Bd.),

der Einfluß der kirchlichen Verkündigung und ihres sachlichen Gehaltes, ist den Bischöfen des Konzils eine deutliche Erfahrung; das
aber zeugt wiederum auch von einer Wirksamkeit der Verkündigung, die einer Paganisierung des Christlichen Grenzen setzt.

Macht schon eine Reihe dieser Kanones[287] den Hintergrund einer
positiven Wendung des staatlich-kirchlichen Verhältnisses, das
Eingehen der Herrschaft auf die Belange der katholischen Kirche
deutlich, so führt Inhalt und Tenor einer Anzahl weiterer Beschlüsse noch darüber hinaus und läßt die für die Stellung der
Kirche grundsätzliche Bedeutung der »Rekkaredschen Wende«
erkennen, die Wendung zu einem ausgeprägten Staatskirchentum
mit charakteristischer Vermischung staatlicher und kirchlicher Kom-
petenz- und Aufgabenbereiche und einem erheblichen Einfluß der
Kirche auf die Gestaltung des staatlich-politischen Lebens. Am
bezeichnendsten unter diesem Aspekt ist der Beschluß des Konzils
über die Provinzialsynoden[288]. Diese Synoden sollen wegen der
weiten Entfernungen und der Armut der spanischen Gemeinden
trotz der kanonischen Vorschrift zweimal jährlicher Zusammenkunft[289] nur einmal im Jahr, und zwar am 1. November[290], zusammentreten. Dabei sollen — und das führt nun weit über den
herkömmlichen kirchlichen Rahmen dieser Festsetzung hinaus —
laut Verfügung Rekkareds auch die »judices locorum« und die
»actores« des Staatsschatzes, die unteren Beamten der königlichen
Jurisdiktion und Exekutive hinzugezogen werden zu dem besonderen Zweck, sie über die korrekte Führung ihres Amtes zu be-
lehren, damit sie nach Recht und Billigkeit mit den Leuten verfahren[291]; denn nach königlichem Willen sollen die Bischöfe das
Aufsichtsrecht über diese Beamten führen, ihnen im Falle von
Übergriffen Verweise erteilen oder dem König Bericht erstatten
und bei Fruchtlosigkeit der Verweise die Kirchenstrafe der Ex-

Heidelberg 1937, S. 18 f. sieht hier eine Abwehr speziell gotisch-heidnischer
Trauergebräuche; doch das läßt sich kaum ausreichend begründen.

[287] Conc. Tolet. III, cc. 6.8.10.15.21.

[288] Conc. Tolet. III, c. 18.

[289] Conc. Nic., c. 5; Conc. Chalc., c. 19; Conc. Reg., c. 7; Cap. Mart., c. 18.

[290] Dieses Datum ist eingehalten von den Provinzialsynoden Septimaniens in
Narbonne 589 (hier unter ausdrücklicher Berufung auf die Vorschrift von
Toledo) und der Tarraconensis in Saragossa (II) 592 und Barcelona (II)
599. Die baetische Provinzialsynode von Sevilla (I) 590 unterzeichnete ihr
Synodalschreiben am 4. November. Das vierte Konzil von Toledo (633) hat
den Termin auf den 18. Mai verlegt (Conc. Tolet. IV, c. 3).

[291] Vgl. das Gesetz Rekkareds, Lex Visig. XII 1,2.

kommunikation verhängen. Auch obliegt es dem Bischof, zusammen mit den weltlichen Großen festzusetzen, welche Leistungen den Richtern in den einzelnen Provinzen gewährt werden können[292].

Unter diesen Voraussetzungen ist es kaum verwunderlich, daß das Konzil in der Lage war, für Kleriker, die Amtsbrüder vor die weltliche Gerichtsbarkeit ziehen, nicht nur die Exkommunikation anzudrohen, sondern darüber hinaus auch noch die Sachfälligkeit für ihren Fall anzuordnen[293]. Auch zur positiven Förderung kirchlicher Sitte werden die Judices herangezogen, wenn ihnen zusammen mit den Bischöfen die Aufgabe gestellt wird, gegen die Unsitte anzugehen, daß man sich an Heiligentagen mit Tänzen und Gesängen lärmender Volksbelustigung hingibt statt den Gottesdienst aufzusuchen[294]. Weit darüber hinaus aber führen zwei Beschlüsse, durch die das Konzil die Bischöfe an der Strafrechtspflege beteiligt. Gemeinsam mit den Richtern, so wird unter Zustimmung des Königs festgesetzt, sollen sie dem in Spanien und Gallien noch weit verbreiteten Heidentum nachspüren und seine Übung strafrechtlich ahnden; bei Nachlässigkeit in dieser Hinsicht wird ihnen und den Richtern die Exkommunikation angedroht, wie auch Grundherren exkommuniziert werden sollen, die auf ihren Besitzungen nicht gegen noch bestehendes Heidentum einschreiten[295]. Weiterhin werden die Bischöfe aufgefordert, gleichfalls zusammen mit den Richtern, an die eine entsprechende Verordnung des Königs ergeht, wirksam gegen das offenbar recht verbreitete Verbrechen der Abtreibung und Kindestötung — als »Geburtenregelung« in der Ehe, der die kirchliche Auffassung von der Ehe als Institut der Kindererzeugung entgegengestellt wird — einzuschrei-

[292] Conc. Tolet. III, c. 18: »A sacerdote vero et a senioribus deliberetur, quid« (so die Handschriften gegen »quod« bei González) »provincia sine suo detrimento prestare debeat iudicum« (oder »iudicium«, die Handschriften schwanken hier in der Lesung), wobei »iudic(i)um« wohl zu emendieren ist in »iudicibus« oder vielleicht besser noch in »iudici« (so z. B. P. B. Gams, Kirchengeschichte II 2, S. 13, Anm. 3; F. Dahn, Könige VI, S. 428, Anm. 3).

[293] Conc. Tolet. III, c. 13.

[294] Conc. Tolet. III, c. 23; daß es sich bei der gerügten Praxis um ein Fortleben heidnischer Bräuche handelt, nimmt Stephan McKenna, Paganism and pagan survivals in Spain up to the fall of the Visigothic kingdom (Catholic University of America, studies in mediaeval history, new series 1) Washington 1938, S. 116 f. an.

[295] Conc. Tolet. III, c. 16; zur Bestimmung über die Grundherren vgl. Conc. Elib., c. 41.

ten und entsprechende Strafen zu verhängen mit Ausnahme der
Todesstrafe[296], die nach staatlichem Recht unter Umständen durchaus in Betracht kommen konnte[297]. Im Hinblick auf die mit dem
gleichen Verbrechen befaßte Bestimmung des Konzils von Lérida
(546)[298] zeigt sich deutlich ein Wandel des kirchlichen Verhaltens
und Vorgehens in diesem Punkt, ein Wandel von der Konfrontation des einzelnen Gliedes der Kirche mit dem paränetischen Inhalt der kirchlichen Verkündigung zur Wahrung einer auf die Nor-
men dieser Verkündigung bezogenen öffentlichen Sittlichkeit. Dieser Wandel von Lérida zu Toledo zeigt den Weg der katholischen
Kirche Spaniens von der Kirche im westgotischen Staat zur westgotischen Staatskirche an, zeigt aber zugleich auch an, daß sie bereit
und willens war, diesen Übergang bewußt als positive Aufgabe
einer inneren Durchdringung des Staates und seiner Gesellschaft zu
erfassen, wie es sich aus dem vorauszusetzenden Verständnis der
christlichen Botschaft als der »Lex Christi« und bei der Anwendung
eines christlichen Naturrechtsgedankens auf die staatliche Ordnung
als Forderung ergeben mußte.

Das Konzil hat schließlich auch unmittelbar eine Initiative auf
dem Gebiet der staatlichen Religionsgesetzgebung ergriffen. Auf
Antrag der Synode hin, so heißt es nämlich in einem der Beschlüsse, habe der König angeordnet, eine Reihe von rechtlichen
Bestimmungen über den Status der Juden unter die Kanones aufzunehmen[299]: Juden dürfen sich nicht in Ehe oder Konkubinat mit
christlichen Frauen verbinden; sind aber aus einer Verbindung
dieser Art Kinder vorhanden, so sollen sie getauft werden[300]. Der
Erwerb christlicher Sklaven ist Juden untersagt; ist ein christlicher
Sklave von seinem Herrn jüdischen Gebräuchen unterworfen oder
gar beschnitten worden, soll er ohne Entschädigung des Herrn die
Freiheit erhalten[301]. Und schließlich sollen Juden keinen Zugang
zu öffentlichen Ämtern haben, in denen sie in die Lage versetzt
werden, über Christen Strafen zu verhängen[302]. Man muß in die-

---

[296] Conc. Tolet. III, c. 17.
[297] Vgl. Lex Visig. VI 3,1 antiqua.
[298] Conc. Ilerd., c. 2; hier ist allerdings der vorausgesetzte Tatbestand etwas
    anders nuanciert als in Toledo: Es geht um die versuchte Verdeckung der
    Folgen eines Ehebruchs. Der Kanon regelt im einzelnen die Modalitäten
    eines angemessenen Bußverfahrens. Vgl. Conc. Elib., c. 63.
[299] Conc. Tolet. III, c. 14.
[300] Vgl. Lex Rom. Visig. III 7,2; IX 4,4.
[301] Vgl. Lex Rom. Visig. III 1,5; XVI 4,1.
[302] Vgl. Lex Rom. Visig., Nov. Theod. III 1,2.

sem religionspolitischen Vorstoß des Konzils wohl den Anstoß zur
Judengesetzgebung Rekkareds sehen. Diese Gesetzgebung des
Königs soll nach einer Bemerkung Gregors des Großen von jüdi-
scher Seite mit dem Angebot einer Geldzahlung zu hintertreiben
versucht worden sein[303]. Die Lex Visigothorum hat von ihr nur eine
Bestimmung, das Verbot des Erwerbs und der Beschneidung
christlicher Sklaven, überliefert[304], aber es ist anzunehmen, daß
sie auch noch weitere, später bei der Redaktion Rekkeswinths aus
dem Codex verdrängte Gesetze im Sinne der von der toletanischen
Synode formulierten antijüdischen Bestimmungen umfaßt hat. Vor
dem Datum des Konzils aber kann eine solche staatliche Judengesetzgebung kaum erlassen worden sein; sonst wäre dessen Vorstoß nicht verständlich. Offenbar war dem Episkopat daran gelegen, Ersatz zu schaffen für den Fortfall der früher die Stellung
der Juden im Westgotenreich regelnden römischen Gesetzgebung
infolge der Aufhebung der Lex Romana Visigothorum durch Leowigild[305]. Dementsprechend nehmen die Verordnungen des Konzils sachlich auch nur die antijüdische Gesetzgebung der Lex Romana in ihrem wesentlichsten Teil auf. Sofern aber dieser Rückgriff
auf das römische Recht den Kristallisationspunkt für die spätere
scharfe Judengesetzgebung und antijüdische Religionspolitik im
westgotischen Reich[306] bilden konnte, bahnt sich auch in dieser
Hinsicht mit dem Konzil von 589 die kommende Entwicklung an.

Das Unternehmen des Episkopats, das als empfindliche, die
christlichen Belange beeinträchtigende Lücke empfundene Fehlen
einer Judengesetzgebung im geltenden staatlichen Recht, dem
Codex revisus Leowigilds, durch konziliare Bestimmungen zu über-
brücken, wird sinnvoll dadurch, daß die Beschlüsse des Konzils
durch den König bestätigt und damit auch als staatliches Recht in
Geltung gesetzt werden. Allen Menschen im Bereich seiner Herrschaft gebietet er, die Bestimmungen des Konzils, die noch einmal

[303] Greg. Magn., Reg. Ep. IX 228.
[304] Lex Visig. XII 2,12; vgl. Lex Rom. Visig. III 1,5; XVI 4,1; Nov. Theod. III 1,4.
[305] Vgl. o. S. 190. Zur Judengesetzgebung des dritten Toletanums und Rekkareds als Indiz dafür, daß die Lex Romana Visigothorum in der Tat bereits aufgehoben war, s. Rafael de Ureña y Smenjaud, La legislación
gótico-hispana, Madrid 1905, S. 339—341.
[306] Dazu s. Jean Juster, La condition légale des Juifs sous les rois visigoths.
In: Études d'histoire juridique offerts à Paul Frédéric Girard. II. Paris
1913, S. 274—335.

in knapper Zusammenfassung angeführt werden, einzuhalten[307]. Ihre Verletzung wird unter Strafandrohung gestellt: Geistliche verfallen der Exkommunikation, Laien höheren Standes erleiden die Konfiskation der Hälfte ihres Vermögens zugunsten des Fiskus, solche geringeren Standes werden unter Vermögensverlust in die Verbannung geschickt. Die Androhung einer Kirchenstrafe durch den König ist formal dadurch gedeckt, daß das Bestätigungsedikt mit in die von den Synodalen unterzeichneten Akten des Konzils, denen es staatliche Rechtskraft verleihen soll, aufgenommen und so seinerseits auch der Form nach kirchliches Recht wird. Treffender konnte die jetzt gefundene staatlich-kirchliche Einheit kaum zum Ausdruck gebracht werden. Nicht um die Herrschaft des Staates über die Kirche oder diejenige der Kirche über den Staat oder im Staat geht es dabei, auch wohl kaum oder jedenfalls kaum primär um die Stützung des Königtums durch die Macht des Episkopats. Vielmehr geht es um den Gewinn der politisch-religiösen Einheit und Einheitlichkeit des den Staat repräsentierenden Herrschaftsgefüges als eines politischen Ideals, das im Reich der Westgoten vom Beginn seiner staatlichen Eigenexistenz an lebendig gewesen ist und auf das die fähigsten seiner Könige stets energisch hingearbeitet haben.

In der Überlieferung ist den Akten des Konzils eine Festpredigt Leanders beigegeben, die aus dessen Anlaß gehalten wurde und dem Übergang der Westgoten zum katholischen Glauben gewidmet ist. Von dem schwülstigen Pathos der Erklärungen Rekkareds unterscheidet sich diese Predigt wohltuend durch ihren übersichtlichen Stil und ihre sachliche Nüchternheit. Leander, der gewiß als die kirchliche Schlüsselfigur dieser Jahre gelten darf und der bereits unter Hermenegild dem Versuch der Errichtung eines katholischen Königtums seine Unterstützung gegeben hatte, erweist sich dabei als sehr zurückhaltend in der Wertung des Geschehens. Er beschränkt sich darauf, in einer lockeren Folge von Gedanken und Bezugnahmen auf biblische Texte den gotischen Bekenntniswechsel rein von der geistlichen Seite her, ohne auf die mitwirkenden äußeren Kräfte und die Rolle des Königs irgendwie

[307] »Nostra proinde auctoritas id omnibus hominibus ad regnum nostrum pertinentibus jubet, ut si qua definita sunt in hoc sancto concilio habito in urbe Toletana anno regni nostri feliciter quarto, nulli contemnere liceat, nullus praeterire praesumat: capitula enim quae sensibus nostris placita et disciplinae congrua a praesenti conscripta sunt synodo, in omni auctoritate sive clericorum, sive laicorum, sive quorumcumque hominum observentur et maneant« (PL 84, Sp. 357 A).

einzugehen, als Grund und Anlaß zu dankbarer Freude über das
Wachstum der Kirche Christi und den Gewinn der Glaubenseinheit darzustellen. Dabei hebt er zuweilen die neue Wendung der
Dinge gegen den nur angedeuteten Hintergrund der Situation des
»Kirchenkampfes« unter Leowigild ab, und im Blick auf diesen
Hintergrund der jüngsten Vergangenheit klingt ganz zum Schluß
nur auch einmal der politische Aspekt des Einigungswerkes Rekkareds an: »Die Wand der Zwietracht, die der Teufel errichtet
hatte, hat der Friede Christi niedergerissen, und das Haus, das
in seiner Gespaltenheit im mörderischen Kampfe gegeneinander
lag, wird jetzt durch den Eckstein Christus vereint . . . . Es bleibt
nunmehr, daß wir alle, da wir zu einem Reich geworden sind,
sowohl für den Bestand des irdischen als auch für die Seligkeit des
himmlischen Reiches im Gebet vor Gott treten, auf daß das Reich
und Volk, das Christus auf Erden verherrlicht hat, von ihm nicht
nur auf Erden, sondern auch im Himmel verherrlicht werde«[308].
Hier fällt zugleich auch das Stichwort von der Beständigkeit des
Reiches, deren Sicherung in der Folgezeit ein wesentliches Thema
der politischen Aktivität der westgotischen Kirche sein sollte[309].
Von dem Griff des Königs nach der Kirche und der geistlichen
Autorität, wie er in Rekkareds Ansprachen zum Ausdruck kommt,
aber auch von der in dessen Folge der Kirche zufallenden neuen
Position der Einfluß- und Wirkungsmöglichkeit ist nicht die Rede.
In seiner Zurückhaltung ist es insgesamt ein fast vorsichtiger Akzent, den so der Kirchenmann dem großen Konzil setzt, jenem
Konzil, das die Epoche kirchlicher wie politischer Geschichte des
Westgotenreiches, deren Krise zehn Jahre zuvor im Aufstand
Hermenegilds aufgebrochen war, definitiv zuende bringt und den
Geist des siebten Jahrhunderts, des neuen und zugleich letzten und
klassischen Abschnittes westgotischer Reichs- und Kirchengeschichte
nicht nur heraufführt, sondern selbst bereits repräsentiert.

[308] „Parietem enim discordiae quem fabricaverat diabolus pax Christi destruxit, et domus quae divisione in mutuam certabat caedem, uno iam
Christo lapide angulari coniungitur . . . Superest autem ut unanimiter
unum omnes regnum effecti tam pro stabilitate regni terreni quam felicitate regni coelestis Deum precibus adeamus, ut regnum et gens, quae
Christum glorificavit in terris glorificetur ab illo non solum in terris sed
etiam in coelis« (PL 84, Sp. 364 BC).

[309] Vgl. José Orlandis Rovira, La iglesia visigoda y los problemas de la
sucesión al trono en el siglo VII. In: Le Chiese nei regni dell'Europa occidentale e i loro rapporti con Roma sino all'800 = SettStudCentIt 7, 1960,
S. 333—351.

RÜCKSCHAU UND ÜBERBLICK

Das augenfälligste äußere Kennzeichen der kirchlichen Geschichte des westgotischen Reiches in dem durchmessenen Zeitraum von der Begründung seiner staatlichen Selbständigkeit bis zur Errichtung der katholischen Staatskirche als letztem Schritt der inneren Einigung ist ihre Diskontinuität. Sie ist bedingt durch äußere Faktoren, durch die geographische Gewichtsverlagerung des Reiches nach 507; denn in deren Folge hat der kirchliche Träger des Geschehens gewechselt, ehe die katholische Kirche Spaniens in die Bahn der in Gallien deutlich hervortretenden landeskirchlichen Entwicklung hineingezogen werden konnte, wie es mit dem für 507 geplanten Konzil zu Toulouse beabsichtigt war. Zudem wurde die energische landeskirchliche Politik Alarichs II. zunächst infolge der staatlich-politischen Gestaltung seit 510 nicht fortgesetzt und auf die spanische Kirche übertragen. Seit den zwanziger Jahren des sechsten Jahrhunderts kam es zwar zugleich mit der Beendigung der politischen Verbindung des Westgotenreiches mit der italienischen Ostgotenherrschaft unter dem Regiment Theoderichs des Großen zu einer Abschließung der katholischen Kirche Spaniens, zu einem Rückzug auf sich selbst; doch entbehrt diese Entwicklung, die nur negativ am Einschlafen der römischen Beziehungen zu beobachten ist und deren Anlässe und Triebkräfte im einzelnen — ist es vielleicht nur der kirchliche Aspekt einer allgemeinen Provinzialisierung? — nicht erkennbar sind, des in Agde so deutlich hervorgetretenen Zuges zur Schaffung einer neuen kirchlichen Wirkungs- und Handlungseinheit. Immerhin aber darf sie angesichts der Fortdauer der römisch-gallischen Beziehungen auch über das Ende der Ostgotenherrschaft in der Provence hinaus (536) als bemerkenswert angesehen werden und muß wohl als eine Vorbereitung der starken landeskirchlichen Geschlossenheit der westgotischen Kirche des siebten Jahrhunderts gelten, für die Roms Autorität auch als selbstverständlicher Bestandteil der eigenen Tradition eine im wesentlichen ideelle Größe blieb.

Von ihrem kirchlichen Träger her gesehen zerfällt so die Kirchengeschichte innerhalb des westgotischen Reiches an der militärisch-politischen Wende des Jahres 507 in zwei Abschnitte. Deren einer bleibt eine Episode der Kirchengeschichte Galliens, während der andere mit einem selbständigen Prozeß kirchlicher Einstellung auf die Realität des westgotischen Staates ganz in einen gradlinigen Zusammenhang spanischer Kirchengeschichte rückt. Allein in der Zwischenzone Septimaniens sind beide Abschnitte auf das gleiche Substrat bezogene, einander ablösende Schritte des Geschehensverlaufes. Sonst ist Kontinuität nur durch die gemeinsame Bezugsgröße des westgotischen Reiches gegeben. Durch sie aber erscheint auch eine zusammenhängende Betrachtung über die Wende von 507 hinaus sinnvoll. Denn es ergibt sich daraus nicht nur die verbindende Grundsituation des aus dem Bereich des Imperiums herausgelösten Staates mit arianischer Barbarenherrschaft und die Verklammerung durch das Fortwirken der Verfassungskonstruktion Alarichs II. bis zur Krise der Erhebung Hermenegilds. Vielmehr spannt sich vor allem auch ein Bogen sachlicher Gemeinsamkeit von Eurich und seiner Kirchenpolitik einer Stillegung der katholischen kirchlichen Institutionen zu Rekkared und dem dritten toletanischen Konzil. Eine durchlaufende Linie führt von dem Aufbrechen des Problems, das die Existenz der katholischen Kirche innerhalb des von der arianischen gotischen Herrschaft beanspruchten Bereiches stellte, hinweg über seine vorübergehende Neutralisierung in der Zwischenlösung Alarichs II. zu seiner endgültigen Bewältigung in der Zusammenführung von katholischer Kirche und gotischer Herrschaft durch Rekkared. Dieser Bogen konnte sich allerdings nur darum so schließen, weil er zugleich auch die nicht mehr nachzeichenbare Geschichte der Auflösung des westgotischen Arianismus im Prozeß der gotischen Romanisierung umspannte.

Die Problemstellung selbst hat sich wohl im Verlauf der historischen Entwicklung aus der Grundvoraussetzung einer überkommenen germanischen, jedenfalls im vorgegebenen geschichtlichen Zusammenhang als germanisch anzusehenden Einstellung ergeben, nach der politischer Ordnung wesenhaft ein religiöses Moment eignet, dessen institutionelle Manifestation notwendig dem ein politisches Gebilde gestaltenden Herrschaftsgefüge eingegliedert sein muß. Sakral verstandenes Königtum und Stammes- oder, je nach dem Grad der politischen Entwicklung, Landeskirche als Trägerin des öffentlichen Gottesdienstes müssen so als wesentliche Merkmale der gleichen gestalthaft gesehenen Ordnung in ein Korrespondenzverhältnis zueinander treten. Der Einfluß byzantinischer reichskirchlicher Vorstellungen kann dabei nur von subsidiärer Bedeutung gewesen sein. Da sie auf der Identifikation von

Kirche und Reich und der Voraussetzung der Universalität des
Reiches beruhten, konnten sie nicht ohne weiteres direkt auf die
Verhältnisse der germanischen Völker und ihrer neuen Reichsbildungen übertragen werden; das war erst seit Karl dem Großen
möglich. Im Gegensatz zur arianischen Kirche der Goten und ihrer
fides gothica erschienen die katholische Kirche und ihr Bekenntnis
zunächst in einer politischen Zuordnung zum römischen Imperium.
Im Augenblick des Heranwachsens eines westgotischen Territorial-
staates auf römischem Reichsboden mußte deshalb — von allen
praktischen Notwendigkeiten abgesehen — das Dasein der katholischen Kirche innerhalb der neuen Grenzen zu einer politischen
Grundsatzfrage werden. Das westgotische Königtum hat sich dieser
von seinen eigenen Voraussetzungen aus aufbrechenden Frage gestellt und ist ihr nicht durch den Rückzug auf rein praktische Kom-
promisse ausgewichen.

Die Kirche ihrerseits war genötigt, eine eigene Einstellung auf
die neuen Verhältnisse zu finden. Die politischen Katastrophen der
ersten Hälfte des fünften Jahrhunderts hatten sie, gerade auch
weil sie tatsächlich römische Kirche oder Kirche der Römer und
Reichskirche war, als theologische Frage, als Herausforderung
ihres Glaubens betroffen. Ihr hat Augustin im »Gottesstaat« ge-
antwortet; aus ihr erwuchsen auf dem Boden der gallischen Kirche
und ihres jungen Mönchtums das zu Unrecht Prosper von Aquitanien zugeschriebene Carmen de providentia, weltflüchtig und
unmittelbar unter dem Eindruck der Not und des Leides der
Barbarenstürme stehend, und des Salvian von Marseille kühner,
aber in seiner Gegenüberstellung von Römern und Barbaren ein-
seitiger und im Moralismus steckenbleibender apologetischer Versuch über das göttliche Weltregiment; ihr gilt auch des Spaniers
Orosius Weltgeschichte. Demgegenüber trat einer anderen Gene-
ration der gallischen und der spanischen Kirche aus der gradlinigen Weiterentwicklung des Geschehens die Frage einer Einstellung
auf die neue politische Realität eines selbständigen westgotischen
Staates entgegen, in dessen Herrschaftsbereich sie zu leben und
wirken hatte; aber sie hat sich ihr nur mehr als pragmatisches Problem gestellt, zumal nach dem Abklingen der anfänglichen Krise
in der Religionspolitik Eurichs. Die gotische Herrschaft war zwar
arianisch, ließ ihr aber Glauben und Bekenntnis unangetastet und
billigte ihr sehr bald auch die Bewegungsfreiheit zur Wahrnehmung ihrer kirchlichen Aufgaben zu, um die Sidonius Apollinaris
noch gebangt hatte. Diese Herrschaft als weltliche Ordnungsmacht

anzuerkennen und sich ihr entsprechend einzugliedern, bot der
katholischen Kirche keine grundsätzliche Schwierigkeit. Sie blieb ja
damit ganz auf dem Boden altüberkommener kirchlicher Einstellung zum Staat, die im Abendland in dem Bewußtsein von der
Autonomie der Kirche sehr lebendig geblieben war und durch
Augustin theologisch vertieft worden ist.

In Gallien erscheint Caesarius von Arles, allerdings erst nach
Überwindung einiger Schwierigkeiten, die sich aus dem Auseinanderfallen der territorialen Ordnung im staatlichen und kirchlichen Bereich ergeben hatten, als bewußter Vertreter dieses traditionellen Verhaltensmusters kirchlicher Loyalität im Staat, der
seine legitime Ordnungsfunktion erfüllt. Im Zusammenhang mit
dem Bericht von seinem Exil in Bordeaux vermeldet seine unter
fränkischer Herrschaft geschriebene Vita betont und ausdrücklich,
es sei das ausgesprochene Prinzip seiner politischen Haltung gewesen, »daß die Kirche stets Gott geben müsse, was Gottes, und
dem Kaiser, was des Kaisers sei, nämlich dem Apostel gemäß den
Königen und Machthabern Gehorsam leisten, wenn sie gerechte
Anordnungen erteilen, aber die Verkehrtheit der arianischen Lehre
beim Herrscher verachten«[310]. In Spanien erscheint Montanus von
Toledo als Repräsentant dieser Haltung. Beider Einstellung wird
aber nicht mehr als paradigmatisch für die Haltung der Mehrzahl
des Episkopats sein, wie es in den synodalen Gebeten für den König
und seine Herrschaft 506 in Agde und 531 in Toledo sichtbar wird.

Auf dieser Grundlage konnte der zum Territorialstaat gewordene westgotische Herrschaftsbereich auch von der Kirche als eine
neue, die aus der römischen Verwaltung abgeleitete territoriale
Struktur ihrer Gliederung überlagernde, räumliche Einheit der
eigenen Ordnung und Wirksamkeit verstanden werden. Nur wo
kirchliche Verwaltungs- und Jurisdiktionsbereiche dadurch gestört
wurden, ergaben sich zunächst Hindernisse, aber offensichtlich nur
vorübergehend. Auch das arianische Suewenreich muß nach dem
Befund des Konzils von 561 schon bestimmend auf die kirchliche
Geographie gewirkt und die Zuordnung ehemals lusitanischer Gemeinden an Braga veranlaßt haben. In Gallien ist es im Gefolge
der durch Alarich II. eröffneten Möglichkeiten unter Caesarius zu

---

[310] Vita Caes. I 23: »Instruxit itaque et ibi et ubique semper ecclesiam
reddere quae dei sunt deo et quae sunt Caesaris Caesari: oboedire quidem
iuxta apostolum regibus et potestatibus quando iusta praecipiunt, nam
despectui habere in principe Arriani dogmatis pravitatem.«

einem Ausbau der landeskirchlichen Einheit gekommen, in Spanien erfolgt er erst seit 589. Im Suewenreich hat Martin von Braga nach der Hinwendung der Suewen zum katholischen Bekenntnis eine vollständige Neuordnung in landeskirchlichem Rahmen durchgeführt. Daß das Interesse an solcher kirchlicher Gestaltung und die auslösende Initiative jedenfalls im gotischen Bereich — die Verhältnisse bei den Suewen sind hier nicht deutlich genug erkennbar — von staatlicher Seite ausging, erklärt sich aus der skizzierten Grundbedingung der westgotischen Religions- und Kirchenpolitik. Daß die Kirche so schnell darauf eingegangen ist, hat zweifellos auch praktische Gründe, und zwar durchaus — das zeigt das Konzil von Agde — der Kirche gemäße praktische Gründe der »cura pastoralis«; grundsätzlich gesehen aber ist es eine Bekundung ihrer Universalität, mit der sie von ihren eigenen Voraussetzungen aus weit über die von Sidonius Apollinaris an sie gestellte Erwartung hinausgreift, sie könne Rückzugsposition des politisch entmachteten Römertums sein.

Im gallischen Raum stand der landeskirchliche Aufbau durch Caesarius von Arles im Schatten des bestehenden Bekenntnisunterschiedes zwischen Königtum und Kirche, so daß die königliche Kirchenhoheit auf die formale Bereitstellung des Spielraums der landeskirchlichen Aktivität beschränkt blieb. Dagegen konnte es in Spanien 589 zu deutlicheren Manifestationen eines landesherrlichen Kirchenregiments kommen, als dessen Repräsentant Rekkared durchaus die Nachfolge seines Vaters Leowigild antritt — die Diskontinuität zwischen beiden ist allein die des Bekenntnisunterschiedes, und auch sie scheint nicht in der Form eines gewaltsamen Bruches eingetreten zu sein. Rekkared gibt vor dem dritten toletanischen Konzil, seinem Konzil, zu verstehen, daß für ihn der Herrschaftsauftrag des Königtums notwendig eine geistliche Dimension umfaßt. Fast beiläufig kommt das schon in den Eingangssätzen seines Tomus zum Ausdruck:

> Quamvis Deus omnipotens pro utilitatibus populorum regni nos culmen subire tribuerit, et moderamen gentium non paucarum regiae nostrae curae commiserit, meminimus tamen nos mortalium conditione praestringi, nec posse felicitatem futurae beatitudinis aliter promereri, nisi nos cultui verae fidei deputemus, et Conditori nostro saltem confessione qua dignus ipse est placeamus; pro qua re quanto subditorum gloria regali extollimur, tanto providi esse debemus *in his quae ad Deum sunt*

vel nostram spem augere vel *gentibus a Deo nobis creditis consulere*[311].

Energischer wird es in der Eröffnungsansprache zum zweiten
Teil der konziliaren Verhandlungen vorgebracht:

Regia cura usque in eum modum protendi debet et dirigi,
quem plenam constet veritatis et scientiae capere rationem; nam
sicut in rebus humanis gloriosius eminet potestas regia, ita et
prospiciendae commodidati comprovincialium major debet esse
et providentia. At nunc, beatissimi sacerdotes, non in eis tantummodo rebus diffundimus solertiam nostram quibus populi sub
nostro regimine positi pacatissime gubernentur et vivant, sed
etiam in adjutorio Christi extendimus nos ad ea quae sunt coe-
lestia cogitare, et quae populos fideles efficiunt satagimus non
nescire. Ceterum si totis nitendum est viribus humanis moribus
modum ponere et insolentium rabiem regia potestate refrenare,
si quieti et paci propagandae opem debemus impendere, multo
magis est adhibenda sollicitudo desiderare et cogitare divina,
inhiare sublimia et ab errore retractis populis veritatem eis sere-
na luce ostendere. . . . Ergo . . . hoc adhuc necessario pro firmitate
catholicae fidei nostra Deo supplex instituere decrevit auctoritas . . .[312]

Als Folge dieser Vorstellungen muß sich eine vom König in Ausübung seiner Herrscherpflicht zu beanspruchende unmittelbare
Leitungsgewalt in der Landeskirche ergeben. Er hat das Reichskonzil nicht nur einberufen; er bestimmt auch seine Tagesordnung
und den materiellen Inhalt einzelner Beschlüsse selbst rein geistlicher Art wie die Aufnahme des Credos in die Meßliturgie; er
leitet seine Verhandlungen und unterzeichnet — übrigens als ein-
ziger der westgotischen Könige — seine Akten; er sanktioniert
seine Beschlüsse in einem Dekret, das unter anderem auch eine
kirchliche Strafe vorsieht. Er hat anscheinend aufgrund des Beset-
zungsrechtes, das er für die Bistümer seines Reiches in Anspruch
nahm, wesentliche Modalitäten der Übernahme arianischer Bischöfe in den katholischen Episkopat im Gegensatz zu kanonischen
Traditionen festgesetzt. Sein Tomus wird dem Konzil mit dem
Anspruch eines kirchlichen Bekenntnisdokumentes präsentiert.

Die Kirche des westgotischen Reiches hat sich dem gefügt und

[311] Conc. Tolet. III, PL 84, Sp. 342 C.
[312] Conc. Tolet. III, PL 84 Sp. 350 BC. Es folgt die Anordnung der Aufnahme
des Credo in die Liturgie.

sich nicht nehmen lassen, die Wende von 589 als einen Gewinn zu feiern. Ein Euseb allerdings ist dennoch in ihren Reihen nicht entstanden, und bei genauem Zusehen erscheint es doch, als ob diese ihre faktische Akzeptierung des königlichen Anspruchs nicht ohne eine gewisse Reserve erfolgt sei. Leanders Schweigen über den König und seine Rolle in der Festhomilie anläßlich des großen Konzils, die Deutung, die Johannes von Biclaro in seinem Bericht der Gegenwart Rekkareds auf der Synode gibt, die Ausrichtung seines Vergleiches mit Konstantin und Markian auf die Charakterisierung der Synode selbst, nicht des Königs, die Form der Akklamation durch das Konzil nach der Verlesung des Tomus, vielleicht auch die Definition des königlichen Dekrets über die Aufnahme des Credo in die Liturgie als eines Consultus in der offiziellen Formulierung des entsprechenden Kanons — alles das könnte jedenfalls als Anzeichen solcher Reserve verstanden werden. Fragt man nach positiven Vorstellungen, die sich dahinter verbergen und ihr zugrundeliegen könnten, dann ist es vielleicht erlaubt, zeitlich ein wenig vorauszugreifen und von Isidors Thesen über die kirchliche Aufgabe der weltlichen Herrschaft zurückzuschließen:

> Principes saeculi nonnumquam intra ecclesiam potestatis adeptae culmina tenent, ut per eamden potestatem disciplinam ecclesiasticam muniant. Caeterum intra ecclesiam potestates necessariae non essent, nisi ut, quod non praevalet sacerdos efficere per doctrinae sermonem, potestas hoc imperet per disciplinae terrorem. Saepe per regnum terrenum coeleste regnum proficit, ut qui intra ecclesiam positi contra fidem et disciplinam ecclesiae agunt, rigore principum conterantur; ipsamque disciplinam, quam ecclesiae humilitas exercere non praevalet, cervicibus superborum potestas principalis imponat; et ut venerationem mereatur, virtute potestatis impertiat. Cognoscant principes saeculi Deo debere se rationem reddere propter ecclesiam, quam a Christo tuendam suscipiunt. Nam sive augeatur pax et disciplina ecclesiae per fideles principes, sive solvatur, ille ab eis rationem exiget, qui eorum potestati suam ecclesiam credidit[313].

Hier wird dem Herrscher zwar eine ihm von Christus unmittelbar übertragene potestas innerhalb der Kirche zugeschrieben, aber mit einem scharf umgrenzten, genau definierten Aufgabenbereich und somit eben nur als Dienstfunktion in der Kirche, nicht als Lei-

---

[313] Isid., Sent. III 51,4—6.

tungsgewalt über sie. Das aber führt grundsätzlich kaum über die
Auffassung von einem möglichen und notwendigen Dienst der
christlichen Staatsgewalt für die Kirche aufgrund der kirchlichen
Bindung des Herrschers hinaus, die Augustin in der Auseinandersetzung mit dem Donatismus entwickelt und praktiziert hatte und
die das dritte toletanische Konzil faktisch teilt, wenn es die Judengesetzgebung Rekkareds inauguriert. Trotz des Fehlens eines »ge-
lasianischen« Akzents ergibt sich hier doch eine deutliche Gegenposition zu der Vorstellung eines vom Königtum her konzipierten,
konsequenten landesherrlichen Kirchenregimentes, wie sie Rekkared offensichtlich vertritt.

Doch zu einem offenen Konflikt ist das Nebeneinander der Kon-
zeptionen, die auf beiden Seiten wohl eher Ausdruck eines als
Verhaltensweise überkommenen theologischen Erbes denn Ergebnis bewußter theologischer Reflexion sind, nicht herangewachsen, und sehr bald schon hat der Usurpator Sisenand (631—636)
durch einen Appell an das vierte toletanische Konzil (633) zur
Stützung seiner fragwürdigen Legitimität[314] einen neuen Akzent
in die Entwicklung gebracht, der vielleicht geeignet war, die Linien
aus kirchlicher Sicht weniger scharf erscheinen zu lassen, als das
unter Rekkared geschehen mußte. Die Entscheidungen, die die
Kirche — in Toledo wie in Agde und Braga — tatsächlich gefällt und vollzogen hat, sind nicht von der Theologie her, nicht
in kritischer Auseinandersetzung mit der Situation gefällt worden.
Sie waren allein orientiert an der zu einem wesentlichen Teil als
Wahrung und Geltendmachung der Lex Christi verstandenen Aufgabe der cura pastoralis, und kritisch sind sie nur im Sinne einer
kirchlichen Selbstbesinnung auf die Erfordernisse dieser praktischen Aufgabe — das allerdings in dem unbestreitbaren Ernst
echten Reformwillens. Ihre Situation im politischen Raum aber,
die Stellung, in die sie sich durch das Königtum geradezu hat hin-
eindrängen lassen mit der jedenfalls als Möglichkeit gegebenen
Gefahr, von der politischen Herrschaft als institutionelle Repräsentanz ihres beanspruchten Sakralcharakters absorbiert zu werden,
diese Situation und Stellung hat die Kirche so zwar im besten
Sinne dessen, was sie als ihre Sendung verstand, praktisch zu
nutzen, aber kaum im Ansatz sachlich zu bewältigen gesucht. Das
Problem Sacerdotium und Regnum blieb hier eine offene und nur

[314] Das muß der Hintergrund sein von Conc. Tolet. IV, c. 75.

16 S c h ä f e r d i e k, Kirche

schwach in das kirchliche Bewußtsein dringende Frage an die
Theologie, an die kritische Selbstbesinnung der Kirche. Zu seiner
bewußten Durchkämpfung bedurfte es wohl eines universaleren
Rahmens, bedurfte es vor allem aber wohl auch der Tradition
Roms, an der sich das Bewußtsein kirchlicher Autonomie zur
Kampfposition eines politischen Augustinismus formieren konnte.

ANHANG

A

Die Unterzeichnerliste des Konzils zu Agde vom Jahre 506

Im folgenden soll eine Übersicht über die Unterzeichnerliste des Konzils von Agde, nicht deren überlieferter Text geboten werden. Die Reihenfolge der Namen ist diejenige, die ein Vergleich der einzelnen überlieferten Formen der Liste[1] als die ursprüngliche erkennen läßt. Ungestört ist sie erhalten im Cod. Berol. Philipps 1745 (Maassens Sammlung der Handschrift von Lyon[2]) und der Hispana, unter Ausfall von Nr. 23.26.27.29 im Cod. Monac. 5508 (Maassens Sammlung der Handschrift von Diessen[3]) und unter Verlust des ersten Teils bis Nr. 11 einschließlich im Cod. Tolos. Bibl. munic. 364 (Maassens Sammlung der Handschrift von Albi[4]). In ihrem vollen Umfang von vieranddreißig Unterzeichnern, nur mit sekundären Störungen der Reihenfolge erscheint die Liste noch im Cod. Paris. 1451 (Maassens Sammlung der Handschrift von Saint Maur[5]) und im Cod. Paris. 1564 (Maassens Sammlung der Pithou'schen Handschrift[6]), der allein auch die Namen der Bistümer bewahrt hat.

In der Übersicht ist die Zugehörigkeit zu den alten Provinzen mit den folgenden Abkürzungen vermerkt:

A 1	= Aquitania I	N 1	= Narbonensis I
A 2	= Aquitania II	N 2	= Narbonensis II
AM	= Alpes maritimae	No	= Novempopulana
L 3	= Lugdunensis 3	V	= Viennensis

---

[1] Die Textformen in Concilia Galliae, ed. Munier, S. 213 bis 219; dazu kommt noch die Hispana (PL 84, Sp. 273 f.).
[2] F. Maassen, Geschichte, S. 775 ff.
[3] A. a. O., S. 624 ff.
[4] A. a. O., S. 592 ff.
[5] A. a. O., S. 613 ff.
[6] A. a. O., S. 604 ff.

A. Die Metropoliten

1. Caesarius   Arelate, V (Arles, Dép. Bouches-du-Rhône)
2. Cyprianus   Burdigala, A 2 (Bordeaux, Dép. Gironde)
3. Clarus   Elosa, No (Eauze, Dép. Gers)
4. Tetradius   Bituregas, A 1 (Bourges, Dép. Cher)

B. Die Bischöfe

5. Heraclianus   Tolosa, N 1 (Toulouse, Dép. Haute-Garonne)
6. Sofronius   Agatha, N 1 (Agde, Dép. Hérault)
7. Sedatus   Nemausus, N 1 (Nîmes, Dép. Gard)
8. Quintianus   Rutina, A 1 (Rodez, Dép. Aveyron)
9. Sabinus   Albiga, A 1 (Albi, Dép. Tarn)
10. Boetius   Cadurcis, A 1 (Cahors, Dép. Lot)
11. Gratianus   Civitas Aquensium, No (Dax, Dép. Landes)
12. Nicetius   Auscius, No (Auch, Dép. Gers)
13. Suavis   Convenica, No (St.-Bertrand-de-Comminges, Dép. Haute Garonne, Arrond. St.-Gaudens)
14. Galactorius   Benarno, No (Lescar, Dép. Basses-Pyrénées)
15. Gratus   Elorona, No (Oloron, Dép. Basses-Pyrénées)
16. Vigilius   Civitas Lactorensis, No (Lectoure, Dép. Gers)
17. Glycerius   Consoranis, No (St.-Lizier-en-Couserans, Dép. Ariège, Arrond. St.-Girons)
18. Petrus   »de Palatio»[7]

---

[7] A. Malnory, Césaire, S. 67 hat vorgeschlagen, »de Palatio« wörtlich zu nehmen und in Petrus einen Hofbischof zu sehen, den Alarich sich nach seiner Annäherung an die katholische Kirche bestellt habe, »pour lui servir de conseiller et d'interprète auprès du parti catholique, et pour suivre la Cour dans les différentes stations royales . . .« Das ist jedoch ein unannehmbarer Vorschlag. Die einem Bischof in dieser Position gebührende Ehrenstellung ist nicht ihm, sondern dem Ortsbischof von Toulouse eingeräumt worden (s. u.). Außerdem hat vor allem die Kirchenverfassung gar keinen Platz für das Amt eines solchen »Palastbischofs«. Ch. Munier hat dagegen (Concilia Galliae, S. 239, Index s. v.) »Palatium« als »locus ignotus« bezeichnet. Man wird jedoch nicht dabei stehen bleiben müssen. Vielmehr

19. Cronopius	Petrocorica, A 2 (Périgueux, Dép. Dordogne)
20. Probatius	Ucetica, N 1 (Uzès, Dép. Gard)
21. Maternus	Loteba, N 1 (Lodève, Dép. Hérault)
22. Marcellus	Santium, AM (Sénez, Dép. Basses-Alpes)
23. Agricius	Antipolis, N 2 (Antibes, Dép. Alpes-Maritimes)
24. Pentadius	Dinia, AM (Digne, Dép. Basses-Alpes)

C. Presbyer als Vertreter

25. Avilius (B. Caprarius)	Narbona, N 1 (Narbonne, Dép. Aude)
26. Johannes (B. Victurinus)	Forum Iulii, N 2 (Fréjus, Dép. Var)
27. Ingenuus (B. Aper)	Civitas Begoritana, No (Bigorre-de-Bagnères, Dép. Hautes-Pyrénées)
28. Paulinus (B. Eufrasius)	Civitas Arvernorum, A 1 (Clermont-Ferrand, Dép. Puy-de-Dôme)
29. Pompeius (B. Julianus)	Civitas Avennica, V (Avignon, Dép. Vaucluse)
30. Polemius (B. Sextilius)	Vasatis, No (Bazas, Dép. Gironde)
31. Petrus (B. Marcellus)	Vicus Iulii, No (Aire-sur-l'Adour, Dép. Landes)
32. Firminus (B. Pappolus)	?

läßt sich vermuten, daß es sich bei dem „Petrus de Palatio" der Handschrift um den Bischof von Poitiers in der Aquitania II gehandelt hat. Daß er der zweiten aquitanischen Provinz zuzuordnen ist, ergibt sich mit großer Wahrscheinlichkeit aus dem Aufbau der Unterzeichnerliste (s. u.). Dieser Provinz deshalb einen weder früher noch später bekannten Ort »Palatium«, gar noch einen Bischofssitz, zuzuweisen, erübrigt sich aber durch die recht naheliegende Vermutung, daß hier nur eine handschriftliche Entstellung des Namens Ratiatum, Ratiate, Civitas Ratiatica vorliegt. Dieser Ort, identisch mit dem modernen Rézé (Dép. Loire-Inférieure, Arrond. Nantes, Cant. Bouaye) am Südufer der Loire (s. Auguste Longnon, Géographie de la Gaule au VIe siècle, Paris 1878, S. 567—571), war zu Beginn des sechsten Jahrhunderts zeitweise Sitz des Bischofs von Poitiers (s. die Eintragung des Bischofs Adelfius in den verschiedenen Formen der Unterzeichnerliste des Konzils von Orléans 511, ed. de Clercq, S. 13,16; 14,30; 15,17; 19,12).

D. Diakone als Vertreter

33. Leo (B. Verus)   Toronica, L 3 (Tours, Dép. Indre-et-Loire)
34. Optimus   Gabalis, A 1 (Sitz in: Mende, Dép. Lozère)
    (B. Leucinus)

Die Liste der Bischöfe läßt ein deutliches Ordnungsschema erkennen, das an der kirchlichen Geographie orientiert ist. Ganz
eindeutig schälen sich folgende zusammengehörige Gruppen von
Unterzeichnern heraus:

  a) die Bischöfe der Aquitania I (Nr. 8—10)
  b) die Bischöfe der Novempopulana (Nr. 11—17)
  c) die Bischöfe der erweiterten arelatenser Kirchenprovinz
     ohne die Narbonensis I (Nr. 22—24).

Auf die novempopulanische Gruppe folgen Petrus de Palatio
(Nr. 18) und Cronopius von Périgueux (Nr. 19) aus der Aquitania II. Da Petrus kaum zur Novempopulana gehören wird —
alle zu erwartenden Bistümer dieser Provinz sind in Agde ohnehin vertreten —, dürfte er wohl mit Cronopius zusammenzuneh-
men und der Aquitania II zuzurechnen sein. Nur die Bischöfe der
Narbonensis I fallen scheinbar aus dem Ordnungsschema heraus.
Sie erscheinen teils am Anfang der Liste (Nr. 5—7), teils zwischen
den Gruppen der Aquitania II und der ostrhodanischen Kirchenprovinz von Arles (Nr. 20—21). Das ist jedoch darauf zurückzuführen, daß hier ein anderes Anordnungsprinzip neben dem geographischen wirksam wird; denn mindestens Heraclianus von Toulouse (Nr. 5) und Sofronius von Agde (Nr. 6) scheinen bewußt am
Anfang der Reihe bischöflicher Unterzeichner unmittelbar nach den
Metropoliten eingereiht worden zu sein ohne Rücksicht auf kirchlich-geographische Gesichtspunkte, weil man ihnen offenbar einen
Ehrenvorrang einräumte, dem einen als Bischof der Reichshaupt-
stadt — diese hervorgehobene Stellung des Bischofs von Toulouse
ist ein deutliches Indiz für den landeskirchlichen Charakter des
Konzils — und dem anderen als Bischof des Tagungsortes. Wenn
im Anschluß an Sofronius von Agde Sedatus von Nîmes (Nr. 7)
unterzeichnet hat, dann sollte entweder auch ihm aus irgend einem
Grunde eine Ehrenstellung zugebilligt werden — man könnte etwa
an hohes Alter denken —, oder er ist irrtümlich an die falsche Stelle
geraten. Der eigentlich vorgesehene Ort für die Bischöfe aus der

Narbonensis I ist jedenfalls wahrscheinlich der durch die Unterschriften des Probatius von Uzès und Maternus von Lodève (Nr. 20 und 21) markierte nach der Gruppe aus der Aquitania II. Ob sie dort eine eigene Gruppe bilden oder entsprechend der arelatenser Tradition der erweiterten Kirchenprovinz von Arles zugeordnet sein sollten, ist zwar nicht eindeutig festzustellen, doch spricht für die letzte Absicht, daß man sie nicht einfach den aus anderen Gründen zuerst unterzeichnenden Bischöfen aus derselben Provinz angeschlossen hat. Innerhalb der einzelnen Provinzialgruppen wird mit einer Reihenfolge der Unterzeichnung nach dem Dienstalter zu rechnen sein. Schließlich ist noch zu beobachten, daß die Aufeinanderfolge der einzelnen Provinzialgruppen der Umkehrung der Reihenfolge entspricht, in der die zugehörigen Metropoliten eingangs unterzeichnet haben.

Auf die Unterschriften der anwesenden Bischöfe folgen die der von Bischöfen entsandten Vertreter, nach deren Rang in zwei Gruppen geordnet: zuerst die Presbyter, dann die Diakone. Innerhalb dieser Gruppen steht jeweils an erster Stelle der Vertreter eines Metropoliten, der Presbyter Avilius für Narbonne, das so, wenn es auch als Arles unterstellt betrachtet sein sollte, wenigstens noch einen Ehrenvorrang genießt, und der Diakon Leo für Tours. Weitere Ordnungsprinzipien sind in diesen Gruppen nicht erkennbar.

B

Die suewischen Könige von Chararich bis Theodemir

Aus den Angaben der Quellen über die Hinwendung der Suewen zum katholischen Bekenntnis und ihrer Zuordnung zu verschiedenen Königen haben sich in der Literatur bei der Darstellung dieser Vorgänge und der Rekonstruktion der Reihenfolge der ersten katholischen Suewenkönige Schwierigkeiten ergeben[8]. Isidors Be-

---

[8] M. Torres, Las invasiones, S. 38: »Los nombres y la cronología de los primeros reyes suevos católicos son, igualmente, problemas que desde hace siglos debaten los eruditos, sin haberlos dado una solución para todos satisfactoria.« Es genügt hier zu verweisen auf die ausführliche Behandlung der Frage bei C. P. Caspari, Martin von Bracara's Schrift De correctione rusticorum, Christiania 1883, S. VI—XI (in einer ausgedehnten Fußnote; dort auch S. VIII die Stellung der Älteren) und L. Schmidt, Westgermanen, S. 214.

richt[9] erweckt den Eindruck, als sei der erste katholische Suewenkönig nach der arianischen Epoche Theodemir gewesen; dieser
wiederum ist aus Johannes von Biclaro[10] bekannt als der Vorgänger
des Königs Mir, der im Jahre 570 die Herrschaft übernahm. Für
den so abgesteckten Zeitraum von den fünfziger Jahren bis 570
nennt dann das erste Konzil von Braga noch den Namen eines
Königs Ariamir, dessen Regierungsantritt in die Zeit vom 2. Mai
558 bis 1. Mai 559 fällt[11]. Gregor von Tours[12] schließlich betrachtet
im Widerspruch zu alle dem Chararich, dem er die suewische Hinwendung zum katholischen Bekenntnis zuschreibt[13], als Vorgänger
Mirs. Um den aus dieser Quellenlage sich zunächst — aber auch
nur zunächst, wie zu zeigen sein wird — ergebenden Schwierigkeiten zu begegnen, wird allgemein Theodemir mit Ariamir identifiziert. Dieser angebliche Theodemir/Ariamir tritt dann entweder
als Zwischenglied zwischen Chararich und Mir[14], wobei Gregor dahingehend verstanden wird, daß er Chararich nicht als den, sondern
nur als einen Vorgänger Mirs bezeichnen wollte, oder aber er wird
auch noch mit Chararich in eins gesetzt[15], womit dann scheinbar
allen Quellen entsprochen ist.

Doch so oder so sind diese Konstruktionen insgesamt unbefrie-
digend. Zunächst einmal muß doch, solange nicht eindeutige
Gründe und zwingende Notwendigkeiten auf eine andere Interpretation drängen, davon ausgegangen werden, daß die Quellen,
wenn sie drei deutlich unterschiedene und unterscheidbare Namen
angeben, damit auch drei unterschiedene Persönlichkeiten bezeichnen und nicht nur zwei oder gar bloß eine einzige[16]. Und Gründe

[9] Hist. Suev. 90 f.
[10] Chron. ad a. 570.
[11] Die Akten sind datiert auf den 1. Mai des Jahres 599 spanischer Ära (= 561
n. Chr.), des dritten Jahres Ariamirs. Die von Baronius bis P. de Labriolle
(in Fliche/Martin IV, S. 374) verbreitete Angabe des Konzilsdatums auf 563
ist unbegründet.
[12] Virt. s. Mart. IV 7.
[13] S. o. S. 120.
[14] So z. B. C. P. Caspari, a. a. O.
[15] So z. B. L. Schmidt, a. a. O.
[16] Die Annahme von Doppelnamen infolge »Umtaufung bei dem Glaubenswechsel« (F. Dahn, Könige VI, S. 557, Anm. 7 nach Ferreras, Historia de
España, 1727 in der deutschen Übersetzung von Baumgarten, Halle 1754)
verdient kein Zutrauen, auch abgesehen davon, daß beim Übertritt vom
arianischen zum katholischen Bekenntnis keinesfalls eine »Umtaufung« erfolgte — das wäre das arianische Verfahren gewesen (zur Aufnahme von

oder Notwendigkeiten, diese Voraussetzung fallen zu lassen, bestehen nicht. Gar keine größere Bedeutung beizumessen ist dem Widerspruch zwischen der Aussage Gregors, Chararich sei Vorgänger Mirs gewesen, und der nach ihrem Quellenwert ungleich gewichtigeren des Johannes von Biclaro, Mir sei Nachfolger Theodemirs geworden. Entweder ist dieser Widerspruch in der Tat nur ein scheinbarer, weil Gregor Chararich nicht als den, sondern nur als einen Vorgänger Mirs bezeichnen wollte, oder aber, und zwar wohl wahrscheinlicher, er erklärt sich dadurch, daß Gregor über die Existenz der Zwischenglieder zwischen Chararich und Mir gar nicht informiert war, sondern einfach die beiden Suewenkönige, von denen er wußte, auf diese Weise miteinander verknüpft hat[17]. Schwerwiegender ist die Divergenz zwischen Gregor und Isidor über die Person des konvertierenden Königs, und hier ist entscheidend die Antwort auf die Frage, wie Isidors Angaben zu beurteilen sind.

Im ersten Teil seiner Suewengeschichte ist Isidor ganz von der Chronik des Hydatius von Chaves abhängig. Ihr folgt er bis zum Bericht über die Verbreitung des Arianismus unter den Suewen durch Ajax während der Herrschaft Rechimunds[18]. Daran schließt er die folgenden Sätze an[19]: »Nachdem darauf viele Suewenkönige der arianischen Irrlehre verhaftet blieben, übernahm schließlich Theodemir die Herrschaftsgewalt. Er gab die Suewen nach der

Arianern in die katholische Kirche s. J. Fernández Alonso, Cura, S. 296 bis 299 und das Rekonziliationsformular im Liber ordinum, ed. Férotin, Sp. 100 ff.). Ein Namenswechsel anläßlich eines Glaubenswechsels würde doch wohl zur Übernahme eines spezifisch in der katholischen Tradition verhafteten Namens geführt haben und nicht zum Austausch eines ihr gegenüber indifferenten germanischen Namens gegen einen ebensolchen anderen (vgl. das Beispiel Hermenegilds, s. o. S. 143 f.).

[17] So verfährt Gregor Hist. II 2 mit den Wandalenkönigen Gunderich (406 bis 428) und Trasamund (496—523).

[18] Hyd., Chron. 232; Isid., Hist. Suev. 90; s. o. S. 109 f. Isidor zieht entgegen der Reihenfolge bei Hydatius die Wirksamkeit des Ajax an den Schluß seiner Darstellung der Regierung Rechimunds, eindeutig aus kompositionstechnischen Gründen.

[19] Isid., Hist. Suev. 90ex. — 91in. nach der längeren Rezension (die Varianten der kürzeren können unberücksichtigt bleiben): »Multis deinde Suevorum regibus in Arriana haeresi permanentibus tandem regni potestatem Theodimirus suscepit. qui confestim Arrianae impietatis errore destructo Suevos catholicae fidei reddidit innitente Martino monasterii Dumiensis episcopo fide et scientia claro, cuius studio et pax ecclesiae ampliata est et multa in ecclesiasticis disciplinis Galliciae regionibus instituta.«

Vernichtung des Irrtums der arianischen Gottlosigkeit unverzüglich dem katholischen Glauben wieder, wobei er sich auf den im
Glauben wie in der Wissenschaft hervorragenden Bischof des Klosters Dumio, Martin, stützte, durch dessen Bemühen auch der
Friede der Kirche gemehrt und vieles im Interesse der kirchlichen
Disziplin im Bereich der Gallaecia festgesetzt wurde.« Damit gewinnt Isidor den Anschluß an seine zweite Quelle für die Suewengeschichte, Johannes von Biclaro, dessen Notiz über den Regierungsantritt Mirs er schon im folgenden Satz wörtlich aufnimmt.

Aus welcher Quelle diese Nachricht über die Rückkehr der
Suewen zum katholischen Glauben in der Zeit Theodemirs unter
tragender Mitwirkung des Martin von Dumio stammt, lehrt ein
Blick in Isidors »De viris illustribus«. Isidor schöpft in seiner
Suewengeschichte offenbar aus keiner anderen Quelle als aus der,
die ihm auch die Angaben über Martin von Dumio für seinen
Schriftstellerkatalog bot[20]. Der einzige sachliche Unterschied ist der,

---

[20] Isid., Vir. ill. 35: »Martinus Dumiensis monasterii sanctissimus pontifex,
    ex Orientis partibus navigans, in Gallaeciam venit, ibique conversis ab
    Ariana impietate ad fidem catholicam Suevorum populis, regulam fidei et
    sanctae religionis constituit, ecclesias confirmavit, monasteria condidit,
    copiosaque praecepta piae institutionis composuit.« Dann folgen Angaben
    über die beiden Schriften Martins, die Isidor bekannt waren, nämlich die
    Formula vitae honestae (= „De differentiis quattuor vitutum") und
    einen Briefband. Den Abschluß bildet die Zeitbestimmung: »Floruit reg-
    nante Theodemiro rege Suevorum temporibus illis, quibus Iustinianus in
    republica et Athanagildus in Hispaniis imperium tenuerunt." Die von Isidor
    für die biographischen Angaben benutzte Quelle — es ist übrigens erstaun-
    lich, wie wenig er über den Kirchenvater der Gallaecia trotz des geringen
    Zeitabstandes mitzuteilen weiß — kennt Martin nur als Bischof des Klo-
    sters Dumio, bezieht sich also nur auf den ersten Teil seiner gallaecischen
    Wirksamkeit. Dem entspricht auch die auf jeden Fall in die Zeit vor 570
    führende Zeitbestimmung auf die Regierung Theodemirs, die Isidor auch
    aus der Quelle übernommen haben muß. Zwar mag ihm vielleicht die an
    Theodemirs Nachfolger Mir gerichtete und damit über die gegebene Zeit-
    bestimmung hinausführende Widmung der »Formula vitae honestae« unbe-
    kannt geblieben sein (s. Gustav von Dzialowski; Isidor und Ildefons als
    Literarhistoriker. Kirchengeschichtl. Studien IV 2. Münster, 1898, S. 59 f.),
    aber Chron. ad a. mundi 5772 zeigt, daß er von einer Wirksamkeit Martins
    auch noch zur Zeit Justins II. (565—578) wußte (oder nach Abfassung von
    Vir. ill. erfahren hat). Der Synchronismus der Zeitbestimmung muß eben-
    falls aus der Quelle stammen; denn Isidor kann ihn so nicht gebildet haben,
    da er sonst Theodemir nur aus der Notiz des Joh. Bicl. über den Herr-
    schaftswechsel von Theodemir zu Mir im Jahre 570 und mithin für Theode-
    mir nur ein Datum zu kennen scheint, das des Endes seiner Regierung,

daß in der Suewengeschichte Theodemir eine aktive Rolle beim Bekehrungswerk zugeschrieben wird, während er in »De viris illustribus« nur im Zusammenhang der Zeitbestimmung erscheint. Aber dieser Unterschied ist nicht mehr als eine notwendige Akzentverschiebung, die für Isidor erforderlich wurde, um eine allein an Martin von Dumio interessierte Quelle unter dem ihr fernliegenden Aspekt einer suewischen Königsgeschichte nutzbar zu machen. Der König wird aus der Rolle eines bloßen chronologischen Indikators in die jetzt angemessene eines Initiators des Geschehens erhoben. Diese Rolle Theodemirs aber stellt ebenso nur eine Folgerung Isidors aus den Angaben seines Quellenmaterials dar wie zuvor die Behauptung einer langen Reihe arianischer Suewenkönige. Er unternimmt damit den Versuch, aufgrund nur allzu spärlicher Informationen eine Lücke seiner Kenntnis und vor allem seiner Darstellung zu schließen.

Bei dieser Lage der Dinge aber ist es nicht notwendig, Erwägungen über das Verhältnis seiner Aussagen zu dem Bericht des Gregor von Tours anzustellen, und es schwindet das Problem Chararich—Theodemir aus dem Bereich der notwendigen Erörterungen. Zugleich aber entfällt auch die Notwendigkeit einer Identifikation von Theodemir und Ariamir, die nur gegeben ist, wenn in Überbewertung der Aussage Isidors Theodemir mit Chararich identifiziert oder wenigstens doch als sein Sohn und Nachfolger unmittelbar an ihn herangerückt wird.

das nicht in die Zeit Justinians und Athanagilds, sondern in die Justins II. und Leowigilds fällt. Wäre dieser Synchronismus in seinen Angaben präzise, würde er die Zeit weiter einschränken, da er nicht über den 13. November 565 (Tod Justinians) hinausführt. Wie dem auch sei, jedenfalls sah das von Isidor benutzte kleine Martins-Enkomion den Höhepunkt der Wirksamkeit Martins in der Zeit vor seiner Erhebung zum Metropoliten von Braga und unter der Regierung Theodemirs, und eben in dieser Zeit wird es selbst darum wohl auch niedergeschrieben worden sein; seine Zeitbestimmung wird man sich ursprünglich nicht in der nekrologischen Form des Isidor zu denken haben, sondern in der Art, daß nach ihr Martin, »Theodemiro regnante«, noch unter den Lebenden weilte. Mit dem Namen Theodemir war für Isidor dann die Möglichkeit und zugleich der Ort einer Auswertung des Enkomions nicht nur für den Schriftstellerkatalog, sondern auch für die Suewengeschichte gegeben.

C

Die Unterzeichnerliste des dritten Konzils zu Toledo vom Jahre 589

Es sind im folgenden die Unterzeichner des dritten toletanischen Konzils und die durch sie vertretenen Bistümer aufgeführt in der Reihenfolge der Ausgabe von F. A. González[21] als der der besten handschriftlichen Überlieferung. Unterzeichner und Bistümer sind dabei je unabhängig voneinander durchnummeriert worden. Bei den Unterzeichnern kennzeichnet ein zugesetztes

(Ar) ehemals arianische Bischöfe.

Bei den Bistümern wird die Provinzzugehörigkeit in folgender Weise vermerkt:

> B = Baetica
> C = Carthaginiensis
> G = Gallaecia im weiteren Sinne des bis 585 suewischen Gebietes[22]
> L = Lusitania
> S = Gallia (Septimanien)
> T = Tarraconensis.

An erster Stelle der Liste unterzeichnet Rekkared, dann folgen:

A. Die Metropoliten

1. Masona	1*. Emerita L (Mérida)
2. Euphemius	2*. Toletum C (Toledo)
3. Leander	3*. Hispalis B (Sevilla)
4. Migetius	4*. Narbo S (Narbonne)
5. Pantardus	5*. Bracara G (Braga)
Nitigisius[23], vgl. 46	6*. Lucus G (Lugo); Doppelbesetzung, vgl. vor 44*

B. Die Bischöfe

6. Ugnas (Ar)	7*. Barcino T (Barcelona)
7. Murila (Ar)	8*. Palentia[24] C (Palencia)

---

[21] PL 84, Sp. 358—360.
[22] S. o. S. 124, Anm. 70.
[23] Durch Pantardus mitvertreten; vgl. o. S. 131, Anm. 91.

8. Andonius	9*. Oretum C (nicht mehr existent, am Fluß Jabalón gelegen)
9. Sedatus	10*. Beterrae S (Béziers)
10. Palmatius	11*. Pax Iulia L (Beja, portug. Prov. Alemtejo Baixo)
11. Johannes	12*. Mentesa C (bei La Guardia, Prov. Jaén)
12. Mutto	13*. Setabis C (Játiva, Prov. Valencia)
13. Petrus	14*. Ossonoba L (nicht mehr existent, nördl. Faro, portug. Prov. Algarve, gelegen)
14. Stephanus	15*. Tirassona T (Tarazona, Prov. Saragossa)
15. Gabinius	16*. Osca T (Huesca)
16. Neufila, vgl. 48	17*. Tude G (Tuy, Prov. Pontevedra), Doppelbesetzung, vgl. nach 44*
17. Paulus	18*. Olisipo L (Lissabon)
18. Sophronius	19*. Egara T (nicht mehr existent, nahe Tarrasa, Prov. Barcelona, gelegen)
19. Johannes	20*. Egabro B (Cabra, Prov. Córdoba)
20. Benenatus	21*. Elena S (Elne, Dép. Pyrénées-Orientales)
21. Polybius	22*. Ilerda T (Lérida)
22. Johannes	23*. Dumio G (ehemaliges Kloster bei Braga)
23. Proculus	24*. Segobriga C (Segorbe, Prov. Castellón)[25]
24. Ermericus	25*. Laniobrensis ecclesia G (?)[26]

[24] Dazu s. o. S. 180, Anm. 156.

[25] Identifikation nicht ganz sicher; Provinzzugehörigkeit C feststehend.

[26] Nicht identifizierbar; das Bistum erscheint noch einmal Ende des siebten Jahrhunderts auf dem 13. und 16. toletanischen Konzil 683 und 693. In der Zwischenzeit scheint es nicht bestanden zu haben, und in den von Claudio Sánchez-Albornoz, Fuentes para el estudio de las divisiones eclesiásticas visigodas (Boletín de la Universidad de Santiago de Compostela II 4, 1929 S. 29—83), S. 71—73 wiedergegebenen, in das siebte Jahrhundert zurückführenden handschriftlichen Listen der westgotischen Bistümer fehlt es. P. B. Gams, Kirchengeschichte II 2, S. 16 denkt an Lacobriga, auch Langobriga nahe dem heutigen Feira in der portugiesischen Provinz Douro Litoral. Die Divisio Theodemiri erwähnt den Ort, der nach ihrer Einteilung eigentlich zum Jurisdiktionsbereich von Conimbriga gehören müßte, nicht, und man könnte an sich auch ebenso an Lacobriga, Langobriga, das heutige Lagos in der portugiesischen Provinz Algarve denken — doch nach der Ent-

25. Simplicius   26*. Caesaraugusta T (Saragossa)
26. Constantius, vgl. 50 27*. Portucale G (Porto); Doppelbesetzung, vgl. nach 45*
27. Simplicius   28*. Urgello T (Seo de Urgel, Prov. Lérida)
28. Asterius   29*. Auca (nicht mehr existent)[27]
29. Agapius   30*. Corduba B (Córdoba)
30. Stephanus, vgl. 45   31*. Eliberri B (Elvira: Granada oder nahe Granada); Doppelbesetzung[28], vgl. nach 43*

wicklung des Namens Lacobriga/Lagos ist das sprachlich wenig wahrscheinlich. Zudem gibt es tatsächlich Anzeichen, die als Hinweise auf eine Zugehörigkeit des Bistums zum Gebiet des ehemaligen Suewenreiches verstanden werden könnten: der Name des Bischofs (H)ermerich ist in eben dieser Form im Gegensatz zu der im Gotischen bekannten vollen Form Ermanerich als suewischer Name belegt (Hyd., Chron. 71.91.100.114), und unter den Bischofssitzen des suewischen Gebietes sind zwischen 572 und 589 auch anderweitig Bewegungen festzustellen (Magneto — Portucale; Conimbriga — Eminium). Vor allem aber sei noch auf eine Beobachtung hingewiesen: den Unterzeichnerlisten der drei Konzilien, die allein »Laniobrensis ecclesia« aufführen, ist ebenfalls gemeinsam das Fehlen der beiden Bistümer Britonia und Caliabria. Zu Britonia s. o. S. 130, Anm. 89. Caliabria erscheint als Bistum zum ersten Mal auf dem vierten toletanischen Konzil von 633, während es in der Divisio Theodemiri noch dem Jurisdiktionsbereich von Viseu zugeordnet ist. Seine genaue Lage ist unbekannt; sie wird gesucht entweder bei Castelo Melhor nahe Vila Nova de Foscõa (portug. Prov. Alto Douro) oder bei Ciudad Rodrigo (Prov. Salamanca). Ob sich eines der beiden Bistümer — und dann wohl eher Caliabria als das Keltenbistum Britonia — hinter »Laniobrensis ecclesia« verbirgt?

[27] Das Bistum ist später nach Burgos verlegt worden; der Name haftet an den Montes de Oca nördlich Burgos.

[28] Die Doppelbesetzung von Elvira ist gesichert durch das Synodalschreiben des ersten Konzils von Sevilla vom 4. Nov. 590 an Pegasius von Astigi: es wird von beiden Bischöfen, Stephanus und Petrus von Eliberri unterzeichnet. Wenn es bei González (PL 84, Sp. 594) statt dessen in der Unterzeichnerliste von Sevilla zu lesen heißt: »Ecclesiae Accitanae episcopus«, so ist das irreführend; denn handschriftlich kann die Zuordnung zu Elvira als gesichert gelten. Jedenfalls begegnet in der spanischen Überlieferung der Hispana die Zuweisung an Acci, wie es scheint, nur in der »katalanischen« Textfamilie der Rezension »Vulgata«. Außerdem war das hispalensische Konzil von 590 ein baetisches Provinzialkonzil, und Acci gehört nicht zur Baetica. Und schließlich konnte der Bischof Petrus der Liste von Sevilla auch gar nicht der Nachfolger des 589 in Toledo unterzeichnenden Liliolus von Acci (Nr. 51) sein, da dieser nach der Inschrift Hübner 115, Vives 303 (s. o. S. 141, Anm. 28) noch 594 im Amt war. Für die so hinreichend belegte offizielle Doppelbesetzung von Elvira kann es aber nur einen Grund geben,

31. Petrus
32. Ubiligisclus (Ar), vgl. 52
33. Johannes, vgl. 34 (?)
34. Sunnila (Ar), vgl. 33 (?)
35. Philippus
36. Aquilinus
37. Dominicus
38. Sergius
39. Basilius
40. Leuterius
41. Eulalius

32*. Arcavica C[29]
33*. Valentia C (Valencia); Doppelbesetzung, vgl. nach 46*
— Belensis ecclesia; ob zu lesen Besensis ecclesia G?[30]; Doppelbesetzung, vgl. 34*?
34*. Veseo G (Viseu, portug. Prov. Beira Alta); Doppelbesetzung, vgl. nach 33*?
35*. Lamego G (Lamego, portug. Prov. Beira Alta)
36*. Ausona T (Vich, Prov. Barcelona)
37*. Iria G (El Padrón, Prov. Coruña)[31]
38*. Carcaso S (Carcassone, Dép. Aude)
39*. Ilipla B (Niebla, Prov. Huelva)
40*. Salamantica L (Salamanca)
41*. Italica B (nicht mehr existent, bei Santiponce nahe Sevilla gelegen)

nämlich den, daß einer der beiden Bischöfe, und zwar vermutlich Petrus (s. o. S. 221, Anm. 266), ein übergetretener Arianer ist, wenn er auch nicht unter den ehemals arianischen Unterzeichnern der westgotischen Bekenntniserklärung erscheint (s. o. S. 215).

[29] Im allgemeinen mit einer Ruinenstätte auf dem Hügel Cabeza del Griego nahe Saelices im Bezirk von Huete, Prov. Cuenca identifiziert; Provinzzugehörigkeit C auf jeden Fall gesichert.

[30] Nach verbreiteter Auffassung (z. B. P. B. Gams, Kirchengeschichte II 2, S. 15; R. Grosse, Fuentes, S. 15 s. v. Valensis) ist Belensis ecclesia mit Valeria C (nahe dem heutigen Valeria de Arriba, Prov. Cuenca) zu identifizieren. Aber dann müßte es, wie auch sonst (vgl. die Unterzeichnerlisten aller toletanischen Konzilien seit 610), Valeriensis oder Valeriana ecclesia heißen. J. B. Pérez hatte vermutet, es könne Vesensis (Besensis) ecclesia = Veseo (s. Nr. 34*) gemeint sein (bei C. G. Goldáraz, El códice Lucense III, S. 91). Johannes wäre dann der altgläubig katholische Bischof neben dem früheren Arianer Sunnila gewesen. Bei dieser Annahme müßte man allerdings mit einer sehr alten Textverderbnis rechnen, die zudem paleographisch jedenfalls nicht naheliegt. Es könnte jedoch immerhin die unmittelbare Aufeinanderfolge zweier Bischöfe von Veseo eine Entstellung begünstigt haben (z. B. ist im Falle der beiden unmittelbar aufeinander folgenden Bischöfe von Tortosa, Nr. 42 f., bei Froisclus in den Handschriften das »Dertosanae ecclesiae« ausgelassen worden; daß das nicht ursprünglich ist, zeigt die Sammlung der Handschrift von Saint-Maur: s. G. Martínez Díez, Hispana, S. 340 f.). Außerdem weist die Liste auch noch an anderer Stelle sehr wahrscheinlich einen sehr alten Fehler auf, der aus phonetischer Verwechselung zu erklären ist: die Zuordnung des Murila (Nr. 7) an Valentia statt Palentia.

[31] Vgl. o. S. 124, Anm. 71.

42. Julianus, vgl. 43	42*. Dertosa T (Tortosa, Prov. Tarragona); Doppelbesetzung, vgl. folgende Angabe
	— Dertosa T (s. 42*)
43. Froisclus (Ar), vgl. 42	
44. Theodorus	43*. Basti C (Baza, Prov. Granada)
45. Petrus (Ar ?), vgl. 30	— Eliberri B (s. 31*)
46. Becchila (Ar), vgl. nach 5	— Lucus G (s. 6*)
47. Petrus	
48. Gardingus (Ar), vgl. 16	44*. Segovia C (Segovia)
	— Tude G (s. 17*)
49. Tigridius	45*. Agatha S (Agde, Dép. Hérault)
50. Argiovitus (Ar), vgl. 26	— Portucale G (s. 27*)
51. Liliolus	46*. Acci C (Guadix el Viejo, Prov. Granada)
52. Celsinus, vgl. 32	— Valentia C (s. 33*)
53. Theodorus	47*. Castulo C (nicht mehr existent, nahe Linares, Prov. Jaén gelegen)
54. Velatus	48*. Tucci B (Martos, Prov. Jaén)
55. Protogenes	49*. Segontia C (Sigüenza, Prov. Guadalajara)
56. Mumius	50*. Calagurris T (Calahorra, Prov. Logroño)
57. Alicius	51*. Gerunda T (Gerona)
58. Posidonius	52*. Eminio G (Coimbra)[32]
59. Talasius	53*. Astorica G (Astorga, Prov. León)
60. Agrippinus	54*. Luteva S (Lodève, Dép. Hérault)
61. Liliolus	55*. Pampilona T (Pamplona, Prov. Navarra)
62. Jaquintus[33]	56*. Caurium L (Coria, Prov. Cáceres)

C. Die Vertreter von Bischöfen

63. Archipresbyter Galanus für B. Fructuosus	57*. Emporiae T (Ampurias, Prov. Gerona)

[32] Vgl. o. S. 107, Anm. 7.
[33] So handschriftlich gegenüber Hyacinthus bei González.

64. Diakon Servandus für B. Pegasius

58*. Astigi B (Ecija, Prov. Sevilla)

65. Archipresbyter Ildemirus für B. Lopatus

59*. Auria G (Orense)

66. Archidiakon Genesius für B. Boetius

60*. Magalona S (Villeneuve-lès-Maguelonne, Dép. Hérault, Arrond. Montpellier, Cant. Frontignan)

67. Archidiakon Valerian für B. Palladius

61*. Nemausus S (Nîmes)

Die 61 Bistümer dieser Liste verteilen sich — unter der Voraussetzung der richtigen Zuordnung von »Laniobrensis ecclesia« und »Belensis ecclesia« — wie folgt auf die sechs westgotischen Provinzen:

Baetica: 8   Carthaginiensis: 13
Gallaecia: 12   Lusitania: 6
Tarraconensis: 14   Gallia: 8.

Die Reihenfolge der Unterzeichnung innerhalb der Gruppen der Metropoliten und Bischöfe ist nicht willkürlich, wie ihre Konstanz bei einem Vergleich mit den Unterzeichnerlisten anderer zeitgenössischer Konzilien des westgotischen Reiches zeigt; als Ordnungsprinzip ist das Dienstalter der Bischöfe vorauszusetzen[34].

Zum Schluß sei noch auf eine Notiz von Ph. Labbé zur toletanischen Unterzeichnerliste von 589 hingewiesen[35]:

»Inter Lilliolum et Jaquintum haec inserunter in c. ms. optimae notae viri clarissimi Claudii Hardy senatoris Parisiensis.

Commundus in Christi nomine episcopus Egedensis ecclesiae subscripsi.

Lilliolus in Christi nomine episcopus Acritanae ecclesiae subscripsi.

Deinde post Jaquintum:

Stephanus in Christi nomine presbyter vicem agens Artemi metropolitani Taraconensis episcopi subscripsi.

[34] S. die Aufstellung Anhang D (S. 259 ff.). Zur chronologischen Handhabe, die durch den Namen des Johannes von Dumio (Nr. 22) gegeben ist, s. o. S. 172, Anm. 133.
[35] Abgedruckt bei Mansi IX, Sp. 1002 D.

Gaianus vicem agens Fructuosi episcopi Impositani.«

Dazu ist wenig zu sagen, solange die Handschrift aus der Bibliothek des Mathematikers Claude Hardy (gest. 1678) nicht zu identifizieren ist[36]. Es läßt sich nur folgendes bemerken: »Lilliolus . . .
episcopus Acritanae ecclesiae« meint sicher Liliolus von Acci
(Nr. 51), und »Gaianus vicem agens Fructuosi episcopi« dürfte der
Archipresbyter Galanus sein, der seinen Bischof Fructuosus von
Ampurias vertritt (Nr. 63). Bei dem Presbyter Stephanus als Vertreter des tarraconensischen Metropoliten Artemius hat man es
dagegen wohl mit dem Ergebnis einer Kombination zu tun. Als
Nr. 14 der Liste erscheint nämlich »Stephanus Tirassonensis ecclesiae episcopus«, wobei ein Teil der Überlieferung für den Ortsnamen die Variante »Tarraconensis« bietet. Das mag zu der Vermutung Anlaß gegeben haben, daß man es hier zu tun habe mit
einem Vertreter des Metropolitanbischofs von Tarragona, der ja
unter den Metropoliten nicht aufgeführt war und für den man den
Namen Artemius dem Konzil von Saragossa 592 entnehmen konnte.
Dessen Delegierter konnte nun nicht selbst Bischof sein, und so
machte man ihn zum Presbyter und versetzte ihn an eine entsprechende Stelle der Liste. Die scharfsinnige »Verbesserung« war
damit vollständig. Neu erscheint also gegenüber der Hispana-
Überlieferung nur der Bischof Commundus, dessen angegebener
Sitz nicht zu bestimmen ist — steht »Egedensis« für »Egitaniensis«[37]
oder für »Egessensis«?[38] —, und der Wert dieser Angabe inmitten

---

[36] Daß sie nicht zur genuinen Hispana-Überlieferung gehört, zeigen die
   notierten Besonderheiten. Unabhängig von der Hispana ist das dritte Toletanum — abgesehen von der Spanischen Epitome — nur noch in der Sammlung der Handschrift von Saint-Maur (F. Maassen, Geschichte, S. 613 ff.)
   überliefert. Dorthin scheint die Hardy'sche Handschrift aber ebensowenig
   zu gehören; jedenfalls ist sie mit keiner der drei davon erhaltenen Handschriften (Maassen, a. a. O.; G. Martínez Díez, Hispana, S. 339 f.) identisch,
   und zusätzliche Unterzeichnernamen hat Martínez Díez auch nicht unter
   den Besonderheiten dieser Überlieferung gegenüber der Hispana notiert
   (a. a. O., S. 340 f.).

[37] Egitania, Idanha a Velha (portug. Prov. Beira Baixa).

[38] Egessa (im Gebiet der heutigen Provinz Saragossa), das in der Liste der
   westgotischen Bistümer des Cod. »Ovetensis« Escorial R II 18 (Wiedergabe bei Claudio Sánchez-Albornoz, Fuentes para el estudio de las divisiones eclesiásticas visigodas: Boletín de la Universidad de Santiago de Compostela II 4, 1929, S. 29—83, hier S. 71—73 und in Fotografie bei Z. García
   Villada, Historia II 1, S. 213) in der Form Segia (vgl. dazu A. Schulten in

offensichtlich sekundär in Verwirrung gebrachter Überlieferung ist sicher nicht sehr groß.

D

Die Reihenfolge der Unterzeichner der westgotischen Konzilien 589 bis 599 im Vergleich zu der des dritten toletanischen Konzils

Spalte I gibt die Namen der in Betracht kommenden Bischöfe. Die Spalten II bis VII bringen eine Übersicht über die Listen der einzelnen Konzilien, und zwar:

Spalte   II: Narbonne, 1. November 589, Liste der Praefatio
Spalte III: Narbonne, 1. November 589, Liste der Unterzeichner
Spalte IV: Sevilla, 4. November 590
Spalte   V: Saragossa, 1. November 592
Spalte VI: Toledo, 17. Mai 597[39]
Spalte VII: Barcelona, 1. November 599.

Dabei wird in der Reihenfolge der einzelnen Listen vermerkt, welche Bischöfe auf den Konzilien zugegen waren, und zwar durch Eintragung der Nummer, die dem jeweiligen Bischof in der Übersicht über die toletanische Unterzeichnerliste von 589 (s. o., S. 294 ff.) zugeordnet ist, oder durch 0, wenn das Bistum 589 in Toledo nicht vertreten war. Zusätze vor den Nummern bedeuten:

VT = es unterzeichnet ein Bischof, der in Toledo 589 nur durch
       Vertreter repräsentiert war;
V   = es unterzeichnet nur der Vertreter eines in Toledo 589
       persönlich anwesenden Bischofs;
N   = der Unterzeichner ist der oder ein Nachfolger des durch
       die Nummer angezeigten Bischofs der toletanischen Liste.

Bei Konstanz der Reihenfolge der Unterzeichnung ergibt sich dann in den einzelnen Spalten eine Ordnung der Nummern — 0 und Nummern mit den Zusätzen VT und V sind natürlich auszu-

---

Pauly-Wissowa II 1, Sp. 1071) erscheint. Ob der Ort in westgotischer Zeit tatsächlich Bistum war, ist jedoch fraglich; er erscheint auf keinem Konzil. Sánchez-Albornoz, a. a. O., S. 78—82 denkt daran, daß das Bistum schon vor dem siebten Jahrhundert untergegangen ist.

[39] Nur in der Hispana-Handschrift Escorial D I 1 (Codex Aemilianus) überliefert, in die Ausgabe von F. A. González nicht aufgenommen. Text bei Mansi X, Sp. 478 f.

klammern — nach der Größe ihres Zahlenwertes; Störungen dieser Ordnung kennzeichnen Abweichungen in der Reihenfolge gegenüber Toledo 589.

I	II	III	IV	V	VI	VII
Metropoliten						
Masona von Mérida					1	
Leander von Sevilla			3			
Migetius von Narbonne	4	4			4	
Adelfius von Toledo					N 2	
Artemius von Tarragona				0		
Asiaticus von Tarragona						0
Bischöfe						
Ugnas von Barcelona						6
Sedatus von Béziers	9	9				
Mutto von Játiva					12	
Sophronius von Egara				18		
Stephanus von Tarazona				14		
Johannes von Cabra			19			
Benenatus von Elne	20					
Boetius von Maguelonne	VT 66	VT 66				
Palladius von Nîmes	VT 67	VT 67				
Simplicius von Urgel						27
Agapius von Córdoba			29			
Stephanus von Elvira			30			
Aquilinus von Vich						36
Basilius von Niebla			39			
Julianus von Tortosa				42		42
Simplicius von Urgel				27		
Petrus von Arcavica					31	
Asterius von Auca				28	28	
Tigridius von Agde	49	49				
Sergius von Carcassone		38				
Velatus von Martos			54			
Sinticius von Italica			N 41			
Mumius von Calahorra						56
Petrus von Elvira			45			

I	II	III	IV	V	VI	VII
Galanus von Ampurias						N 63
Froisclus von Tortosa						43
Agrippinus von Lodève	60	60				
Sergius von Carcassone	38					
Liliolus von Pamplona				61		
Magnus[40]				N ?		
Eleuterius von Córdoba					N 29	
Johannes von Osma					0	
Johannes von Gerona				N 57	N 57	N 57
Galanus von Ampurias				N 63		
Julianus[40]				N ?		
Gabinius von Huesca				V 15		
Aquilinus von Vich				V 36		
Licerius v. Idanha a Velha					0	
Laurus von Beja					N 10	
Genesius von Maguelonne					N 66	
Stephanus von Oretum					N 8	
Josimus von Evora					0	
Maximus von Saragossa						N 25
Aemilius von Lérida						N 21
Ilergius von Egara						N 18

Die Zahl der Unregelmäßigkeiten und Abweichungen der einzelnen Listen gegeneinander und gegenüber Toledo 589 ist sehr gering:

Stephanus von Tarazona und Sophronius von Egara erscheinen in Saragossa in umgekehrter Reihenfolge gegenüber Toledo III, ebenso Asterius von Auca und Petrus von Arcavica in Toledo 597. Da diese Unterzeichner in Toledo III durch eine Reihe anderer Unterschriften voneinander getrennt sind, während sie auf den kleineren Konzilien unmittelbar hintereinander erscheinen, eine Vertauschung also leichter möglich ist, wird man der Reihenfolge von Toledo III für die Bestimmung des relativen Dienstalters den Vorzug geben dürfen. Ähnlich verhält es sich mit dem Wechsel der Aufeinanderfolge von Galanus von Ampurias und Johannes von Gerona von Saragossa zu Barcelona; hier ist vielleicht die Reihen-

[40] Von Saragossa oder Lérida, vgl. o. S. 223, Anm. 270.

folge von Barcelona korrekter. Für Sergius von Carcassone besteht in Narbonne Uneinheitlichkeit der Einordnung zwischen der Aufzählung der Konzilsteilnehmer in der Praefatio und der Unterzeichnerliste, und an beiden Stellen ist von der Einordnung des dritten toletanischen Konzils abgewichen. Ganz anders als 589 in Toledo ist Julian von Tortosa in Saragossa eingeordnet, wahrscheinlich jedoch nicht korrekt, wie ein Vergleich mit Barcelona zeigt. Ein besonderes Problem bietet die von Toledo III abweichende Einordnung der ehemals arianischen Bischöfe Petrus von Elvira und Froisclus von Tortosa in Sevilla und Barcelona[41].

Dafür, daß man als bestimmendes Prinzip für die konstant eingehaltene Reihenfolge der Unterzeichner, und das heißt für die Rang- und Sitzfolge der Bischöfe auf den Konzilien das Dienstalter ansehen darf, sprechen die einschlägigen Beschlüsse des ersten Konzils zu Braga 561 und des vierten Konzils zu Toledo 633[42].

[41] Dazu s. o. S. 221, Anm. 266.
[42] Conc. Brac. I, c. 6; Conc. Tolet. IV, c. 4.

QUELLENVERZEICHNIS

1. Allgemeines, Quellenkunde

WATTENBACH/LEVISON: *Deutschlands Geschichtsquellen im Mittelalter.* Vorzeit und Karolinger. Heft I. Weimar 1952.

WATTENBACH/LEVISON: *Deutschlands Geschichtsquellen im Mittelalter.* Beiheft: *Die Rechtsquellen* von RUDOLF BUCHNER. Weimar 1953.

SÁNCHEZ ALONSO, B.: *Fuentes de la historia española e hispanoamericana.* Madrid ³1952.

DEKKERS, ELIGIUS: *Clavis Patrum Latinorum* (= Sacris Erudiri 3). Steenbrugge ²1961.

GROSSE, ROBERTO: *Las fuentes de la época visigoda y bizantinas* (= Fontes Hispaniae antiquae 9). Barcelona 1947 (Florilegium der in Betracht kommenden Quellenstücke mit kurzem Kommentar).

2. Monumentale Quellen

HÜBNER, AEMILIUS: *Inscriptiones Hispaniae Christianae.* Berlin 1871.

HÜBNER, AEMILIUS: *Inscriptionum Hispaniae Christianarum Supplementum.* Berlin 1900.

FIEBIGER, OTTO / SCHMIDT, LUDWIG: *Inschriftensammlung zur Geschichte der Ostgermanen* (= Denkschriften der Akademie der Wissenschaften in Wien, phil.-hist. Kl. 60,3). 1918.

FIEBIGER, OTTO: *Inschriftensammlung zur Geschichte der Ostgermanen.* Neue Folge. — Zweite Folge. (= Denkschriften der Akademie der Wissenschaften in Wien, phil.-hist. Kl. 70,3. 72,2). 1939. 1944.

VIVES, JOSÉ: *Inscripciones cristianas de la España romana y visigoda.* Barcelona 1942 (mir nur zugänglich: Fasc. 1, 1941).

MILES, GEORGE C.: *The Coinage of the Visigoths of Spain.* Leovigild to Achila II (= Hispanic Numismatic Series, Monograph 2). New York 1952.

3. Dokumentarische und Rechtsquellen

CASSIODOR: *Cassiodoris Senatoris Variae,* recensuit THEODORUS MOMMSEN (= MG AuctAnt 12). 1894 (Nachdruck 1961).

CODEX THEODOSIANUS: *Theodosiani libri XVI* cum constitutionibus Sirmondianis et leges novellae ad Theodosianum pertinentes, ediderunt TH. MOMMSEN et PAULUS M. MEYER. Berlin 1905 (Nachdruck 1954).

COLLECTIO ARELATENSIS: *Epistulae Arelatenses genuinae*, edidit W. GUNDLACH
(= MG Epp 3, S. 1—83). 1892.

DEKRETALEN:

Regesta Pontificum Romanorum . . . edidit PHILIPPUS JAFFÉ. Editionem
secundam correctam et auctam auspiciis GUILELMI WATTENBACH
curaverunt S. LOEWENFELD, F. KALTENBRUNNER, P. EWALD. Leipzig
1885 (Nachdruck Graz 1956).

LEO D. GR.: *Epistulae*. PL 54, 593—1218 (= BALLERINI, 1753—1757).

HILARUS — HORMISDA: A. THIEL: *Epistulae Romanorum Pontificum genuinae*. Braunsberg 1868.

GREGOR D. GR.: *Gregorii I papae registrum epistolarum*, ediderunt
PAULUS EWALD et LUDOVICUS M. HARTMANN (= MG Epp 1—2).
1891—1899 (Nachdruck 1957).

Vgl. C o l l e c t i o A r e l a t e n s i s und (für Bestand und Textform der
westgotisch-spanischen Überlieferung) H i s p a n a.

HISPANA collectio canonum: PL 84 (= F. A. GONZÁLEZ: *Collectio canonum
ecclesiae Hispanae. Epistulae decretales ac rescripta Romanorum pontificum.* Madrid 1809—1821).

Für das 2. K o n z i l z u T o l e d o (531) kritischer Text bei GONZALO
MARTÍNEZ DÍEZ: *Hacia la edición crítica de la Hispana* — Miscelánea
Comillas 41 (1964) 377—397 (Text: 387—395).

Für das 1. u n d 2. K o n z i l z u B r a g a (561 und 572) kritischer Text, jedoch handschriftlich nur auf der gallischen Überlieferung fußend, in der
Gesamtausgabe der Schriften von Braga durch C. W. BARLOW
(s. u. Abschn. 4); dort auch die C a p i t u l a M a r t i n i.

Versuch einer Rekonstruktion des 1671 untergegangenen H i s p a n a -
C o d e x v o n L u g o (9. Jh.?) nach Aufzeichnungen von J. B. Pérez (1534
bis 1597): CARLOS GARCÍA GOLDÁRAZ, *El códice Lucense* de la colección
canónica Hispana (= Biblioteca de la Escuela Española de Historia y
Arqueología en Roma 10—12). Madrid 1954.

KONZILIEN:

Für die SPANISCHEN KONZILIEN s. H i s p a n a (und vgl. auch Sammlung
der Handschrift von Novara und Spanische Epitome), desgleichen für Bestand und Textform der übrigen Konzilienüberlieferung im spanischen
Westgotenreich. Im übrigen:

AFRIKANISCHE KONZILIEN: *Canones Apostolorum et Conciliorum*, recogno-
vit HERM. THEOD. BRUNS. Berlin 1839 (Nachdruck Turin 1959), I, S. 111
bis 202.

GALLISCHE KONZILIEN:

Concilia Galliae a. 314 — a. 506, cura et studio C. MUNIER (= CCh
148). Turnhout 1963.

Concilia Galliae a. 511 — a. 695, cura et studio CAROLI DE CLERCQ
(= CCh 148 A). Turnhout 1963.

GRIECHISCHE KONZILIEN:

(L a t e i n. Ü b e r l i e f e r u n g):

Ecclesiae Occidentalis Monumenta Iuris Antiquissima, edidit CUTH-
BERTUS HAMILTON TURNER. Oxford 1899—1939 (für Ankyra — Konstantinopel 381).

Acta Conciliorum Oecumenicorum, edidit EDUARD SCHWARTZ. Tom.

II 2. Berlin 1936 (für Chalkedon).

(G r i e c h. T e x t):

LAUCHERT, FRIEDRICH: *Die Kanones der wichtigsten altkirchlichen Conzilien* nebst den apostolischen Kanones (= Sammlg. ausgew. kirchen- u. dogmengeschichtl. Quellenschriften 12). Freiburg 1896 (Nachdruck Frankfurt 1961).

LEX ROMANA VISIGOTHORUM (Breviarium Alaricianum): *Lex Romana Visigothorum* instruxit GUSTAVUS HAENEL. Berlin 1848 (Nachdruck Aalen 1962).

CONRAT, MAX: *Breviarium Alaricianum.* Römisches Recht im fränkischen Reich. Leipzig 1903 (Nachdruck Aalen 1963) (systematisch geordnete Zusammenstellung mit deutscher Übersetzung auf der Grundlage der Interpretatio).

LEX VISIGOTHORUM: *Leges Visigothorum* edidit KAROLUS ZEUMER (= MG Leg sect. I 1). 1902 (enthält auch die Fragmente des C o d e x E u r i c i).

Die Fragmente des E u r i c i a n u s und die A n t i q u a - S c h i c h t mit deutscher Übersetzung:

EUGEN WOHLHAUPTER: *Gesetze der Westgoten* (= Germanenrechte 11). Weimar 1936.

SAMMLUNG DER HANDSCHRIFT VON NOVARA: Ausgabe des Cod. Novara XXX durch A. AMELLI: Spicilegium Casinense 1 (1888) 255—326.

SPANISCHE EPITOME: MARTÍNEZ DÍEZ, GÒNZALO: *El Epítome Hispánico.* Una colección canónica española del siglo VII. — Miscelánea Comillas 36 (1961) 3—90 und 37 (1962) 337—480 (von mir mit der Sonderpaginierung des Separatdrucks, Comillas 1962, zitiert).

STATUTA ECCLESIAE ANTIQUA: MUNIER, CHARLES: *Les Statuta ecclesiae antiqua.* Édition — Études critiques (= Bibliothèque de l'Institut de Droit Canonique de l'Université de Strasbourg 5). Paris 1960.

4. Sonstige literarische Quellen

AVITUS VON VIENNE: *Alcimi Ecidicii Viennensis episcopi opera quae supersunt,* recensuit RUDOLFUS PEIPER (= MG AuctAnt 6,2). 1883 (Nachdruck 1961).

CAESARIUS VON ARLES: *Sancti Caesarii episcopi Arelatensis opera omnia* nunc primum in unum collecta. Studio et diligentia GERMANI MORIN. Maredsous 1937—1942 (Neudruck der Sermones in CCh 103/104).

CHRONICA CAESARAUGUSTANA: *Chronicorum Caesaraugustanorum reliquiae,* edidit TH. MOMMSEN: Chronica minora (s. d.) II, 221—223.

CHRONICA GALLICA a. CCCCLII et DXI, edidit TH. MOMMSEN: Chronica minora (s. d.) I, 615—666.

CHRONICA MINORA saec. *IV V VI VII,* edidit THEODORUS MOMMSEN. Vol. I—III (= MG AuctAnt 9;11;13). 1892; 1894; 1898 (Nachdruck 1951).

DIVISIO THEODEMIRI: ed. PIERRE DAVID: Études historiques (s. Literaturverzeichnis), S. 19—44.

ENNODIUS VON PAVIA: *Vita Epifanii episcopi Ticinensis,* recensuit F. VOGEL (in: MG AuctAnt 7). 1885 (Nachdruck 1961).

Faustus von Riez: *Fausti aliorumque ad Ruricum aliosque,* recensuit et emendavit Bruno Krusch (in: MG AuctAnt 8, S. 265—298). 1887 (Nachdruck 1961).

Fausti Reiensis praeter sermones Pseudo-Eusebianos opera, accedunt Rurici epistulae, recensuit Augustus Engelbrecht (= CSEL 21). 1891.
Zu den p s e u d o e u s e b i a n i s c h e n H o m i l i e n vgl. E. Dekkers, Clavis 966; Sermo 24 (In Litaniis): *PL, Supplementum III,* Sp. 605—608.

Gregor der Grosse: *Gregorii Magni Dialogi.* Libri IV. A cura di Umberto Moricca (= Fonti per la storia d'Italia 57). Rom 1924.
Briefe s. o., Abschn. 2.

Gregor von Tours: *Gregorii Turonensis opera. Libri historiarum X.* Editionem alteram curaverunt Bruno Krusch et Wilhelm Levison (= MG ScrRerMerov I 1). 1937 bis 1951.
Gregorii episcopi Turonensis Historiarum libri decem / Gregor von Tours, Zehn Bücher Geschichten. Hrsg. v. Rudolf Buchner (= Freiherr-vom-Stein-Gedächtnisausgabe 2—3). Darmstadt 1955/56 (Nachdruck: Bd. I 1964; Bd. II 1959).
Gregorii Turonensis opera. Libri octo miraculorum edidit Bruno Krusch (= MG ScrRerMerov I 2). 1885.

Hydatius von Aquae Flaviae: *Hydatii Lemici continuatio chronicorum Hieronymianorum* ad a. CCCCLXVIII, edidit Theodorus Mommsen: Chronica minora (s. d.) II, S. 1—36.

Ildefons von Toledo: *De viris illustribus.* Text (nach F. Arévalo, 1803) bei Gustav von Dzialowski: *Isidor und Ildefons als Litterarhistoriker* (= Kirchengeschichtliche Studien IV 2). Münster 1898.

Isidor von Sevilla: *Opera:* PL 81—83 (= F. Arévalo, 1797—1803).
Isidori iunioris episcopi Hispalensis Historia Gothorum Wandalorum Sueborum ad a. DCXXIV, edidit Theodorus Mommsen: Chronica minora (s. d.) II, S. 241—303.
De viris illustribus: Text bei G. v. Dzialowski (s. o. unter Ildefons).
Isidoris iunioris episcopi Hispalensis chronica maiora — chronicorum epitome, edidit Theodorus Mommsen: Chronica minora (s. d.) II, S. 391 bis 488.

Johannes von Biclaro: *Iohannis abbatis Biclarensis Chronica* a. DLXVII—DXC; edidit Theodorus Mommsen: Chronica minora (s. d.) II, S. 207 bis 220. — Nicht zugänglich war mir: *Juan de Biclaro, Obispo de Gerona: su vida y su obra.* Introducción, texto crítico y comentarios por Julio Campos. Madrid 1960 (vgl. dazu Baudouin de Gaiffier, Analecta Bollandiana 80, 1962, S. 386).

Jordanes: *Iordanis Romana et Getica,* edidit Theodorus Mommsen (= MG AuctAnt V 1). 1882 (Nachdruck 1951).

Laterculus (Chronica) Regum Visigothorum: Text in *Leges Visigothorum,* ed. K. Zeumer (s. o., Abschn. 2), S. 457—461 (darin ist die Ausgabe von Th. Mommsen, Chronica minora III, S. 461—469 mit verarbeitet).

Leander von Sevilla: *De institutione virginum* (ad Florentinam) und eine *Homilie:* PL 72, Sp. 873—898; die Homilie auch PL 84, Sp. 360—364.

Liber ordinum: *Le Liber ordinum en usage dans l'église wisigothique et* mozarabe d'Espagne du cinquième au onzième siècle, publié par Marius Férotin (= Monumenta ecclesiae liturgica 5). Paris 1904.

Martin von Braga: *Martini episcopi Bracarensis opera omnia* edidit Claude W. Barlow (= Papers and Monographs of the American Academy in Rome 12). New Haven 1950.
C. P. Caspari: *Martin von Bracara's Schrift De correctione rusticorum.* Christiania 1883 (wertvolle Einleitung).

Orosius: *Historiarum adversum paganos libri VII,* edidit C. Zangemeister (= CSEL 5). 1882.

Prokop von Caesarea: *De bello gothico:* Procopii Caesariensis opera omnia regocnovit Jacobus Haury. Editio stereotypa correctior. Addenda et corrigienda adiecit Gerhard Wirth. Vol. II: De bellis libri V—VIII (= Bibliotheca Teubneriana). Leipzig 1963.

Prosper von Aquitanien: *Prosperi Tironis epitoma chronicon* edita primum a. CCCCXXXIII, continuata ad a. CCCCLV, edidit Theodorus Mommsen: Chronica minora (s. d.) I, S. 341—485.

Ruricus von Limoges: *Rurici epistulae* recensuit et emendavit Bruno Krusch (= MG AuctAnt 8, S. 299—350). 1887 (Nachdruck 1951).

Salvian von Marseille: *De gubernatione Dei,* edidit Fr. Pauly (= CSEL 8). 1883.

Sidonius Apollinaris: *C. Sollius Apollinaris Sidonius,* recensuit Paulus Mohr (Bibliotheca Teubneriana). Leipzig 1895.

Vita Caesarii: *Sancti Caesarii vita* ab eius familiaribus scripta: Caesarii Arelatensis opera omnia, ed. G. Morin (s. o.) II, S. 291—345.

Vitae Patrum Emeritensium: *The Vitas Sanctorum Patrum Emeritensium.* Text and translation, with an introduction and commentary by Joseph N. Garvin (= The Catholic University of America. Studies in Medieval and Renaissance Latin Language an Literature 19). Washington 1946.

LITERATURHINWEISE*

ABADAL Y DE VINYALS, RAMÓN DE *Del reino de Tolosa al reino de Toledo.* Madrid (Real Academia de la Historia) 1960.

ARNOLD, CARL FRANKLIN *Caesarius von Arelate und die gallische Kirche seiner Zeit.* Leipzig 1894.

BARDY, GUSTAVE *L'attitude politique de saint Césaire d'Arles.* — Revue d'histoire de l'église de France 33 (1947) 240—256.

BRUCK, EBERHARD FRIEDRICH *Caesarius von Arles und die Lex Romana Visigothorum.* In: E. F. Bruck: Über römisches Recht im Rahmen der Kulturgeschichte. Berlin, Göttingen, Heidelberg 1954, S. 146—163.

CASPARI, C. P.: s. Quellenverzeichnis, Abschn. 4, Martin von Braga.

COURCELLE, PIERRE: *Histoire littéraire des grandes invasiones germaniques.* Paris 1948.

COURCELLE, PIERRE *Trois dîners chez le roi wisigoth d'Aquitaine.* — Revue des études anciennes 49 (1947) 169—177.

DAHN, FELIX *Die Könige der Germanen.* 5. Abt.: Die politische Geschichte der Westgothen. Würzburg 1870.

DAHN, FELIX *Die Könige der Germanen.* 6. Band: Die Verfassung der Westgothen. — Das Reich der Sueven in Spanien. Zweite, durchgesehene und vermehrte Auflage. Leipzig 1885.

DAVID, PIERRE *Études historiques sur la Galice et le Portugal du VIe au XIIe siècle* (= Collection Portugaise publiée sous le patronage de l'Institut français en Portugal 7). Lissabon, Paris 1947.

DAVID, PIERRE *La liturgie dans la province de Braga au VIe siècle.* In: P. David: Études (s. o.), S. 83—118.

DAVID, PIERRE *L'organisation ecclésiastique du royaume suève au temps de saint Martin de Braga.* In: P. David: Études (s. o.), S. 1—82.

DUCHESNE, LOUIS *L'Église au VIe siècle.* Paris 1925.

FERNÁNDEZ ALONSO, JUSTO *La cura pastoral en la Espña romanovisigoda* (= Publicaciones del Instituto español de Estudios Ecclesiásticos. Sección monografías 2). Rom 1955.

FERREIRA, JOSÉ AUGUSTO *Fastos episcopaes da Igreja primacial de Braga.* Tomo I. Braga 1928.

FLICHE, AUGUSTIN / MARTIN, VICTORE *Histoire de l'Église IV:* De la mort de Théodose à l'élection de Grégoire le Grand, par P. DE LABRIOLLE, G. BARDY, LOUIS BREHIER, G. DE PLINVAL. Paris 1948.

* Mit diesen Literaturhinweisen soll keine bibliographische Vollständigkeit im Blick auf alle Verästelungen der behandelten Thematk angestrebt sein. Spezielle Arbeiten zu einzelnen Punkten finden sich auch noch an entsprechender Stelle in den Anmerkungen. Daß vor allem in der Benutzung der spanischen und portugiesischen Literatur größere Lücken bestehen, ist mir bewußt; ich wollte sie jedoch nicht durch das bloße Zitieren von Titeln ausfüllen, die mir tatsächlich nicht vorgelegen haben.

GAMS, PIUS BONIFACIUS *Die Kirchengeschichte von Spanien*. 3 Bände. Regensburg 1862—1879 (Nachdruck Graz 1956).

GARCÍA GOLDÁRAZ, C. *El códice Lucense*: s. Quellenverzeichnis, Abschn. 3, Hispana.

GARCÍA VILLADA, ZACARÍAS *Historia eclesiástica de España*. 3. Bände. Madrid 1929—1936.

GARVIN, J. N.: s. Quellenverzeichnis, Abschn. 4, Vitae Patrum Emeritensium.

GÖLLER, EMIL *Das spanisch-westgotische Bußwesen vom 6. bis 8. Jahrhundert.* — Römische Quartalschrift 37 (1929) 245—313.

GÖRRES, FRANZ *Die byzantinischen Besitzungen an den Küsten des spanisch-westgotischen Reiches (554—624).* — ByZ 16 (1907) 515—538.

GÖRRES, FRANZ *Die durchweg arianischen Schilderhebungen unter König Rekared dem Katholischen (586/7 bezw. 590 [?]).* In: F. Görres: Weitere Beiträge (s. d.), S. 88—97.

GÖRRES, FRANZ *Johannes von Biclaro.* — ThStKr 68 (1895) 103—135.

GÖRRES, FRANZ *Kirche und Staat im spanischen Suevenreich (409 bis 585 bezw. 589).* — ZwissTh 36,2 = N.F. 1 (1893) 542—578.

GÖRRES, FRANZ *Kirche und Staat im Westgotenreich von Eurich bis auf Leovigild (466—567/69).* — ThStKr 66 (1893) 708—734.

GÖRRES, FRANZ *König Rekared der Katholische (586—601).* — ZwissTh 42 = N.F. 7 (1899) 270—322.

GÖRRES, FRANZ *König Rekared der Katholische und Byzanz.* In: F. Görres: Weitere Beiträge (s. d.), S. 97—102.

GÖRRES, FRANZ *König Rekared der Katholische und das Judentum (586—601).* ZwissTh 40 = N.F. 5 (1897) 284—296.

GÖRRES, FRANZ *Kritische Untersuchungen über den Aufstand und das Martyrium des westgotischen Königssohnes Hermenegild.* — ZhistTh 43 (1873) 3—109; Nachtrag: 592—600.

GÖRRES, FRANZ *Leander, Bischof von Sevilla und Metropolit der Kirchenprovinz Baetica* (von c. 584 bis 13. März 600 oder 601). — ZwissTh 29 (1886) 36—50.

GÖRRES, FRANZ *Leowigild, König der Westgothen in Spanien und Septimanien (569—586), der letzte Arianerkönig.* — Jahrbücher für protestantische Theologie 12 (1886) 132—174

GÖRRES, FRANZ *Mausona, Bischof von Merida in Spanien und Metropolit der Kirchenprovinz Lusitanien* (von 573 bis 606). In: F. Görres: Zwei Beiträge (s. d.), S. 326—332.

GÖRRES, FRANZ *Miro, König der spanischen Sueven* (reg. 570—583). In: F. Görres: Zwei Beiträge (s. d.), S. 319—325.

GÖRRES, FRANZ *Die Religionspolitik des Westgotenkönigs Witterich* (reg. 603 bis 610). In: F. Görres: Weitere Beiträge (s. d.), S. 102—105.

GÖRRES, FRANZ *Über die Anfänge des Königs der Westgoten Leovigild.* — Forschungen zur deutschen Geschichte 12 (1872) 591—618.

GÖRRES, FRANZ *Weitere Beiträge zur Kirchen- und Culturgeschichte des Vormittelalters.* — ZwissTh 41 = N.F. 6 (1898) 88—111.

GÖRRES, FRANZ *Des Westengothenkönigs Leovigilds Stellung zum Katholicismus und zur arianischen Staatskirche. Ein Beitrag zur Geschichte des Arianismus.* — ZhistTh 43 (1873) 547—591; Nachtrag: 600—601.

GÖRRES, FRANZ *Zur Geschichte des Königs Leovigild.* — Forschungen zur deutschen Geschichte 13 (1873) 634—645.

GÖRRES, FRANZ *Zwei Beiträge zur spanischen Kirchengeschichte des 6. Jahrhunderts.* — ZwissTh 28 (1885) 319—332.

GOFFART, WALTER *Byzantine Policy in the West under Tiberius II. and Maurice: The Pretenders Hermenegild and Gundovald* (579—585). — Traditio 13 (1957) 73—118.

I GOTI IN OCCIDENTE. *Problemi* (= SettStudCentIt 3). Spoleto 1956.

GOUBERT, PAUL *L'Administration de l'Espagne Byzantine.* I. Les gouverneurs de l'Espagne byzantine. — Études Byzantines 3 (1945) 127—142.

GOUBERT, PAUL *Administration de l'Espagne Byzantine* (suite). — Revue des Études Byzantines 4 (1946) 71—110.

GOUBERT, PAUL *Byzance et l'Espagne Wisigothique.* — Études Byzantines 2 (1944) 5—78.

GOUBERT, PAUL *Influences Byzantines sur l'Espagne Wisigothique.* — Revue des Études Byzantines 4 (1946) 111—133.

GRIFFE, ÉLIE *La Gaule chrétienne a l'époque romaine* II. L'église des Gaules au Ve siècle. 1. L'église et les barbares. L'organisation ecclésiastique et la hiérarchie. Paris, Toulouse 1957.

GROSSE, R.: s. Quellenverzeichnis, Abschn. 1.

HAENDLER, GERT *Geschichte des Frühmittelalters und der Germanenmission.* In: Die Kirche in ihrer Geschichte. Ein Handbuch, herausgegeben von KURT DIETRICH SCHMIDT und ERNST WOLF. Bd. 2, Lieferung E, S. 1—73. Göttingen 1961.

HAENDLER, GERT *Die Trennung der abendländischen Kirchen vom römischen Staat im Zeitalter der Völkerwanderung.* — ThLZ 88 (1963) 881—890.

HEFELE / LECLERCQ: HEFELE, CHARLES JOSEPH, *Histoire des Conciles d'après les documents originaux.* Traduction par Dom H. LECLERCQ. Tome II—III. Paris 1908—1910.

HILLGARTH, J. N. *La conversión de los visigodos.* Notas críticas. — AnSacrTar 34 (1961) 21—46.

LECLERCQ, H. *L'Espagne chrétienne* (= Bibliothèque de l'enseignement de l'histoire ecclésiastique). Paris ²1906.

LOENING, EDGAR *Geschichte des deutschen Kirchenrechts.* Straßburg 1878.

MAASSEN, FRIEDRICH *Geschichte der Quellen und der Literatur des canonischen Rechts im Abendlande.* Graz 1870 (Nachdruck ebd. 1956).

MALNORY, A. *Saint Césaire évêque d'Arles 503—543* (= Bibliothèque de l'école des hautes études 103). Paris 1894.

MARTÍNEZ DÍEZ, GONZALO *La colección canónica Hispana.* I: Estudio (= Monumenta Hispaniae Sacra, serie canónica 1). Madrid 1966.

MARTÍNEZ DÍEZ, GONZALO *El patrimonio eclesiástico en la España visigoda* (= Publicaciones anejas a Miscelánea Comillas, serie canónica 2). Comillas 1959.

MARTÍNEZ DÍEZ, G.: s. Quellenverzeichnis, Abschn. 3, Spanische Epitome.

MENÉNDEZ PIDAL, RAMÓN *Historia de España,* dirigida por R. Menéndez Pidal. Tomo III: España visigoda (414—711 de J. C.). Madrid 1940.

MESSMER, HANS *Hispania-Idee und Gotenmythos.* Zu den Voraussetzungen des traditionellen vaterländischen Geschichtsbildes im spanischen Mittelalter (= Geist und Werk der Zeiten 5). Zürich 1960.

Mundò, Anscari, *Il monachesimo nella penisola iberica fina al sec. VII.* In: Il monachesimo nell' alto medioevo e la formazione della civiltà occidentale (= SettStudCentIt 4). Spoleto 1957, S. 73—108.

Orlandis, José *El cristianismo en el reino visigodo.* In: I Goti in Occidente (s. d.), S. 153—171.

Pérez de Urbel, Justo *Los monjes españoles en la edad media.* 2 Bde. Madrid 1933/34.

Riché, Pierre *Éducation et culture dans l'occident barbare.* VIe—VIIIe siècles (= Patristica Sorbonensia 4). Paris 1962.

Schmidt, Kurt Dietrich *Die Bekehrung der Germanen zum Christentum.* Bd. 1: Die Bekehrung der Ostgermanen zum Christentum (Der ostgermanische Arianismus). Göttingen 1939.

Schmidt, Ludwig *Geschichte der deutschen Stämme bis zum Ausgang der Völkerwanderung*
1. *Die Ostgermanen.* Verbesserter Neudruck der 2. Auflage. München 1941;
2. *Die Westgermanen.* 2., völlig neu bearbeitete Auflage. 1. Teil. München 1938.

Schubert, Hans von *Geschichte der christlichen Kirche im Frühmittelalter.* Tübingen 1921 (Nachdruck Darmstadt 1962).

Schubert, Hans von *Staat und Kirche in den arianischen Königreichen und im Reiche Chlodwigs* (= Historische Bibliothek 26). München, Berlin 1912.

Stach, Walter *Die geschichtliche Bedeutung der westgotischen Reichsgründung.* — Historische Vierteljahrschrift 70 (1935) 417—455.

Stein, Ernst *Geschichte des spätrömischen Reiches.* Bd. I: Vom römischen zum byzantinischen Staat. Wien 1928.
Histoire du Bas-Empire. Tome II: De la disparition de l'empire d'occident à la mort de Justinien (476—565). Paris 1949.

Steinen, Wolfram von den *Chlodwigs Übergang zum Christentum.* Eine quellenkritische Studie. — Mitteilungen des Österreichischen Instituts für Geschichtsforschung, Erg.-Bd. 12 (1933) 417—501 (Nachdruck Darmstadt 1963 = Libelli 103).

Stroheker, Karl Friedrich *Eurich, König der Westgoten.* Phil. Diss. Tübingen. Stuttgart 1937.

Stroheker, Karl Friedrich *Germanentum und Spätantike* (= Die Bibliothek der Alten Welt, Reihe Forschung und Deutung). Zürich, Stuttgart 1965.

Stroheker, Karl Friedrich *Die geschichtliche Stellung der ostgermanischen Staaten am Mittelmeer.* In: K. F. Stroheker, Germanentum (s. o.), S. 101 bis 133 (ursprünglich: Saeculum 12, 1961, 140—157).

Stroheker, Karl Friedrich *Leowigild.* In: K. F. Stroheker, Germanentum (s. o.), S. 134—191 (ursprünglich: Die Welt als Geschichte 5, 1939, 446 bis 485).

Stroheker, Karl Friedrich *Der senatorische Adel im spätantiken Gallien.* Tübingen 1948.

Stroheker, Karl Friedrich *Spanische Senatoren der spätrömischen und westgotischen Zeit.* In: K. F. Stroheker, Germanentum (s. o.), S. 54—87 (ursprünglich: Madrider Mitteilungen 4, 1963, 107—132).

Stroheker, Karl Friedrich *Das spanische Westgotenreich und Byzanz.* In: K. F. Stroheker, Germanentum (s. o.), S. 207—245 (ursprünglich: Bonner Jahrbücher 163, 1963, 252—274).

THOMPSON, E.-A. *The Barbarian Kingdoms in Gaul and Spain.* — Nottingham Mediaeval Studies 7 (1963) 3—33.

THOMPSON, E.-A. *The Conversion of the Visigoths to Catholicism.* — Nottingham Mediaeval Studies 4 (1960) 4—35.

TORRES, MANUEL *Las invasiones y los reinos germánicos de España* (años 409—711). In: R. Menéndez Pidal: Historia de España III (s. d.), S. 3—140.

TORRES RODRÍGUEZ, CASIMIRO *Hidacio, el primer cronista español.* — Revista de Archivos, Bibliotecas y Museos 62 (1956) 755—794.

TORRES RODRÍGUEZ, CASIMIRO *Reckiario, rey de los suevos.* Primer ensayo de unidad peninsular. — Boletín de la Universidad Compostelana 65 (1957) 129—177.

VIVES, J. *Inscripciones:* s. Quellenverzeichnis, Abschn. 2.

VOIGT, KARL *Staat und Kirche von Konstantin dem Großen bis zum Ende der Karolingerzeit.* Stuttgart 1936.

YVER, GEORGE *Euric, roi des Wisigoths* (466—485). In: Études d'histoire du moyen âge dediées à Gabriel Monod. Paris 1896, S. 11—46.

ZEUMER, KARL *Die Chronologie der Westgotenkönige des Reiches von Toledo.* — Neues Archiv 27 (1902) 409—444.

ZIEGLER, ALOYSIUS K. *Church and State in Visigothic Spain.* Washington 1930.

NAMEN- UND SACHREGISTER[*]

[*] Abkürzungen: B. = Bischof. — Dk. = Diakon. — Kg. = König. — Ks. = Kaiser. — Prb. = Presbyter.

Hochgestellte Ziffern hinter den Seitenzahlen beziehen sich auf die Anmerkungen.

18*

Gregor, B. v. Tours: 33—37. 39[119].
55[164]. 100[94]. 146 f. 147[46]. 152[66].
179[151]. 182—184. 186 f. 187[167]
Guadiana: 112. 148
Guadix el Viejo (Acci): 141[28]. 254[28].
256
Guetari, arian. B. in Agen: 45[129]
Gunderich, wandal. Kg.: 249[17]
Gundobad, burgund. Kg.: 38. 44[126]
Gunthramn, fränk. Kg. (v. Burgund):
38[117]. 149 f. 149[53]. 194. 194[184. 186].
202

Hector, B. v. Cartagena: 76[26]. 83[44]
Heidentum: 218. 227—229
Helena s. Elne
Heraclianus, B. v. Toulouse: 244. 246
Hérault: 56
Hermenegild, Sohn Leowigilds: 54.
103[103]. 111[18]. 138. 140—157. 166.
168[118]. 176. 178. 189[170]. 191. 192[177].
193. 196. 203 f. 204[211]. 232. 235
Hermerich, suew. Kg.: 107. 113. 116[41]
Hermerich, B. v. „Laniobrensis eccle-
sia": 174[138]. 216[248]. 253. 253[26]
Hermes, B. v. Béziers u. Narbonne: 11
Hermigar, suew. Streifscharführer: 112
Hilarius, B. v. Arles: 46. 71[8]
Hilarius, B. v. Poitiers; seine Basilika
in Poitiers: 39[119]
Hilarus, B. v. Rom: 11. 27. 80[35]
Hildemir, Archiprb. aus Orense:
216[248]. 257
Hilderich, B. im suew. Reich: 126[76]
Himerius, B. v. Tarragona: 80[35]
Hispalis s. Sevilla
Hispana, Kanonessammlung: 1. 70[6].
71[7]. 73. 75[24]. 82[40. 41]. 83[44]. 84[46].
86[50. 51]. 121[61]. 129[88]. 208[222]. 211[226].
254[28]. 258. 258[36]. — Sonderform
des Cod. Aemilianus: 85[49]. 259[39]
Honorius, weström. Ks.: 105
Hormisda, B. v. Rom: 73[18]. 75—81.
100[95]
Huesca (Osca): 223[270]. 253
Hydatius, B. v. Chaves: 90. 106[4]
(Chronologie). 107. 113. 114[29]. 115 f.
129. 249

Ibba, ostgot. Heerführer: 45[129]
Idacius s. Hydatius
Idanha a Velha (Egitania): 107[7].
129[86]. 130[89]. 208[223]. 258
Ilerda s. Lérida
Ilergius, B. v. Egara: 261
Ilipla (Niebla): 255
Illiberris (Baetica) s. Elvira
Illiberris (Narbonensis I) s. Elne.
Immersion, einfache u. dreifache: 127.
162[99]
Immunität, kirchl.: 50[137]. 51. 58[181].
226
Ingenuus, Prb. aus Bigorre: 245
Ingomer, Sohn Chlodwigs I.: 107[9]
Ingunde, Tochter Sigiberts I., Gemah-
lin Hermenegilds: 140 f. 142[29]. 143.
147. 157. 158[87]. 173.
Innozenz I., B. v. Rom: 80[35]
Interpretatio der Lex Romana Visi-
gothorum: 42
Iria s. El Padrón
Iroschottische Kirchenverfassung:
130[89]
ἰσαπόστολος: 212
Isère: 39. 39[118]
Isidor, B. v. Sevilla: 1. 32. 100 f. 103[103].
116[39]. 121[61]. 145. 152. 174[136]. 204[211].
240. 249—251
Italica: 221[266]. 255

Jabalón, Fluß: 253
Jaquintus, B. v. Coria: 256 f.
Játiva (Setabis): 253
Javols (Gabalis); Bischofssitz s. Mende
Jerez de los Caballeros: 98[84]
Johannes, Taufname Hermenegilds:
143
Johannes, B. v. „Belensis ecclesia":
255
Johannes, Abt v. Biclaro, B. v. Ge-
rona: 107[7]. 140. 142[29]. 146—148.
152. 159. 162. 168[118]. 174. 174[136].
180[155]. 193[179]. 196. 204[111]. 205 f.
240. 250. 261
Johannes, B. v. Cabra: 253. 260
Johannes, B. v. Dumio: 172[133]. 180[153].
253

Johannes, B. v. Elche: 73[18]. 76—78. 78[28. 29]. 80. 100[95]
Johannes, B. v. Mentesa: 253
Johannes, B. v. Osma: 208[223]. 261
Johannes, B. v. Saragossa: 85[49]
Johannes, B. v. Tarragona: 76[26]. 78[28]. 83[44]
Johannes, B. v. Viseu: 255[30]
Johannes, Prb. aus Fréjus: 245
Johannes, Dk. aus Narbonne: 11
Josimus, B. v. Evora: 208[223]. 261
Judengesetzgebung: 46[132]. 64. 230 f.
Julian, B. v. Avignon: 245
Julian, B. v. Braga: 131[91]
Julian, B. v. Saragossa oder Lérida: 223[270]. 261
Julian, B. v. Tortosa: 221[266]. 223[270]. 256. 260. 262
Justin II., byzant. Ks.: 159[91]. 250[20]
Justinian, byzant. Ks.: 103. 192[177]. 250[20]
Justinian, B. v. Valencia: 84[46]. 86[51]. 90. 93
Justus, B. v. Urgel: 84[46]. 86[50]. 90 f.

Kaisertum, byzant.: 2[4]. 205 f.
Kanonessammlungen: 59 f. — Kanonesslg. v. Arles: 69—75
Katalonien: 8[3]. 83[44]
Katholisierungsmaßnahmen: 92[66]. 177[144]. 196—198. 221 f. — (vgl. Zwangsbekehrung)
Ketzergesetzgebung: 46
Ketzertaufe: 160—162. 214. — (vgl. Wiedertaufe)
Kindestötung: 229
Kirche, arian.: 5—7. 16 f. 92[66]. 184[162]. 213. 219 f.
Kirchengut: 17. 64 f. 224—227
Kirchenhoheit, kgl.: 54. 88 f. 99. 136. 162. 206 f. 217—219. 221—224. 238—242 (vgl. Besetzungsrecht)
Kleriker, arian.; ihr Übergang in die kathol. Kirche: 212—215. 219 f. 221. 221[266]
Königtum: 1—3. 12. 29. 41. 44 f. 47. 54. 89. 99. 138. 184[162]. 198. 209 f. 217. 235 f. 238 f. 241. — (vgl. Kirchenhoheit)

Konfessionsgegensatz: 19. 41. 59. 92[66]. 96. 101—104. 137[5]. 144 f. 148. 191. 193. 203. 210. 238
Konstantin, röm. Ks.: 205. 240
Konstantinopel: 9[5]. 140. 146. 150. 151[61]. 155. 157. 206. — (vgl. auch unter „Konzilien")
Konzilien: 1. 82—89. 98 f. 119. 124—135. — (vgl. Landessynode; Provinzialsynode). — Einzelne Konzilien: Agde, 506: 24[66]. 28[82]. 36. 37[113. 114]. 39[119]. 47 f. 48[136]. 55—67. 71. 72[14]. 234. 237. 243—247
Arles, 314: 70. 71[8]
Arles, ca. 470: 21[52]
Arles, sog. 2. Konz.: 28[82]. 59. 71. 71[8]
Arles, 6. IV. 515: 28[82]
Arles, 524: 72 f. 72[14]. 75[21]
Baetica, Prov.-Konz.: 79. 83
Barcelona, um 540: 85
Barcelona, 599: 221. 221[266]. 223[270]. 259—262
Braga I, 561: 82[41]. 115. 119. 121. 121[61]. 124—127. 134[98]. 237
Braga II, 572: 107. 121. 121[61]. 124[71]. 127. 131—135. 134[98]. 177[144]. 208[223]. 216
Carpentras, 527: 73[16]
Chalkedon, 451: 71[7]. 186[163]. 205 f. 211 (Symbol). 213[231]
Clermont, 535: 73[16]
Elvira, um 300: 62[195]. 208[223]
Epaon, 517: 47. 73[16]
Ephesus, 431: 186[163]. 213[231]
Gerona, 517: 75[22]. 84
Karthago, 419: 71[2]
Konstantinopel, 381: 186[163]. 213[231]. — (vgl. Nicaenoconstantinopolitanum)
Konstantinopel, 553: 132
Lérida, 546: 86. 92. 118. 230
Lugo, angebl. Konz. 569: 121[61]. 128[85]. 129[86]
Mâcon, 585: 173[135]
Marseille, 533: 39[118]
Narbonne, 589: 228[290]. 259—262
Nizäa, 325: 70. 205 f. 211 (Symbol). 213[231]

Tarragona: 85⁴⁹. 156. 207. 208²²³. 224.
257 f. — (vgl. auch unter „Konzilien")
Tarrasa: 253
Taufe: 127 (vgl. Immersion)
Taurus, B. v. Egara: 86⁵⁰
Tejo (Tajo): 107
Terentianus, span. Vir Clarissimus: 79
Territorialitätsprinzip: 15. 15³⁵. 44¹²⁸.
190
Tetradius, B. v. Bourges: 244
Theodemir, suew. Kg.: 120⁵². 121⁶¹.
124⁶⁸. 127. 128⁸⁵. 248—251
Theoderich I., westgot. Kg., s. Theodorid
Theoderich (II.), westgot. Kg.: 11—13.
12²³. 47. 92⁶⁶. 107. 109 f. 110¹⁶. 112.
161⁹⁷. 169¹²¹
Theoderich d. Gr., ostgot. Kg., röm.
Patricius: 27. 39. 45¹²⁹. 54¹⁶¹. 68—81.
82. 85⁴⁶. 89. 234
Theodor, B. v. Baza: 256
Theodor, B. v. Castulo: 256
Theodor, B. v. Tours: 222²⁶⁷
Theodorid, westgot. Kg.: 8. 10. 107 f.
Theodosia, angebl. erste Gemahlin
Leowigilds: 143³²
Theodosius d. Gr., oström. Ks.: 5. 46
Theudebert I., fränk. Kg. (v. Austrasien): 95⁷⁵
Theuderich I., fränk. Kg. (v. Austrasien): 42¹²¹. 95⁷⁵
Theudigisil, westgot. Kg.: 99 f. 100⁹²
Theudis, westgot. Kg.: 69. 82. 85. 87.
90. 92⁶⁴. 96. 98. 100⁹²
Thorismund, westgot. Kg.: 107
Tiberius I., byzant. Ks.: 151
Tigridius, B. v. Agde: 256. 260
Tirassona (Tarasona): 223²⁷⁰. 253
Toledo (Toletum): 76²⁶. 84⁴⁶. 85. 94.
137. 140. 148. 168¹¹⁸. 170. 205. 252.
— (vgl. auch unter „Konzilien")
Toleranz, arian.: 46¹³². 92⁶⁶
Toletum s. Toledo
Tolosa s. Toulouse
Tortosa (Dertosa): 56. 83⁴⁴. 85⁴⁹.
180¹⁵⁵. 208²²². 221. 221²⁶⁶. 223²⁷⁰.
255³⁰. 256
Toulon: 57¹⁷⁵

Toulouse (Tolosa): 10. 33. 35¹⁰⁷. 48¹³⁶.
244. 244⁷. 246. — (vgl. auch unter
„Konzilien")
Tours (Turonensis): 13 f. 26⁷⁸. 35—37.
38¹¹⁷. 179. 179¹⁵¹. 186. 198¹⁹⁶. 222²⁶⁷.
246 f.
Traditio Symboli: 65
Trasamund, wandal. Kg.: 249¹⁷
Trinitätslehre: 163¹⁰³. 184—189.
187¹⁶⁷. 209 f. 213
Tucci (Martos): 256
Tude s. Tuy
Turibius, einflußreicher Laie in Palencia: 88⁵⁶
Turonensis, Toronica s. Tours
Turribius, B. v. Astorga: 80³⁵. 82⁴¹.
114 f. 114²⁹. 125
Tuy (Tude): 129⁸⁶. 130⁸⁹. 177. 208²²².
253. 256

Ubiligisclus s. Willigisil
Ucetica (Uzès): 48¹³⁶. 245
Uldida, arian. B. (v. Toledo?): 198¹⁹⁶.
202
Ugnas, arian. B. v. Barcelona: 161⁹⁷.
180¹⁵⁵. 215. 223. 223²⁷⁰. 252. 260
[Seo de] Urgel (Urgello): 86⁵⁰. 223²⁷⁰.
254
Uzès (Ucetica): 48¹³⁶. 245

Vagrila, westgot. Comes: 198. 200²⁰²
Valencia (Valentia): 139¹⁴. 156. 176.
180¹⁵⁶. 208²²². 255 f. — (vgl. auch
unter „Konzilien")
Valentinian III., weström. Ks.: 46
Valeria: 255³⁰
Valerian, Archidk. aus Nîmes: 257
Vasatis (Bazas): 20. 245
Vasconius, B. v. Lugo: 131⁹¹
Velatus, B. v. Martos: 221²⁶⁶. 256. 260
Vence: 57¹⁷⁵. 173¹³⁵
Veremund, angebl. suew. Kg.: 116⁴⁰
Verus, B. v. Tours: 35—37. 94. 246
Veseo s. Viseu
Vich ([Vicus] Ausona): 83⁴⁴. 223²⁷⁰.
255
Victorian, Abt von Asán: 98
Victorius, Dux Eurichs: 25. 28⁸²
Victurinus, B. v. Fréjus: 245

ARBEITEN ZUR KIRCHENGESCHICHTE

Begründet von Karl Holl † und Hans Lietzmann †, herausgegeben
von Kurt Aland, Walther Eltester und Hanns Rückert. Groß-Oktav.

Zuletzt erschienen:

25. VIRGO EVA-VIRGO MARIA. Neue Untersuchungen über die Lehre von der Jungfrauschaft und der Ehe Mariens in der ältesten Kirche. Von H. KOCH. 115 Seiten. 1937. DM 9,30

26. DREI MARKUSEVANGELIEN. Von R. THIEL. 237 Seiten. 1938. DM 10,50

27. UNBEKANNTE FRAGMENTE AUS LUTHERS ZWEITER PSALMENVORLESUNG 1518. Herausgegeben von E. VOGELSANG. 97 Seiten. 1940. DM 12,—

28. SPENER-STUDIEN. Von K. ALAND. (Arbeiten zur Geschichte des Pietismus I.) 213 Seiten. 1943. DM 21,—

29. LUTHER UND MÜNTZER. Ihre Auseinandersetzung über Obrigkeit und Widerstandsrecht. Von C. HINRICHS. 2., unveränderte Auflage. VIII, 187 Seiten. 1962. DM 19,80

30. LOGOS UND NOMOS. DIE POLEMIK DES KELSOS WIDER DAS CHRISTENTUM. Von C. ANDRESEN. VII, 415 Seiten. 1955. DM 32,—

31. AMERIKA UND DIE ORIENTALISCHEN KIRCHEN. Ursprung und Anfang der amerikanischen Mission unter den Nationalkirchen Westasiens. Von P. KAWERAU. Mit 5 Karten und 27 Abbildungen. XI, 772 Seiten. 1958. DM 48,—

32. DIE BRANDENBURGISCH-PREUSSISCHEN HOFPREDIGER IM 17. UND 18. JAHRHUNDERT. Ein Beitrag zur Geschichte der absolutistischen Staatsgesellschaft in Brandenburg-Preußen. Von R. VON THADDEN. VIII, 239 Seiten mit 18 Tafeln. 1959. DM 22,—

33. DIONYSIUS EXIGUUS-STUDIEN. Neue Wege der philologischen und historischen Text- und Quellenkritik von W. M. PEITZ. Bearbeitet und herausgegeben von H. FOERSTER. XVI, 533 Seiten. 1960. DM 44,—

34. FIDES, SPES UND CARITAS BEIM JUNGEN LUTHER unter besonderer Berücksichtigung der mittelalterlichen Tradition. Von R. SCHWARZ. VIII, 444 Seiten. 1962. DM 42,—

35. LUTHERS AUSLEGUNGEN DES GALATERBRIEFES VON 1519 UND 1531. Ein Vergleich. Von K. BORNKAMM. XVI, 404 Seiten. 1963. DM 54,—

36. WYCLIFS BIBELKOMMENTAR. Von G. A. BENRATH. XII, 415 Seiten. Mit 2 Faksimiles. 1966. Ganzleinen DM 58,—

37. DIE ERSTEN WALDENSER. Von K.-V. SELGE. 2 Bände. Band I: Untersuchungen. Etwa 400 Seiten. Band II: Edition mit „Liber antiheresis". Etwa 250 Seiten mit 2 Faksimiles und 1 Faltkarte. Ganzleinen. Zusammen etwa DM 105,—

38. GEIST UND GESCHICHTE DER REFORMATION. Festgabe Hanns Rückert zum 65. Geburtstag. Dargebracht von Freunden, Kollegen und Schülern. In Verbindung mit K. ALAND und W. ELTESTER herausgegeben von H. LIEBING und K. SCHOLDER. VIII, 486 Seiten. Mit 1 Frontispiz. 1967. Ganzleinen DM 68,—

Walter de Gruyter & Co · Berlin 30

Otto-Karl Werckmeister

Irisch-northumbrische Buchmalerei des 8. Jahrhunderts und monastische Spiritualität

Quart. XII, 186 Seiten. Mit 48 Bildtafeln. 1967.
Ganzleinen DM 48,—

Emanuel Hirsch

Das Wesen des reformatorischen Christentums

Oktav. VII, 270 Seiten. 1963.
Ganzleinen DM 18,—

Bibliographie zur alteuropäischen Religionsgeschichte 1954—1964

Literatur zu den antiken Rand- und Nachfolgekulturen im
außermediterranen Europa unter besonderer Berücksichtigung
der nichtchristlichen Religionen
Bearbeitet von PETER BUCHHOLZ
Quart. XXXIV, 299 Seiten. 1967. Ganzleinen DM 45,—
(Arbeiten zur Frühmittelalterforschung 2)

Kurt Aland

Über den Glaubenswechsel in der Geschichte des Christentums

Groß-Oktav. 147 Seiten. 1961. DM 12,—
(Theologische Bibliothek Töpelmann 5)

Walter de Gruyter & Co · Berlin 30